Lotte Hümbelin

Mein eigener Kopf

edition 8

Inseln der Erinnerung

Je älter ich werde, desto mehr träume ich nachts von den Gestalten meiner Kindheit und meiner Jugend. Vater und Mutter, der Jugendfreund, andere Freunde tauchen mit fast schmerzhafter Eindringlichkeit auf, so als mahnten sie mich, sie nicht ganz zu vergessen, sie nicht ganz sterben zu lassen. Die Traumbilder verfolgen mich bis in den aktiven Tag hinein, bitten mich, sie festzuhalten.

Doch wie gewagt ist es, der eigenen, längst in einen tiefen Brunnenschacht versunkenen Zeit nachzuspüren. Es lässt sich nicht alles sagen, die Scham verbietet es. Man muss aussparen, weglassen, darf nur einzelne Erinnerungsbrocken hochheben ans Licht. Wie fragwürdig ist ein solches Unternehmen. Ich nehme es auf mich, weil das Bedürfnis stark ist. Für mich also, und für meinen Sohn, vielleicht auch für die Enkel.

Fast in jedem Menschenleben kommt der Augenblick, wo man nach seinen Wurzeln fragt. Meinem Sohn, der jetzt immer noch zu jung ist, um zurückzuschauen, möchte ich einiges aus meiner Vergangenheit erzählen. Wissend, wie unzulänglich ein solcher Bericht ist, wird er doch das nagende Fremdheitsgefühl lindern, das oft zwischen den Allernächsten eine Wand errichtet. Wie fremd, wie unbekannt sind einander die Nächsten.

Lotte Hümbelin

Mein eigener Kopf

Ein Frauenleben in Wien, Moskau, Prag, Paris und Zürich

edition 8

Der Verlag dankt ganz herzlich der Cassinelli-Vogel-Stiftung, Zürich, dem Präsidialdepartement der Stadt Zürich und Herrn Max Bächlin, Brissago, für die finanzielle Unterstützung zur Herausgabe dieses Buches.

Die Deutsche Bibliothek – CIP-Einheitsaufnahme

Hümbelin, Lotte:
Mein eigener Kopf : ein Frauenleben in Wien, Moskau, Prag, Paris und Zürich / Lotte Hümbelin. - 1. Aufl. - Zürich : Ed. 8, 1999
ISBN 3-85990-003-x

 Lektorat: Jeannine Horni. Historische Einleitungen: Peter Brunner. Anmerkungen: Jeannine Horni und Brigitte Walz-Richter. Korrektorat, Register: Geri Balsiger. Typografie: Heinz Scheidegger. Umschlag: Eugen Bisig. Pre-Press-Produktion: TypoVision AG, Zürich. Druck und Bindung: Freiburger Graphische Betriebe
Verlagsadresse: edition 8, Postfach 3522, CH-8021 Zürich, Tel. 01/271 80 22, Fax 01/273 03 02, E-Mail: info@edition8, Internet: www.edition8.ch
Auslieferungen: Schweiz: AVA (buch 2000), Deutschland und Österreich: Prolit
ISBN 3-85990-003-X

Inhalt

Teil 4: 1935–1939

Teil 5: Ab 1940

1. Teil

1909–1925

Was immer im späteren Leben die Verhältnisse aus dem Einzelnen machen, die Eindrücke seiner Jugend wirken im guten wie im schlimmen Sinne auf ihn, und oft bestimmen sie sein Handeln.

Bebel, Aus meinem Leben

1898 verabschiedete die Sozialdemokratie in Brünn ein Nationalitäten-Programm, das für sie bis zum Zusammenbruch der Donaumonarchie 1918 Gültigkeit hatte. Das Programm lehnte das Selbstbestimmungsrecht der verschiedenen Völker innerhalb des Habsburgerreiches ab. Ein Recht auf Lostrennung war also nicht vorgesehen, die Völker sollten sich innerhalb der bestehenden Grenzen der K.u.K.-Monarchie bewegen. Damit unterstützte die sozialdemokratische Arbeiterpartei (SDAP) die deutsch-österreichische Vorherrschaft im Vielvölkerstaat Österreich. Victor Adler erklärte denn auch auf dem sozialdemokratischen Parteitag 1903: »Österreich muss österreichisch behandelt werden.«

Eine sehr persönlich gefärbte, leicht überspitzte Aussage zum österreichischen Sozialismus der Vorkriegszeit und der damit verbundenen Mentalität ist von Trotzki überliefert, der einige Zeit in Wien gelebt hat: »Der Austromarxist erwies sich zu oft als Philister, der den einen oder anderen Teil der Marxschen Theorie studierte, wie man Jus studiert, und von den Prozenten vom ›Kapital‹ lebt. Im alten, kaiserlichen, hierarchischen, betriebsamen und eitlen Wien titulierten sich die Marxisten wonnevoll mit ›Herr Doktor‹.«

Die Aufhebung der Versammlungs- und Vereinsfreiheit wie auch die Zensur schränkten den Radius der Arbeiterbewegung während des Ersten Weltkrieges stark ein. Die Fabriken waren der direkten Kontrolle des Militärs unterstellt, die Arbeitszeiten wurden massiv erhöht, die Löhne entsprechend gedrückt. Hohe Lebenskosten und Nahrungsmittel-Knappheit führten 1915 zu ersten Arbeitsniederlegungen. Ab Januar 1916 kam es zu grösseren Streikbewegungen, die sich im Januar 1918 zum landesweiten Ruf nach »Brot und Frieden« ausweiteten. Dem war am 21. Oktober 1916 ein Attentat vorausgegangen: Der Sozialist Friedrich Adler erschoss in Wien den österreichischen Ministerpräsidenten Karl Graf Stürgkh.

Unter dem Eindruck der bolschewistischen Oktoberrevolution von 1917 in Russland erfasste die Unzufriedenheit des Volkes auch Teile der Armee, die bis anhin die Hauptstütze der Donaumonarchie war. Soldatenräte entstanden, die einzelnen Völker forderten ein Selbstbestimmungsrecht ein, und die Niederlage der Mittelmächte (Deutsches Reich, Österreich-Ungarn, Osmanisches Reich, Bulgarien) im Herbst 1918 beschleunigte den Zerfall der österreichisch-ungarischen Nationalitätenmonarchie, die ohnehin durch innere Widersprüche erschüttert war. Am 11. November 1918 erklärte Kaiser Karl I.: »Ich verzichte auf jeden Anteil an den Staatsgeschäften.« Einen Tag später verabschiedete die Nationalversammlung das Gesetz über die Staats- und Regierungsform Deutsch-Österreichs, dessen erster Artikel festhält: »Deutschösterreich ist eine demokratische Republik.« Damit war der politische Grundkonflikt für die folgenden Monate vorgezeichnet: Sollte es eine bürgerliche oder eine sozialistische Republik werden?

Die von der Regierung eingesetzten Arbeiter- und Soldatenräte trugen massgeblich zur Stabilisierung der chaotischen Lage am Ende des Ersten Weltkrieges bei. Doch die katastrophale Wirtschaftskrise, die Massenarbeitslosigkeit und die kriegsbedingte Verelendung breiter Bevölkerungsschichten radikalisierten die Arbeiterschaft, wobei die zersplitterte Kommunistische Partei Österreichs (KPÖ) verschiedentlich Aufstandsaktionen anführte. Gleichzeitig gestand die nach dem Zusammenbruch der Monarchie gebildete Regierungskoalition der Sozialdemokratie wichtige politische Rechte zu: Das Frauenwahlrecht, das Betriebsräte-Gesetz, die Gründung von Arbeiterkammern. 1920 beruhigte sich die innenpolitische Lage: Die SDAP wurde von den christlich-sozialen und deutsch-nationalen Kräften aus der Regierungskoalition und so in die Opposition gedrängt.

Ungarn wurde nach der Befreiung von der türkischen Herrschaft (1526–1699) habsburgisches Kronland. 1867 erhielt es in der Folge einer mit russischer Hilfe niedergeschlagenen Revolution (1848/49) im Rahmen der K.u.K.-Doppelmonarchie eine parlamentarische Verfassung mit weitgehender Autonomie (1867). Nach der Niederlage im Ersten Weltkrieg, in dem Ungarn rund zwei Drittel seines Territoriums – darunter Kroatien – verlor, wurde die Republik ausgerufen. Im März 1919 versuchten die Kommunisten unter Béla Kun eine Räterepublik zu installieren, mussten sich aber wenig später der gegenrevolutionären Nationalarmee unter Führung von Miklos Horthy geschlagen geben. Die Nationalversammlung wählte Horthy zum Reichsverweser und verfügte 1921 die Thronenthebung der Habsburger. Im Zweiten Weltkrieg schlug sich das Land auf die Seite der Nazis und der italienischen Faschisten, 1944/45 wurde es von sowjetischen Truppen besetzt und erhielt eine kommunistische Führung.

Dieses Heim, das keines war

Die Familie Bindel

Fünf Jahre vor dem Ersten Weltkrieg kam ich in Wien zur Welt, am 22. Januar 1909. Es war zufällig in einer Mietskaserne, zufällig in der Leopoldstadt, zufällig in einer der armseligsten Gassen dieses Judenviertels. So ist das Werden eines Menschenkindes schon in einen Rahmen gezwängt, noch bevor es den ersten Schrei ausgestossen hat. Kein Satz ist wahrer als der, dass die erste Kindheit tiefe Spuren ins Leben drückt. Ohne Baum, Strauch und Blumen wuchs ich in dieser Stadt heran, die doch eine der prächtigsten eines grossen Imperiums war. Die Armut des Wiener Grossstadtkindes war nicht idyllisch.

Meine Mutter Eugenie Kern stammte aus Rockendorf (heute Nemetcsitan, Ungarn), einem kleinen Schwabendorf an der österreichisch-ungarischen Grenze. Als sie meinen Vater in Wien kennen lernte, war dieses Dorf noch österreichisch, so wie die Stadt Lemberg, aus der er stammte. Noch früher war Lemberg polnisch, nach dem Zweiten Weltkrieg kam es zur Sowjetunion und wurde in Lwow umbenannt, heute gehört es zur Ukraine. Vater hätte also, ohne so alt wie Methusalem zu werden, dreimal die Staatsbürgerschaft wechseln müssen.

Es war ganz natürlich, dass sich Vater und Mutter in Wien trafen, in der Stadt, in der viele Menschen aus dem riesigen K.u.K-Reich ihr Auskommen suchten. Vater Bernhard Bindel lebte schon seit einigen Jahren in Wien, hatte seine erste Frau verloren und brachte meiner Mutter seine kleinen, vier- und fünfjährigen Söhne Jack und Jula mit in die Ehe. Er war ein kleiner Friseur und betrieb ein winziges Lädchen an der Ecke Schrey-/Adambergergasse.

Von seinen früheren Familienverhältnissen, seiner Jugend in Lemberg, weiss ich so gut wie nichts. Arme Leute registrieren ihre Herkunft nicht. So viel ist mir bekannt: Er hatte mehrere Brüder, von denen einer später in Konstanz, ein anderer in Berlin lebte. Im Unterschied zu Mutter, die in der

Dorfschule nicht weit gekommen und eine halbe Analphabetin war, las er viel und schrieb ein gutes Deutsch. Auch eine Jeschiwa wird er besucht haben, eine Talmudschule. In jüdischer Religion war er gebildet, ohne wahrhaft gläubig zu sein.

Als Kind konnte ich an der Wand ein Porträt bewundern: eine Grossaufnahme meiner Grosseltern väterlicherseits, zwei würdige, freundliche Gestalten. Wohin ist es geraten? Vom ärmlichen Besitz der Familie ist kein einziges Stück zurückgeblieben, auch die wenigen Fotos aus der Kinderzeit sind verschwunden. Hitler hat alles in Rauch und Asche aufgehen lassen. Der Hauch einer Erinnerung ist da, der Schatten eines Schattens. Vaters Mutter: Sie sitzt auf einem hohen, altmodischen Koffer aus Strohgeflecht in einer Ecke am Fenster unseres damals einzigen Zimmers an der Adambergergasse. Ganz still und unbeweglich sehe ich sie dasitzen, in einem schwarzen Kleid, einer schwarzen, bunt bestickten Clothschürze. Sie spricht nicht, sie schaut nur vor sich hin. Welches war überhaupt ihre Sprache? Jiddisch, Polnisch? Hatte sie nach dem Tod ihres Mannes bei einem ihrer Söhne einen Platz gesucht? Machte sie auf der Durchreise auf dem Weg zu einem der Söhne bei uns Halt? Hatte sie auch in unserer Familie Asyl zu finden gehofft? Eines Tages war sie verschwunden wie sie gekommen war. Grossmutter, von der ich nichts weiss, als dass du damals still und traurig dasassest. Ich denke an dich wie an die vielen unbekannten und unscheinbaren Menschen, von denen niemand spricht, nicht einmal die Eigenen.

Schreibe ich von meinem Vater, so geschieht es in Liebe, selbst wenn ich mir rückblickend seiner Schwächen schärfer bewusst werde. In anderen Verhältnissen geboren, hätte es aus ihm vielleicht einen Studierten gegeben. Er kam aber im Lemberger Armenghetto zur Welt. So wurde er Friseur, Bartkratzer und Haarschneider. In seinem winzigen Lädchen fand sich eine ärmliche Kundschaft ein, teils Arbeiter, teils arme Kleinbürger, nur wenige bessere Leute. Hier hockte ich oft als Kind, zusammengekauert in einem der Drehstühle, und horchte auf die aufgeregten politischen Diskussionen.

Tatsächlich habe ich da meinen ersten politischen Unterricht genossen und lernte aus allem, was um mich herum geschah.

Vater war ein nervöser Mann – ich werde diesen Wesenszug wohl von ihm haben. Gewöhnlich war er still und in sich gekehrt. Lebhaft wurde er nur, wenn ihn etwas stark erregte. In solchen Fällen konnte er auch sehr zornig werden. Er sprach dann schnell, überstürzt und geriet ins Stammeln, so dass man Mühe hatte, ihn zu verstehen. An seiner Hand sehe ich mich hüpfen, hopp, hopp, wie es die kleinen Mädchen tun – Tanzschrittchen. Er hatte das gern, und ich spürte es. Da war mir die Erde noch leicht. Vater fand mich damals sicher ganz hübsch und nett. Wie man es tut, wenn die Kinder noch winzig und problemlos sind, gab er sich ab und zu ein wenig mit mir ab. Am heranwachsenden Kind schätzte er die gute Schülerin, die lauter Einser und »Sehr gut« nach Hause brachte und seinem Ehrgeiz schmeichelte. Dann verlor er allmählich sein Interesse an mir, wenn nicht ganz, so doch stark. Das rebellische, hässliche Entchen empfand er als undurchschaubar und unbequem, es erfüllte keine elterlichen Wunschträume mehr. Das spürte ich mit allen Fasern.

Ich hatte meinen Vater lieb. Doch war diese Liebe mit Mitleid gemischt, mit dem instinktiven Mitleid des Kindes, das wusste, dass es hier keine Stütze und keinen Halt fände, keinen Rat und keine Hilfe. Vater war selbst ein schwacher Mensch. Die Mutter zog ich bei weitem vor. Sie liebte ich mit der ganzen Leidenschaft, deren Kinder fähig sind. Sie war mir, wenigstens in den ersten Kinderjahren, ein und alles. Auch sie war nicht ohne Fehl, Rat und Hilfe konnte ich von ihr ebenso wenig erwarten. Beide Elternteile hatten keine Begabung für die Erziehung, der nötige kulturelle, ethische oder auch religiöse Boden, die Geschlossenheit und Bestimmtheit der Lebensansichten gingen ihnen ab. Von allem war zwar etwas vorhanden, aber es fügte sich nicht zu einem Ganzen zusammen.

Bernhard Bindel und Eugenie Kern, genannt Jenny, waren ganz einfach arme Leute, in eine Welt geworfen, in der sie sich abzappelten und, mit gewissen kleinbürgerlichen Aufstiegsvorstellungen, ihre Kinder schlecht und recht grosszogen. Vater war immer etwas zerstreut und abwesend, mischte sich wenig ein. Mama blieb aller Kleinkram des Lebens vorbehalten, und sie bewegte sich mit Liebe und Zorn, mit Güte und Heftigkeit immer mitten drin. Mit 23 Jahren sah sie sich bereits in die Rolle einer Erzieherin von drei Kindern versetzt, ein Landmädchen, frisch in die ihm fremde Grossstadt gezogen. Von der leiblichen Mutter von Jack und Jula hörte man bei uns nie ein Sterbenswörtchen reden; sie war ausgelöscht, auch aus dem Leben ihrer kleinen Söhne. Die alte Kinderfrau, die sie ein Jahr lang betreut hatte, war ebenfalls weg. Was ein solch einschneidender Verlust und tief greifender Wechsel für die Kinderseelen bedeuten musste, davon machten sich meine Eltern keinen Begriff. Mit gespitzten Kinderohren fing ich Gesprächsbrocken auf: wie schwierig die beiden Buben gewesen wären, besonders der ältere Jack, der auch bald schwer erziehbar wurde.

An der Wand über dem Ehebett hing eine grosse Fotografie in schwerem Rahmen – Luxus der armen Leute. Auf diesem Bild sitzt Mutter in einem prunkvollen Lehnstuhl, die beiden Buben mit ihren Pagenfrisuren an ihre Knie gelehnt, Papa steht hinter Mama, einen Arm um ihre Schulter gelegt. Idylle. Die niedliche Kehrseite der Wirklichkeit, die so nicht war.

Nicht älter als vier kann ich gewesen sein, als sich eine mir unvergessliche Szene abspielte. Mein älterer Bruder springt aus dem Hinterhof, wo es nur Mauern und Drahtzäune gab, in die Küche. Mama stürzt sich auf ihn, schlägt auf ihn ein, bis ihm – ihre Hand konnte hart sein – das Blut aus der Nase rinnt. Dazu schreit sie: »Du musst den Kanal räumen, den Kanal räumen.« Unverständliches, Grauen erregendes Geschrei. Welcher Kinderunfug – verschmutzte Kleider, verrotztes Gesicht – war es denn, der diesen Ausbruch bewirkt hatte? Der Ekel vor der Vulgarität dieses mir völlig unverständlichen Auftritts liess mich erstarren, und das Mitleid mit dem Bruder verstörte mich im Innersten.

War Mama denn die böse Stiefmutter aus dem Märchenbuch? Wenn ich zurückblicke, die Puzzleteile unseres Lebens zusammensetze, entsteht da kein buntes, farbenfrohes Bild.

Nur hie und da ein kümmerliches Farbtüpfchen. Papa hatte sich in dem einen Jahr als Witwer offenbar daran gewöhnt, in seiner freien Zeit die Caféhäuser als sein Zuhause anzusehen. Ich sehe uns drei Kinder immer mit Mama allein. Die zwei Buben waren ihr noch fremd, ich war ihr Fleisch und Blut. Sie war jung und lebte ohne Freuden. Die Wiener Caféhäuser hatten ihren eigenen Reiz. Sie sind in unserer Zeit, die auf schnellen Umsatz und Gewinn aus ist, völlig am Aussterben. Stundenlang bei einem Schwarzen sitzen, Zeitungen lesen, politisieren, Karten oder Domino spielen, das war ein Anziehungspunkt für Männer.

Besonders die Karten zogen Papa an, der Reiz des Spiels, die kleinen Gewinne, die Männergesellschaft. Er liess Mama in der ersten Zeit ihrer Ehe viel allein mit ihren widerspenstigen Kindern, in ihrem primitiven und trostlosen Haushalt, in diesem Heim, das keines war. Ich sehe ihn noch an Sonntagen, wenn er sich zum Ausgehen herrichtete, sich von Kopf bis Fuss besonders sorgfältig herausputzte, die Schuhe mit der Glanzbürste bearbeitete, und wie er, mit seinem frisch gebügelten und gestärkten Hemd, eine feine Krawatte um den Hals, die Schnurrbartbinde vor dem aufgezwirbelten Kaiser-Wilhelm-Schnauz, verschwand – allein. In seiner Art ein Patriarch. So war die Zeit.

Die Mietskasernen der Jahrhundertwende hatten eine ansehnliche Fassade. Selbst das ärmste Wiener Viertel bot meist einen geschlossenen, einheitlichen Anblick, der das Auge nicht störte. Die Häuserfassaden waren gut proportioniert, kein überladener Barock, aber repräsentiert musste werden. Aussen Hui, innen Pfui. Innen war die Zimmerkuchel-Wohnung* die Regel, die Küche meist ohne Tageslicht, ohne Öffnung auf die Strasse, aus einem engen Lichtschacht – welch ironische Bezeichnung – spärliches Dämmerlicht empfangend. Ein einziges, zweifenstriges Zimmer, wo an heissen Sommertagen von der lärmigen Gasse Kanalgestank hereindrang. Die »guten« alten Zeiten. Das Klosett ohne Wasserspülung teilten wir mit vier oder fünf anderen Familien. Die

* 1-Zimmer-Küche-Wohnung, das heisst die Küche war ins Zimmer integriert

Wasserzapfstelle, die Bassena, befand sich auf dem Gang und versorgte in unserem Haus zehn, fünfzehn Familien.

Dieser dreistöckige Bau war ein wimmelnder Ameisenhaufen von Menschen, es wohnten darin gegen vierzig Parteien. Petroleumbeleuchtung und als Wärmequelle im Winter nur der geheizte Kohlenherd in der Küche. In späteren Jahren wurde er, oh Gipfel des Komforts, noch um ein eisernes Kanonenöfchen im Stübchen ergänzt, vor dem ich hockte und das Herabfallen der glühenden Funken beobachtete. Der Aschenkasten war der Ballsaal, die Funken Tänzerinnen. Keine Waschküche. Mama wusch unsere Schmutzwäsche in einem Holztrog in der Küche, es stank, der Dampf aus dem Trog beleidigte die Kindernase. In der Küche schliefen meine Brüder in zusammenlegbaren Eisenbetten, im Zimmer die Eltern in ihren Ehebetten, die bald längs der Wand aufgereiht standen, bald quer in den Raum ragten, je nach Lust und Laune von Mama, die sich eifrig und vergeblich bemühte, durch ewiges Umstellen der wenigen Möbelstücke etwas Behaglichkeit in diese Behausung zu bringen.

Wie jämmerlich war das Eheleben meiner Eltern in diesen braven Ehebetten, wie gequält waren viele meiner Kindernächte und Träume auf dem Sofa, das in diesem Zimmer stand. Nie jedoch hörte ich von Mama oder Papa eine Bemerkung über unsere Wohnverhältnisse. Im Lemberger Getto wird es nicht besser gewesen sein, ebenso wenig im Dorf der Mutter, nur waren dort das Grün, das brave Grün, die Felder, die Wälder, der Himmel, das Gras, die Luft zum Atmen. In Wien waren Steine. Ich verstehe Mamas Ungeduld, ihre Zornausbrüche, ihren ohnmächtigen Widerstand. Ihr war von Anfang an zu viel auferlegt worden. An Waschtagen war sie des Abends tief erschöpft, die Hände dick geschwollen vom Rumpeln der Leintücher, der Kissenbezüge, der Hemden. Zuweilen lag sie mit Tränen im Bett, und ich schmierte ihr die aufgesprungenen, rissigen Hände mit Glyzerinöl ein. Es war kein Wunder, dass sie über jedes beschmutzte Kleidungsstück wütend wurde, dass sie jedes Taschentuch nur mit Mass zuteilte.

Ging es mir denn schlecht? Nein, es ging mir trotzdem

gut, so gut es eben gehen kann. Der Lebens- und Freudewille in Kindern ist gewaltig. Ich war Mamas verzärtelter Liebling, obwohl auch ich, wie die Brüder, ihren Temperamentsausbrüchen, Stimmungsschwankungen und ihrer Heftigkeit ausgesetzt war. Ich war das geliebte Kind; an die anderen musste sie sich langsam gewöhnen, mit ihnen zusammenwachsen. Privilegierte Stellung tut nie recht gut. Später muss man das Gefühl, etwas Besonderes zu sein, abstreifen, dieses Gefühl, das einem als Hätschelkind mit zwei Stiefgeschwistern so früh eingeimpft wurde.

Jack und Jula waren mir zwei echte Brüder, die Fixsterne meines kindlichen Universums, immer schon da gewesen. Das frühe Gefühl für Recht und Unrecht in der Welt erwachte an den Konflikten, die sie mit Mama hatten. Ich war ihren Eifersüchteleien und kleinen Quälereien ausgesetzt und quietschte durchdringend, wenn sie mich beim Spielen störten. Das taten sie in ihrer ambivalenten Haltung mir gegenüber nur zu gerne. Trotzdem akzeptierten sie mich.

Besonders der Jüngere, Jula, war mir oft ein amüsanter Spielgefährte. Er war mein wildes Reitpferd, auf dessen Schultern ich die drei Stockwerke kreischend abwärts ritt. Wir sassen oft auf der Schwelle des Eingangstors, und da ich früh eine oft ausschweifende Fantasie entwickelte, erzählte ich ihm Geschichten zum Grausen und zum Lachen. 1934 reiste dieser Bruder als Schutzbündler in die Sowjetunion aus. Die Jahre zuvor war er als begabter Techniker arbeitslos und lebte von dem schmalen Einkommen seiner Frau Mitzi, die Hilfsarbeiterin war. Immer fanden die beiden eine Gelegenheit, mir etwas zu schenken, selbst als mein Bruder schon ausgesteuert war. Wie soll ich den handgestrickten, herrlich roten Pullover je vergessen, den ich von den beiden bekam, als ich mit ziemlich schäbiger Kleidung 1932 auf einen Monat Urlaub aus der Sowjetunion in Wien war. Auch in der illegalen Zeit, als unsere Partei, die kommunistische, bereits verboten war, fand ich bei meinem Bruder, einem aktiven Sozialdemokraten, stets eine Unterkunft, ein warmes Essen und manchmal einen Leckerbissen. Erst später, viel später, als Jula längst irgendwo im Schlamm bei Moshaisk vergraben lag, als ich seine Familie wieder gefunden hatte, konnte ich unter glücklicheren Umständen seiner Frau und seinem Sohn etwas von der Liebe zeigen, die ich immer für ihn empfunden hatte.

Mit Jack war die Beziehung weniger einfach. Mit einem Lausbubenstreich hatte er sich früh von zuhause wegkatapultiert. Ich weiss nicht, ob Jack seine Kindheit verdrängte. Es scheint so. Er zeigte später, als er Ansehen, Wohlstand und Erfolg errungen hatte, wenig Neigung, sich mit seiner Vergangenheit zu beschäftigen. Ich aber habe wenig Talent zum Verdrängen. Mein Gehirn hat die Szenen der Kindheit, vor allem die mit Ängsten verbundenen, nur allzu getreu registriert. Da hocke ich in einem Winkel, erstarrt. Mama liegt im Bett, zugedeckt mit aufgetürmtem Federbett. Sie hat Schüttelfrost, ihre Zähne klappern. Man hat sie bestohlen. Von meinem Schemel aus schaue ich auf sie mit ängstlicher Neugierde. Im Bett liegt ein fremdes Wesen, das mir Angst einjagt. Mamas schwarze Pelzjacke und ein Ring, ihre einzigen kostbaren Sachen, sind weg. Um ihr Bett herum stehen Nachbarinnen und versuchen sie zu beruhigen, reden ihr zu, machen Lärm. Der Dieb war Jack, so viel erriet ich. Von nun an war der Sechzehnjährige ausgestossen. Es war sein Glück, seine Chance. Jack glich in keiner Weise unserem verträumten, passiven Vater. Die Vitalität, mit der er sich dann durchschlug – woher hatte er sie? Er wechselte zweimal die Lehre, landete schliesslich bei den sozialdemokratischen Kinderfreunden, wo er sich grosser Beliebtheit erfreute, heimste Erfolge ein, heiratete früh, hatte in Zeiten, wo andere in Wien sich kaum durchbringen konnten, eine gute Wohnung und Stelle. Diese Vitalität hatte er von seiner früh verstorbenen Mutter, nehme ich an, von jener Frau, die bei uns vergessen und endgültig verschwunden war.

Jack, das verwahrloste Kind, das man schon aufgegeben hatte, zeichnete sich während seines ganzen langen Lebens durch fast fanatischen Fleiss aus – bis zum zweimaligen Herzinfarkt. Arbeit und Aufstieg, Anerkennung und bürgerlicher Wohlstand wurden seine Lebensziele. Er hat sie erreicht. Jack schaffte es sogar, Vaters Stolz zu werden, war es doch von uns dreien er, der das kleinbürgerliche Ideal verwirklichte. Und erst noch im Rahmen der Sozialdemokratie.

Nur einmal brach aus ihm etwas längst Vergrabenes aus der Kindheit hervor. Es war nach dem Zweiten Weltkrieg, als Jack, der im Krieg in der britischen Armee gedient hatte, aus Israel zurückkehrte und auf dem Weg nach Wien bei uns in Zürich übernachtete. Er berichtete von seinen Anstrengungen, sich in dem neuen Staat Israel eine Existenz aufzubauen. Seine Frau Martha – eine schöne, kluge und tüchtige Frau – arbeitete damals als Kellnerin in der Kantine der Armee, und er selbst unternahm den Versuch, auf einer belebten Strasse Tel Avivs eine Bude zum Schuhputzen aufzubauen. Genauso von der Hand in den Mund hatte er in Wien eine Zeit lang überlebt, indem er gebrauchte Flaschen und Altpapier sammelte. Das sorgfältig aufgerichtete Büdchen in Tel Aviv wurde ihm dann von einem Orkan weggefegt, den Rest besorgte der Regen. Ohne Selbstmitleid erzählte Jack von diesen Dingen, doch fast im gleichen Atemzug von einem Kindheitserlebnis. Als Bub hatte er sich irgendwo Geld beschafft – vielleicht durch einen Griff in Papas Kasse – und sich zwei riesige Tortenstücke gekauft, in der feinen Konditorei an der Unteren Augartenstrasse, an deren Schaufenster wir uns gewöhnlich die Nasen platt zu drücken pflegten. Zwei Tortenstücke aus lauter Creme und Schlagobers. Er schlang sie in einem öffentlichen WC in sich hinein.

Ich erzählte ihm eine andere Anekdote. Es war ein Sonntag, Papa wie gewöhnlich im Caféhaus und Mama allein zuhause. Um mich los zu sein – welches Kind geht einer Mutter nicht manchmal auf die Nerven –, hängte sie mich Jack an, der mit anderen Buben in die Praterauen wollte. Welch zweifelhaftes Vergnügen für einen Halbwüchsigen, eine kleine Schwester mitzuschleppen. Jack tat es gutwillig. Mit seinen Kameraden jagte und rannte er durch die Alleen, mich hinter sich herschleifend. Es begann zu regnen. Nass und dreckig, doch vergnügt kamen wir nach Hause. Jack hätte sich ein Lob verdient. Stattdessen hagelte es Ohrfeigen, Geschimpfe, Geschrei. Die arme Mama. Jack pflegte ihr Grab auf dem Zentralfriedhof.

»Zur Suppe, zur Suppe, das Gulasch ist heiss«

Leben in der Wiener Leopoldstadt

Gesegnete Fantasie der Kinder, gesegnete Fähigkeit, aus dem Nichts Lust zu saugen. Aus dem Umkreis Adambergergasse–Schreygasse, aus unserem Getto, kam ich selten hinaus. Dieses Getto war jedoch voller Leben, es wimmelte von Kindern. In der Schule lernte ich, dass Toni Adamberger die Braut von Theodor Körner[1] war, diesem Dichterhelden im Freiheitskrieg gegen den grossen Napoleon: »Du Schwert an meiner Linken, was soll dein heitres Blinken.« Kein Genie, gewiss, doch unsere Gasse war historisch. Die eine Hälfte war fast ausschliesslich von jüdischen Familien, mit Kindern reich gesegnet, bewohnt. Mir schien die Grenze ein Kanalgitter in der Mitte der Gasse zu sein. Dahinter begann der christliche Teil, der uns schon fast Fremde war. Die Gasse war, wie die meisten in Wien, gepflastert mit jenen quadratischen, bläulichen und unregelmässigen Steinen, die noch nicht fürs Auto gedacht waren. Der Spritzwagen fuhr drüber und Pferdehufe klapperten. Es gab einen Stall in der Gasse, und es roch nach Pferd. Als ich 1948, nach dem Zweiten Weltkrieg, wieder in meine Heimatstadt kam, taumelte ich wie im Rausch über diese immer noch vorhandenen Pflastersteine und überraschte unseren Begleiter mit der Bemerkung, ich könnte jeden küssen. Zum ersten Mal erlebte ich mit einer vorher ungeahnten Intensität, dass es so etwas wie Heimat gibt.

Wir Kinder hatten unsere Spiele, die heute ausgestorben sind. Diabolospulen schwirrten hoch in den Himmel, wir tanzten Ringelreihen und sangen dabei uralte Texte, die so harmlos nicht waren. »Machet auf das Tor, machet auf das Tor, es kommt ein grüner Wagen.« »Mariechen sass auf einem Stein und der Bruder Karl stach sie tot.« Der grüne Wagen – was will er will er denn – holte Verbrecher, und Mariechen war eine Vor- oder Nachläuferin von Gretchen in Goethes Faust, deren Bruder Karl der gleiche rabiate und rachsüchtige Verteidiger urmännlicher Sittlichkeitsideale wie Faust. Was wussten wir davon. Wir leierten unsere Reime und gingen im Kreis. Auch der Krieg, der erste grosse, mischte sich in unsere Spiele. »Zur Suppe, zur Suppe, das Gulasch ist heiss« – in der Mitte ein grosser Ball, ausgestreckte Hände, davonrennen und sich davor hüten, mit dem Ball abgeschossen zu werden. Fenster gingen auf, Butterbrote wurden an langen Spagaten herabgelassen. Und unsere Mütter hatten Ruhe.

Wurde das Gekreisch auf der Gasse überlaut, stürzte gelegentlich eine wütende Hausmeisterin heraus und drohte uns mit dem Besenstiel. Die unsere hiess Frau Kral, hauste in einer dunklen Höhle im Parterre und hatte eine hoch aufgeschossene Tochter, die mit zwanzig Jahren an Tuberkulose starb. Ihre Funktion war nicht zu verwechseln mit jener der unsichtbaren Besitzer der Kasernen. Sie musste bloss das Treppenhaus putzen, auf Ordnung schauen und als Herrin des Haustorschlüssels nachts das Tor öffnen. Bis in die frühen Dreissigerjahre hatten die Bewohner der Mietskasernen kein Recht auf einen eigenen Schlüssel. Wollten sie nach zehn Uhr nachts ins Haus, mussten sie die Hausmeisterin herausklingeln und ein Sperrsechserl* bezahlen. Die Sitte stammte, wie ich annehme, noch aus der Metternichzeit. Ich selbst habe, als ich älter wurde, Frau Kral unzählige Male aus tiefem Schlaf geweckt und ihr zur Versöhnung Groschen und Schillinge in die Hand gedrückt.

Als kleines Kind, während und die ersten paar Jahre nach dem Ersten Weltkrieg, schlief ich manchmal bei ihr, wenn Mama nach Ungarn fuhr, um Esswaren zu schmuggeln.

Frau Kral beherrschte in gewissem Sinne das Haus. Ausser ihr wohnten darin nur wenige christliche Parteien. Eine von ihnen wurde viele Jahre später meiner Familie zum Verhängnis, indem sie meine Eltern denunzierte. Frau Krals Seele war gespalten. Angewiesen auf die Sperrsechserl und Trinkgelder der vielen Juden im Haus, versuchte sie ihrer Stimme einen süssen Klang zu geben; in der schräg demütigen Kopfhaltung, im leicht schielenden, doppeldeutigen Blick kam

* Die Häustüren waren abgeschlossen. BesucherInnen mussten läuten und das Sperrsechserl war das kleine Trinkgeld für die Hausbesorgerin, die öffnete.

jedoch ihr Ressentiment zum Vorschein. Zu mir aber war sie aufrichtig zärtlich, und Mama vertraute mich ohne Vorbehalte ihrer Obhut an.

Zur Leopoldstadt gehörte auch der Prater. Er lag nicht allzu weit weg, eine halbe Stunde Fussweg. Die Elektrische war teuer; wir benützten sie selten. Diese grellroten, abends beleuchteten Wagen erschienen mir als Märchenkarossen. Man macht aus seiner Welt, was man kann. Es kam vor, dass mich Papa zum Pferderennen mit in den Prater nahm. Alles was mit Wetten und Glückspielen zusammenhing, schien ihn zu reizen. Das letzte Stück Fahrt mit der Elektrischen bis zur Endstation war für mich der schönste Teil. Die Bahn fuhr zwischen Bäumen, die mit ihren Zweigen fast die Fenster streiften und alles in ein angenehmes, kühles Grün tauchten. Dieses Gefühl dabei, das war für mich Glück. Überhaupt: Meine ewige Sehnsucht nach Grün, nach Grashalmen: Als mir viele Jahre danach Walt Whitmans Dichtung »Grashalme« in die Hände kam, war es wie eine Offenbarung. Nur wer in Steinen und Mauern aufgewachsen ist, wird diese selige Mystik des Grüns im Tiefsten verspüren. Den Volksprater, den Wurstelprater, hasste ich. Staub, Gegröle, billiger Ramsch und Rausch, Ringelspiele, Berg- und Talbahn, das war alles nichts für mich, die Prinzessin auf der Erbse. Mein Sohn ging in kindlichem Alter gerne solchen Vergnügungen nach, ich erkannte darin eine robustere Lebenskraft.

Eines Morgens erwachte ich in Mamas Bett und fand, dass ich allein in der Wohnung war. Mama war, wie immer am Vormittag, auf den Karmelitermarkt einkaufen gegangen und würde wohl bald zurückkommen. Dieser Gedanke streifte mich, um sogleich zu verschwinden. Uferlose Ängste und ausschweifende Fantasiegebilde erwürgten das bisschen kindliche Vernunft. Vom Bett aus sah ich auf die Verzierungen des Wäscheschrankes, die harmlosen gedrechselten Schnörkelmuster verwandelten sich in gräuliche Fratzen, die mich böse angrinsten. Aus den Spitzenvorhängen der Fenster blickten mich Gesichter an. Etwas, das dem Irrsinn glich, überschwemmte mich. Hinaus, hinaus. Die Küchentür, die auf den Gang führte, war verschlossen. Alle sind weg, haben mich zurückgelassen, sind nach Amerika ausgewandert. Ein Gefühl absoluter Verlassenheit und Verlorenheit überkam mich. Ich stürzte zur Tür, hämmerte mit den Kinderfäusten dagegen, was die Kraft hergab, und schrie meine Lungen heraus. Nachbarinnen kamen gelaufen, versuchten mich zu beruhigen und gingen nicht mehr weg von der Tür, bis Mama da war. Die Gespenster flogen weg, die Sicherheit vor allem Entsetzen der Welt war wieder eingekehrt. Doch dieses frühe Erlebnis des Eingesperrt- und Ausgesetztseins ging niemals gänzlich verloren.

Im Jahre 1919 wütete in Wien die so genannte spanische Grippe, eine Folge des Krieges. Anfällig, wie ich seit jeher war, erwischte ich sie als Einzige in der Familie. Mama brachte mir Weintrauben, eine grosse Rarität. Ich war immer gierig auf Obst, und das war immer schon teuer. Die Kopfschmerzen ertrug ich ohne besondere Wehleidigkeit. Es ist erstaunlich, wie geduldig Kinder im Leiden sein können. Dass mir aber nicht einmal die guten Trauben den Hals hinunterrutschen wollten, machte mich zornig. Ich war zu krank. Ironisch warf ich Mama vor, ich würde die guten Sachen immer dann kriegen, wenn ich sie nicht essen könne.

In dieser Zeit übersiedelten wir aus der Einzimmerwohnung im ersten Stock in den dritten Stock, wo es zweieinhalb Zimmer, eine zwar kleine, aber hellere Küche und sogar ein winziges Vorzimmerchen gab. Ich wurde in einem Federbett hinaufgetragen. Als ich dann 1948 zum ersten Mal nach all den Jahren, in denen mir Wien, Kindheit und Jugend versunkener Raum, versunkene Zeit waren, wieder in dieser Gasse stand, starrte ich zu den beiden Fenstern hinauf, hinter denen unsere einstige Wohnstube lag. Wer wohnte jetzt da? Ich war versucht, in den dritten Stock zu steigen, dort zu klingeln. Ich unterliess es, kämpfte mit aufsteigenden Tränen. Ein kleiner Bub, von irgendwoher aufgetaucht, stiess mich gegen das Schienbein. Komisch, so eine Frau, die da steht und starrt.

Damals besuchte ich auch Gräber. Vater und Mutter waren in den Strudel der Mordzeit hineingesaugt worden und mit ihnen zahllose andere Menschen, die ein mühseliges Alltagsleben geführt hatten, durch nichts auffällig, durch nichts sich auszeichnend, für Hitlers Schergen ungeformter Ton, wertlose Masse, zur Vernichtung und zum Untergang bestimmt. Die Adambergergasse, früher belebt von Kindern, die wie Spatzenscharen lärmten, war ausgestorben.

In der neuen Wohnung hatten wir ein wenig mehr Platz. Man konnte durch mehrere Türen gehen, das war schon etwas. Wie in der alten, fehlte es auch hier nicht an Natur – zwar keine Flora, doch eine ansehnliche Fauna. Aus den Ritzen und Fugen krochen kleine Tierchen hervor. Sie sahen wie runde welke Blättchen aus, hatten einen Durchmesser von drei bis höchstens vier Millimetern und waren fast durchsichtig. Erst wenn sie Menschenblut gesaugt hatten, wurden sie rot und prall. Gegen diese Zivilisationstierchen führte Mama mit heisser, scharfer Lauge und Petroleum einen unerbittlichen Kampf. Ich traf diese Kleinlebewelt später in Moskau wieder, dann in Paris. Sie war in allen Elendsvierteln der europäischen Grossstädte zuhause, in den windigen Hotels, den minderen Maisons meublées.

Um einiges grösser waren jene Tierchen, die in Wien Schwaben und Russen hiessen. Oh Tiefe der Volksseele, die in solchen Namen sich äussert. Die Schwaben waren schwarze Käfer von beträchtlicher Gestalt wie die leider fast ausgestorbenen Maikäfer; die Russen waren kleiner, fast kugelig, von hellbräunlicher Farbe. Wovon sie sich ernährten, blieb mir ein Rätsel. Bei uns war es so sauber wie nur möglich. Mama bürstete und fegte sich die Seele aus dem Leib, um diese ungebetenen Gäste loszuwerden. Sie machte ihnen das Leben äusserst schwer. Fanden sie in den Spalten des weichen Bretterfussbodens, in den Ritzen der Wände ihre Nahrung und kamen nur zuweilen hervor, um sich die Welt bei Licht anzusehen? Am Tag waren sie verschwunden, erst das Lampenlicht lockte sie hervor. Sobald sie ein Lampenschimmer traf, rischelten und raschelten sie uns in ganzen Heerscharen entgegen. Ich ekelte mich nicht eigentlich vor ihnen – Kinder ekeln sich nicht so leicht –, erfuhr dann aber nach Jahren, dass sie alle gefährliche Krankheitsüberträger waren. Auch Mäuse suchten uns an der Adambergergasse heim. Sie mussten in Fallen gelockt und ersäuft werden. Ich versteckte mich, wenn das geschah.

Es gab etwas, das mich an der neuen, grösseren Wohnung störte, mir die Freude daran vergällte. Die Eingangstür grenzte genau im rechten Winkel an die sechs Klosetts, die für die Bewohner des dritten Stocks zur Verfügung standen, je ein Klo für mehrere Familien. Unseres war in der Mitte. Ständig mussten wir hören, wie die Leute ihr Örtchen aufsuchten. Wenn wir in unsere Wohnung wollten, mussten wir immer an den Klos vorbei, hinein, hinaus, mitten durch eine Duftwolke. Es war grässlich, ein Albtraum. Während meiner ganzen Schulzeit schämte ich mich deswegen, wagte kaum Kinder zu mir einzuladen. Meine Scham war keine zimperliche Reaktion der Erbsenprinzessin. Als eines Tages mein Religionslehrer, ein temperamentvoller, gescheiter Mann, der mir mit anderen Lehrern zu einem Stipendium fürs Gymnasium verhalf, meine Eltern ungebeten besuchte, äusserte er seine Abscheu unverhohlen und fand, solche Häuser müssten schleunigst abgerissen werden. Das Haus steht heute noch, der Krieg hat es verschont. Welche Art Menschen sich darin verkrochen haben, weiss ich nicht.

In unserer Nachbarswohnung, einem Zimmer mit finsterer Küche, hauste damals eine Familie mit Grosseltern, Vater, Mutter und einem kleinen Mädchen. Die Leute galten im Haus eher für wohlhabend. Der junge Ehemann, still, freundlich, wortkarg, betrieb irgendwo ein kleines Textilgeschäftchen, das die fünfköpfige Familie ernährte. Verwundert schüttle ich heute noch den Kopf darüber, wie sie es fertig brachten, auf wenigen Quadratmetern eine Ordnung aufzubauen, eine Reinlichkeit zu pflegen, in der alle prächtig gediehen. Es roch immer ein wenig nach Naphtalin. Die Kissen auf den Betten waren untadelig weiss, auch die Decken, die überall ausgebreitet waren, wo es nur ging. Die Küche war mit sauberem Packpapier belegt, die Dielen der Stube rochen nach Seife. Die Grossmutter hatte ein volles, schönes Gesicht mit roten Greisenbäckchen, der Grossvater einen imponierenden, gepflegten Bart. Die junge Frau aber war das Bild vollendeter Gesundheit und Ausgeglichenheit.

Ihr stilles Mondgesicht leuchtete vor Güte und Zufriedenheit. Das Kind war ebenso stillvergnügt wie die Erwachsenen und vorbildlich gepflegt. Stille ist überhaupt das Wort, das auf diese Leute zutrifft. Mitten in der Unsauberkeit, der Wirrnis der vielen Existenzen in diesem Haus strahlten sie Ruhe und Frömmigkeit aus. Mama schickte mich später, in der schwierigsten Zeit meiner Jugendkrise, öfters zu ihnen. Instinktiv wünschte sie wohl, ich möchte etwas vom inneren Frieden dieser Leute in mich aufnehmen. Vergebliche Mühe. Die kindlich naive, von jedem Zweifel bare Gläubigkeit dieser Menschen war schon lange nicht mehr meine Welt. Wer aus diesem Zauberkreis ausgebrochen ist, kann nicht mehr zurückkehren. Wie auf einer Insel lebten diese Menschen, sahen und hörten nichts von dem Aufruhr, dem Toben rings um sie, unbeirrt blickten sie auf ihr ruhiges Sabbatlicht. Wie sehr wünschte ich mir, dass diese kleine, in sich geschlossene Welt von der trüben Flut um sie herum verschont bliebe.

Eine Türe weiter lebte eine Witwe, gesegnet mit einem Haufen Kinder, die zu ernähren und zu bekleiden waren, und einer klapperdürren Grossmutter. Es gab nur ein Bett in dem einzigen Zimmer, in dem die Grossmutter und das jüngste Kind schliefen. Von früh bis spät war das Kreischen der Witwe zu hören. Sie konnte die Buben nicht regieren, und oft wälzte sich eines dieser ungezogenen Geschöpfe heulend im Treppenhaus. Die Fürsorge hatte viel mit ihnen zu tun. Gott weiss, was aus allen diesen Kindern geworden ist.

Am anderen Ende des langen Ganges wohnte eine streng orthodoxe Familie, deren Tochter nach Amerika ausgewandert war. Als die Mutter starb, blieb der Vater, ein verhutzeltes Bartmännchen, allein mit dem rothaarigen Sohn zurück. Das jämmerliche Weinen des mutterlosen Knaben hörte tagelang nicht auf. »Du wirst mich nicht so beweinen«, sagte Mama vorwurfsvoll zu mir. »Sei doch froh«, gab ich zur Antwort, »du hättest sonst nur ein lebensunfähiges Geschöpf in die Welt gesetzt.« Ich habe meine Mutter beweint und hatte auch allen Grund dazu. Mein Schicksal war mit dem ihren auf fast schuldhafte Weise verstrickt, und ihr Tod traf mich tief. Je mehr ich selbst mich dem Ende meines Lebens nähere, desto näher kommt mir meine Mutter.

Einer der zwei erwachsenen Söhne der Familie, die uns direkt gegenüber wohnte, war Hilfsarbeiter bei der Wiener Elektrischen. Ein jüngerer, ewig verschnupfter Bruder mit rot umränderten Augen ging noch zur Schule, und die schöne dunkelhaarige Tochter blühte wie eine Blume, der das armseligste Erdreich genügt, um sich voll zu entfalten. Die Mutter, ebenfalls verwitwet, war dünn und unterernährt. In dieser Wohnung roch es nie nach Essen, nach Brot, nicht einmal nach Schweiss. Der muffige Raum war durchdrungen vom Geruch der nackten Not.

Ging man in unserem Stockwerk links ums Eck, betrat man den so genannten Eisengang, eine Art Veranda mit einem Fussboden aus Eisenplatten. Jeder Schritt darauf hallte metallen. Dort reihte sich nochmals Tür an Tür, Elendswohnungen, deren Bewohner ich nicht kannte. Wir alle lebten in beklemmender Enge, waren uns fremd, oft unheimlich.

Mama leistete sich, selten genug, eine Frau zum Aufwaschen der Bretterböden oder für die grosse Wäsche, eine allein stehende, gutmütige Seele. Ihre knorpligen, von Gicht verkrümmten Finger, das schwache Schimmern ihres bräunlichen Gesichts, der etwas scheppernde Klang ihrer Stimme sind mir noch präsent. Nach getaner Arbeit sass sie auf der Kohlenkiste, umklammerte mit den Händen den Kaffeetopf, um sich daran zu wärmen, und ass dann ein dick gestrichenes Schmalzbrot. In den Beziehungen zu den Menschen, die arm und noch ärmer waren als sie selbst, bewiesen meine Eltern eine fundamentale Ehrlichkeit und Solidarität, die auch uns Kinder nicht unberührt liess. Gegenüber studierten Leuten, die es zu etwas gebracht hatten, hegten sie wiederum allzu grossen Respekt. Ein Doktor oder Professor stand ungefähr auf dem Gipfel ihrer Träume vom Aufstieg, die sie nicht zu verwirklichen wussten. Zu diesen gesellschaftlichen Rängen pflegten wir aus der absoluten Froschperspektive aufzublicken. Rein materieller Reichtum imponierte Vater und Mutter weniger.

Neben der Hausmeisterin, Frau Kral, lebte unten im Parterre noch eine dunkelhaarige, magere Frau mit leicht mongolischen Gesichtszügen. Ihre Wohnung war ein Loch ohne Fenster, Zimmer und Küche in einem. Die einzige Tür ging auf den stinkenden Hinterhof. Die Frau hatte einen gelähmten Arm, der schlaff an ihrer linken Seite herabhing und ihr im Haus den Namen »Die Krummhandlige« eintrug. Ihre Tochter hatte die Fürsorge in einer Pflegefamilie untergebracht. Man gestattete der Mutter nicht, das Kind in ihrer Höhle grosszuziehen. Es war ihr entfremdet, und sie verlor es. Endlos konnte sie Mama darüber klagen. Ihre Invalidität flösste den Leuten Schauder und Widerwillen ein, aber in ihrer Höhle war es sauber, warm, traulich. Ich hockte oft bei dieser Frau, deren Tragödie ich instinktiv erfasste. Das karge Petroleum streute Schatten an die weiss gekalkten Wände, im Kochherd flackerte das Feuer. Wie in einer von innen erhellten Kiste kauerte ich da, gut versteckt.

Die armen Juden der Leopoldstadt, die kleinen Handwerker, Greissler (Kleinkrämer), Flickschuster, Schneider, gehörten in Wirklichkeit zum Wiener Proletariat. Sie unterschieden sich nur, weil es ihnen womöglich noch schlechter ging. In unserem Teil des Bezirks gab es wenig eigentliche Arbeiter und Arbeiterinnen, nur viele arme Juden und auch arme Christen. Unsere Existenz war ungesichert, wir hatten nicht den Rückhalt der organisierten Arbeiter. Um unsere ärztliche Betreuung stand es ungefähr so wie heute in manchem Entwicklungsland. Wir konnten den Privatarzt nicht bezahlen, also auch nicht brauchen. Das Krankenkassenwesen war noch im embryonalen Stadium, für selbstständig Erwerbende gab es keine Kasse. Wurde man krank, blieb man am Leben oder starb.

Mein dauerndes Kindheitsübel waren entzündete Augen, hartnäckige Reizung der Bindehaut. Mama ging mit mir ins Kinderspital, es gab eines im Bezirk. Sie trug mich auf dem Arm, ich sah fast nichts. In langer Schlange standen die Frauen mit ihren Kindern, oft stundenlang wartend. Man kam schliesslich dran. Der Arzt riss einem die Augenlider auf, die enzündeten, verklebten, schmierte eine gelbe Paste hinein.

Erledigt war der Fall. Alle das Gleiche. Ich vermute, wir werden auch alle das Gleiche gehabt haben, die übliche Infektion wegen mangelnder Hygiene. Sie hielten sich für zu gut, die Herren Ärzte der Spitäler, den Frauen aus dem Volk auch nur ein einziges Wort der Aufklärung zu schenken, auch nur eine einzige hygienische Massregel zu erklären. Es wäre so einfach gewesen: die Augen nicht berühren mit ungewaschenen Händen, nach jedem Klo die Hände waschen. Nichts dergleichen. Die Medizin ritt auf hohem Ross, desgleichen die Herren Mediziner; das Volk war kein Gespräch wert. Gleichgültigkeit und professioneller Hochmut. Zu leiden hatten die Kinder, und mich packt noch heute die pure Wut, wenn ich daran denke.

Wie meine Mutter, hatte es auch zwei ihrer Schwestern vom Land in die Stadt, von Rockendorf nach Wien gezogen. Die eine davon, Tante Helene, lebte in der Rembrandtstrasse, einer besseren Strasse unseres Viertels, nicht weit vom Augarten. Diesen Park mit seinen französisch angelegten Alleen und dem hübschen Schlösschen hatte der aufgeklärte Joseph II. seinem Volk zur Erlustigung freigegeben. Als ich die etwas steife, langweilige Anlage nach dem Zweiten Weltkrieg wieder aufsuchte, stand da ein Betonungeheuer von massiver Gestalt, dem Turm eines Atomkraftwerkes nicht unähnlich, als Wahrzeichen einer verruchten Zeit. In der Hungerszeit nach dem ersten Grossen Krieg wurden wir Kinder des Bezirks in dem Barockschlösschen von mildtätigen Nordamerikanern und wohltätigen Damen mit Milchreis, grossen Hefebuchteln, auch mit Erbsen, Linsen und grossen, harten Knödeln gefüttert. Viele Knödel lagen nach der Ausspeisung unter dem Tisch und mancher Patzen Linsen; offenbar waren wir doch nicht hungrig genug. Und um eine Speise offen zurückzuweisen, fehlte uns die Courage.

Tante Schnierer war eine hübsche Person mit dunklem Kraushaar und einer scharfen Zunge. Verheiratet war sie mit einem Arbeiter der Ankerbrotfabrik, der seinen Lohn regelmässig nachhause brachte. Das war nicht unbedingt üblich; von Frauenemanzipation wusste man in unseren Kreisen damals noch nichts. Doch Tante Helene führte entschieden das

Regiment, in jeder Hinsicht. Onkel Joschka kam mir immer etwas unterdrückt vor, ohne dass er mir leid tat, denn er gab die giftigen Hiebe, die er oft einstecken musste, an seinen Sohn Arthur, meinen Cousin, weiter. Das Minderwertigkeitsgefühl meines Onkels resultierte aus der Tatsache, dass er der Tante zuliebe zum Judentum konvertiert war und davon nichts verstand. Weder mit seiner schulischen noch mit seiner religiösen Bildung war viel Staat zu machen. Das war meiner Tante ein ewiger Dorn im Auge, und oft bekam ich mit, wie sie an ihm herumkrittelte. Die Liebe war offensichtlich nur einseitig, anders als bei meinen Eltern, wo Mama, wenn ein nichtiger Streit ausbrach, oft bekümmert sagte: »Bei uns streitet sich nur der Dalles« – ein hebräisches Wort für Not oder Sorge. Zu Tante Helene hatte ich eine zwiespältige Beziehung. Sie gefiel mir, weil sie hübsch war, aber gleichzeitig fürchtete ich sie wegen ihrer spitzen Zunge. Das Klo bei ihr war für mich ein unerhörter Luxus. Überhaupt war ihre Wohnung um einige Grade netter und gepflegter als unsere, was ich sehr schätzte. Auf dem Küchentisch standen meist Teller mit Früchten, nach denen ich mir jeweilen gierig die Augen ausschaute. Manchmal steckte sie mir eine Handvoll Kirschen zu, sehr sparsam. In ihre kleine Tochter Renée, meine Kusine, war sie verliebt, die Beziehung zu Sohn Arthur war hingegen sehr spannungsgeladen. Mit meiner Mutter vertrug sie sich einigermassen, die beiden waren sich nicht gerade in schwesterlicher Herzlichkeit zugetan. Während der Gefängniszeit und der schweren, todbringenden Krankheit meiner Mutter verhielt sich Tante Schnierer jedoch vorbildlich. Ebenso war sie voller Güte gegenüber meinem Vater, als er nach dem Tode Mamas ihre Hilfe am dringendsten brauchte. Viele Jahre später kam sie – denunziert von einem Schurken aus ihrem Heimatdorf – im Konzentrationslager um, nachdem sie anderthalb Jahre lang auf einem Heuboden überlebt hatte. Das sei zur Ehre derer gesagt, die sie und ihren Mann unter eigener Gefahr monatelang versteckt hielten.

Die zweite in Wien lebende Schwester meiner Mutter, Hermine, wohnte in einem besseren Bezirk, im Mariahilf. Sie war mit einem Möbeltischler verheiratet, der im Zweiten Weltkrieg in einem Arbeitslager umkam. Von den acht Kindern meiner ungarisch-schwäbischen Grossmutter hat sie als Einzige Hitlers Vernichtungsmaschinerie überlebt. Sie ist nach Australien zu ihrer Tochter Grete ausgewandert, hat vier Enkelkinder, auch noch Urenkel erlebt und ist treu gepflegt von ihrer Tochter in hohem Alter gestorben.

Prinzessin Gülnare und Fee Christiane
Freundinnen der Kindheit

Neben dem Friseurladen meines Vaters befand sich ein Caféhaus, ein Tschocherl, in dem ein etwas zweifelhaftes Publikum verkehrte. Unter der Hand wurden dort allerhand Geschäftchen abgewickelt, bis zur Hehlerei. Woher Kinder das wissen, denen doch alles verheimlicht wird? Mit dem sechsten Kindersinn, der, ohne seine Aufmerksamkeit speziell den Dingen zuzuwenden, die nicht in die eigene Welt passen, mit grösster Schärfe alles aufnimmt und behält, ohne sich weiter darum zu kümmern.

Das Lokal entsprach durchaus dem Viertel, in dem wir wohnten. Die Besitzer indes, Herr und Frau Kraus, waren ein ehrenhaftes Ehepaar, mit denen meine Eltern eine Bekanntschaft pflegten. Frau Kraus war klein und recht rundlich. Mama, die selber eine sehr gute Figur hatte, nannte sie boshafterweise den Doppelliter. Vielleicht war das eine kleine Rache dafür, dass Frau Kraus sich zu den besseren Leuten zählte und das auch des öfteren zu verstehen gab. Sie kritisierte meine Kleidung, meine Manieren, und ich brachte ihr alles andere als Sympathie entgegen. Mit der einzigen Tochter der Familie, Lily, verbrachte ich jedoch viele Stunden, entweder im Caféhaus oder in ihrer Wohnung, die ebenfalls in der Adambergergasse lag, vis à vis der unseren. In diesem Haus roch es paradoxerweise nach Kühen und Kuhmist. Im Hinterhof befand sich ein Stall, ein wenig genuine Natur, wenn auch kein Grünfutter weit und breit.

Lily war mit der Gabe des Fantasierens gesegnet, so wie

ich auch, aber noch in höherem Masse. Wir besassen kein Spielzeug und mussten uns unsere Welt selbst erschaffen. Das Tschocherl, in dem wir uns oft aufhielten, empfing in strengen Wintern seine Wärme von einem Kachelofen, der den langgestreckten Raum nur schwach erwärmte. Meist knieten wir auf den Stühlen des ersten Tisches bei der Eingangstür. Auf der grossen Fensterscheibe bildete sich, wenn es fror, eine dicke Eiskruste, die bizarre Formen annahm. Erleuchtet von den Gaslampen, schimmerte das Eis vielfarbig und verwandelte sich für uns in ein gläsernes, von Märchengestalten bewohntes Schloss. In dem Rauchnebel, der zu den Lampen emporstieg, tanzten Elfen und Feen für uns ganz allein.

Lily und ich suchten einander im Erfinden von Geschichten zu übertrumpfen. Sogar aus den stinkenden, vergitterten Kanalöffnungen der Gasse stiegen die Geister auf, oder auch aus dem Dunst der Petroleumlampe bei mir zuhause. Den Kindern der Gasse suggerierten wir unsere Fantasiegebilde und Lügengeschichten mit grosser Beredsamkeit und liessen sie in die Löcher starren. Schön und gut, solange wir Einbildungskraft und Wirklichkeit noch unterscheiden konnten, so sehr uns die erfundenen Gestalten auch umschwebten. Doch eines Tages erschien mir im ersten Stock unseres Hauses, genau vor der letzten Treppenstufe, die Gestalt eines rothaarigen Knaben im weissen Matrosenanzug mit blauem Umlegekragen. Er stand im Halbdämmer etwas seitlich, man konnte nur knapp an ihm vorbei. Auch meine kleine Freundin sah ihn. Immer wenn es im Hause dunkelte, stand er da, dieser unheimliche Gefährte meiner Kindheit. Wir wurden ihn lange Zeit nicht los, jagten im düsteren Treppenhaus, vor Angst halb wahnsinnig, an dieser Stelle vorbei. Er war die Personifikation all unserer Ängste, er war wirklich.

Die Eltern Kraus waren geplagte kleine Geschäftsleute und hatten wenig Zeit für ihr Kind. Ihre Wohnung kam mir viel nobler vor als unsere, unvergleichlich feiner. Es gab da einen Schaukelstuhl und sogar ein Piano. Familie Kraus hatte ein Dienstmädchen, das in der Küche schlief. Die meisten Dienstmädchen in Wien schliefen damals – auch bei reichen

Leuten – entweder in der Küche oder in einem elenden Verschlag. Dafür übten sie auf die Kinder der Herrschaft einen unkontrollierbaren Einfluss aus. Vom Dienstmädchen der Familie Kraus erhielten Lily und ich die erste, allerdings nebelhafte sexuelle Aufklärung. Sie brachte uns das Bänkellied vom verführten und verlassenen Mädchen bei, das sich in die wogende brausende Flut stürzt. Dieses Lied schrillend, warfen wir uns in die Ehebetten der Eltern, das Flussbett, und unsere geschändeten Leiber gingen in den weichen Federbetten unter.

Auch in der Volksschule, nach irgendeinem Habsburger »Leopoldschule« benannt, besuchte ich mit Lily dieselbe Klasse. Meine fantasiebegabte Freundin galt nicht als gute Schülerin. Rechnen war ihr ein Rätsel, eine geheime Phobie, und niemand half ihr dabei. Ihre Handschrift war krakelig, und ihre Hefte waren schmutzig, verschmiert vom Schweiss vergeblicher Mühe. »Nur« gute Aufsätze schrieb sie, und manchmal durfte sie diese sogar vorlesen. Lily hat in ihrem erwachsenen Leben ihren Hang zum Fantasieren produktiv gestaltet. Sie wurde Professorin für Psychologie an einer grossen New Yorker Universität und übte diesen Beruf noch in hohem Alter bis zu ihrem Tod aus.

Lilys Lebensweg führte abseits des Gewöhnlichen. Nach acht Jahren Volksschule lernte sie Maschinenschreiben und Englisch und bekam dann eine bescheidene Bürostelle im Anita-Müller-Heim für jüdische Waisenkinder. In diesem Heim gab Alfred Adler später, damals von Freud bereits getrennt, für die Lehrerinnen und Erzieherinnen einen Einführungskurs in die Individualpsychologie. Seine weitgehend sozial orientierte Psychologie war für viele, besonders aber für sozialistische Pädagogen eine Fundgrube fruchtbarer Erkenntnisse über die kindliche Seele. Lily bat um die Erlaubnis, an dem Kurs teilnehmen zu dürfen. Das war für sie der Wendepunkt. Sehr bald wurde Adler auf diese Hörerin aufmerksam und bahnte ihr den Weg zu einer Ausbildung, auch zu medizinischen und psychiatrischen Vorlesungen an der Universität, die sonst für Leute ohne Matura streng verschlossen war. Adler wies Lily auch die ersten Patienten zu, überzeugt von der Begabung seiner Schülerin. Ihre erste richtige Praxis hatte sie in Budapest, wo sie mit ihrem Mann bis zur Besetzung des Landes durch die Nazis lebte.

Lilys Mann ging in einem Arbeitslager zu Grunde, sie hat nie mehr von ihm gehört. Die Juden Budapests wurden aufgefordert, sich mit einem Minimum an Gepäck an einem bezeichneten Ort einzufinden. Sie befolgten die Order zu Tausenden und Abertausenden. Bereits konnte man das Donnern der russischen Geschütze hören, die Front war nahe. Lily packte einen Rucksack, dem Sammelpunkt wich sie aus. Stattdessen ging sie dem Geschützdonner entgegen. Von einer Kugel getroffen zu werden, war besser, als in einem Lager vergast. Tagelang war sie unterwegs, marschierte meist nachts, versteckte sich tagsüber, bettelte hie und da in den Dörfern um ein Stück Brot, wenn ihr jemand vertrauenswürdig erschien. Mancher gab es ihr, mancher verweigerte es, beschimpfte sie als Saujüdin. Schlimm war die Angst, festgenommen, ausgeliefert zu werden. Doch Lily erreichte die ersten russischen Panzer und hisste ihr Taschentuch.

In New York begann ihr zweites Leben. Eine glänzende Einführungsvorlesung bahnte ihr den Weg als Lehrerin an der Hochschule und als Analytikerin. Ich habe noch ihren zweiten Mann kennengelernt, Emery Gondor, einen hoch begabten Grafiker, der als Scherenschnittkünstler ein wahrer Zauberer war. Er benützte diese Gabe in der Heilpädagogik. Viele Jahre widmete er sein Talent den Kindern aus der Unterschicht New Yorks, die meisten von ihnen Schwarze.

Die Träumereien und Fantasien erhellten unsere armselige Kindheit. Aus unserem realen dürftigen Leben heraus schlüpften wir in die Rolle von Prinzessin Gülnare aus Tausendundeiner Nacht und von Fee Christiane, die der heute vergessene Dichter Raymund geschaffen hat. Lily konnte zwar nicht rechnen, hatte aber mehr praktischen Verstand als ich und verstand es sogar, aus ihren Tagträumen schliesslich ein Metier zu schaffen. Für meine Person waren die Tagträume lange Zeit eine echte Gefahr.

Im April 1979 schrieb mir Lily Gondor, geborene Kraus, aus New York: »Deine Freundschaft war sehr wichtig und befruchtend. Solche Dinge geschehen, ohne dass man sich dessen zu der Zeit bewusst ist. Es war keine sehr erfreuliche Kindheit in der Adambergergasse! Die Kraft und die Anregung zum Denken war mehr in der Epoche und in Büchern verwurzelt und nicht in der Umgebung. Ich sehe immer noch die merkwürdigen Gestalten vor mir – den Schmutz mancher Wohnungen, das Geschrei der zankenden Frauen. Eine davon rief ihrem Mann den ganzen Abend zu: ›Schickele Ganew, Schickele Kurve!‹ Schickele war der Name – eine Art Verbrecherspitzname – einer Familie Froberg in der Gasse Nummer 4. Sie waren richtiges Lumpenproletariat und unglaublich schmutzig. Die lasziven Gespräche der Honigmädchen, die ihr Liebesleben bei offenen Fenstern lebten. Ich glaube, ich erinnere mich auch an die Familie Kral, eure Hausbesorger, den Werkelmann, der an Sonntagen Lanner- und Strausswalzer spielte. Ja, es war auch eine richtige Sonntagsstimmung in der Adambergergasse, man konnte es spüren und sehen. Es war ein Selchwarengeschäft* an der Ecke, und ich delektierte mich an ihren Produkten. Ich erinnere mich an den Herrn Greisler, Herrn Ruhig, wie verlassen und einsam der alte Herr war in dem dunklen Zimmer hinter dem armen Geschäft, an die Nachmittagsvorstellungen im Rembrandt- und Augartenkino, die Feiertage unserer Kindheit. Wie angeregt ich war nach dem ›Verschwender‹ in zwei Teilen und wie ich mich fürchtete, wenn ich in Filmen die Toten auferstehen sah, in ›Leonore‹ von Bürger mit Wilhelm Klitsch in der Hauptrolle. Ich erinnere mich, wie beeindruckt ich war von der Wohnung der Hochsteins, sie waren zwei Mädchen – Zwillinge –, wohnten in der Rembrandtstrasse, was viel vornehmer war, hatten ein grosses Klavier und sehr schöne Bücher. Ihr Vater stammte aus Ägypten und hiess Armand, was mir sehr exotisch erschien. Er war auch so! Ich wünschte, du wärest hier und man könnte darüber sprechen – man hat jetzt eine andere Perspektive, und es ist nicht weniger interessant, nicht weniger traurig, schrecklich, faszinierend und anregend.«

* Wurstwarengeschäft

Lilys Brief brachte mir einen Vorfall in Erinnerung. Mit einer Gruppe von Kindern verbrachte ich einen Sommernachmittag in den Donauauen, an einem jener vielen Seitenarme, in denen man wild baden konnte. Ein Herr mischte sich unter uns und wollte uns Mädchen das Schwimmen beibringen. Niemand hatte uns je vor einer Gefahr gewarnt, meine prüde Mutter gewiss nicht. Die abscheulichen, Entsetzen erregenden Berührungen dieses Mannes prägten sich der Kinderseele ein wie mit einem glühenden Eisen. Der Sommertag verdunkelte sich. Es war ein Glück, dass wir mehrere waren und den Herrn abschütteln konnten.

Unsere Vergnügungen waren selten, die meisten verdankten wir unserer Einbildungskraft. Im Kino gab es manchmal Nachmittagsvorstellungen für Kinder, es roch nach Kolophonium, und ich habe noch heute den mit Staub gemischten Geruch in der Nase, der mich seltsam erregte. »Leonore« sah ich mit Lily zusammen. Danach konnte ich stundenlang nicht einschlafen; die grausige Szene des Geliebten, der sich plötzlich in ein Gerippe verwandelte, wirbelte die halbe Nacht in meinem Kinderkopf. Die Kinder von heute sind intensiveren und erregenderen Eindrücken ausgesetzt, von allen Seiten dringt es auf sie ein, falls sie nicht das Glück haben, von klugen Erziehern beschützt zu werden. Doch gegenüber den rasenden Ereignissen, die so viel Angst erzeugen, sind heute wohl die klügsten Erzieher noch viel ratloser, als es unsere ungebildeten Eltern damals waren.

Zu den bescheidenen Vergnügungen meiner Eltern gehörten die Besuche bei der sechsköpfigen Familie Schaner an der Miesbachgasse. In der Auslage des einzigen kleinen Ladens in dieser Gasse war eine für meine kindlichen Augen riesige Mohrenfigur zu sehen. Von schwarzen Menschen wussten wir in unserer damaligen Welt noch nichts, umso stärker rankte sich meine oft ausartende Fantasie um diese Figur. Es war ein Ungeheuer, das man fasziniert anglotzte, eine Gruselgestalt.

Vater Schaner war Dienstmann, ein Beruf, der mit dem aufkommenden Telefon zum Aussterben verurteilt war. So wartete er mit der Zeit an seiner Strassenecke immer vergeblicher auf Aufträge. Wie so oft in solchen Fällen, sah die Familie die Schuld nicht in den geänderten Verhältnissen, sondern schob sie dem Vater und dessen angeblicher Untüchtigkeit zu. Die Einkünfte wurden immer kläglicher, und Mutter Schaner, eine sonst gütige Frau, immer verbitterter und auch magerer. Vermutlich verzichtete sie oft selbst auf das Essen, um die Mägen ihrer Kinder zu füllen.

Aber die Familie besass etwas Besonderes, das uns alle anzog: Gastfreundlichkeit und Musikalität. Alle Schaners waren Singvögel. In der ziemlich geräumigen Stube mit dem grünen Kachelofen stand ein Klavier, auf dem alle ohne Noten jedes beliebige Stück, jedes Lied, jeden Schlager spielen konnten. Das Instrument wurde eifrig benützt, und es wurde viel und gut gesungen. Wir verbrachten unzählige Abende bei ihnen. Mama füllte jeweils ihre Einkaufstasche mit Butterbroten, Schaners tischten das ihre auf, es wurde gemeinsam gegessen und dann musiziert. Pepi, die Jüngste, hatte eine besonders gute Stimme. Sie war meine Freundin und meine erste heisse Liebe. Mit Lily verband mich die Fantasie, ein eher geistiges Band. Pepi aber besass eine frühe erotische Ausstrahlung, die mich und auch andere anzog. Sie war eines von den Menschenkindern, die man gerne küsst, ein Lieblingskind des Lebens, immer heiter, trotz misslicher Lebensumstände. Klein gewachsen, mit reinster, hellbräunlicher Haut, nicht eigentlich hübsch, hatte sie doch ein sehr nettes Bubengesichtchen. Die Anziehung war gegenseitig, so verschieden wir auch waren.

Von der Familie Schaner gingen fast alle, mit Ausnahme der früh verstorbenen Eltern, während der Nazi-Zeit zu Grunde. Die ältere Tochter konnte sich zwar während einiger Jahre als so genanntes Unterseeboot, das heisst unter falschem Namen, in Wien über Wasser halten. Sie erlebte die Befreiung nicht mehr, starb vorher an Krebs. Einer der Söhne, der Beau der Familie, kam mitsamt seiner hübschen molligen Frau und seinem vierjährigen Töchterchen im Konzentrationslager um. Einzig Pepi gelang die Flucht nach Israel.

Die Jahre während und nach dem ersten grossen Krieg waren die schwersten. Die Lebensmittelversorgung lag im

Argen. Erdäpfel wurden rar, Butter, Milch und Eier verschwanden ganz, das Brot verwandelte sich in eine krümelige Masse aus Maismehl. Nur auf dem schwarzen Markt waren für sehr viel Geld nahrhafte Sachen aufzutreiben. Einmal wurde Papa aufs Polizeikommissariat gerufen, weil Jula in einem Geschäft Brot gestohlen hatte. Papa machte keine grosse Geschichte daraus, der Knabe war hungrig.

Wer Beziehungen zum Land hatte, war besser dran. Von den Reisen in ihr Heimatdorf kehrte Mama jeweils mit vollem Rucksack schwer beladen zurück. Das ging eine Weile gut, dann wurde die Grenze geschlossen. So verlegte sich Mama auf Schmuggelwege. Ohne die Unterstützung durch ihre Familie wären wir halb verhungert. Die Fahrten nach Ungarn waren für Mama eine Strapaze. Die Schlepperei, die über ihre Kräfte ging, die Angst, erwischt zu werden. Sie kam immer äusserst erschöpft zurück, hockte sich auf einen Stuhl und weinte vor nervöser Schwäche. Ich stand vor ihr, schaute sie an und brachte kein Wort heraus. Einmal sagte sie: »Dieses Kind hat kein Herz.« Dabei erstickte ich fast vor Mitleid mit ihr, blieb aber stumm. Mit ihr zärtlich zu sein, hat mich ihr herbes Wesen nie gelehrt. Immer war Distanz da, und doch erwartete sie nun von mir, was ich ihr nicht geben konnte.

Einmal nahm Mama mich mit auf eine solche Reise; ich sollte eine Weile bei den Grosseltern bleiben. Wir übernachteten nahe der Grenze in einem Massenlager auf Strohsäcken. Der Saal mit den vielen Leuten erschien mir ohne Ende. Am andern Tag mussten wir zu Fuss über die grüne Grenze, irgendwo die Bahn erreichen und dann mit einem Pferdefuhrwerk weiter. Bei der Ankunft in Rockendorf war es Mama schlecht, sie hatte eine nervöse Krise, der Arzt musste geholt werden. Er gab ihr eine Beruhigungsspritze, und ich betrachtete angstvoll die Einstichstelle, die sich gelb färbte. Mamas Nervenkrisen waren dramatisch.

Die meisten Kinder litten damals an Ernährungsmängeln. Irgendein Hilfswerk organisierte deshalb Erholungsreisen nach Holland oder in die Schweiz, bei denen die Kinder wieder aufgepäppelt wurden. Mir ging es zwar weniger schlecht als anderen, weil Mama regelmässig Lebensmittel aus ihrem Heimatdorf nach Wien schmuggelte. Dennoch redete man auch bei uns zuhause immer häufiger davon, mich einmal in einer solchen Aktion mitzuschicken. Dabei wurden Wundergeschichten erzählt vom Reichtum dieser Länder und der fabelhaften Ausstattung, mit der die Kinder von dort zurückkämen.

Nachts lag ich oft stundenlang wach und träumte von Puppen und Kleidern, von Spielzeug, wie ein darbendes Kindergemüt es sich ersehnt. Holland war für mich ein Märchenland. Mit dem ärztlichen Attest klappte es, ich war ja ein dünnes, etwas blutarmes Geschöpf. So reiste ich im März 1920 mit meiner Pepi in das Land des Glücks, nach Ootsmarsum, einem Städtchen an der holländisch-deutschen Grenze, nicht weit von Arnheim. Wir waren etwa zwanzig Kinder, Buben und Mädchen, mit dem gleichen Ziel. Ein »Fräulein« begleitete uns und blieb unsere Betreuerin und Lehrerin während des viermonatigen Aufenthalts. Sie war der erste Schwarm meines damals noch sehr jungen Lebens. Ich war elf Jahre alt. Denke ich heute darüber nach, worin eigentlich der Reiz des Fräuleins lag, kann ich es mir nicht mehr zurückrufen.

An der Grenze in Arnheim tauchte ein ehrwürdiger evangelischer Pfarrer auf und verteilte unter uns dünne Schokoladetäfelchen, wobei er eindringlich fragte, wonach sie schmeckten. Wir errieten nicht die Antwort – »nach mehr« –, und der würdige Herr freute sich, weil wir das nicht herausbekamen. In einem Schulhaussaal stellten wir uns einer Reihe von Pflegeeltern zur Wahl. Die einen wollten Buben, die anderen Mädchen, die einen blonde, die anderen dunkle Kinder. Nichts war vorherbestimmt, fast ein bisschen wie ein Sklavenmarkt, wenn auch aus menschenfreundlichen Gründen. Zuletzt blieben nur noch Pepi und ich übrig. Wir waren die Judenkinder, und in der Gemeinde Ootsmarsum gab es nur zwei jüdische Familien, zwei Brüder mit Frauen und je einem Sohn. Zu denen kamen wir, ich zu einer streng blickenden dunkelhaarigen Dame, Pepi zu einer, die mir freundlich erschien. Wir umarmten uns beim Abschied, als ginge es um eine ewig währende Trennung. Am andern Morgen schon sahen wir uns wieder.

Dicke, heiss gekochte Milch, so dick, dass sie fast breiig war, und dünne weisse Butterbrote aus schneeweissem Mehl mit dünnen Käseschnittchen drauf: das war die erste Abendmahlzeit in dem Haus des Metzgermeisters. Ich ass und würgte an der Milch, die mir ekliger erschien als die bitterste Medizin. Doch getraute ich mich kein Wort zu sagen, aus Angst, für undankbar und ungezogen zu gelten. Schliesslich wurde meine Qual bemerkt, und ein langes holländisches Palaver begann. Von nun an bekam ich statt Milch immer Kakao mit gesiebter Milch. Das Brot war herrlich. Und die Braten an diesem Tisch waren riesengross, zart und knusperig. Grosse runde Schnitten wurden abgesäbelt, in meinem Leben habe ich nie wieder solches Fleisch gegessen. Und, oh Wonne der Wonnen, ich hatte ein eigenes hübsches Zimmer.

Meine Pflegmutter wusch mich täglich eigenhändig von Kopf bis Fuss, tätschelte meinen mageren Kinderhintern und sagte: »Du wirst schon ein fettes Schweinchen.« Wie neu war mir diese natürliche Art gegenüber der prüden meiner Mutter. Wie wohltuend und gesundheitsfördernd die tägliche Hygiene. Meine Pflegeeltern waren nicht reich, doch lebten sie in einem behäbigen Zustand. Und schon damals nahm ich deutlich wahr: die Juden in Holland waren ein absolut integrierter Teil der Bevölkerung, holländische Bürger jüdischer Religion.

Der Schulunterricht, den das Fräulein uns jeden Nachmittag zwei Stunden lang erteilte, war nicht ganz ernst zu nehmen. Sie plauderte viel, erzählte uns von Dingen, die unserem Alter und Entwicklungsstand kaum angemessen waren. Zum ersten Mal hörte ich den Namen Frank Wedekind, das Fräulein erzählte uns das Stück »Frühlingserwachen«. Auch Ibsens »Gespenster« waren Lehrgegenstand. Das Fräulein hielt es offenbar für richtig, uns Zehn- bis Zwölfjährige mit Tragödien zu unterhalten, die in sexueller Hinsicht kein Blatt vor den Mund nahmen. Vielleicht waren es eigene Probleme, die sie vor uns Kindern ausbreitete. Jedenfalls erreichte sie damit, dass mir ihre Person in einem geheimnisvollen Zwielicht und alles, was zwischen Mann und Frau vorgeht, schaurig, gefährlich und dunkel erschien. Das Kind, das ich damals war, hat in wirren Vorahnungen die Kraft des erotischen Triebes gespürt. Wir spazierten stundenlang über die mit rotem Erikakraut übersäte Heide, über die weite Ebene, wo nur hie und da eine Windmühle ihre Flügel drehte, ein einsamer Bauernhof auftauchte. Dabei führten wir altkluge Gespräche über Dinge, die noch hinter dem Vorhang der Zukunft lagen.

Der dreizehnjährige Sohn meiner Pflegeeltern, Karl, ignorierte mich völlig, vielleicht aus bubenhafter Überheblichkeit, vielleicht auch, weil er den etwas herben und zurückhaltenden Charakter seiner dunkelhaarigen Mutter geerbt hatte. Wir lebten in diesen Monaten gleichgültig nebeneinander her. Karl hiess auch der einzige Sohn in der Pflegefamilie Pepis. Er war jünger als wir, trug eine Brille und gefiel uns nicht. Er lief uns nach wie ein anhängliches Hündchen und wollte immer mit uns spielen, während wir ihn ständig abzuschütteln suchten. Kinder haben ihre ausgeprägten Sympathien und Antipathien; erst der reife Mensch lernt den Umgang mit Menschen der verschiedensten Art, ohne sie schroff und mitleidslos abzulehnen. Toleranz ist Ergebnis eines langen Reifungsprozesses.

Dieser Karl, den wir als Kinder verspottet hatten, tauchte nach dem zweiten grossen Krieg auf überraschende und erschütternde Weise in meinem Leben wieder auf. Ich arbeitete in Zürich als Fürsorgerin der jüdischen Flüchtlingshilfe, als mir eine Liste von Lagerinsassen aus Theresienstadt in die Hand kam. Es handelte sich um Menschen, denen es gelungen war, durch eine jener ins Dunkel gehüllten Abmachungen, durch irgendwelche Konzessionen, einen Personenaustausch auf verwickelten Wegen oder durch die Zahlung enormer Summen an die Vollzugsorgane der Henker ihr nacktes Leben zu retten. Etwa fünfzig Namen standen auf der Liste, darunter der von Karl und seiner Mutter. In die Schweiz verfrachtet worden waren sie auf folgende Art: Die Lagerleitung von Theresienstadt liess verlauten, dass eine begrenzte Anzahl Personen sich freiwillig zur Abreise in die

Schweiz melden könne. Den meisten der tausenden von KZ-Häftlingen erschien diese Mitteilung als purer Hohn. Zahlreiche Transporte waren bereits nach Auschwitz und in andere Todeslager abgegangen, auf einem davon war auch mein Vater. Niemand glaubte noch an eine echte Chance. Und doch fanden sich Menschen, die es wagten. Darunter Pepis ehemalige Pflegemutter und ihr Sohn. Ich telefonierte sofort ins Lager, diesmal ein Schweizer Lager, kein Todeslager. Von Karl erfuhr ich, dass die andern Mitglieder der Familie alle umgekommen waren. Später erhielt ich aus Holland noch ein Buch als Geschenk von ihm. Dann verlor sich der Kontakt.

»Pfui, pfui, pfui«

Schule und Erziehung zwischen K.u.K. und Republik

Als der erste grosse Krieg ausbrach – immer bricht etwas aus, was längst wie ein Geschwür den sozialen Organismus vergiftet hat –, war ich noch nicht sechs Jahre alt. Das weltumstürzende Ereignis ist mir so wenig in Erinnerung wie der erste Schultag. Meiner ersten Lehrerin jedoch entsinne ich mich sehr wohl. Sie war schön, und das gefällt den meisten Kindern. Aber sie zog die netten, gepflegten Kinder aus den besseren Familien vor und machte »Ausnahmen«, wie das der Kindermund nennt. Ich gehörte nicht zu ihren Lieblingen.

Nach ihr trat Frau Kercher in unser Schulleben. Wir hatten sie bis zur fünften Klasse, bis zum Übertritt in die zweite Stufe der Volksschule, die damals noch Bürgerschule hiess. Wir Kinder hatten allen Grund, sie bald Frau Kerker zu nennen. In der Zeit der Monarchie – ich erlebte sogar noch den sagenhaften Kaiser Franz Josef – gab es noch keine Ko-Edukation. Wir waren lauter Mädchen, in der Mehrzahl Judenkinder, nur drei oder vier Christinnen. An der Wand hing ein riesiges Kruzifix, diese Horrorfigur eines gefolterten Menschen, und täglich mussten wir alle zum »Vater Unser« und zum »Gegrüsst seist Du Maria« aufstehen und still zuhören, wenn die Lehrerin mit den wenigen Mädchen diese Gebete sprach, die ich bald auswendig wusste. »Gebenedeit sei die Frucht Deines Leibes« sagte mir nicht viel, »gib uns unser tägliches Brot« schon mehr.

Frau Kercher entsprach in ihrer Art einem echten Wiener Typus, der in Wirklichkeit viel häufiger ist als der weiche, heurigenfröhliche, charakterlose, anschmiegsame. Sie war eine bigotte Katholikin, ein herber, strenger Mensch mit ausgeprägtem Pflichtbewusstsein, überzeugte Monarchistin und konservativ bis in die Knochen. Übrigens ganz und gar nicht antisemitisch, jedenfalls habe ich nie derartiges an ihr bemerken können. Doch wir Kinder hatten alle Angst vor ihr. Sie erzog uns in ihrer Gesinnung, vaterländisch und monarchistisch. Für die Frontsoldaten stellten wir Päckchen zusammen, wobei nicht gefragt wurde, ob die Eltern der ärmeren Schülerinnen – das waren die meisten – auch die Mittel für diese Liebesgaben hatten. In der dritten Klasse schrieben wir Neun- bis Zehnjährigen einen Aufsatz: »Die Schlacht am Isonzo«. Nur deshalb weiss ich, dass die Österreicher an diesem Fluss einen Sieg errungen hatten. Ansonsten rückte uns das kriegerische Geschehen nicht hart an den Leib. Papa musste wegen seiner starken Kurzsichtigkeit und vielleicht noch aus anderen medizinischen Gründen nicht an die Front, und so änderte sich zuhause nicht viel.

Ich war zur Freude meiner Eltern eine gute, meist begeisterte Schülerin, und solche Kinder haben es in der Schule selten schwer. Mein Zuhause bot mir wenig Anregungen, und so nahm ich begierig auf, was immer schulische Weisheit bieten konnte. Der Unterricht war, ganz im Sinne der Tradition, durchtränkt von Drill und Zwang zu geistiger Unselbstständigkeit. Zurückblickend ist es nicht die Strenge von Frau Kercher, die ich verurteile, auch nicht ihre altmodischen Erziehungsmethoden, die doch nur dem Geist ihrer Zeit entsprangen. Vielmehr herrschte in ihrer ganzen Art ein Wille zur Unterdrückung; sie erzwang sich Unterwerfung und absoluten Gehorsam. Die bürgerliche Welt, in der sie lebte, war eine arbeitsame, moralistische, die die gesellschaftlichen Klassen streng teilte und unterschied. Es war die

Welt der Mittelschicht, der braven, tüchtigen Handwerker und gestrengen Hausherren, der Beamten, Lehrer, Offiziere und Ärzte. In dieser Welt ging es noch ordentlich zu, sauber, streng geregelt, während das Gebäude der Monarchie längst zerfressen und morsch war, der Untergang vor der Tür stand. Menschen wie Frau Kercher wurden vom Zusammenbruch zweifellos überrascht. Mein eigenes reales Kinderleben war so ganz anders als ihres. Ich lebte in der Welt der Schwaben und Wanzen, der stinkenden Klosette.

Natürlich hatte ich auch zuhause meine guten Stunden, wie jedes Kind sie hat und sich auch schafft. Wenn Mama an Freitagabenden ein weisses Tischtuch auflegte, die Messingleuchter glänzten, die Kerzen leuchteten und es ein Festessen gab, war es schön. Das war jedoch nicht die Welt der Schule, die war christlich und vornehm. In den Schulbüchern war nur von Weihnachten die Rede, von stiller Nacht, heiliger Nacht, von feinen Leuten, die Spargeln assen. Ich wusste nicht, was Spargeln waren, fragte auch nicht. Die Väter der noblen Kinder trugen keine Hosen, sondern Beinkleider, die ich mir immer beinern vorstellte. Alles in dieser Pseudo-Prosa troff vor Edelmut. Diese andere Welt gefiel mir, doch war sie unendlich weit weg von der meinen, und ich hätte mich fürchterlich geschämt, wäre es der Lehrerin je eingefallen, in unsere Wohnung zu kommen. Es fiel ihr zum Glück nicht ein. Bei den Kindern der besseren Leute war sie des Öfteren zu Gast. Beschämendes Kindererlebnis: Vor der ganzen Klasse rügte mich Frau Kercher eines Tages wegen meines schmutzigen Halses, nicht ohne nachhaltige Wirkung. Ich lernte schliesslich, meinen Hals selber zu waschen. Der moralische Schaden indessen, der mit solcher Pädagogik zugefügt wird, ist schlimmer als jeder noch so ungewaschene Hals.

Der 12. November 1918 beendete eine Epoche in Österreich. Die Monarchie wurde gestürzt, das alte Gehäuse brach zusammen. Mit der entstehenden Republik brach eine Zeit neuer Hoffnungen, schwerer Krisen, lichter Ausblicke, fragwürdiger Perspektiven an. Auf dem Moder des Alten wuchsen lichte Blumen, auch giftige Gewächse. Kinder werden unschuldig in solche Zeiten hineingeboren, erleben den Sturz des Vergangenen gleichgültig, werden aber später von den Geburtswehen des Neuen geschüttelt.

In der Schule hatten wir bis zu diesem Tag noch die Kaiserhymne gesungen, die feierlich innige Melodie von Haydn. Den alten Kaiser sah ich noch aufgebahrt in der Kapuzinergruft, hatte den Kaiser Karl, die Königin Zita und deren Kinder als Märchenfiguren gekannt. Nun war das alles vorbei wie eine Seite im Geschichtsbuch, die umgeblättert wird. Meine Familie hatte nichts mit der Kultur, auch nicht mit den Nacht- und Schreckensseiten des vergangenen Regimes zu tun. Arme Leute sind wehrlose Objekte der über sie trampelnden Geschichte, sie haben wenig Grund, der Vergangenheit nachzutrauern, vielleicht einige Hoffnung in das, was kommen mag.

Mein Bruder Jula kam von den Demonstrationen auf der Ringstrasse mit verbundenem Kopf nachhause, Folgen einer Rauferei. Den K.u.K.-Offizieren rissen die Leute die Epauletten ab. Die Stimmung bei uns zuhause war eher angenehm erregt. Papa neigte der sozialdemokratischen Seite zu, sprach aber mit uns Kindern nicht viel über Politik, wie er überhaupt wenig redete. Den Habsburgern weinte niemand nach, wenigstens bei uns nicht.

Als die ersten Parlamentswahlen stattfanden, die eine neue republikanische Regierung konstituieren sollten, fragte uns unsere Lehrerin Frau Kercher eingehend darüber aus, wie unsere Eltern gewählt hätten. Christlichsozial konnten die jüdischen Kinder nicht gut antworten. Diese militante, rabiat antisozialistische, stockkonservative, der Monarchie nachtrauernde und antisemitische Partei konnte wohl kein Jude wählen. In ihr konzentrierten sich bald alle Kräfte, die schon im Keim den künftigen Untergang der Republik vorbereiteten. Eine Zeit lang gab es noch eine demokratische Partei, von der 1848er Tradition herrührend. Doch wurde sie bald in dem sich verschärfenden Klassenkampf zerrieben. Mit dem untrüglichen Instinkt des anpassungswilligen Kindes nannte ich auf Frau Kerchers Frage diese Partei. Sozialdemokratisch war nicht erwünscht, also redete ich der Lehrerin nach dem Munde. Woher hätte ich auch den Mut zur Wahrheit nehmen sollen? Ich hatte ja noch gar keine eigene Wahrheit. Meine unaufrichtige Antwort wurde ohne das gefürchtete Funkeln der scharfblauen Augen akzeptiert. Eine Mitschülerin rügte mich dafür. Ihre Eltern hatten sozialdemokratisch gewählt, und sie stand dazu. Ihr Vater war Arzt. Aus einer sozial angesehenen Familie stammend, konnte sie der Lehrerin ohne allzu grossen Mut die Wahrheit bekennen.

Es ist bezeichnend, dass ich nur die Namen und Gesichter jener Mitschülerinnen im Gedächtnis behalten habe, die zu den Besseren gehörten. Die hübschen, gepflegten Kinder stachen durch ihr Aussehen, ihre Kleidung, ihren Charme, ihr sicheres Benehmen hervor. Das ärmste Kind, die Tochter eines Strassenkehrers, hat für mich kein Gesicht. Ein Vorkommnis ruft es mir ins Gedächtnis. An einem Tag im Winter machte dieses Mädchen in die Hose, die Bank wurde feucht, es war nicht zu verheimlichen. Ein Strafgericht wurde abgehalten. Auf der Strasse mussten wir auf Befehl der Lehrerin einen Halbkreis um das Kind bilden, auf Kommando beide Zeigefinger aneinander reiben, wie man ein Messer schleift, und dazu »Pfui, pfui, pfui« rufen. Das Abstossende und äusserst Unmenschliche dieser Szene ist mir geblieben, volle Einsicht und Mitleid hatte ich nicht.

Einige Jahre darauf traf ich Frau Kercher zufällig auf der Strasse. Ich war eine ihrer besten Schülerinnen gewesen, und sie streckte mir deshalb freundlich die Hand entgegen: »Wie geht es dir mein Kind, was machst du jetzt?«, fragte sie und packte mich am Ärmel, weil ich von ihr fortstrebte. Ich murmelte etwas Verlegenes, riss mich los, rannte davon. Mein Verhalten mochte sie geschmerzt haben, doch ich konnte nicht anders. Sie gehörte nicht zu den Menschen, die meine Kindheit erleuchtet hatten.

Mein Bruder Jack war aus meinem Kinderleben fast verschwunden. Einige Jahre lang hatte er das Gymnasium in der Sperlgasse besucht, aus dem einige Prominenzen hervorgingen. Was nach seinem Rauswurf von der Schule mit ihm geschah, ist mir nicht bekannt. Geschwister wachsen oft nebeneinander auf und wissen so gut wie nichts voneinander.

Als er älter war und seinen Weg zu den sozialistischen Kinderfreunden gefunden hatte – als Erzieher, vor allem aber als Organisator –, probierte er an mir seine Erziehungsweisheiten aus, wenn er sich gelegentlich blicken liess. Er brachte mir aber auch Bücher, um mich von schlechter Lektüre abzuhalten. Ich verschlang Hedwig Courths-Mahler und Eschtruth in rauhen Mengen, daneben aber auch gute Literatur, vorläufig ohne Fähigkeit zu unterscheiden. Was mich zu den Kitschromanen hinzog, war die Sehnsucht, aus meinem tristen Milieu in eine Traumwelt zu fliehen, in der es fein und nobel zuging, in der man zärtlich miteinander war und Beinkleider trug. Mein Brüderlein riss mir jeweils mitten in den spannendsten Passagen das Buch aus der Hand und konfiszierte es, wenn er konnte. Es waren nämlich meist Bücher aus der Leihbibliothek, die mein Vater geholt hatte. Sowohl Papa wie ich lasen Gutes und Schlechtes bunt durcheinander. Darunter war einmal der Goethe-Schiller-Briefwechsel, den ich zusammengekauert in einem der Drehstühle im Friseurladen verschlang, ungestört vom lauten Reden der Kunden, Tränen vergiessend über Schillers Tod und Goethes Trauer.

Auch mein Bruder Jula, begabt im Zeichnen und in der Mathematik, besuchte das Realgymnasium. Jüdische Familien versuchten ihren Kindern zu ermöglichen, was in Arbeiterfamilien mit dem gleichen sozialen Hintergrund undenkbar war – die Schulen der besseren Leute zu besuchen. Vor höherer Bildung herrschte heiliger Respekt, der teils der religiösen Tradition, dem Talmudstudium, der Hochachtung des Geistes entsprang. Aber auch der Umstand, dass nur höhere Studien gesellschaftlichen Aufstieg ermöglichten, spielte eine Rolle.

Beide Brüder haben das Gymnasium nicht beendet. Meine Eltern konnten ihnen die Voraussetzungen nicht bieten, die Kindern der Unterschicht den Besuch einer Privilegiertenschule erträglich macht. Nicht einmal die minimalsten. Heute hat sich das geändert, doch damals war in Wien das Gymnasium ausschliesslich für die gehobenen Klassen. Wer von unten her hineinrutschte, hatte es schwer mit der Arroganz der Professoren, die ihre fast instinktive Abscheu vor den unterprivilegierten Kindern nie überwanden. Die gehörten da einfach nicht hinein.

Die Unterschiede zeigten sich ausgeprägt in der Kleidung, die gepflegt und elegant sein musste. In den Turnstunden musste man beim Umziehen blütenweisse Unterwäsche zeigen können, auch passende Turnkleider gehörten zum guten Ton. Meine Eltern nahmen etliche Entbehrungen in Kauf, um uns Kindern eine gute Schulung zu ermöglichen. Doch die Einschränkungen wogen leicht gemessen an dem, was sie uns ausserdem noch hätten bieten sollen, ohne es zu vermögen. Darüber dachten Mama und Papa nie nach. Sie hatten keinen Kontakt zur Schule, die Professoren standen hoch über unserer Welt. So hatten Vater und Mutter auch keine Vorstellung von den Bedürfnissen ihrer Söhne. Wenn Jula mitten in der Woche reine Unterwäsche verlangte, weil Turnstunde war, gab es den grössten Krach, Zank und Weinen. In der Schule wurden die Buben dann ihrerseits trotzig und aufsässig, die Professoren noch arroganter und ablehnender, und so schloss sich der Teufelskreis, der zu Hinausschmissen führte. Vogel friss oder stirb!

Uns erzog das Leben, das wir lebten. Eine gedeihliche Umwelt und Hilfe in kritischen Situationen waren uns versagt. Die Klassenrolle war festgelegt, und uns Stolz einzuimpfen, hatten unsere kleinbürgerlich ärmlichen Eltern versäumt. Einmal holte mich der Vater einer Mitschülerin, ein besserer Herr, zum Spaziergang mit seiner Tochter ab. Es war mir eine Pein, dass er überhaupt in unser Haus gekommen war, dann obendrein Mamas aufgeregte Suche nach sauberer Wäsche, nach einem passenden Kleid für mich. Es war demütigend. Mit zehn Jahren hatte ich die nicht ganz unverständliche Frechheit, meiner Mutter zu sagen: »Mich erzieht niemand, ich erzieh mich selbst.« Diese unreife Äusserung gegenüber Eltern, die doch taten, was sie konnten, ist in gewissem Sinne verständlich. Wir waren arm, ohne den politisch bewussten Stolz der Arbeiter zu kennen. Mit ihnen sympathisierten wir zwar, doch ein Auge schielte immer nach oben in die höheren Regionen, in den Olymp der Reichen.

Daraus ergab sich Zwiespältigkeit in vielen kleinen Alltagsdingen, die das natürliche Selbstwertgefühl der Kinder schwächte.

Die freien Schulnachmittage, wir hatten nur vormittags Schule, verbrachte ich viel bei anderen Leuten. Papa schimpfte mich deswegen eine Herumtreiberin. Ich ging zu Schulfreundinnen, die ein wirkliches Heim hatten, wo ich häusliche Kultur spürte und mit allen Poren einsog. Das aber konnte ich zuhause ja nicht erzählen, um die Eltern nicht zu kränken. Gute Stunden und gute Zeiten gab es manchmal auch zuhause. Geburtstage wurden immer als wichtige Ereignisse gefeiert. Stets war ein festlicher Tisch liebevoll vorbereitet, ein Hefegugelhopf gebacken. Als Geschenk gab es meist ein gutes Buch. Die Märchen der Grimms, von Hauff, meine erste kleine Klassikerbibliothek, Goethe, eine grosse illustrierte Ausgabe mit Gedichten von Schiller, Heine verdanke ich meinen Eltern. Grillparzer natürlich, den nur wirklich schätzt, wer in Wien aufgewachsen ist. Solche Geschenke sind meinen Eltern doppelt und dreifach zu danken, bedenkt man ihre Herkunft und Armut.

Seelengewitter und biblische Flüche
Die Sippe der Mutter

Die Kerns, meine Familie mütterlicherseits, waren die einzigen Juden in der lutheranischen Bevölkerung von Rockendorf, einem Einzeilen-Dorf nahe der burgenländischen Grenze. Die Lutheraner wiederum bildeten, wie auch die Juden, eine Minderheit in der ungarisch-kroatischen Umwelt. Die Leute in Rockendorf sprachen deutsch, ein Schwabendeutsch. »Dreieckerts Laubladl«, »viereckerter Stoan«, »i und mei Mirl san ollweil alloan«. So redete meine Grossmutter. Im benachbarten Dorf wohnten mein Grossonkel Feiglstock und seine Schwester Ilka, bei denen ich bis zu meinem sechzehnten Lebensjahr die zwei Monate dauernden Schulferien im Sommer verbrachte. Der Kontrast zwischen der grossen Stadt und den abgelegenen Dörfern, auch zwischen den

Lebensweisen, war einschneidend. Beides war nicht eitel Freude.

In Rockendorf bauten die Bauern Wein und Getreide an und waren wohlhabend. Grossvater führte ein Krämerlädchen, in dem es nicht viel mehr zu kaufen gab als Semmeln und Tabakwaren. Auf welche Weise er seine vielköpfige Familie ernährt und grossgezogen hatte, mag Gott wissen. Im Stall standen eine Kuh und zwei Geissen, auch etwas Land war da. Meine Grossmutter, die ich sehr liebte, hatte acht Kinder – sechs Töchter und zwei Söhne. Um ihre kleine, schmale Person scharten sich alle Kinder und Kindeskinder wie die Kücken um die Henne.

Grossvater mochte ich nicht, und alle seine Kinder, auch die Enkel, brachten ihm wenig Zuneigung entgegen. Wenn Mama, selten genug, von ihrer Kindheit erzählte, beschrieb sie nicht ohne genüsslichen Unterton, wie sie als Kinder stundenlang auf Erbsen knien mussten, wenn sie etwas verbrochen hatten. Grossvater war ein gut aussehender Mann mit sorgfältig gestutztem Bart, von mittlerer Statur. Er bemühte sich stets, mir – dem Stadtkind – zu zeigen, dass er Bildung besass, und tischte mir seltsame Geschichten auf. Doch sah ich in seinem Haus nie auch nur ein einziges Buch. Es war schon ein merkwürdiger Mann, ein Tyrann kleinen Kalibers. Als er älter wurde und seine Kraft nachliess, wurde er für einige seiner Kinder ein Objekt herablassenden Mitleids.

Achtung, Liebe, zärtlichste Anhänglichkeit wurden der Grossmutter zuteil. Sie war zart von Figur, trotz der vielen Geburten dünn wie ein junges Mädchen, und trug stets einen schwarzen, faltenreichen Rock mit zwei tiefen Taschen, in denen ein Sackmesser mit rotem Holzgriff steckte. Immer langte sie da hinein und schnetzelte uns Kindern einen Apfel oder eine Birne zurecht. Sie war nicht viel über sechzig, als sie an Darmkrebs starb. Ich war damals siebzehn, im Gymnasium, das erste Jahr im kommunistischen Jugendverband, und fuhr mitten in der Schulzeit nach Rockendorf, um sie noch einmal zu sehen. Grossmama sass in der Küche in einem kleinen Lehnstuhl, der Kopf war zu einer winzigen

Kugel geschrumpft. Lebendig waren nur die grossen dunklen Augen, das alte Feuer der Liebe zu uns allen brannte in ihnen. Jedes ihrer Kinder, ihrer Enkel musste vor ihren Stuhl treten, ganz nahe heran, weil ihre Stimme keine Kraft mehr hatte. Sie nahm von uns Abschied und sagte jedem ein besonderes Wort. Mir sagte sie: »Deine Mutter war mein liebstes Kind.« Ich verstand sie, denn Mama hatte die gleiche starke Liebesfähigkeit, doch fehlte ihr Grossmutters ruhiges, sanftes Temperament.

Auf jeder Stufenleiter der Gesellschaft, hoch oder niedrig, gibt es irgendwelche dunkle Flecken im Familienalbum. Kinderaugen sehen viel, Kindermünder schweigen meist. Hinter den Scheunen von Grossmutters Dorf führte der Weg zur schönsten Blumenwiese meiner Kindheit und zum Kaltenbrunn, wo wir unser Trinkwasser holten. Die Wiese stieg zum Wald hinan, in dem Zigeuner in Lehmhütten hausten. Am Waldrand sprudelte eine frische, reine Quelle hervor, ungefasst. Ringsumher duftete alles stärker als anderswo, das Grün war grüner, die Luft weicher, feuchter, milchiger. Dort, an versteckten Plätzchen, hinter Sträuchern, die üppig gediehen, entdeckten wir mehr als einmal unsere Tante Hermine mit ihrem Liebhaber. Ihr Geliebter war jener Möbeltischler, den sie später heiratete. Damals jedoch war er der Mann von Tante Rosa, die im Hof auf einem Streckbett lag und in erstickenden Hustenanfällen die letzten blutigen Brocken ihrer Lunge aushustete. Als ihr Mann im ersten grossen Krieg einrücken musste, versprach sie dem lieben Gott jede Woche einen vollen Fasttag, wenn er ihr unversehrt zurückkäme. Gott erhörte ihre Bitte, doch sie lag mit Tuberkulose im Bett, er auf der Wiese bei Hermine, die den Mann auch bekam, als die Schwester starb.

Über Gottes unerforschliche Wege hat auch schon Hiob gegrübelt und keine schlüssige Antwort gefunden. Nach unseren Entdeckungen unter den Büschen gingen wir Kinder mit den Plutzerkrügen, den schön geformten, braun glasierten Tongefässen, wieder ins Dorf und vergassen, was wir nicht hätten sehen sollen. Hermines Lasterhaftigkeit, so wurde das in der Familie gesehen, war Anlass für eine Familientragödie, die tiefste Feindschaft zwischen ihr und der ältesten Schwester Helene stiftete. Auch mein Cousin Arthur, einer jener kindlichen Wasserträger, geriet zwischen die Fronten. Während der langen Sommerferien in Rockendorf kümmerte sich Tante Hermine jeweils liebevoll um ihn. Und er hing, wenigstens eine Zeit lang, mehr an ihr als an seiner leiblichen Mutter, was diese ihm lange nicht verzeihen konnte.

Arthur war ein weich geartetes, liebevolles Kind und litt unter der hasserfüllten Spannung zwischen den feindlichen Schwestern. Die Abneigung seiner Mutter bekam er häufig genug zu spüren, und auch der von ihr dominierte Vater bot ihm keinerlei Halt. Im Gymnasium versagte er ebenso wie meine Brüder, lernte ebenfalls keinen richtigen Beruf, kam früh in die kommunistische Bewegung und tat sich in der Hitlerzeit zuerst im französischen Lager Gurs, dann in der Résistance ausserordentlich hervor. Während des Krieges kam Schwester Elsbeth Kasser vom Internationalen Roten Kreuz bei mir vorbei, um mir Grüsse von meinem Cousin auszurichten. Sie berichtete voller Bewunderung von seinen organisatorischen Leistungen und seiner Solidarität für die Lagerinsassen in Gurs. Als Mitglied der Résistance im Pas de Calais wurde Arthur schliesslich erwischt und ins KZ Buchenwald deportiert. Nicht fürs Heldentum geschaffen, musste er als Held leben und früh sterben. Er hat den Krieg noch überlebt, war beteiligt am bewaffneten Aufstand der Häftlinge in Buchenwald und starb wenige Monate nach Kriegsende in Wien an einer Tuberkulose, deren Knötchen so gross wie Hirsekörner wurden.

Meinen jüngsten Onkel Feri und die jüngste Tante Regine, beide von heiterem, liebenswürdigem Gemüt, mochte ich von Mamas Geschwistern am meisten. Feri war das schwarze Schaf der Familie. Er hatte verschiedene Lehren nicht beendet und galt als Taugenichts, der den andern nur zur Last fiel. Vom Standpunkt der Nützlichkeit aus mag er wirklich wenig getaugt haben. Aber Kinder sehen das anders. Er führte mich oft auf seinem Fahrrad spazieren und war überaus lieb zu mir. Später verheiratete man ihn irgendwohin in die Tiefe Ungarns. Seine Frau und die zwei Kinder wurden in der Nazi-Zeit verschleppt und tauchten nie mehr auf. In den Arbeitsdienst eingezogen, kam Onkel Feri nach dem Krieg wieder in sein Heimatdorf zurück, wo ihm die kommunistische Gemeindeverwaltung eine Zeit lang die Leitung des Konsumvereins überliess. Doch Feri blieb, was er immer war – ein Versager. Weichmütig veranlagt, war er überdies wegen des Verlusts seiner Familie eine seelische Ruine.

Der Nachbarort von Rockendorf war kroatisch und hiess auch Kroatendorf (heute Horvatcsitan, Ungarn). Alles war dort viel grösser, sauberer und gepflegter, obwohl die Bevölkerung ärmer war. Neben einigen wohlhabenden Bauern gab es zumeist Kleinhäusler mit zerstückeltem Grundbesitz, da und dort ein Fetzen Feld, der erst in langen Anmärschen erreicht werden konnte. Ein Auto habe ich zu jener Zeit im Dorf nie gesehen. Viele Bauern arbeiteten während der Hauptsaison auf den grossen Gütern des Grafen, der in einem Schloss mit Park residierte. Bei einem Besuch auf dessen Gut sah ich eine monströse gemästete Sau. Die Wohnlöcher des Personals waren nicht viel besser als ihr Stall. Ein Loch in der Wand, kein Fenster, zwölf Quadratmeter Wohnraum für ein Gewimmel von Menschen. Drin wurde gekocht, gewohnt, geschlafen. Die Sau war so gewaltig, dass sie sich nicht mehr erheben konnte, eine gequälte Kreatur auch sie.

Mein Grossonkel Feiglstock, der Bruder meiner Grossmutter, war im Kroatendorf ebenfalls der einzige Jude und führte das damals einzige Geschäft im Dorf. Er war ledig geblieben und lebte mit seiner unverheirateten Schwester Ilka, seiner Mutter, die meine Urgrossmutter war, und einer Schwester meiner Mutter, Flora, die so schön war wie eine weisse Blume. Das ledige Geschwisterpaar hatte den Wunsch, ein Kind aufzuziehen, und so gab ihnen Grossmama von ihrem Reichtum diese Tochter ab.

Die Beziehungen im Haus Feiglstock waren alles andere als unproblematisch. Mir war es bestimmt, als Enkelkind adoptiert zu werden und dort meine Sommerferien zu verbringen. Denn Grossmamas Haus, voll von Kindern und Enkeln, platzte aus allen Nähten; hier regierte die Armut, während die Feiglstocks in mässigem Wohlstand lebten. Ich hatte damit aber nicht das bessere Los gezogen. Denn bei Grossmama wurde man nie zurechtgewiesen, herumkommandiert und in jeder Kinderfreude gestört. Zwar wimmelte es dort von Fliegen, die in zahlreichen interessanten Glasbehältern ihren Wassertod fanden und doch nicht weniger wurden. Das Brunnenwasser war untrinkbar, und wir Kinder mussten von weit her Quellwasser holen. Alles war ärmlich, schmuddelig, roch nach Muff; an den Wänden setzte sich Schwamm an, und entlang der Dachränder nisteten zahlreiche Schwalben, die ihren Dreck hinterliessen. Doch all das störte uns Kinder nicht. Es war behaglich bei Grossmutter.

Der gepflegtere Haushalt des Grossonkels war hingegen voller Spannungen und elektrischer Ladungen. Dort waltete eine strenge junge Tante zusammen mit Ilkatant, die Jungfer geblieben war und ihrer Mutter nie verzieh. Von Zeit zu Zeit entluden sich zwischen den drei Frauen schauerliche Seelengewitter. Der Onkel, den wir Kinder »Dolfibatschi« nannten, verzog sich jeweils, so weit er konnte, fuhr manchmal mit Ross und Wagen davon. Dann tobte der Kampf zwischen der kleinen dicken Urgrossmutter, Ilkatant und Flora. Die Letztere schmiss der Tante ihrerseits bitterste Anklagen an den Kopf. Auch sie wollte heiraten, doch einen passenden Bräutigam zu finden, war für ein jüdisches Mädchen nur mit einer Mitgift und häufigen Rundreisen in die umliegenden Dörfer möglich. In Gorkis »Kindheit« las ich später von ähnlichen Szenen, wie ich sie hier als Ferienkind erlebte; so hemmungslos waren das Gezeter und Geschrei, so bösartig die Zänkereien, und wahrhaft biblisch die Flüche, die die erbitterten Frauen einander zuschleuderten. Ich verkroch mich irgendwo in einen Winkel, meist hinten im Garten, und hörte den gellenden Frauenstimmen zu. Mich selbst betraf das nicht, so schrecklich auch diese Frustrationsausbrüche waren.

Die junge Tante war, trotz ihrer Strenge, ihrer oft harten Worte und schlechten Laune, im Grunde eine herzensgute Person, und ich spürte das sehr wohl. Nach den giftigen Entladungen zog sie sich jeweils mit einer Decke in den hintersten Teil des Obstgartens in eine Art Streik zurück. Sie schlief in der Obstkammer, verweigerte jede Arbeit, kam ganze Tage lang nicht ins Haus, ass auch nicht. Ich fungierte dann als eine Art Kurier und fliegender Bote zwischen ihr und dem Haus, bis sich der Sturm gelegt hatte und Waffenstillstand herrschte.

Früh empfand ich den schreienden Kontrast zwischen dem Beharren auf religiösen Bräuchen, die striktest eingehalten wurden, und dem lieblosen Verhalten der Familienmitglieder untereinander. Eine Ausnahme bildete nur Dolfibatschi, der ein guter Mensch war und dem alle Kinder instinktiv anhingen. Ihn erlebte ich als einen wahrhaft frommen Mann, bei dem Religion und Leben nicht auseinander klafften. Er betete jeden Tag in seinem Gebetsmantel, die Speisevorschriften wurden in seinem Haus – auf dem Land besonders schwierig – genau eingehalten, der Sabbat gefeiert. Fiel Rosha Shona, das jüdische Neujahrsfest, noch in meine Ferienzeit, dann erlebte ich eine seltsame archaische Sitte. Zwei lebenden Hühnern wurden die Beine zusammengebunden, ich musste sie kreisend über meinem Kopf schwingen und dazu einen Opferspruch murmeln. Vor dem Feiertag fuhr Dolfibatschi in das nahe Städtchen Köszeg zum Schächter. In einer Tasche führte er Hühner, Enten oder Gänse mit, denen ich voller Erbarmen die Köpfe streichelte. Das Geflügel tat mir leid.

Ich lebte intensiv mit allem, was da kreuchte und fleuchte, kannte unsere Gänse aus hunderten heraus, holte die Herde heim, fütterte die bunte Schar der Hühner und behandelte sie, wenn eins den Pips hatte. Ein Huhn, das ich besonders sorgsam pflegte, als man es schon aufgegeben und auf den Misthaufen geworfen hatte, rannte lange Zeit hinter mir her. Auch Hunde, Katzen und Pferde waren meine Freunde. Alles was mir in der Grossstadt abging, hatte ich da in Hülle und Fülle, auch die menschliche Natur, die sich ungezähmt und unverhüllt, bar aller Scham zeigen konnte.

Der Sabbat war der langweiligste Tag in der Woche. Die Stunden krochen wie auf schleimigen Schneckenspuren dahin. Ich durfte nicht schreiben, nicht zeichnen, nicht nähen, kein Stücklein Holz zerbrechen oder zertreten, musste in meinem besten Kleidchen herumhocken und den Fliegen zuschauen, die in diesem sauberen Haushalt eine Rarität waren. Das Essen war am Tag vorher zubereitet worden, in den Öfen glimmte noch das Feuer, oder ein Nachbarmädchen kam, um es zum Wärmen der Speisen anzuzünden. Hefebackwerk gab es tonnenweise, und ich futterte vom Morgen bis zum Abend. Das war, wenn ich kein Buch zum Lesen hatte, die einzige Beschäftigung. Mit meinen Freundinnen vom Dorf durfte ich nicht spielen an diesem Tag, sie hielten sich ohnehin von mir fern.

Am Nachmittag spazierten wir dann zu Grossmama nach Rockendorf. Aber dort war der Sabbat für Kinder nicht weniger langweilig. Nur die Alten schwatzten miteinander. Sie sassen gewöhnlich im Hof auf einem Baumstamm, der als Sitzbank diente, um die Grossmama herum und hechelten mit Lust alle nicht anwesenden Familienmitglieder durch. Einmal ging es scharf über meine geliebte Mama her. Eine Weile hörte ich vom Küchenfenster aus zu, dann prellte ich wie eine kleine Furie hervor und schrie sie alle an: »Lasst sofort meine Mama in Ruh, ich verbiete euch, noch ein Wort über sie zu sagen.« Es gab erstaunte Gesichter, betroffene Stille – Sabbatruhe.

Tante Flora, die so gerne geheiratet hätte, pflegte dann doch noch längere Zeit eine Liebesaffäre mit einem jungen sympathischen Offizier. Es war nach dem ersten grossen Krieg, in den Dörfern der Umgebung war Militär einquartiert, und die definitive Grenzregulierung stand bevor. Der Offizier meinte es ernst mit dem jüdischen Fräulein und hätte sie gerne geheiratet. Doch die Liebe zerschlug sich an der unüberwindbaren Barriere der Religion. Für den Offizier, den die ganze Familie sympathisch fand, war es undenkbar, zum Judentum überzutreten. Tante Flora ihrerseits sagte unzählige Male, sie könne es dem Dolfibatschi nicht antun, einen Christen zu heiraten. Später vermählte sie sich mit einem Mann namens Sulzbeck, mit dem sie einige Jahre einträchtig zusammenlebte. 1944, wenige Monate vor dem Ende des Zweiten Weltkrieges, schrieben die beiden mir einen herzzerreissenden Brief nach Zürich, in dem sie mich anflehten, ihnen und der Tante Regine eine Einreise in die Schweiz zu verschaffen. Ihre Bitte war so aussichtslos wie damals der Flug auf den Mond. Sie landeten mit allen Angehörigen Mamas in der Gaskammer. Nur Dolfibatschi starb vorher, so wie Grossmama.

Auf einem anderen Stern

Sommerferien auf dem Land

Jahr für Jahr verbrachte ich die unendlich langen Sommer bis tief in den Herbst hinein in diesen meinen Kindheitsdörfern. Vier Stunden mit dem Zug in östlicher Richtung versetzten mich in eine andere Welt. Wenn ich von Wien in die Stille kam, war es wie ein Einstieg in den Hades. Der Lärm der Stadt zitterte noch in meinen Nerven, die laute Adambergergasse hielt mich noch fest, das Kindergeschrei, das bis in die späte Nacht andauerte. An der Bahnstation holte uns Dolfibatschi mit seinem Pferdefuhrwerk ab, und sobald der Zug seinen letzten Pfiff ausgestossen hatte, war da die Stille. Man hörte die Vögel zwitschern, die Grillen zirpen, der Wind rauschte durch die Getreidehalme, bewegte die Zweige. Die Stille, wohltuend und bedrückend zugleich, stimmte mich weinerlich. Ich konnte sie fast nicht ertragen.

An den Abenden waren diese Unruhe und dieses Heimweh in mir am ärgsten. So einen Himmel sah ich in Wien nie. Er senkte sich tief zur Erde, Millionen Sterne flirrten, Sternschnuppen sausten herunter, und der Mond war zum Greifen nahe. Die Luft roch so feucht und stark. Es brauchte viele Tage, bis sich das kleine Stadtmenschlein in diesem fremden Element wohler fühlte und die Schreie der Hähne ertragen konnte. Ich schlief in einem Hinterzimmer, in dem auch Dolfibatschi und Urgrossmutter ihre Betten hatten, auf einem Sofa am Fenster. Der Onkel sprach manchmal im Schlaf: »Stell den Besen in die Ecke!« – Alltagsdinge, die zum Lachen waren. Mit ihm fühlte man sich immer gut, selbst nachts. Urgrossmutter schien mir zuweilen nicht ganz appetitlich in ihrer Korpulenz.

Das erste heftige Heimweh überwand ich bald, doch kam ich ohne Gottes Hilfe nicht aus. Vor dem Einschlafen hielt ich jeweils lange Zwiesprache mit ihm, meinem ganz persönlichen Beschützer, betete vor allem dringlich um die Gesundheit meiner Mutter, die mir so fern war wie auf einem anderen Stern. In der Tiefe der Seele wurde ich die Angst nie ganz los, die Eltern hätten mich hier abgeliefert, und ich müsste nun für immer im Dorf bleiben. Doch das Beten beruhigte mich, ich schlief ein, und nachts, wenn ich aufwachte, stand oft Lumpi an meinem Fenster, der Kettenhund, den ich fütterte und abketten durfte. Ihm schenkte ich die ganze Zärtlichkeit eines Kinderherzens, und er war durch viele Jahre mein Freund, der mich jedes Mal mit tobender Freude begrüsste.

Jedes Jahr musste ich von neuem meine Scheu überwinden und mich wieder mit meinen Gefährtinnen und Gefährten im Dorf anfreunden. Den kroatischen Dialekt der Einwohner beherrschte ich wie meine Muttersprache, eine Kenntnis, die mir später half, das Russische, so anders es auch war, als etwas Verwandtes rasch zu erlernen. Neben uns wohnte die Bauernfamilie Beissowa mit drei Mädchen. Ich liebte sie alle, auch die Mutter mit dem frischen rotbackigen Gesicht, besonders aber die Grossmutter, eine schwarz gekleidete Frau, die aussah, als ob sie an einem stillen Kummer trüge, und immer freundlich war. Das Bauernhaus war stattlich, es besass eine grosse, mit Reben überwachsene Veranda auf der Hofseite. Von den Trauben durfte man nicht naschen, was einem Stadtkind wie mir, das gerne wie ein Spatz an allem Süssen zupfte, viel Überwindung abverlangte.

Ein Haus weiter hausten die Denk-Buben. Der jüngere war gutmütig, mit dem älteren hatte ich öfters Streit. Ich war eine kleine Aufschneiderin, nicht nur in der Adambergergasse. Natürlich waren die Häuser in Wien viel grösser als die gewaltigen Pappeln, die im lang gestreckten Dorf den Bach säumten. War der Streit darüber voll entbrannt, dann konnte es vorkommen, dass der ältere Denk-Bube mir an den

Kopf warf, die Juden hätten Jesus ermordet. Die Dummheit solcher Vorurteile erregte schon damals meinen Zorn, und ich gab ihm zurück: »Jedenfalls ich hab ihn nicht umgebracht.« In einem der ansehnlichsten Häuser des Kroatendorfes wohnte ein sehr schönes Mädchen. Ihre Mutter war keine richtige Bäuerin und machte einen fast vornehmen Eindruck. Etwas Trauriges ging von dieser Familie aus; den Vater sah man selten und wenn, dann in betrunkenem Zustand.

Diese Kinder bildeten unsere engere Clique. Wir spielten zusammen, sassen vor dem Einnachten unter der Holzbrücke und schlugen Kieselsteine, bis im Dunkeln die Funken sprühten. Bei glühend roten Sonnenuntergängen sahen wir verzückt in den Himmel und schrien: »Die heilige Maria bäckt Brot.« In der Erntezeit, wenn alle Erwachsenen auf dem Feld waren und das Dorf wie ausgestorben schien, versammelten sich in der glühenden Hitze hinter den Scheunen ganze Kinderscharen, die in Ekstase gerieten, sich nackt auszogen und versuchten, mit unzulänglichen Organen die Spiele der Erwachsenen nachzuahmen. Ich begnügte mich jeweilen mit der Zuschauerinnenrolle. So trieben es die kleinen Bacchen und Bacchantinnen eine Weile, bis alle verängstigt auseinander stoben.

Kein Sommer verging ohne Gewitter, wie ich sie seither nie mehr erlebt habe. Wochenlang war schönes Wetter, und mit einem Male ging es los. Die Regengüsse verwandelten die Dorfstrasse in einen Lehmbrei, der Donner knatterte und zerriss einem fast die Ohren. Der Himmel war eine einzige feurige Lohe. Ich liebte diese Gewitter, die den angespannten Nerven Erleichterung brachten, hatte nicht die mindeste Angst. Doch war die Gefahr jedes Mal sehr gross, waren doch die Haus- und Scheunendielen mit Stroh gedeckt. Ich war zehn Jahre alt, als der grosse Brand ausbrach. Sechsundfünfzig Häuser brannten nieder. Feuerwehren mit Spritzen kamen aus anderen Dörfern angefahren, Mütter schrien nach ihren Kindern, das Vieh wurde an eine sichere Stelle getrieben. Der Brand wurde knapp in unserer Nachbarschaft aufgehalten. Meine Verwandten aus Rockendorf waren auch gekommen, um zu helfen und zu retten. Tante Schnierer, eine couragierte Person, hörte in einem Haus ein Kind wimmern, kämpfte sich, umwickelt mit nassen Tüchern, durch den Rauch und fand ein dreijähriges Kind – im Backofen. Schnell wurde ein Loch in die feuchte Erde gegraben und das Kind mit seinen Brandwunden hineingestellt. Schon am nächsten Tag war meine Mutter bei mir. Sie hatte in der Zeitung von dem Feuer gelesen und davon, dass ein Wiener Kind darin umgekommen sei. Telefon gab es keines, selbst der Telegrafenbote hätte das Telegramm erst mit Ross und Wagen bringen müssen. So muss sie viele angstvolle Stunden ausgestanden haben.

Es verging auch selten ein Sommer ohne Hochwassergefahr. Gewöhnlich war der Bach ein Rinnsal, das wir Kinder stauten, um darin herumzuplanschen und kleine Mühlen laufen zu lassen. Nach heftigen Gewittern trat er über die Ufer, und das Wasser stieg bis zu den Häusern. Ich sass jeweils am Fenster und schaute den reissenden Fluten zu.

Wie meine Urgrossmutter pflegte ich jeweilen von Haus zu Haus zu zotteln und die Nachbarn mit meinem Besuch zu überraschen. Als ziemlich schwatzhaftes kleines Stadtmädchen, das Unterhaltung und Abwechslung brachte, war ich immer willkommen. Eines Tages machte ich eine Stippvisite beim Dorfrichter, der über dem Bach uns gegenüber wohnte. Er hatte drei Söhne und zwei Töchter, erwachsene bäuerliche Mädchen, die wie Märchenprinzessinnen aussahen – weibliche Schönheit berührte mich tief. Am Abend vorher war der älteste Sohn noch spät zu uns gekommen mit einem Sack Getreide auf der Schulter. Dolfibatschi hatte ihm den Sack abgenommen, worauf sie noch eine Weile plauderten. Diesen interessanten nächtlichen Vorfall wollte ich, auf der Ofenbank stehend, frisch von der Leber der Frau des Richters erzählen. Doch schnell hatte ich ihre Hand auf meinem vorwitzigen Mund, und sie drehte sich erschrocken um. Gott sei Dank hatte ihr Ehemann, der am Fenster sass, nichts gemerkt. Es kam öfter vor, dass junge Bauernsöhne nächtlicherweise zu uns kamen und etwas ablieferten. Erst lange danach verstand ich, dass sie vom Eigentum ihrer Väter mausten, um so zu etwas Bargeld zu kommen, da sie üblicherweise wie Knechte ohne Lohn auf den Höfen ihrer Väter roboteten.

Als einzige Juden in diesen Dörfern unterschieden wir uns auch sozial von den Bauern. Onkel Feiglstock war ein Händler, und es gab nicht viele Einwohner, die reicher waren als er, der Gastwirt vielleicht und einige Grossbauern. Dennoch hatte ich im Dorf nur zwei Feinde: einen Knaben, der mir Steine nachwarf und »Shidowka« schrie, wenn ich an ihm vorbeikam, und die Gänse. Die fremden Gänseriche fürchtete ich, wenn sie mit vorgestrecktem Hals zischend hinter mir dreinjagten und mich beim Strumpf erwischten. Aber da war ein tiefer Graben, der uns von der Dorfbevölkerung trennte – die Religion. Zuneigung und Abneigung, Liebe und Hass, Freundschaft und Feindschaft, alles wäre so gewesen, wie es sonst unter Menschen ist. Die Religion aber veränderte alles. Weder Christentum noch Judentum brachten mehr Menschlichkeit in die gegenseitigen Beziehungen. Meinen Angehörigen fehlte es nicht an Arroganz, die ihrem Anders- und Exklusivsein anhaftete. Da sie anders waren, mussten sie natürlich etwas Besseres sein. Unsere religiösen Riten spielten sich in der Verschwiegenheit des Hauses ab und waren den Dörflern, je weniger sie davon wussten, desto unheimlicher. Dolfibatschi, der sehr fromm war und zäh an allen Bräuchen festhielt, war als Persönlichkeit bei den Leuten beliebt und angesehen. Aber die unbedeutenden Zwistigkeiten meiner Tanten mit ihren Nachbarinnen bekamen sofort ein anderes Gewicht, weil meine Familie eben anders war. Das wirkte sich auf beiden Seiten aus, bei meinen Tanten durch anmassende Äusserungen über die »Gojim«, die Fremden.

Unsere Lebensweise war, abgesehen von der Religion, durchaus die gleiche. Wir waren um nichts besser oder kultivierter als die Dörfler. Eher fand ich in manchen Bauernfamilien Frauen, die mir durch ihre ruhige Art, ihr würdevolles Benehmen ausserordentlich gut gefielen. Ihre Häuser waren genauso reinlich wie unseres, ihre Schlafstätten würdiger als die unseren. Meine Grosstante Ilka schlief auf einem Strohsack, die junge Tante Flora schlug ihr Lager auf, wo es sich gerade traf, auf der Ofenbank, die sie durch zwei Stühle verbreiterte, in einem Verschlag hinter dem Geschäft. Es gab keinen materiellen Grund, uns als etwas Besseres zu fühlen, und doch taten wir es.

Aber auch bei den Christen mottete unterschwellige Feindseligkeit. Die meisten Bauern waren arm, einige Familien schufteten auf den Gütern des »Grofen«. Auch in solche Häuser führten mich meine Streifereien. Da gab es höchstens zwei- oder dreimal im Jahr einen Bissen Fleisch und kaum je Bargeld. Beim Juden konnte man aufschreiben. Doch selbst diejenigen, die ihren Bedarf bar bezahlten, gaben ihr weniges Geld unwillig her. Der Freund, der mir den Tod von Christus ankreidete, hielt mir eines Tages vor, dass mein Onkel einkaufe und dann teurer verkaufe. Das war in den Augen der Bauern keine Arbeit, es war Betrug. So simpel waren die volkswirtschaftlichen Begriffe. Ich musste erst lange darüber nachdenken. Onkel fuhr mit dem Fuchs in die Stadt, musste das Pferd füttern und pflegen, bei den Bauern selber Getreide und andere Produkte zum Leben einkaufen und bezahlen, und oft musste er im Schweisse seines Angesichts schwere Säcke schleppen. So formten sich meine ersten Begriffe von wirtschaftlichen und gesellschaftlichen Beziehungen.

In eine Kirche dürfen fromme Juden ihren Fuss nicht lenken. So wussten wir auch wenig vom religiösen Leben der andern. Immerhin etwas mehr als sie von uns, denn ihr Leben spielte sich nicht im Verborgenen ab. Im lutheranischen Dorf der Grosseltern fand ich in den Häusern die christliche Bibel und blutrünstige Märtyrergeschichten, im katholischen des Grossonkels ebenso blutrünstige Bilder von Christus mit durchbohrtem Herzen. An Fronleichnam verwandelte sich die Dorfstrasse in einen Blumenteppich, und hunderte von Birkenreisern waren zu beiden Seiten der Strasse eingesteckt. An hohen christlichen Feiertagen stieg ich mit Tante Flora auf den Heuboden und betrachtete die festlichen Aufzüge durch die Dachluken.

Eine andere Minderheit ethnischer Art lernte ich kennen und achten. In dem Wald, der sich zwischen den beiden Dörfern auf einer kleinen Anhöhe hinzog, lag ein Zigeunerdorf. Mitten im Waldesdunkel lebten dort sesshafte Zigeuner in primitiven Lehmhütten. Bei einer Zigeunerin und ihrer Tochter war ich öfter zu Gast. Meine kleinen geschnitzten Holztröglein und auch die grossen Back- und Waschtröge der Bauern waren das Werk ihrer Hände, ebenso wie manches andere einfache Gerät für den Haushalt, Holzlöffel etwa oder Besen. Die Zigeuner kannten auch die besten Plätze für Walderdbeeren und Pilze.

Zwischen den Dorfeinwohnern und den Zigeunern herrschte Frieden. Wenn mein Onkel mit seinem Wagen und dem Fuchs geschäftlich unterwegs war und mich mitnahm, kam es vor, dass wir nomadisierenden Zigeunergruppen begegneten. Das war ein anderer Anblick als die »zahmen« Waldzigeuner. Schreiend bunt waren die Gewänder, streng und finster die Mienen, langes, herabfallendes Haar trugen die Männer und lange, dunkle Zöpfe die Frauen, die in den Armen kleine Kinder mit winzigen zierlichen Köpfchen hielten. Ich konnte beim Vorbeifahren meine Augen kaum abwenden von diesem seltsamen Volk. Manchmal kam eine solche Gruppe in unseren Laden, um einzukaufen: Salz, Kaffee, Gewürze, Zucker. Ich hörte nie eine Klage über Diebstähle oder irgendwelche Streiche. Es waren Menschen einer fremden Welt; man hatte mit ihnen keinen näheren Kontakt, liess sie aber leben, wie es ihnen passte. Sie rochen weder nach Schweiss noch nach ungewaschenen Kleidern, sondern fremd und wild. An ihren Körpern haftete der Rauch ihrer Zelte, auch die Kräuter der Wiesen, auf denen sie lagerten. Ich war ihnen zugetan, sofort.

Die Adambergergasse war meine Heimat. Im Dorf war das Elementare. Mit seinen Geheimnissen betäubte, erschreckte und entzückte es mich jeden Sommer von neuem. Zwei- bis dreimal in der Woche pilgerte ich zu Grossmutter. Über die Wiese den Bach entlang, dann über eine Holzbrücke bis zu den Scheunen von Rockendorf, durch den Garten mit dem grossen Maulbeerbaum, so gelangte ich zum Haus. Die Wiese, die allerprächtigste der Welt, sah ich als mein Eigen an. Vor der Mahd glühte eine Fülle von Blumen in einer Arten- und Farbenvielfalt, wie es sie heute in den Niederungen kaum mehr gibt. Von den wenigsten Pflanzen und unzähligen Käfern wusste ich die Namen. Ich taufte sie selbst. Eine Blume mit weissen Spitzen, wohl ein Kerbel, war für mich die »Mutterblume«, denn Mutter trug in den seltenen Fällen, wo sie mit Vater tanzen ging, ein Spitzenkleid. Ich spürte eine innige, später nie mehr erlebte Verbundenheit mit allem, was da blühte und herumkrabbelte.

Zum Dorf gehörte auch ein Weingarten. Der Weg dahin zog sich mehr als eine Stunde in der oft brütenden Hitze. Die staubige Landstrasse stieg allmählich sachte an, und dann zeigten sich die ersten Edelkastanien, weit ausladend und gross wie Parkbäume. Ilkatant trug einen grossen Buckelkorb, ich einen kleinen. Wir gingen in den Kastanienwald hinein, und sofort umfing uns erlösende Frische. Der heisse Stich der Sonne war hier wohltuend gemildert, wir atmeten Frische, Kühle und die Düfte der reifenden Trauben und Früchte. Es war der Eingang zum Paradies. Wir schritten unhörbar auf einem sanften Grasteppich, der Kühle atmete, Streifen von Rebpflanzungen breiteten sich aus, dazwischen Obstbäume. Jeder Rebenacker hatte auch einen Platz für Beeren ausgespart, für Ribisel, Ogrosl und Himbeeren. Ribisel von Ribisca, Ogrosl von Groseille. Die Sonne schien so mild durch die Blätterdächer und doch brachte sie alles zu üppigem Reifen. Auf dem Rückweg waren unsere Körbe gefüllt, unten eine Schicht Maiskolben, dann goldglänzende Birnen, Pfirsiche und Aprikosen, obenauf die Beerenfrüchte, in Rebenblätter gewickelt. Das war die köstliche Fracht, die ich heimtragen konnte. Das meiste war für mich bestimmt, denn in den Ferien ass ich mich satt am Obst, das ich als Stadtkind selten sah.

In den schönen Sommernächten sassen fast alle Dorfleute auf ihren Türschwellen, flüsterten miteinander und lachten leise. Vom einen Ende der langen Dorfstrasse tönte leiser, gedämpfter Gesang. Jenseits des Baches, wo die Strasse breiter war, näherte sich eine Reihe Mädchen Arm in Arm. Hinter ihnen, ganz dicht, die Burschen. Mädchen und Burschen sangen ihre einfachen, etwas melancholischen slawischen Melodien. So gingen sie die Strasse langsam auf und ab. Ihr Gesang kam näher, wurde lauter und verhallte – immer wieder. Wie schön war dieses anspruchslose Konzert in der klaren Sternennacht, in der alles Ruhe und Frieden atmete.

Zu den Vornehmen im Dorf gehörten auch der Pfarrer und der Notar. Dem Pfarrer begegnete ich manchmal auf der Strasse, wenn ich mit den Bauernkindern spielte. Dann stürzte die Schar sogleich auf ihn zu, und jedes Kind küsste dem alten Herrn mit einem ungarischen »Keset tschokolom« – Küss die Hand – devot die Hand. Ich sagte ebenfalls mein Sprüchlein, doch ohne ihm die Hand zu küssen; von mir hätte er es auch nicht erwartet. Doch er war sehr liebenswürdig zu mir, strich mir übers Haar, befragte mich über die Schule.

Der Herr Notar war anders. Er kam gelegentlich zu uns ins Geschäft, auch im heissesten Sommer sehr städtisch und vornehm angezogen, mit einem Zwicker auf der Nase. Der Herr Notar sprach nur Ungarisch, von dem ich selbst lediglich ein paar Brocken verstand. Er kaufte irgendwelche Stempelmarken, die mein Onkel eigens für ihn führen musste. Ich erriet den Grund seiner arroganten Zurückhaltung und der devoten Höflichkeit meiner Leute. In Ungarn regierte Horthy, und der Notar war ein patriotischer, standesbewusster Mann. Instinktiv spürte ich, dass er irgendwie zum Regime gehörte. Wir hatten mit dieser Familie, die an kirchlichen Feiertagen immer in der ungarischen Nationaltracht auftrat, keinerlei Verkehr. Selbst kultiviertere und gebildetere Menschen als meine Verwandten wären bei ihr als Juden verpönt gewesen.

Einen Arzt hatte unser Dorf nicht. Wurde einer dringend gebraucht, musste man mit Ross und Wagen vier Stunden fahren. So waren die Dörfler weitgehend auf ihre eigenen Heilpraktiken angewiesen. Einmal verlor ich wegen einer solchen Behandlung fast mein Augenlicht. Zur Erntezeit, wenn der Lärm der Dreschflegel und der vereinzelten Dreschmaschinen im Dorf ertönte, war die Luft von feinem Staub erfüllt, den der Wind von den Tennen davontrug. Meine notorisch gereizten Bindehäute entzündeten sich, und die Augen wurden zu blutigen Schlitzen. Ich sah nichts mehr. Den ganzen Tag lag ich auf dem Sofa und wurde mit allen Mittelchen behandelt, die meinen Verwandten und den Bäuerinnen in den Sinn kamen. Vom eiskalten Topfen (Quark) bis zum warmen Kuhmist wurde mir so ziemlich alles auf die Augen gelegt, was die Laienmedizin vorrätig hatte. Ich lag geduldig da, litt und fühlte mich zugleich als Märtyrerin und als Mittelpunkt. In der Abendkühle durfte ich mit verbundenen Augen ein paar Schritte vors Haus machen und kam mir auch dabei wichtig vor. Dann allerdings wurde es kritisch, ich brachte die Augen überhaupt nicht mehr auf. So musste Dolfibatschi einspannen und mit mir zum Arzt fahren. Der vielseitige Allgemeinpraktiker befahl heisse Umschläge, so heiss ich sie ertragen konnte, mit abgekochtem Wasser und reinen Binden. In wenigen Tagen schwand die Entzündung.

Es gab in meinem Dorfalltag auch einsame Stunden. Halfen die andern Kinder auf den Feldern mit, lag ich zusammengekauert auf einem Strohsack im engen Hof und vergrub mich in Bücher. Das stundenlange Lesen war meinen hypochondrischen Neigungen günstig. Ich verschlang – wir waren mitten im Weltkrieg – die Romane einer Serie, die »Krieg und Liebe« hiess. Es war reinster Kitsch und handelte von engelgleichen Frauen, die einen Offizier liebten, und von teuflischen Weibern, welche die treue Liebe zu zerstören drohten. Abends sass ich zu Füssen meiner Tante Flora und erzählte ihr, eine neue Scheherazade, alles am Tage Gelesene. Mitunter musste ich ihr zusätzlichen Genuss bereiten und ihr die Fusssohlen kitzeln. Ich vermute, solches überstieg die Aufgaben jener persischen Märchenerzählerin.

Doch ausser solchen billigen Heftchen fand ich beim Stöbern auf dem Heuboden auch ein Buch mit farbigen Illustrationen: »Onkel Toms Hütte«. Wie war es in dieses Haus gekommen? Meine Verwandten waren keine Leser. Unvergesslich ist mir das Bild von Elizas Flucht mit dem Kind in den Armen über die Eisschollen des Flusses. Damals vernahm ich zum ersten Mal von der Existenz von Schwarzen und ihrem Sklavendasein in Nordamerika.

Politik berührte mein Dorf nur indirekt. Fast niemand las Zeitungen. Die Bauern gingen ihrer täglichen schweren Arbeit nach. Solange die Monarchie dauerte, hing über dem Bett meines Grossonkels ein Bild der kaiserlichen Familie. Das waren Götter und Göttinnen im Olymp, mit unserem Alltag hatten sie nichts zu tun. Und als sie dann nicht mehr da waren, nahmen wir Kinder es so selbstverständlich hin wie den Sonnenschein nach einem Regen. Vom kommunistischen Umsturz im Jahre 1919 erfuhr das Dorf auch wenig. Nur Ilkatant brummelte über die Kommunisten, die den Leuten alles wegnähmen; hätten sie zwei Anzüge im Schrank, müssten sie einen hergeben. So einfach war das. Ilkatant redete auch verächtlich von den Fabrikarbeitern: »Fabrikschlanz« war das, allerniedrigstes Gesindel.

Tante Ilka hatte ein angeborenes Besitzbewusstsein und klebte an allem, was ihr gehörte. Manchmal erhielt ich zur Jause am Nachmittag ein Butterbrot. Das besonders schmackhafte ungarische Landbrot und die frisch duftende Butter hätten mir wunderbar geschmeckt, hätte die Tante meine kleine Mahlzeit nicht mit Moralinsäure gewürzt: »Hier musst du beim Essen manierlich sitzen, nicht in der Gasse herumspringen und vom dritten Stock herunter dein Butterbrot auffangen.« Ihre Besitzgier stiess mich ab. In späterer Zeit, als ich über die Entstehung von Klassenunterschieden nachdachte, kam mir der Gedanke, dass es auch verschiedene Menschentypen gibt: die einen, die wie mit Krallen festhalten, und die anderen, die ihre Hände allzu schnell öffnen.

Ilkatant brachte mir das Beten bei, das heisst die hebräischen Litaneien. Ich lag mit ihr auf dem Strohsack und sprach ihr nach. Die hebräischen Wörter, die ich nicht verstand und die mir niemand erklärte, kamen mir komisch vor. Ich plapperte sie nach, veränderte sie, verdrehte die Silben: »Adonai lechod, ein Ei, ein Ei, lechod, o Gott, o Gott, o Gott«. Dabei platzte ich fast vor Lachen und sprang mit meiner Zumpelhose, bei der hinten ein Hemdzipfel heraushing, auf dem Strohsack herum. Damals schlief ich noch gut auf dem Strohsack und in Gesellschaft. Gegen fünf Uhr früh, wenn die andern sich zum Tagesanbruch rüsteten, wurde ich auf den Armen des Onkels in sein warmes und bequemes Bett getragen, um in den Morgen hineinzuschlafen.

Wenn ich gegen acht Uhr aufstand, hatte oft niemand Zeit für mich. Es kam mehr als einmal vor, dass ich zum Frühstück ein Gläschen süssen Schnaps und einen Kipfel erhielt. Zum Glück war das nicht die Regel, normalerweise gab es aus Milch und Kaffeebrühe zusammengeschütteten Kaffee, der grässlich schmeckte, und ein Stück Brot dazu. Dafür war das Mittagessen ausgezeichnet und reichlich. Bäuerliche Speisen, Rahmsuppe mit grossen Bohnen, Topfen- oder Kürbisstrudel, Gurkensalat und Erdäpfelsterz oder Geflügel auf ungarische Art mit Paprika. Eine Speise, die ich besonders liebte, waren Nudeln mit Schichten von Powidl, einem dick eingekochten Zwetschgenmus. Ich war ein schwächliches Mädchen und immer appetitlos. Die Kost meiner Mutter behagte mir nicht, sie war für ein nervöses und zappeliges Ding wie mich viel zu fett. Fett kochen galt in unseren Kreisen aber als Beweis, dass man es vermochte. Die Diät meiner Tante Flora schlug mir viel besser an. In den Sommerwochen auf dem Land nahm ich stets etwas zu und erholte mich. Doch blieb ich immer ein »Krischpindel«, ein mageres Geschöpf mit dünnen Armen und Beinen und einem verhältnismässig grossen Kopf.

Ein neues Leben

Die Geburt der Republik

Mit dem Übertritt von der Volks- in die Bürgerschule begann für mich ein neuer Lebensabschnitt.

Diese drei Jahre gehörten zu den glücklichsten meiner Schulzeit. Sie fielen in die Zeit, als Wien eine rote Stadt wurde und der Sozialdemokrat Glöckel[2] seine berühmte Sozialreform ins Werk setzte. Der Geist, der durch die Schulzimmer wehte, war frischer und freier, die Achtung vor jedem Kind als einem vollwertigen Menschen selbstverständlicher. Gedemütigt und herabgesetzt wurde niemand mehr. Dieser

Wandel wurde vor allem deshalb möglich, weil man republikanisch und demokratisch gesinnte Lehrer heranzog und moderne Erziehungsideen zumindest diskutierte.

Vom ersten Augenblick an war es mir in dieser Schule wohl. Es gab keine Lehrerin, die mir nicht lieb war. Allen voran Doktor Friedmann, eine emanzipierte Frau, die – wie die meisten selbstständigen Frauen jener Zeit – den Weg zum Studium mit dem Verzicht auf Ehe und eigene Kinder bezahlte. Sie war eine schöne, dunkelhaarige Frau, ein wenig männlich in ihrem Gehabe, auf Eleganz bewusst verzichtend. Sie trug stets Schuhe mit flachen Absätzen und einen riesigen Filzhut. In meiner Klasse unterrichtete sie nur Naturgeschichte, Physik und Chemie. Mit ihrem feurigen Temperament und der absoluten Hingabe an ihren Beruf begeisterte sie mich für ihre Fächer, und sämtliche Kinder hingen an ihr wie die Kletten. Frau Friedmann ging nie unbegleitet nachhause, immer hatte sie einen Schwarm Kinder um sich. Sie liebte nichts mehr als Diskussionen und Gespräche mit uns. Auch ihr Haus war uns nicht verschlossen; wann immer sich Gelegenheit bot, konnte man sie zuhause aufsuchen.

Friederike Friedmann stammte aus einer jüdischen Familie in Mähren. Ihr Vater war Rabbiner, sie selbst Atheistin und überzeugte Sozialistin vom Schlag jener, die aus reinsten Absichten und Gefühlen das Beste für die anderen und wenig für sich wollen. Wegen ihres überströmenden Temperaments kam es auch vor, dass sie heftig wurde, mit einem Schüler in Konflikt geriet und im Unrecht war. Sie machte es wieder gut durch offene Aussprache und eine Entschuldigung. Nur bei einer Schülerin versagte sie – meiner Freundin Lily Gondor. Ihre Abneigung gegen sie hatte nicht nur persönliche, sondern auch politische Gründe. Lily war fast in keinem Fach unserer traditionellen Lernschule gut. Die positive Seite ihres Wesens, der Reichtum an Fantasie, konnte kaum zur Geltung kommen.

Daneben hatte Lily aber auch noch einen Onkel namens Bronner, der ein stadtbekannter Schieber war. Wir durchlebten eine Inflation, und die Geldentwertung erreichte groteske Ausmasse. Immer wieder wurden neue Geldscheine herausgegeben, die mein Bruder Jula in einem Album sammelte. Die alltäglichsten Bedürfnisse waren zunehmend schwerer zu befriedigen, und man zahlte dafür Millionen. Bronner schoss in dieser Situation wie eine Rakete in den Himmel des Reichtums auf. Für geniale Schwarzhändler wie ihn war die Zeit günstig. In kürzester Frist hatte er sich in einem der Wiener Aussenbezirke ein Schloss erworben, mit riesigem, parkartigen Garten, Gärtnerpersonal und allem, was dazugehört.

Einmal war ich mit Lily dort eingeladen. Sie stellte mich dem Gärtner formell vor, und auf sein »Sehr erfreut, kleines Fräulein« blieb ich steif und stumm, überwältigt. Ich wusste nicht, wie man sich in einem solchen Fall benimmt. Mit Lily hatte ich – schon damals, mit zwölf Jahren – heftige Auseinandersetzungen über die Rechtmässigkeit des Besitzes ihres Onkels, von dem auch ein Abglanz auf die armen Verwandten fiel. Das hinderte uns beide nicht, durch die fünfzehn Zimmer zu jagen, von denen jedes in einem anderen Stil eingerichtet war, und dort unsere gewohnten Rollen als Feen oder Ritterfräulein zu spielen. Lily hatte damals etwas von der Arroganz des reichen Kindes und auch von der praktischen Wendigkeit ihres Onkels. Das gefiel unserer Lehrerin natürlich nicht. Übrigens war es mit dem unaufhörlichen Aufstieg des Schieberonkels bald zu Ende, und es folgte ein gerichtliches Nachspiel.

Meine Klassenlehrerin war Frau Olga Scheit, eine hässliche Frau von sympathischem Wesen. Die Äuglein waren winzig und versanken fast in den langen, überquellenden Backen. Sie war, im Gegensatz zu Frau Doktor Friedmann, ein stiller, beherrschter Mensch, von dem Ruhe ausging. Nie kam sie hinter ihrem Katheder hervor, sie dirigierte uns ohne Aufwand, mit dem kleinen Finger. Ihr Unterricht im Rechnen war auf die Schulung des Denkens ausgerichtet, wenig auf mechanischen Drill. Die bei ihr erworbene Fähigkeit im logischen Denken kam mir später im Gymnasium zugute. Daneben litt ich aber unter der Unfähigkeit, schnell und exakt die einfachsten arithmetischen Aufgaben richtig zu lösen. Bei einem simplen Rechenfehler gab es kein Signal im Gehirn, was zeigte, dass man ganz ohne Drill nicht auskommt. Genau das brachten die Gegner der Schulreform denn auch als Einwand vor.

Unsere dritte wichtige Lehrerin war Frau Herbeck, Wienerin aus altem Bürgergeschlecht, die Deutsch und Geschichte gab. Deutsch liebte ich sehr, weil wir im Unterricht viel lasen, meist Dramen. Dabei erhielt jede Schülerin eine Rolle zugeteilt. Der Geschichtsunterricht hingegen ödete mich an, denn die Kriege der Babenberger und Habsburger interessierten mich wenig. Hier zeigten sich fundamentale Schwächen der Schulreform. Die Lehrerinnen und Lehrer erhielten weder gedrucktes Material noch Anweisungen, wie sie einen modernen Geschichtsunterricht gestalten sollten, der uns Kindern den Übergang von der Monarchie zur Republik plausibel und dieses neue, zusammengeschrumpfte Österreich lieb und wert machte. Zwar waren alle meine Lehrerinnen demokratisch und republikanisch gesinnt, doch der Zweifel, ob denn unser Land, das geschwächt und geschlagen aus dem Krieg hervorgegangen war, auch lebensfähig sei, drang bis in die Schulzimmer hinein.

Auch Frau Herbeck war aufrichtig demokratisch gesinnt. Doch in ihrem Demokratieverständnis schwangen deutschnationale Töne mit. Es waren die Traditionen der Revolution von 1848, die sie uns nahe brachte – Robert Blum[3] und die Parlamentarier der Frankfurter Paulskirche –, zugleich mit der Sehnsucht nach einem geeinten Deutschland. »Fliege, du Fahne von Österreich«, begann eines dieser patriotischen Gedichte, ich weiss nicht mehr, von wem es stammt. Die Fahne sollte natürlich nach Deutschland fliegen und sich dort mit der deutschen brüderlich vereinen. Wir spürten den Atem der demokratischen Revolution, der Freiheitskriege gegen Napoleon, hörten von den Heldentaten Theodor Körners. Aber wir erfuhren nie etwas von den vielen Nationen, die im alten Österreich unterdrückt waren, auch nicht, warum wir in den Krieg gezogen waren und ihn verloren hatten. Und niemand sprach davon, dass dieses neue Österreich sich energisch von seinen alten Träumen und deutschnationalen Fantasmen abwenden sollte. Ich las damals noch mit

Begeisterung Gedichte wie die »Wacht am Rhein« – »Es tönt ein Ruf wie Donnerschall, wie Zorngebrüll und Wogenschwall« – und ähnliches mehr. Das waren Haltungen und Unterlassungen, die sich später in manchen Köpfen verheerend auswirkten. Mich schützten meine jüdische Abstammung und sozialistische Überzeugung vor groben politischen Verirrungen.

Dennoch habe ich in späteren Perioden meines Lebens nicht mehr die Unbefangenheit, den Mut und daher auch die Kraft zum eigenen Denken so stark erlebt wie in dieser Schule. Ein Aufsatz ist mir in Erinnerung, den ich als dreizehnjähriges Mädchen über die Frankfurter Nationalversammlung in der Paulskirche schrieb. Ich schilderte darin fast satirisch die Schwächen der damaligen Demokratie, ihr Zögern und ihre Unfähigkeit zum energischen Handeln. Leider wurde diese Gabe zum kritischen Denken, zur Selbstständigkeit und Ungehemmtheit nach dieser Schulzeit durch viele Faktoren verschüttet.

Damals hatte ich auch den Mut zu freiem Reden vor der Klasse oder, bei festlichen Anlässen, zu vorbereiteten Ansprachen. Mich plagte nicht das geringste Lampenfieber. Auch das Theaterspiel wurde gepflegt, und da ich ohnehin von meinen Schauspielereien mit Lily her gewöhnt war, mich darzustellen, fiel es mir in der Öffentlichkeit nicht schwer. Bei einer unserer Schulaufführungen in der Turnhalle spielte ich im »Verschwender« von Ferdinand Raymund die Hauptfigur. Die Scheu und die Hemmungen, die diese sprudelnde Quelle verschütteten, kamen erst später. Ich überwand sie allmählich wieder im reifen Alter, als ich öfters öffentlich vor vielen Leuten das Wort ergriff.

Tief greifende Wandlungen hat die Schule auch in dieser reformfreudigen Zeit nicht durchgemacht. Das Notensystem und damit das Konkurrenzstreben unter den Schülerinnen wurden in keiner Weise angetastet. Die Idee, Arbeitsgruppen zu bilden und ein gemeinsames Werk zu verrichten, lag in weiter Ferne. Ebenso machten sich die Klassenunterschiede unter den Schülerinnen weiterhin bemerkbar, wenn auch weniger krass. Eine Zeit lang wetteiferten wir darin, in der Deutschstunde selbst verfasste Gedichte zu rezitieren. Da ich den Trick, Verse zu schmieden, damals nicht drauf hatte, suchte ich mir welche in verschiedenen Zeitschriften und Büchern und rezitierte sie als die meinigen. Das war nicht schön, abgesehen davon, dass es meistens wertloses Zeug war. Eines Tages entdeckte ich, dass meine Konkurrentin, ein attraktives und von den Lehrerinnen sehr verwöhntes Mädchen, ebenfalls irgendwo abgeschrieben und das Urheberrecht für sich beansprucht hatte. Auf der Toilette des Schulhauses fand eine tränenreiche gegenseitige Entlarvung statt. Von da weg hörten diese eigenartigen Produktionen auf.

Das Kruzifix war von der Schulwand verschwunden. Wir jüdischen Kinder, in unserem Stadtbezirk in der Mehrzahl, erhielten unseren eigenen Religionsunterricht, und die katholischen Kinder den ihren. Ansonsten wurde über Religion nie gesprochen, das Gebet war abgeschafft. Mit elf, zwölf Jahren hatte ich intensive religiöse Empfindungen und meinen ganz persönlichen Gott, mit dem ich auf Du und Du stand. Nun kam hinzu, dass unser Religionslehrer, ein lebhafter und kluger Mann, seinen Unterricht äusserst interessant zu gestalten wusste. Er erzählte die Geschichte der Bibel und die historisch belegbare Geschichte des jüdischen Volkes sehr anschaulich und farbig. Zuweilen flossen auch Bemerkungen über die zionistischen Siedlungen in Palästina ein. Der jüdische Nationalismus hat mich nie begeistert, doch für die religiöse Materie war ich sehr empfänglich. Damals trug ich es meinem Vater sehr nach, dass er der Pflege der religiösen Bräuche wenig Interesse entgegenbrachte und beim Passahfest die Geschichte des Auszuges aus Ägypten rasch herunterleierte, um möglichst bald zum wichtigen Festessen zu gelangen.

Die intensive Lektüre der deutschen Klassiker nahm mich aber bald mehr gefangen, öffnete mir weite geistige Horizonte und führte mich von der Bibel weg. Als ich mit vierzehn Jahren Goethes Faust und die Antwort Fausts auf die bekannte Gretchenfrage las, da fiel mein kindliches religiöses Gebäude zusammen und ging mir mein persönlicher

Partner im Universum verloren. Als ich das in einem Aufsatz schrieb, nahm mich Frau Herbeck auf die Seite, zeigte sich gerührt, ermahnte mich aber, nicht mit den andern Schülerinnen darüber zu reden. Doch behandelte sie mich fortan als etwas Besonderes, was mir sehr schmeichelte und Flausen in den Kopf setzte. Eine Zeit lang gefiel ich mir in einer affektierten Philosophinnenpose, worauf ich zu meinem Glück von der gleichen Lehrerin zurechtgewiesen wurde, die sehr wohl echt und unecht zu unterscheiden wusste.

Von meinen frühen Kinderfreundschaften hatte ich mich gelöst und fand in der Klasse nur eine Kameradin, mit der ich intensiveren Kontakt pflegte. Ihre Eltern waren gutbürgerliche Leute, der Vater Textilkaufmann, die Mutter eine imposante, vollbusige Polin mit Baritonstimme und strengem Gesichtsausdruck. Lily Schinagel sass in der ersten Bank, trug eine grosse Masche auf dem glänzend gebürsteten dunklen Haar und wusste sehr wohl, wie reizend sie aussah. Obendrein war sie eine gute und intelligente Schülerin. Ich liebte sie sehr, wenn sich in diese Zuneigung auch leise Neidgefühle mischten. Sie hatte ein schönes Zuhause und erzählte stets von ihren Ferien im Salzkammergut, das für mich so weit weg erschien wie Afrika. Als ihr Vater starb, lebte die Familie trotz der einschneidenden Veränderung auf demselben Lebensniveau weiter. In einer unserer Schuldiskussionen über Arm und Reich äusserte ich damals die Ansicht, dass wohlhabende Kinder, die ihren Vater verlieren, es zwar schwer haben, jedoch nicht so schwer wie die Kinder armer Eltern. Ich sprach nicht ohne Erfahrung. Denn wurde Papa krank, geriet meine Mutter jedesmal in fürchterliche Ängste, was aus uns allen würde, falls er nicht mehr da wäre. Diese Lebensangst war real begründet, doch es lag auch in der Natur meiner Mutter, übermässig ängstlich zu. Meine Kameradschaft mit Lily Schinagel zerbröckelte, als sie eine neue Freundin fand, die aus ihrem Milieu stammte und ihre Interessen teilte. Die Trennung von ihr schmerzte mich sehr, es war die erste Untreue, die ich erlebte. Mich ergriff jenes Gefühl des Alleinseins in der Welt, das für lange Zeit einen Schatten über meine jungen Jahre warf.

»Die Kunst hat ihren Zweck in sich selbst«
Aufstieg ins Gymnasium

Meine Kindheit ging zu Ende. In diese Zeit fiel ein Selbstmordversuch Julas. Weil er im Realgymnasium eine schlechte Note in Geschichte erhalten hatte und damit die Klasse repetieren sollte, versuchte er sich die Pulsadern aufzuschneiden. Von den Eltern kamen nur heftige Vorwürfe. Steck ein Kind in die Schule der besseren Leute und lass es dort schwimmen. Schwimmt es, umso besser, geht es unter, ist es seine Schuld. Jula war viel weichherziger als der lebenstüchtige Jack, der sich bereits allein im Leben umtat und aus robustem Stoff gebaut war.

Am Ende der dritten Klasse, ich war etwas über vierzehn, stand der Entscheid für meinen Übertritt in die Oberstufe des Mädchengymnasiums an. Meine Eltern leisteten Widerstand. Sie hatten genug von den Experimenten mit den beiden Buben. Ausserdem lief das Geschäft meines Vaters nicht mehr gut, und vor allem war ich ein Mädchen. Doch Frau Doktor Friedmann überredete meine Mutter, und die Lehrerinnen verschafften mir ein Stipendium der Stadt Wien. Auch ich setzte meinen Starrkopf auf. Ich musste Französisch nachbüffeln, Algebra lernen und in einigen Fächern eine Aufnahmeprüfung ablegen. Es fiel mir nicht allzu schwer, und meine Lehrerinnen unterrichteten mich privat, ohne jede Bezahlung, an die ohnehin nicht zu denken war. Ich fand es ganz natürlich, weiter die Schule zu besuchen, und dachte keinen Augenblick daran, welche Opfer das für meine Eltern bedeutete.

Zu dieser Zeit war die starke Unruhe der beginnenden Pubertät in mir. Die alten Freundschaften waren zerfallen, neue Bindungen fehlten. Die heftige Liebe, die ich während der Kinderjahre meiner zurückhaltenden und herben Mutter entgegenbrachte, hatte einen starken Stoss erlitten. Mama war wieder einmal zu Besuch in Rockendorf, und ich wohnte und schlief bei Tante Schaner. Da trat das lange erwartete Ereignis ein, das bei vielen Mädchen meines Alters längst da war, die Periode. Tante Schaner war die Erste, die davon erfuhr, und diese feinfühlige Frau, älter und weiser als Mama, tat das Richtige. Sie umarmte mich und sagte: »Jetzt bist du ein kleines Fräulein.« So einfach und natürlich war das. Als Mama zurückkam, musste ich es auch ihr mitteilen. Ich tat es abends vor ihrem Bett. Sie blickte mich wortlos, fast entsetzt an und wandte mir den Rücken zu. Am andern Tag gab sie mir widerstrebend einige hygienische Anweisungen. Damit war auch das Band zwischen uns wenn nicht zerrissen, so doch sehr dünn geworden. Ich wusste, dass ich von nun an in allen Dingen meinen eigenen Weg zu gehen hatte.

An einem heissen Sommernachmittag in Rockendorf, es war still, Tiere und Menschen zu matt für jede Regung, stand ich allein in der Küche. Ein seltsamer, nie erlebter Schrecken würgte mich. Eine Frage bedrängte mich, die ich mir vorher nie gestellt hatte: Wer bin ich? Was ist dieses Ich, das aus mir spricht? Diese Stimme in mir, was hat sie mit diesem Körper zu tun, den ich sehen, betasten, fühlen kann? Dieses Ich, Ich, Ich, was ist es denn? Das war eine neue und schmerzhafte Geburt, vielleicht das eigentliche Menschwerden aus dem naiven, unbewussten Kinderdasein heraus, wo die Welt unreflektiert erlebt wird. In diesem Abschnitt des Lebens, wenn der Körper stürmt und Seele, Geist und Körper manchmal ihre Einheit, ihren Zusammenhalt verlieren, gibt es junge Menschen, die schwer erkranken, weil sie diese Zerreissprobe nicht aushalten. Für mich war der Einschnitt so scharf, dass ich ihn als den Beginn meines Erwachsenenlebens bezeichnen kann, dem ich mich auf vielen Wegen, Umwegen und Irrwegen näherte.

In Wien hatte ich inzwischen wieder eine Gefährtin gefunden, die ersehnte tiefe Freundschaft. Heute weiss ich, was ich damals nicht wusste: der Beziehung mit Ida war ein starkes erotisches Element beigemischt, ja es bildete sogar ihre Essenz. Ich finde das in Ordnung, es entsprach dem Alter. Alles in mir strebte nach Liebe, nach Verliebtheit. Das andere Geschlecht war weit weg, die Beziehung mit ihm lag für die Fünfzehnjährige noch im Dunkeln. Das eigene Geschlecht übte seinen Zauber aus. Die Beziehung mit Ida war die Erlösung aus der plötzlich verspürten Einsamkeit. Sie war keine Klassenkameradin, sondern ging in die Parallelklasse. Wir trafen uns zufällig, und das gegenseitige Gefallen war ein gegenseitiges Verliebtsein. Wir brauchten es beide, um unseren Überschuss an überwältigenden Gefühlen aneinander zu erproben. Wir waren so verschieden, wie man es sich nur denken kann. Ich war klein, mager und ganz gewiss nicht sehr anziehend. Sie war gross und gut gewachsen, so dunkel wie ich hell, und hatte ein schönes, etwas bubenhaftes Gesicht. Beim Lachen zeigte dieses Gesicht zwei Reihen kleiner, tadelloser Zähne und wurde sehr weiblich. Schon ein Jahr später kreisten um Ida junge Männer. Sie hatte es in sich. Jede unserer Begrüssungen, jeder Abschied war von ernsten Küssen, von heftigen Umarmungen begleitet. In aller Unschuld unseres Nichtwissens.

Ida erkrankte. Sie war schnell in die Höhe geschossen, und irgendein Rückenschaden verursachte ihr heftige Schmerzen. Viele Stunden lang – wo nahm ich nur die Zeit her als Gymnasiastin? – sass ich in jenen heissen Sommertagen an ihrem Bett, bürstete ihr verschwitztes, weiches Haar und litt mit ihr. Schliesslich vermittelte ihr eine Ärztin die Aufnahme in eine Heilanstalt für an Knochentuberkulose erkrankte Jugendliche. Wir schrieben uns leidenschaftliche Briefe. Ich hätte sie heute gerne wieder vor Augen, diese Ausbrüche junger Zärtlichkeit. Ich wollte Ida besuchen, doch meine Mutter erlaubte es nicht, aus – unbegründeter – Angst vor Ansteckung, fast mehr noch aber aus Unverständnis für diese ihr unheimliche Beziehung, für diese übertriebenen Küsse und Umarmungen.

Nach ihrer Rückkehr war meine Freundschaft mit Ida nicht mehr wie vorher. Ein kleiner Wurm hatte immer drin gesteckt. Sie ging zu den Roten Falken und wusste es zu verhindern, dass ich in ihre Gruppe aufgenommen wurde. Sie war die Schöne und sehr bald auch Umschwärmte. Dennoch beneidete sie mich um irgendetwas. Ihre Unsicherheit mir gegenüber wich auch im späteren reifen Leben, als wir uns wieder trafen, nie ganz. Was hatte ich ihr, die so vieles hatte, was mir fehlte, voraus? Nichts als die unstillbare Lust und den Drang, über die Dinge des Lebens nachzudenken, sie nicht als etwas Alltägliches, Gewöhnliches und Banales hinzunehmen. Dieses geistige Band hatte in unserer Mädchenfreundschaft gefehlt.

Ida heiratete einen Mann, den sie nie wirklich liebte, der aber als wohl bestallter Lungenarzt das arme Proletenkind in Wohlstand versetzte. Ihr Mann hatte sich in der Klosterneuburgerstrasse eine Praxis und für beide ein wohnliches Heim eingerichtet. In der Zeit der Illegalität, als nach dem Februaraufstand von 1934 alle Arbeiterorganisationen Österreichs zerschlagen waren, lebte ich wie eine Vagabundin und war froh, bei ihr manchmal ein Bett und eine Schreibmaschine zu finden. Auch noch im Schicksalsjahr 1938 nahm sie mich auf, etwas ängstlich zwar, doch zwei Nächte konnte ich bei ihr schlafen.Nach ihrer Scheidung entwickelte sie sich in der Emigration in New York zu einer tüchtigen Fürsorgerin. Später haben wir uns wieder getroffen und miteinander manche Ferienwoche in der Schweiz verbracht. In Rüeggisberg, in Gallenkirch sind wir über Wiesen und Felder gewandert und haben Erinnerungen ausgetauscht. Etwas von der romantischen Freundschaft war geblieben.

Der Schritt von der Volksschule an die Oberstufe des Gymnasiums war fast verhängnisvoll für meine weitere Entwicklung. 1929, als ich schon mehrere Semester an der Hochschule war, kam der gesundheitliche Zusammenbruch, an den zu denken mir noch heute nicht leicht fällt. Er war Kulminationspunkt alles Vorangegangenen. Ich studierte in fortgeschrittenem Alter noch Heilpädagogik und hatte es mit vielen gestörten Kindern und Entwicklungen zu tun. Weil man sich dabei über die möglichen Ursachen dieser Störungen Gedanken machen musste, dachte ich natürlich auch über mich nach. Denn wie sollte ich raten und helfen können, wenn ich nichts über mich selbst, über das eigene Werden, die eigene Ichfindung wusste. Wie bin ich so geworden, wie ich bin? Das wäre nicht zuletzt auch eine politische Frage, würde die zerrissene und sich befehdende Menschengemeinschaft sie für sich stellen. Die erlösende Antwort hat jedoch noch niemand gefunden, jedenfalls nicht ihre Verwandlung aus der Theorie in eine annähernde Praxis.

Für unsere fortschrittliche Frau Doktor, die mir den Weg in die Mittelschule bahnte, war es einfach. Freie Bahn dem Tüchtigen. Sie hielt mich für tüchtig und intelligent, also musste man mir den Weg ebnen. Dabei wurde einiges ausser Acht gelassen. Mein gesundheitlicher Zustand zuerst. Ich war ein schwächliches Kind mit leicht reizbaren Nerven. Zum Lernen gehört aber Kraft und Frische. Die einzige Erholungsmöglichkeit, die meine Eltern mir je bieten konnten, war der Aufenthalt in Ungarn, der mir, je mehr ich heranwuchs, nicht mehr zusagte. Mit vierzehn Jahren begannen meine sehr leisen Klagen über Schlafstörungen. Das stickige Zimmer in der Adambergergasse, der Lärm bis spät in die Nacht, ich konnte stundenlang nicht einschlafen. Ich wurde zu einem stets schläfrigen und müden Schulkind, das am Morgen, wenn es dringend noch Schlaf gebraucht hätte, aufstehen musste, mit Widerwillen das aus Milch und Kaffee zusammengeschüttete Gebräu trank und dann wie gehetzt und mit Seitenstechen in die Schule rannte. Zudem hatte ich immer heftige Menstruationskrämpfe und fühlte mich nach diesem natürlichen Vorgang jedes Mal geschwächt. Während der Kopf funktionierte, kam der übrige Körper weniger gut mit. Niemand achtete darauf. Wie einfach wäre da Abhilfe gewesen, Erholungsmöglichkeiten in guter Luft, viel Bewegung und vitaminreiche Nahrung. Gerade das aber war nicht zu haben, nicht für mich, nicht für viele andere junge Menschen in meiner Lage.

In meiner früheren Schule hatten wir Kinder und besonders ich eine sehr persönliche Beziehung zu unsern Lehrerinnen. Sie waren uns nahe Menschen, nicht einfach Fachpersonen, die ihr Garn abspulten. Im Gymnasium fiel es mir anfangs sehr schwer zu begreifen, dass es damit aus war. Die Distanz zwischen Professoren und Schülerinnen wurde strikt eingehalten. Damit hätte ich mich abfinden können, wäre nicht auch der Unterricht fachlich von ziemlich schlechter Qualität gewesen. Dieses neu gegründete Reform-Realgymnasium für Mädchen hatte nicht die besten Professoren. Im ersten Jahr merkte ich das noch nicht, war noch zu unkritisch.

Unsere Klassenlehrerin, eine Frau Richter – nomen est omen –, gab Latein und Deutsch. Klein gewachsen, mit kurzen Beinen und einem etwas grossen Kopf, war sie nicht eigentlich hässlich, doch von der sauren Gemütsart jener, die gern geheiratet hätten und dabei erfolglos waren. Sie war eine Tyrannin, aber geistig, wie ich bald einmal herausfand, eine Null. Doch in den ersten anderthalb Jahren im Gymnasium zitterte ich vor ihr, sass verquält und mit verkrampften Eingeweiden in der Bank, schwitzte vor Angst, wenn sie uns ihre »ablativi absoluti« und andere Regeln der lateinischen Grammatik einbläute. Für jede falsche Antwort gab es giftige Schimpfworte. Die Freude am Latein verdarb sie uns gründlich. Sie vermittelte keinerlei geistige Werte, vergangene Zeiten und Menschen lebten nicht auf. Ihr Deutschunterricht war eine grosse Enttäuschung verglichen mit dem, was ich schon vorher begeistert aufgenommen und gelesen hatte. Langweilige Lektüre der Ilias, leeres Gerede über Homer. Wir schwätzten nach, was Wolf über die »Prolegomena ad Homerum« geschrieben hatte, und kriegten nie eine Ahnung von der Grösse der Dichtung. Ein Sätzchen pflegte sie stereotyp zu wiederholen: »Die Kunst hat ihren Zweck in sich selbst.« Wir wurden wie die Affen gedrillt. Nach einiger Zeit erwachte der Protest in mir, ich erkannte mit jugendlicher Präpotenz ihre Nullität und erschwerte mir damit den weiteren Verlauf der Schulzeit. Ich war begierig nach echtem Wissen, es wurde alles im Keime erstickt.

Die anderen Professoren waren mittelmässig, manche geschwätzig und unernst. Nur einer stach hervor. Das war Doktor Benno Steinitz, mein Geschichtsprofessor, ein Sozialdemokrat und guter Lehrer, der selber Freude an seinem Fach hatte. Er war der Einzige, bei dem ich bis zum Ende der Schulzeit etwas leistete. Von Format war auch die Direktorin der Schule, die gelegentlich einsprang, wenn ein Mathematikprofessor fehlte. Als 1938 die Nazis Österreich annektierten, übernahm meine Professorin in Biologie und Chemie, Frau Leitmeyer, sofort deren Stelle. Sie war die Gattin eines Universitätsprofessors für Geologie und eine ergebene Nationalsozialistin. Ihr Unterricht war miserabel und sie selbst eine schläfrige, temperamentlose Person, die kaum die Augenlider hob, wenn sie etwas sagte. Sie umgab sich gerne mit einer auserwählten Eskorte von Schülerinnen aus besseren Kreisen. Ihr Mann heiratete später eine ihrer bevorzugten jüdischen Schülerinnen und emigrierte. Als die Russen nach Wien kamen, wurde Frau Leitmeyer verhaftet. Mit der Sowjetarmee kam, in der Funktion einer Dolmetscherin, eine ihrer früheren bevorzugten Schülerinnen nach Wien, Liesel Grün, Tochter eines Arztes und sozialdemokratischen Wiener Gemeinderats. Nach Moskau verschlagen hatte es sie als Frau eines österreichischen Ingenieurs. Dort wurde sie Professorin für Deutsch an der Moskauer Universität und überlebte die Stalinzeit ohne jedwede Schwierigkeiten. Diese Liesel setzte sich für ihre ehemalige Professorin ein, worauf die Russen sie freiliessen.

Meine Mitschülerinnen im Gymnasium stammten zumeist aus der bürgerlichen Mittelschicht. Sie alle hatten auch ausserhalb der Schule miteinander Kontakt. Ich war und blieb eine Aussenseiterin, meine soziale Herkunft schuf eine Kluft. Nur zwei weitere Mädchen kamen aus derselben sozialen Schicht. Die eine war die Tochter meiner Klavierlehrerin, exzentrisch erzogen und schlecht gekleidet, die andere ein unansehnliches Geschöpf und eine schlechte Schülerin, die auch von dem humanen Doktor Steinitz mit Spott überschüttet wurde. Da sie die Aufnahmeprüfung ins Gymnasium bestanden hatte, konnte sie gar nicht so dumm gewesen sein, doch war es zweifellos die Schule selbst, die sie bedrückte und verdummte.

Ausserdem gab es in meiner Klasse noch vier nette, liebenswerte Kameradinnen, die zu den wenigen Zionistinnen in der Schule gehörten. Sie hingen einem Ideal an, mit dem ich nie etwas anfangen konnte. Diese ausgeprägte Form des Nationalismus war unter den westeuropäischen Juden offenbar eher in den bürgerlichen Schichten anzutreffen. Im Osten war es anders. Doch wir lebten in Wien. Die sozialen Unterschiede bedrückten mich mehr und schienen in meinen Augen wesentlicher. Von Antisemitismus merkte ich in meiner Jugend nichts. Auch wenn schon damals, in den Zwanzigerjahren, Lastautos mit jungen, grölenden Burschen durch die Leopoldstadt fuhren und »Juda verrecke« und »Deutschland erwache« brüllten. Ich sah in ihnen Wahnsinnige, Verrückte, die man verächtlich ignorieren konnte. Noch ahnte niemand den Sieg solchen Irrsinns über das kultivierte Europa.

Die Zeit im Gymasium gehörte in meinem Prozess des Reifwerdens nicht zu den guten Zeiten. Ich hätte den persönlichen Kontakt mit meinen Lehrern, ihre Anteilnahme und Wärme noch gebraucht. Ich war nicht lebenstüchtig genug, um aus dem wenigen, das geboten wurde, selbst etwas zu machen, war zu sehr irritiert von der veränderten sozialen Umgebung, um ohne Hilfe den Weg zur Sachlichkeit zu finden. Paradox war, dass gerade meine tiefere, suchende Intelligenz mich hinderte, in der mir unsympathischen Umwelt angepasst und tüchtig zu sein. An Begabung fürs Praktische fehlte es mir nicht, doch das erfuhr ich erst viel später. Schliesslich bekam ich das Reifezeugnis, ohne reif zu sein, und war ein Mensch in wildem Protest und grosser Unsicherheit, als ich in die Universität eintrat. Meine Mutter verhielt sich in dieser schwierigen Phase meines Lebens still und duldsam. Sie verlor kein Wort. Papa brummelte und tadelte mich, die gute Schülerin, auf die er stolz war, die ihn aber doch einigermassen enttäuschte. Mir helfen und raten konnten sie beide nicht.

2. Teil

1926–1929

Wer Perlen will
der muss ins Meer sich stürzen
Goethe, West-östlicher Divan

Zwei Ereignisse nahmen in diesem Zeitabschnitt eine herausragende Stellung ein: Die antifaschistische Protestaktion der Arbeiterinnen und Arbeiter vom 15. Juli 1927 und die zunehmende Verschlechterung der Wirtschaftslage, die schliesslich in der Weltwirtschaftskrise von 1929 gipfelte. In der Folge des Ersten Weltkriegs und des Zerfalls der Donaumonarchie lösten sich gewachsene Wirtschaftsstrukturen auf, was zu einer massiven Schwächung der österreichischen Industrie und Finanzwirtschaft führte. Entsprechend gross war die Arbeitslosigkeit und Verelendung breiter Bevölkerungsschichten.

In der österreichischen Hauptstadt entstand in diesen Jahren das legendäre »Rote Wien«, jenes Aufbauwerk, in dem der Austromarxismus seine theoretischen Grundlagen mit einer kommunalpolitischen Praxis zu verbinden suchte. Der Gemeinde-Sozialismus trug klar klassenkämpferische Züge: Die kommunale Steuerpolitik zum Beispiel verlangte von den vermögenden Bevölkerungsschichten erhebliche Abgaben zur Finanzierung der Sozialpolitik. Wien war das gesellschaftspolitische und kulturelle Epizentrum, ein Brutkasten für soziale Experimente, der brodelnde Ideenherd der Republik. Das Modell der Sozialdemokratie fand breite Zustimmung: So unterstützten am 20. April 1927 namhafte Intellektuelle und Künstler mit einer in der AZ publizierten »Kundgebung des geistigen Wiens« die SDAP bei den bevorstehenden Gemeindewahlen. In ihrem Aufruf hoben sie unter anderem die »grossen sozialen und kulturellen Leistungen der Stadtverwaltung« hervor.

Der Austromarxismus, Sammelbegriff für die theoretischen und politischen Auffassungen der österreichischen Sozialisten, gehörte zu jenen »ismen«, die sich nicht auf eine bestimmte politische Theorie oder Leitfigur reduzieren liessen. Die »Ungebundenheit« war eine der Grundvoraussetzungen für die Vielfältigkeit des damaligen Geistes- und Kulturlebens. Der Austromarxismus befasste sich mit der gesamten Lebenswelt der Arbeiterinnen und Arbeiter; dieser Ansatz manifestierte sich unter anderem in einer breiten sozialistischen Sport-, Kultur- und Erziehungsbewegung, wobei – wie Anson Rabinbach in seinem Buch »Vom Roten Wien zum Bürgerkrieg« festhält – »die Bedeutung der Bildung als zentrales Konzept in der ›Mentalität‹ des österreichischen Zwischenkriegssozialismus in beinahe allen Projekten der Wiener Gemeindeverwaltung« festgestellt werden konnte. Die Wohnbauprojekte seien nicht bloss im Rahmen gängiger Sozialpolitik, sondern in der expliziten Absicht realisiert worden, auch mittels der Architektur »kollektive Werthaltungen zu verkörpern und eine sozialistische Gegenwelt zu schaffen«.

Die Erfolge des »Roten Wiens« stärkten die Position der SDAP im Gemeindeparlament. Zwischen 1919 und 1927 vergrösserte die Partei ihren Stimmenanteil von 54,17 auf 60,27 Prozent. Dieser Entwicklung erwuchs Opposition von links und von rechts. Die rechtsbürgerlichen Kreise empfanden die sozialdemokratische Gemeindeverwaltung Wiens als unerträglichen SDAP-Stützpunkt im Herzen des Staats. Für deren Politik prägten sie Begriffe wie »Steuersadismus« und »Wohnungsbolschewismus«. Rechtsextremistische Wehrbünde, Heimwehren und Frontkämpfervereinigungen gingen militant und gewalttätig gegen die organisierte Arbeiterschaft vor. Die SDAP reagierte auf diese Angriffe mit der Gründung des republikanischen Schutzbundes.

Am 14. Juli 1927 sprach ein Schwurgericht drei Frontkämpfer von der Anklage des Mordes an einem Arbeiter und an einem achtjährigen Jungen frei. Die beiden Tötungsdelikte hatten sich im Januar desselben Jahres ereignet, bei Auseinandersetzungen mit Schutzbündlern im burgenländischen Ort Schattendorf. Der Urteilsspruch empörte die Arbeiterschaft: In Wien kam es zu Streiks und Massenprotesten. Bei einer Demonstration am 15. Juli 1927 ging das Justizgebäude in Flammen auf. Die anrückende Feuerwehr wurde von den aufgebrachten Demonstranten am Löschen gehindert, worauf die Polizei gezielt in die Menge schoss. Die Bilanz der darauf folgenden

Strassenschlachten: 90 Tote und 500 bis 1000 Verletzte. Dieser Zusammenstoss zwischen Arbeiterschaft und Staatsgewalt war von einschneidender Bedeutung für die Geschichte der ersten Republik und ist in ihrer Schärfe nur noch mit dem Schutzbund-Aufstand vom 12. Februar 1934 vergleichbar. Mit dem erstmaligen Einsatz bewaffneter Heimwehren ausserhalb Wiens begann in diesen Julitagen der Aufstieg des Faschismus in Österreich.

Zu den hauptsächlichen Differenzen zwischen der SDAP und der KPÖ gehörte neben der Einschätzung des aufkommenden Faschismus die Haltung gegenüber der Sowjetunion und der »Diktatur des Proletariats«. Eine der Hauptlinien der Auseinandersetzung verlief entlang der Frage: Wieviel Revolution steckt in der Reform? Das Linzer Parteiprogramm von 1926 legte die SDAP darauf fest, die Staatsmacht über den Wahlzettel zu erobern. Als Zugeständnis an die Parteilinke sprach das Programm zwar von »Diktatur«, die aber nur als politisches Mittel zur Durchsetzung der durch Wahlen eroberten Macht, also zur Absicherung des gesellschaftlichen Übergangsprozesses verstanden wurde.

Mein eigener Kopf
Politisierung und Radikalisierung

Noch während meiner Gymnasialzeit trat ich in die Sozialistische Arbeiterjugend (SAJ) und zugleich in die Vereinigung sozialistischer Mittelschüler ein. Ich las eine Menge propagandistischer Literatur, Broschüren von Robert Danneberg[4], Otto Bauer[5] und Max Adler[6], von denen Letzterer mich besonders ansprach. Die Idee, die Klassengegensätze zu überwinden, der Internationalismus begeisterten mich. Das Verständnis für die sozialen Fragen musste ich mir nicht auf dem Umweg über die Theorie erst mühselig erarbeiten. Alles war wegen meiner persönlichen Geschichte in mir vorbereitet – die Theorie war nur eine Bestätigung des bereits intensiv Erlebten. Für mich war es einleuchtend, dass sich die arbeitenden, ausgebeuteten Menschen über alle Grenzen hinweg zusammenschliessen sollten, als natürliche Reaktion auf die Kapitalisten, die in ihrer Profithascherei auf dem Erdball umherjagten. Ich sah Fabrikschornsteine, die umarmend sich über Grenzen hinweg einander zuneigten.

Abends sass ich nun oft im Vereinslokal der SAJ an der Postgasse, hörte Vorträgen und Diskussionen zu. Andere Arten jugendlicher Aktivität gab es eigentlich keine. Die russische Oktoberrevolution, die schon fast ein Jahrzehnt zurücklag, beschäftigte die Gemüter immer noch sehr stark, man begegnete ihr ablehnend oder enthusiastisch. Ein klein gewachsener Jugendlicher ist mir in Erinnerung, der fast Abend für Abend, wenn über Russland debattiert wurde, aufsprang und denselben Satz in den Saal schrie: »Und was ist mit Georgien?« Georgien war mir Hekuba, und alle lachten den kleinen Kerl aus, der schon als eine Art Clownnummer galt. Jahrzehnte später las ich jene Artikel von Lenin, die sein Nachfolger bereits unterschlagen hatte, über die Vorfälle in Georgien und seine Kritik des grossrussischen Chauvinismus.

Nach jedem Abend im SAJ-Lokal, mit all den jungen Menschen, die teils der Arbeiterklasse, teils wie ich dem ärmlichen

Kleinbürgertum entstammten, kam mir die Schule am nächsten Morgen jeweils seltsam vor. Es waren zwei Welten, die nicht zusammenhingen; bei jedem Wechsel von der einen in die andere gab es einen seelischen Riss. Es war ein fast traumhafter Zustand. Unter den Mitschülerinnen hatte ich mir inzwischen Respekt und Ansehen verschafft, trotz meiner nachlassenden Leistungen und meiner Fronde gegen die Professoren. Ich brachte es fertig, in einer Aufsatzstunde nicht nur meinen eigenen, sondern jedesmal noch einen zweiten Aufsatz zu verfassen, für jene, denen überhaupt nichts einfiel. Eines Tages stürmte ich in Wut über eine schlechte Deutschnote ins Büro der Frau Direktorin und erlaubte mir dort die Bemerkung, dass die Deutschlehrerin eine Kuh sei und nichts könne. Diese Anmassung hatte zum Glück keinerlei Folgen.

An einem Nachmittag, als wir bei dem ehrwürdigen Professor Albrecht mit seinem weissen Spitzbart Mathematik und Physik hatten, führte ich meine Mitschülerinnen zu einem Vortrag über Erziehungsfragen ins Rathaus. Die Veranstaltung war von den sozialistischen Mittelschülern organisiert, und die Teilnahme war ein revolutionärer Akt, eine Demonstration. Dass ich deswegen nicht aus der Schule geschmissen wurde, hatte – abgesehen von der Toleranz einiger mir wohlgesinnter Lehrer – mit dem damaligen politischen Klima zu tun. Wien war rot. Es herrschte eine revolutionäre Stimmung, die irgendwie auch in die muffigsten Klassenzimmer drang. Im Lehrerzimmer kommentierten die Professoren mein Verhalten ironisch, erstaunlich tolerant, aber auch ablehnend.

Schon damals äusserte sich der jugendliche Protest auch in der Kleidung. Mit den feinen Mädchen zu konkurrieren war unmöglich, also wenn schon, dann schon ganz anders und auffällig. Merkwürdig ist nur, dass eine Art Gretchenmode »in« war. Die Zöpfe ganz vorne geflochten, so dass sie fast übers Gesicht hingen, barfuss in Christuslatschen, ein Kleid aus blauweiss gewürfelter Baumwolle, ein weisses Leibchen drunter, das aus dem Halsausschnitt lugte, ein langer Mantel bis an die Fersen. Diese deutsche Mode war ein Überbleibsel der Wandervogelbewegung und zugleich Vorläufer einer Deutschtümelei viel weniger harmlosen Zuschnitts, deren ich mir jedoch nicht bewusst war. Man tapste da einfach hinein.

Die Beziehung zu meinem Aussehen war nach wie vor gespalten. Die Realität gab mir oft recht drastisch zu verstehen, dass mich nur wenige Männer hübsch fanden. So sah ich während einer Reihenuntersuchung beim Schularzt deutlich den gleichgültigen Ausdruck in seinen Augen, als er mich mageren Spatzen flüchtig untersuchte, und sein Aufstrahlen, als die bildhübsche Annie an der Reihe war. Das Gleiche beobachtete ich eifersüchtig bei meinem geliebten Geschichtsprofessor. Mein Intellekt gefiel ihm, und er brachte mir deshalb ein freundliches, neutrales Wohlwollen entgegen. Wenn jedoch die schöne Annie mit ihren blitzenden schwarzen Augen dran war mit Antworten, erwachte der Mann in ihm und sein Blick wurde bewundernd.

Nur von Angehörigen des eigenen Geschlechts erhielt ich hie und da kleine Komplimente – über meine Hände, meine unverbildeten Füsse, die Haare oder die Zähne, die damals vollständig und sehr regelmässig waren. Aber was half das? Die Augen der jungen Burschen, mit denen ich nach und nach in Kontakt kam, zeigten mir deutlich, dass ich nicht besonders gefiel. Auch ich selbst hielt mich nicht für hübsch. Mir war zu wenig bewusst, wie sehr auch andere Qualitäten zum Reiz einer Person beitragen können. Dass ich wegen meines Aussehens so starke Minderwertigkeitskomplexe hatte, erhöhte meine Empfindlichkeit und Unsicherheit und verzögerte die Entwicklung unbefangener sozialer Beziehungen, ja störte sie oft beträchtlich.

Die Vorträge im SAJ-Lokal, die ich manchmal mit meinem Bruder Jula, manchmal mit meiner Freundin Hertha Breuer und ihrem späteren Mann Paul Hoffner besuchte, waren brillant und weit über meinem damaligen Niveau. Oft sprach Ludwig Wagner, ein Proletarier, dessen etwas gequetschte Stimme einen eigentümlichen Reiz hatte. Er war gross gewachsen und schüttelte beim Reden jeweils eine glatte, hellblonde Haarsträhne mit einem Ruck aus der Stirn. In seiner

Art, seinem Sprühwerk von Worten war viel Charme, den er bei der weiblichen Welt auch mit Erfolg einsetzte. Bei den sozialistischen Mittelschülern sah ich Wagner dann noch oft, ohne dass seine Reden bei mir einen bleibenden Eindruck hinterliessen. Ich weiss nicht, ob es an mir lag oder an dem Raketenfeuer blendender Rhetorik, das jeweils schnell erlosch. Nach den Kämpfen des Jahres 1934 war Ludwig Wagner in den linkssozialistischen Roten Frontgruppen führend aktiv. Später hörte ich von ihm nichts mehr. Die zweite führende Figur bei den Mittelschülern war Paul Lazarsfeld[7], ein typischer Intellektueller, der in der Hitlerzeit in die USA entkam und dort als Professor an renommierten Hochschulen auch blieb.

Meine Schulfreundin Hertha Breuer war ein eigenartiges Mädchen. An der Schule, an geistigen Fragen überhaupt war sie völlig uninteressiert. Sie war auch nicht eigentlich hübsch zu nennen; auf einem Auge blind, sah sie aus, als würde sie schielen. Und doch übte sie auf das männliche Geschlecht jenen Zauber aus, der aus überströmender Lebenskraft herrührt. Diese ungebrochene Vitalität war das Fluidum, das die Männer spürten und das ihr alle Schönheit ersetzte. Sie hatte etwas Unbürgerliches, sehr Natürliches an sich und wählte mit Vorliebe gerade solche wie mich zu ihren Vertrauten. In der Klasse war sie Aussenseiterin und trotzdem viel beneidet, als sie mit siebzehn Jahren Paul Hoffner heiratete und ihre Schullaufbahn damit aus war. Paul Hoffner versuchte vergeblich, seine Frau zum Lesen der damals journalistisch hervorragenden Arbeiterzeitung zu zwingen. Politik war ihr völlig egal.

Später heiratete Hertha Pauls besten Freund Varady, der in Ägypten Direktor einer der Tungsramfabriken war. Nach dem Zweiten Weltkrieg wanderte die Familie nach Brasilien aus, wo sich Herthas Mann ein neues Geschäft aufbauen wollte. Doch war dieser im Grunde sensible, lebensfremde Intellektuelle dem geschäftlichen Boxkampf in diesem Land nicht gewachsen, und die Familie kam auf keinen grünen Zweig mehr. Varady nahm sich das Leben, weil er sich abgewertet und aus dem gewohnten bürgerlichen Lebenskreise ausgestossen fühlte. Hertha begegnete ich später wieder in der Schweiz. Sie lebte nunmehr, arm und isoliert, in Israel. Zu allem Unglück hatte sich ihr einziger Sohn Tom – aus undurchschaubaren Gründen – von ihr losgesagt. Sie kannte nicht einmal seine Adresse. Was immer diese Frau an persönlicher Entwicklung und Beziehungsarbeit versäumt haben mag, die Strafe war zu hart. Doch hatte sie sich etwas von ihrem unzerstörbaren Lebenswillen bewahrt. Paul Hoffner aber starb als angepasster Kommunist in Budapest.

Die sozialistischen Mittelschüler waren in der Hauptsache ein Debattierklub. Redefreudigkeit kennzeichnet wohl jede Jugend, die sich mit den Fragen der Zeit auseinander setzt. In unserem Fall handelte es sich jedoch fast um eine Mimikry der heftigen parlamentarischen Fehden zwischen dem rechten und dem linken Lager, der internationalen Auseinandersetzungen zwischen Kommunisten und Sozialdemokraten, die jene Zeit prägten. Ich hörte mit bebendem Interesse zu, hatte aber inzwischen jeden Mut verloren, mich selber zu äussern und mit den Superintelligenten und Redegewaltigen zu messen. Es gab Linke und Ultralinke aller Schattierungen. Nur terroristische Gruppen, die sich links nannten, gab es damals nicht, das sollte einer späteren Zeit vorbehalten bleiben. Die Raufergruppen und Gewalttäter waren nur bei den Nazis und den allmählich aufkommenden Heimwehren, den Faschisten zu finden.

Zu den grossen Rednern gehörte der Sozialdemokrat Walter Wodak, der manchmal ein wenig mit den Kommunisten liebäugelte. Doch da er sehr ehrgeizig und auf eine Parteikarriere bedacht war, hütete er sich, allzu weit zu gehen. Er geriet heftig mit Franz Werfel aneinander, einem kommunistischen Flüchtling aus Polen. An einer dieser Versammlungen wurde Wodak von Werfel geohrfeigt. Solche Stürme im Wasserglas waren typisch für die Auseinandersetzungen zwischen Kommunisten und Sozialdemokraten, die einander wütender bekämpften als den Klassengegner.

In Österreich selbst waren die Kommunisten der Zahl nach eine bedeutungslose Minderheit. Die Sozialdemokratie gab sich mit ihrem Linzer Parteiprogramm und ihrem

Austromarxismus selbst revolutionär und fing die Kampfeslust innerhalb der Arbeiterschaft auf. Walter Wodak war nach dem Zweiten Weltkrieg bis zu seinem Tod 1975 österreichischer Botschafter in Moskau, womit zwei seiner Träume erfüllt worden waren: Er hatte politische Karriere gemacht und es dabei noch geschafft, irgendwie mit Russland in Kontakt zu sein, dem Land der Oktoberrevolution, dem er schon in der Gymnasiumszeit eine Art Hassliebe entgegenbrachte. Ich war eine Zeit lang in Walter verliebt, er aber nicht in mich. Doch wir verbrachten viel Zeit miteinander. Wir gingen im Augarten spazieren und stritten uns heftig über politische Fragen. Ich neigte damals schon stark dem Kommunismus zu und stand fest zu dem, was ich für wahr und richtig hielt. Ich konnte einen Mann noch so lieben, meine eigenen Ansichten und meinen eigenen Kopf gab ich nie preis.

Es gibt den russischen Ausdruck »ins Kissen weinen«. Auf einem Ausflug der Mittelschüler mit Walter Wodak weinte ich nicht ins Kissen, sondern ins Heu, auf dem wir schliefen. Walter, der eher klein und zartgliedrig war, betete eine der mitreisenden Gymnasiastinnen, ein prachtvoll gebautes Mädchen an. Meine Enttäuschung dauerte nicht lange und war bald überwunden. 1967 besuchte ich mit meinem Mann Moskau, zum ersten Mal wieder seit 1935, und traf dort den Walter meiner Jugend als österreichischen Botschafter wieder. Er liess mich vom Hotel Rossija mit dem Botschaftswagen abholen und in das Schlösschen bringen, in dem er residierte. Alles war geschmackvoll mit Wiener Stilmöbeln eingerichtet, und ein russisches Stubenmädchen in schwarzer Kleidung und weissem Schürzchen servierte uns in stolzer und graziöser Haltung Kaffee und Vanillekipferln. Die Szene schien wie ein lebendig gewordenes Bild von Chardin. Walters Frau verschwand bald von der Bildfläche, und wir tauschten, ironisch zurückblickend, Jugenderinnerungen aus. Es war wohl meine politische Haltung, die sich am meisten geändert hatte, und Walter vermerkte das mit einer gewissen Genugtuung. Wir standen schon auf der schön geschwungenen, mit kostbaren Teppichen belegten Treppe, um uns zu verabschieden, als Walter versprach, mich in Zürich zu besuchen. Es ist nichts daraus geworden, denn plötzlich, mir selber unerwartet, rutschte mir eine Bemerkung von der Zunge: »Wir haben viel über das begangene Unrecht und die Härte des Lebens in der Sowjetunion gesprochen. Doch du selbst hast es dir hier bequem eingerichtet. Zudem darf man die vielen Opfer anderswo auch nicht vergessen, nicht die im KZ, nicht die unter dem Beil und nicht die im Krieg.« Schweigen und Betroffenheit. Tat ich Unrecht? Walter hat in Moskau manches für die Österreicher getan und war ein kluger und vermittelnder Diplomat. Doch kannte ich zu gut seinen Ehrgeiz und Karrierewillen – da konnte ich meinen Mund, wie gar manchmal im Leben, eben nicht halten. Nein, was ich gesagt habe, tut mir nicht leid. Walter Wodak war ein erfolgreicher Mann und wäre es unter allen Umständen gewesen. Er war in der Politik eine Art Talleyrand, dem nichts missraten konnte.

Im Gymnasium fühlte ich mich vom sozialen Umfeld her fremd und glaubte mich nur durch Auftrumpfen und Rebellion als Ich behaupten zu können. Innerlich aber wurde ich immer verkrampfter und bedrückter. Welch starkes Ich hätte ich besitzen müssen, um mit diesen jungen Leuten, die fast alle aus guten Verhältnissen kamen und sich auch noch durch Begabung und Ideenreichtum auszeichneten, gelassen zu verkehren. Da ich sie fast alle sehr bewunderte, weil sie so vieles hatten, was mir fehlte und ich mir nicht zutraute, überhöhte ich ihre Talente und Fähigkeiten und unterschätzte die meinen. Ich machte den Mund nur noch in ganz intimem Kreis auf, in grösserer Gesellschaft war ich stumm und steif. Trotz allem fand ich immer wieder einige wenige Menschen, die mich ernst nahmen und mir echte Zuneigung entgegenbrachten.

Da war Gustl Deutsch, der Sohn des sozialdemokratischen Kommandanten des Schutzbunds, welcher als Wehrorganisation der Arbeiter gegen die beginnenden Umtriebe der Heimwehren aufgebaut wurde. Die Klassenauseinandersetzungen in Österreich wurden härter. Es regierte der unerbittliche Prälat Seipel, für den alle sozialistischen Ideen ein

Werk des Teufels waren. Wenn man bedenkt, wie friedlich heute Sozialdemokratie und Bürgertum miteinander kooperieren und nur noch verbale Kämpfe ausfechten, kann man sich nur noch wundern. Gustl genoss Ansehen wegen seines bekannten Vaters. Er wanderte in den Dreissigerjahren mit Konrad Weisselberg in die Sowjetunion aus, die viele junge Intellektuelle jener Zeit bewunderten. Viele waren vom Wunsch beseelt, sich mit ihrem Fachwissen am sozialistischen Aufbau zu beteiligen. Gustl und Konrad gingen dort in einem der vielen Lager zu Grunde, als Opfer jener politischen Absurdität und Irrationalität, die wie eine teuflische Beimengung selbst die reinsten menschlichen Absichten in ihr Gegenteil verkehrten.

1939, zur Zeit meines Aufenthaltes in England, kam ich als Dienstmädchen ins Haus eines Bruders von Konrad, der damals schon verschollen war. Ich war erstaunt und bin es noch heute, dass in diesem Haus, das sich politisch progressiv gab, der jüngere Bruder nie erwähnt wurde, als sei es eine Schande, von ihm zu sprechen. 1967 lernte ich in Moskau Gustl Deutschs Witwe kennen, eine Kommunistin aus St. Gallen. Agnes hatte ebenfalls eine lange Lagerzeit hinter sich und war trotz der erlittenen Verfolgung ihrem Jugendideal treu geblieben. Sie war eine starke, charaktervolle Frau. Nach Gustls Tod hatte sie im Lager einen Wolgadeutschen kennen gelernt, der im ganzen achtzehn Jahre Lager hinter sich hatte und psychisch schwer angeschlagen war. Agnes heiratete diesen Mann, der – nur allzu verständlich – an Verfolgungswahn litt, und war ihm die liebevollste Gefährtin.

Einige wenige Menschen blieben mir ein ganzes Leben lang als Freunde und Freundinnen erhalten. Die schöne, liebenswürdige Irma Eigenfeld und ihre Freundin Gaby Stern gehören dazu. Beide fand ich später in der KP wieder. Dort begegnete ich auch Alex Weissberg, einem überzeugten Kommunisten. So gebildet und klug er war, hatte er eine selbstverständliche und freundliche Art, mit jungen Menschen umzugehen, so dass jede Hemmung verschwand. Auf einer unserer Wanderungen versammelte er uns im Kreis, stellte sich wie ein Priester in die Mitte und las in feierlichem

Ton das Kommunistische Manifest, liess uns auch wie in einem Ritual einzelne Stellen nachsprechen. Mit seinem prägnanten Inhalt und seiner schönen Sprache war das Manifest durchaus geeignet zu solch feierlicher Handlung. Weissberg wanderte ebenfalls in die Sowjetunion aus, wo er als Ingenieur seine Kräfte dem Aufbau widmen wollte. Wegen einer jener Intrigen, die nur in einem von Geheimpolizei und Diktatur beherrschten Land derartige Auswüchse annehmen, wurde er verhaftet, verbrachte einige Jahre im Gefängnis und wurde dann nach Kriegsausbruch an die Nazis ausgeliefert. Alex gelang die Flucht nach Schweden, wo er sein Buch »Hexensabbat« schrieb. Bald darauf starb er. Er hatte eine fast übermenschliche Charakter- und Gesinnungstärke. Mit Haft und Folter versuchten sie von ihm Geständnisse für Verbrechen zu erzwingen, die er im Traum nicht begangen hatte. Bei ihm hatten sie keinen Erfolg.

Zu meinen liebsten Freundinnen gehörten Adele Wiesenfeld und Gerty Schindel. Die drei Jahre ältere Adele war es, die mich zum Beitritt zu den sozialistischen Mittelschülern bewegte. Sie wohnte in der Grossen Mohrengasse in einer düsteren Hinterhauswohnung mit noch düsterer Umgebung. Ich besuchte sie oft und wurde von ihrer Mutter, einer warmherzigen Frau, freundlich begrüsst. In der Küche sass auf einem Kinderstühlchen ein kleines mongoloides Brüderchen, ein Spätling der Familie. Adele hatte noch einen jüngeren Bruder, den wir Wischerl nannten. Die beiden Geschwister hingen aneinander, und beide schenkten im Vorbeigehen dem kleinen Mongoloiden jeweils einen zärtlichen Blick oder eine Liebkosung.

Adele gab meinen unausgegorenen Ideen und schwankenden Meinungen eine bestimmte Richtung, ohne mich direkt und gewaltsam zu beeinflussen. Von ihr erhielt ich »Gegen den Strom« zu lesen, jene Sammlung von Artikeln russischer Revolutionäre, die gegen Chauvinismus, Militarismus und Krieg ankämpften. Darunter waren Sinowjew, Kamenjew, Radek, jene Gruppe von Bolschewiken, die sich um Lenin scharten und den Zusammenbruch der zweiten Internationale als Folge des jammervollen Verrats der Prinzipien der

Internationale aufzeigten. Auch Sigmund Freud, soweit er sich überhaupt mit massenpsychologischen und das heisst ja wohl politischen Fragen befasste, war bekannt als Gegner des Krieges. Doch war er ein ebenso grosser Skeptiker gegenüber der Natur des Menschen, in der er die aggressiven Triebe überdeutlich sah. Der Ausbruch des Krieges, den Lenin und andere Marxisten längst vorausgesehen hatten, traf ihn, wie manche liberal und pazifistisch gesinnten Bürger seiner Zeit, als unvorhergesehener, schmerzhafter Schlag – trotz all seiner Menschenkenntnis. Freud erwartete überdies, seine eigene Nation würde sich in diesen Wirren als menschlicher erweisen als andere. In dieser Hinsicht sollte er bald dazulernen. Von jungen Menschen konnte man erst recht nicht erwarten, dass sie die Geschichte als ein endloses Hin und Her zwischen Liebes- und Destruktionstrieb, als ein ewiges Auf und Ab ohne Vorwärts verstehen würde.

Freud sollte in vielem Recht behalten. Würden die gross angelegten Erklärungsversuche, die Philosophie und ökonomische Theorie von Marx mit dem Wissen der Tiefenpsychologie, den Kenntnissen der Natur und den Bedürfnissen des Menschen vermischt, würden wir vielleicht Antworten finden, die uns Hoffnung für die heute noch viel gefährdetere Menschheit geben könnten. Damals genügte es uns, dass eine Minderheit von Tapferen in Russland der Duma die Kriegskredite verweigerte. In Deutschland war Karl Liebknecht im Parlament der Einzige, der das Gleiche tat und deshalb von der Mehrheit seiner Parteigenossen wie auch vom deutschen Volk für verrückt angesehen wurde. Wer mitten in der Massenpsychose kühlen Verstand und Mut behält, muss für wahnsinnig gelten. Wir Jungen sahen also in Lenin und seinen Genossen, in Liebknecht und Rosa Luxemburg Menschen, die für ihren Widerstand gegen den Krieg ins Gefängnis kamen und – im Fall Liebknecht und Luxemburg – von den Vorläufern der Nazis umgebracht wurden. In Russland siegten die Anhänger Lenins. Russland war die aufgehende Sonne, und in uns war eine Art Endzeit-Gefühl, die Vorstellung vom Ausbruch einer völlig neuen Epoche, von der jeder auch die Erfüllung persönlicher Wünsche, Sehnsüchte und Hoffnungen erwartete. Die Dinge sind nicht so eingetroffen, wie wir sie erwünscht hatten; das Reich der Ideen wurde in die Erdenschwere herabgezogen, die Geschichte zeigte uns wieder einmal das Bild der Medusa. Wird es also nie vorwärts gehen? Wird auf diesem Planeten, den wir bewohnen, immer nur Gemetzel sein? Ich möchte gerne an die Reife kommender Generationen glauben, wenn auch die Gegenwart diesen Glauben wenig stützt.

Adele war für ihre jungen Jahre ein erstaunlich gereifter, ruhiger Mensch. Mit ihren ein wenig negroiden Gesichtszügen und den wulstigen Lippen war sie nicht eigentlich hübsch. Doch der stille, gesammelte Ausdruck in den braunen Augen, das bedächtige, freundliche Reden und vor allem die unjugendliche Fähigkeit, mit Aufmerksamkeit zuzuhören, machte sie für mich und auch für andere zur unschätzbaren Freundin. Ich lief ihr nach wie ein Hündchen. Sie war mir ein grosser Trost in der Kälte meiner damaligen Welt. Später trat Adele in die KP ein, studierte Medizin, spezialisierte sich als Kinderärztin und heiratete einen Arzt, einen stillen, im Vergleich zu ihr fast unscheinbaren, herzensguten Menschen. Als unverbesserliche Idealisten wanderten die beiden zusammen in die Sowjetunion aus, um dort mit ihrer Qualifikation dem Aufbau einer besseren Welt zu dienen. Damals verlor ich den Kontakt mit Adele. Erst viele Jahre später erhielt ich eine Nachricht, dass sie mit ihrem Mann zu Besuch in Wien sei und mich gerne sehen würde. Als sie mich an der Bahn abholte, war die alte herzliche Beziehung sofort wieder da.

Während des Krieges war Adele mit ihrem Mann in eine ferne Gegend hinter dem Ural evakuiert worden. Die beiden arbeiteten dort in einem Kinderspital, isoliert, gemieden von allen Russen. Die Fremdenphobie hatte in der Stalinära einen solchen Grad erreicht, dass die wenigsten den Mut hatten, mit Ausländern irgendeine Beziehung zu unterhalten. Es war eine harte Zeit für beide. Noch schlimmer wurde es, als Adeles Mann plötzlich ohne Grund verhaftet und in ein Lager geschickt wurde. Fünf Jahre hörte meine Freundin nichts von ihrem Gatten, wusste nicht, ob er am Leben oder

Oben: Lottes Eltern Eugenie »Jenny« Kern und Bernhard Bindel.
Unten: Ausflug mit den sozialistischen Mittelschülern: In der Mitte mit Zöpfen Lotte, rechts von ihr Anja Hammermann, die später als Ärztin in Israel lebte, hinten (2.v.r.) Walter Wodak, der spätere Botschafter Österreichs in der UdSSR.

Linke Seite oben: Hermann Köhler alias »Hermes«, Lottes Jugendliebe.
Rechts: Lottes Halbbruder Jula, der während des Zweiten Weltkriegs als Angehöriger der russischen Armee gefallen ist.
Rechte Seite oben: Julas Frau Maria, genannt »Mitzi«, mit der in Russland geborenen Tochter Tatjana.
Unten links: Laura Schimko, Lottes Freundin im Prager Exil, starb mit 54 Jahren an den gesundheitlichen Folgen ihrer Haft im KZ Theresienstadt.
Unten rechts: Adele Wiesenfeld, die Jugendfreundin, die Lotte für den Beitritt zu den sozialistischen Mittelschülern gewann.

Am 6. Oktober 1945 iſt um 6,45 Uhr

ARTHUR SCHNIERER

n den Folgen ſeiner Haft in den Geſtapo-Gefängniſſen und Konzentrationslagern erlegen.

Sein aufopferungsvolles Pflichtbewußtſein und ſeine unbeugſame Treue zum öſterreichiſchen Volk hat Turl durch in ſelbſtloſes unermüdliches Arbeiten in der Kommuniſtiſchen Partei für die Befreiung ſeiner Heimat vom Hitlerjoch bewieſen.

Arthur Schnierer iſt ſeit dem Jahre 1931 Mitglied der Kommuniſtiſchen Partei geweſen und arbeitete ohne nur nen Tag zu ruhen ſeit 1933 illegal für die Intereſſen ſeiner Heimat.

Erſt im Jahre 1944 iſt es der Geſtapo gelungen Turl zu verhaften. Sein frühzeitiges Sterben iſt die Folge iner unbeugſamen Haltung im Konzentrationslager.

Das öſterreichiſche Volk verliert in Arthur Schnierer einen ſeiner treueſten Söhne und die Kommuniſtiſche artei einen ihrer aktivſten Funktionäre.

Die Trauerfeier findet am Montag, den 15. Oktober 1945 um 14,30 Uhr am Wr. Zentralfriedhof (Halle 1, ingang II. Tor, links) ſtatt.

WIEN, im Oktober 1945.
XIX./117, Alfred Wegenergaſſe 8

Guſti Bailly

entralkomitee der Kommuniſtiſchen Partei **Wr. Stadtleitung der Kommuniſtiſchen Partei**

Gemeinde Wien — ſtädtiſche Beſtattung, Wien, XXVI., Kloſterneuburg, Leopoldſtraße 5 Fernruf 11-96
Druck: Rudolf Oberhuber, Ottogaſſe 30, Fernruf 13-67

Linke Seite oben: Jula, nunmehr Staatsangehöriger der Sowjetunion, kurz vor Kriegsausbruch in seiner Datscha.
Unten: Lotte mit ihrer engsten Freundin Gerty Schindel 1975 in Zürich.
Rechte Seite oben: Todesanzeige für Arthur Schnierer, Lottes Cousin, im Jahr 1945.
Unten: Arthur Schnierer.

STÄDTISCHES AMALIEN-BAD
Amalienbad
O. Lasko

Arbeit, Brot und Friede!
Das sozialdemokratische Programm

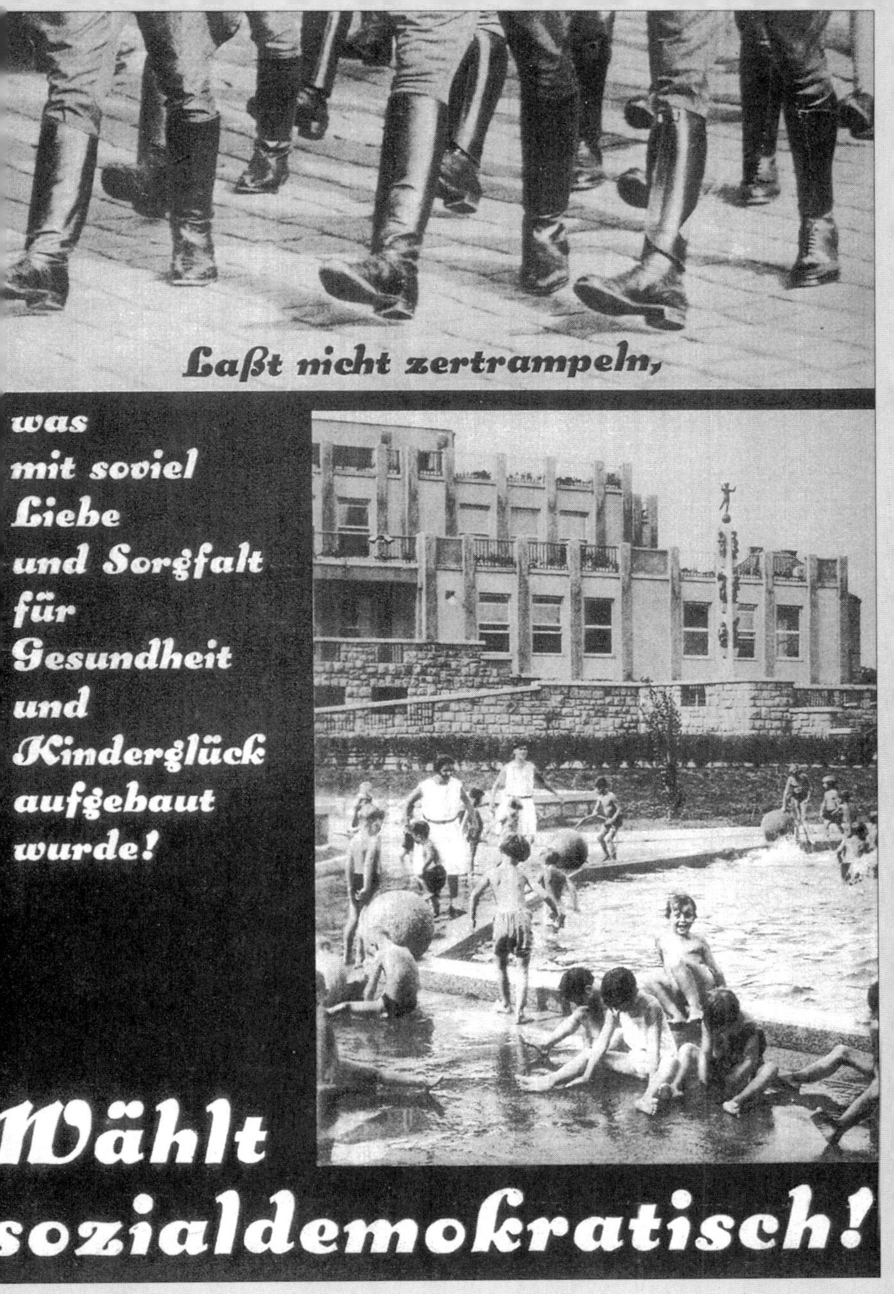

Linke Seite oben: »Tempel der Badekultur« im Roten Wien, das Amalienbad am Reumannplatz nach einem Aquarell von Oskar Laske (1926).
Unten: Der Sämann vor dem Karl-Marx-Hof, ein Denkmal der sozialdemokratischen Reformen im Roten Wien.
Rechte Seite: Ausschnitt aus einer sozialdemokratischen Propagandabroschüre zum Gemeinderats-Wahlkampf von 1932.

Oben: Eröffnung einer ArbeiterInnenbücherei in Ottakring, im 16. Bezirk des Roten Wien. Mit dabei ist der Schriftsteller Josef Luitpold Stern (2.v.l.).
Unten: Aufmarsch des Republikanischen Schutzbunds am 25. Mai 1930 in Kornenburg.

tot sei. Die Isolierung um sie wurde noch grösser. Erst nach Stalins Tod kam er zurück, und schliesslich durften beide wieder in die Nähe von Moskau ziehen und wurden – wie das so hiess – rehabilitiert und wieder in die Partei aufgenommen. Ich erfuhr viele Einzelheiten aus Adeles Wirken in dem fernen Kinderspital, wo sie nur für die kranken Kinder lebte und um jeden Bissen Brot, um jedes Schlückchen Milch kämpfte, um die sowieso schon kümmerliche Nahrung, welche betrügerische und korrupte Menschen den Kindern noch vorenthielten. Hungrig waren damals alle, doch meine Freundin mit ihrem strengen moralischen Imperativ wäre lieber selber verhungert, als Kindern das Nötigste zu nehmen. Ihr Verhalten machte sie indes alles andere als beliebter.

1967 sah ich Adele noch einmal in Moskau, da war ihr Mann schon gestorben, zerrieben von den Härten des Lebens. Ihr Bruder Wischerl war inzwischen in den USA ein reicher Mann geworden und wollte sie bewegen, zu ihm zu kommen. Andere Freunde rieten ihr, sich in Wien niederzulassen. Adele lehnte ab. In Moskau waren Freunde, mit denen sie schwere Zeiten geteilt hatte und die ihr teuer waren. Sie wollte das Land nicht verlassen, an das sich so viele Hoffnungen geknüpft hatten und in dem sie mit ihrem Mann gestritten und gelitten hatte. Wir blieben in regem Briefwechsel, der infolge der Zensur, die man sich automatisch selber auflieregte, nur strikt über persönliche Angelegenheiten Auskunft gab. Schliesslich starb Adele an einer schweren, tapfer ertragenen Krankheit.

Meine andere gute Freundin, Gerty Schindel, war drei Jahre jünger als ich und etwa dreizehn Jahre alt, als wir einander trafen. Ihre Familienverhältnisse waren unheimlich, undurchsichtig. Ihr älterer Bruder Erich studierte Medizin, ein weiterer Bruder lag krank in einem Kabinett der Wohnung. Über seine geheimnisvolle Krankheit schwieg sich Gerty aus, und ich stellte keine Fragen. Ich sah und hörte nie etwas von diesem Bruder, huschte nur, wenn ich gelegentlich bei ihr zuhause war, schnell an der Türe vorbei, hinter der sich das Schrecknis verbarg. Später erfuhr ich dann doch, dass er geisteskrank war und vom Vater gepflegt wurde. Die Krankheit war erst während seines Hochschulstudiums ausgebrochen. Vater Schindel war streng und ernst, sprach selten ein Wort mit uns, und wenn ich ihn je auf der Strasse erblickte, kam er mir wie ein graues Gespenst vor, das schamvoll den Häuserwänden entlang schlich. Er ging ganz in der Pflege dieses kranken Sohnes auf, den er vielleicht zu retten hoffte, sofern man ihn nicht der anonymen Irrenanstalt überliess. Gertys Mutter wirkte im Vergleich zu dem grauhaarigen düsteren Mann sehr jung. Über der ganzen Wohnung lag etwas staubig Unfrisches, eine verbrauchte modrige Luft, als würde nie ein Fenster geöffnet. Ich fand nicht heraus, wovon die Familie eigentlich ihren Lebensunterhalt bestritt, denn Vater Schindel war nichts als der Krankenpfleger des Hauses, eine Aufgabe, die er mit verbissener und Achtung gebietender Konsequenz auf sich nahm.

Zu meinem siebzigsten Geburtstag schenkte mir Gerty die drei Bände »Widerstand und Verfolgung in Wien von 1934 bis 1945«. Als Widmung schrieb sie mir: »Der Beginn unserer Freundschaft war auch der Beginn, aus dem Totenhaus herauszukommen. Ich verdanke dir mein bewusstes Leben.« Derlei Worte sind wohltuend, vor allem aber das Zeugnis einer Freundschaft, die Jahrzehnte überdauerte. Doch wie ich, die ich selber eine Suchende und Verwirrte, Unreife und Unselbstständige war, meiner jüngeren Freundin einen Weg und gar einen Ausweg gezeigt haben soll, ist mir schleierhaft. Gerty hätte ihren Weg auch ohne mich gefunden.

Die Schule gefiel uns beiden nicht, wir waren dort Fremdlinge. Ich brachte es immerhin zur Matura, Gerty bekam eine Lehrstelle als Gärtnerin in den grossen Rothschild-Gärten und verliess das Gymnasium in der vierten Klasse. Ebenso wenig gefiel es uns bei den sozialistischen Mittelschülern. Wir fanden nie richtig Anschluss in diesen Zirkeln, die für uns etwas Elitäres, Abweisendes hatten. Wir waren beide keine Parade-Proletarierinnen, sondern nur zwei scheue Kinder aus gedrücktem Milieu, mit denen sich in keiner Weise Staat machen liess.

Wir wollten eine neue Welt

Eintritt in den Kommunistischen Jugendverband

Allmählich wandelte sich meine Gesinnung. Das Rote Wien beeindruckte mich zwar sehr, die Häuserburgen, die aus dem Boden schossen, Symbol des neuen Lebens. Allerdings brachte mich das auch nicht aus der Adambergergasse und aus unserem Elend heraus. Was mich antrieb, war die Sehnsucht nach einer vollkommenen Umwandlung dieser hässlichen Welt; das radikalere kommunistische Konzept, das ferne Licht aus dem Osten zog mich deshalb unwiderstehlich an. Die Jugend mit ihrem fast religiösen Idealismus gibt sich schwer mit Halbem zufrieden; wir wollten mehr, wollten alles, eine neue Welt, einen neuen Menschen. Meine Unsicherheit im Gymnasium, das Bedürfnis, eine Identität zu finden, die sich von den Mitschülerinnen abhob, waren das irrationale Element, das meinen politischen Entscheid beeinflusste – wie bei manch anderen auch. Doch muss ich gerechterweise sagen, dass ich nachher unter den Kommunistinnen und Kommunisten viele fand, die durchaus praktisch veranlagt und lebenstüchtig waren, die sich in der bürgerlichen Welt zurechtfanden und völlig bewusst und klar den kommunistischen Weg wählten.

Nach einer kurzen Bedenkzeit, die ich mir selbst gab, trat ich in den Kommunistischen Jugendverband (KJV) des zweiten Bezirks ein. Gerty, die alles ablehnte, was irgendwie mit Intellektuellen zu tun hatte, entschied sich für eine Jugendgruppe des zehnten Bezirks Favoriten und fühlte sich unter den frischen, witzigen Arbeiterjugendlichen bald wie ein Fisch im Wasser. Vor meinem Beitritt zur KJV besprach ich mich mit Genia Lande, einer der führenden Funktionärinnen. Und sie tat etwas Unerwartetes: Sie riet mir zwar nicht direkt ab, schilderte mir aber die Zustände in der KP derart abstossend, als wollte sie mich allen Ernstes von meinem Entscheid abbringen.

In der Tat war die KP damals von wüsten Fraktionskämpfen zerrissen. Ich müsste die Geschichte jener Auseinandersetzungen nachlesen, um rekonstruieren zu können, was genau der Stein des Anstosses war. Rückblickend sehe ich zwei Ursachen: In Österreich war die KP klein geblieben, es gab keine Spaltung wie in Deutschland. Das allein führte zu haarspalterischen Disputen, wie sie im Sektenwesen üblich sind. Jede Gruppe wusste besser als die andere, warum es mit der Revolution nicht vorwärts ging. Der zweite Grund war der Einfluss Russlands; da von dort die Sonne der Revolution leuchtete, war er übermässig stark und prägte jede Regung der Partei, je nach den Kämpfen, Meinungsverschiedenheiten und Richtungsänderungen, die sich in der Ferne abspielten. So wurde die kleine Partei hin und her gezerrt.

Mich berührte das wenig. Die Ausstrahlung, die trotz allem von jener grossen Oktoberrevolution ausging, selbst die Streitigkeiten in der grossen russischen Partei empfand ich ungefähr wie die Heroenkämpfe der Ilias. In der Schule las ich unter der Bank die Inprekorr, die Internationale Pressekorrespondenz. Die politischen Diskussionen in Russland fesselten mich mehr als sämtliche Lehrgegenstände. Es ging um die Möglichkeiten, wie man den Sozialismus in einem Land aufbauen konnte, um das Verhältnis zur Sozialdemokratie, um die Frage, wann in Europa wieder eine revolutionäre Situation heranreife, um die Stabilität oder Instabilität des Kapitalismus. Ich bezweifle, dass ich damals wirklich imstande war, diese Debatten kritisch zu erfassen. Für mich stand fest: In Russland wurde der wahre, der echte Sozialismus aufgebaut, während sich die Sozialdemokratie mit Reformen begnügte, die uns nie aus dem Elend herausführen würden. Die desolate Lage in Österreich, die steigende Arbeitslosigkeit, die Armut der Arbeiterklasse, trotz grosszügiger sozialer Reformen – all dies schien meine Vorstellungen zu illustrieren.

Die kommunistische Parteipresse schilderte demgegenüber den Sozialismus in Russland in glühenden Farben, den Aufschwung, die Begeisterung der Massen, die Befreiung der unterdrückten Frau, die grossen sozialen Massnahmen, die in meinen naiven Augen alles übertrafen, was die rote Stadt Wien für das arbeitende Volk leistete. Ich will damit die damalige Parteipresse keineswegs der Unwahrheit bezichtigen. In Russland geschah in der Tat Grosses. Doch was wussten wir von diesem unendlich grossen Land, in dem der Bürgerkrieg vier Jahre lang gewütet hatte, von den Zerstörungen, vom harten Leben der Bauern, von der entsetzlichen Armut, vom Bürokratismus, der teils Erbstück der alten Welt war, teils neue unausrottbare Wurzeln fasste? Im Grunde nichts. Es gab Delegationen, die sich an ihrer eigenen Begeisterung berauschten und uns auf Versammlungen jede nüchterne Betrachtung austrieben, die wir auch gar nicht gewollt hätten. Die Parteipresse brachte Erfolgsstatistiken vom Aufbau, vom Anfang der Industrialisierung, vom neuen Leben. Auch die Belletristik jener Zwanzigerjahre stimulierte unseren Elan. Es war eine lebendige Literatur, wir verstanden nicht, zwischen den Zeilen zu lesen und das unvorstellbar harte Werk zu sehen, dem sich eine relativ geringe Zahl von Menschen mit Selbstaufopferung widmete. Wir sahen nur das Licht, nicht die Schatten. Gladkows Roman »Zement« ist ein charakteristischer Ausdruck der Heroisierung und Romantisierung der Taten und Menschen jener Zeit. Dascha, die Heldin, gibt ihr Kind im Säuglingsheim ab, weil sie selbst in der Fabrik arbeiten will. Das Kind stirbt ohne Mutterliebe und Mutterpflege, doch Dascha hatte gemäss dem Tenor des Schriftstellers richtig gehandelt. Und wir fanden das auch. Der moralische Aufschwung jener Zeit war echt. Spuren davon spürte ich noch 1931, als ich das ersehnte Land mit eigenen Augen sah. Zunächst aber bekamen wir ein stark retuschiertes Bild vorgesetzt, Orplid, das Land, das von Ferne leuchtet, gemalt auch von den eigenen Sehnsüchten und unerfüllten Wünschen. In gewissem Sinne erhob es uns aus der Realität, in der wir selbst zu leben hatten.

In diesem Winter fuhr ich mit einer Jugendgruppe der Mittelschüler in ein Skiferienlager, in dem es auch Kurse und Vorträge gab. So diskutierte etwa ein ungarischer Emigrant aus der Bela-Kun-Zeit mit uns die Frage, ob es besser sei, den Sozialismus in einer Zeit der wirtschaftlichen und gesellschaftlichen Prosperität oder aber der Krise einzuführen. Darüber diskutierte man sich damals die Köpfe heiss. Ich hörte bloss zu. Mir imponierten all die gescheiten Leute. Oder wir debattierten über die »gestreckte« Pubertät der Mittelschüler und Studenten, die weniger schnell erwachsen wurden, während die Arbeiterjugend früh ins feindliche Leben hinausmusste und daher derlei Probleme nicht kannte. Ich hörte wiederum zu und war erstaunt ob all der geäusserten Weisheiten. Mir machte etwas ganz anderes zu schaffen. Während die jungen Mädchen im Schlafsaal jeweils alle Nachthemden und Pyjamas anzogen, besass ich nur ein Taghemd, mit dem ich zuhause ins Bett ging und aufstand. Dieses Zeichen der Armut war mir peinlich, und so musste ich jeden Abend das kunstvolle Manöver fertig bringen, so schnell und unauffällig ins Bett zu schlüpfen, dass die anderen nichts merkten.

Der Eintritt in den KJV gab meinem Leben für Jahrzehnte eine Richtung. An der Blumauergasse im zweiten Bezirk, wo unser Arbeiterheim war, nistete ich mich ein. Es gab dort nach Wohnort und sozialer Herkunft getrennte Gruppen. Die Pratergruppe bestand aus Arbeiterjugendlichen, die meisten stellenlos, aus der übrigen Leopoldstadt kamen die Mitglieder meiner Herkunft, jüdisch und arm. Teilweise waren auch Junge aus dem etwas gehobeneren Kleinbürgertum dabei, darunter Alfred Klahr[8], der spätere Theoretiker der Partei. Klahr war ein scharfsinniger Mensch, dessen Ahnen wohl spitzfindige rabbinische und talmudistische Köpfe gewesen sein mussten. Ihm verdankt Österreich kluge und fundierte Werke über die unzweifelhafte Berechtigung dieses Landes, sich als selbstständige Nation zu fühlen. Sie erschienen zu einer Zeit, als die Gefahr der Einverleibung durch das Tausendjährige Reich bereits in eine sehr bedrohliche Nähe gerückt war. Auch nach dem Zweiten Weltkrieg war die Zukunft des Landes keineswegs klar. Churchill zum Beispiel wollte kein selbstständiges Österreich. Es war dem Einfluss der Kommunisten und nicht zuletzt dem theoretischen Wegweiser Alfred Klahr zu verdanken, dass den Österreichern erlaubt wurde, sich auf ihre nationalen Wurzeln zu besinnen. In der Auseinandersetzung unter den Alliierten gab die Haltung der Sowjetunion den Ausschlag, die ihre

Partner in dieser Frage überzeugen konnte. Wie in der Politik nichts ohne handfeste Interessen geht, wird es der Sowjetunion lieber gewesen sein, in Europa noch einen Kleinstaat zu haben. Für die Österreicher war es die bestmögliche Lösung.

Alfred Klahr hatte schon als junger Student eine ungewöhnliche Reife des Denkens und die Fähigkeit, seine Überlegungen klar geordnet und scharf wiederzugeben. Sein persönliches Schicksal verlief tragisch. Er verbrachte im besetzten Paris einige Jahre des harten illegalen Lebens. Um diesen klugen und aussergewöhnlichen Kopf in Sicherheit zu bringen, verhalf ihm die Partei zur Flucht in die Schweiz, wo man ihn für gerettet halten konnte. Ich habe ihn im Frühling 1942 in Zürich noch ein- oder zweimal getroffen, als er uns in unserem Haus im Triemli besuchte. Ich wusste, dass er bei keiner Flüchtlingshilfe gemeldet war, mit falschen baltischen Papieren lebte, also sein illegales Leben eigentlich hier fortsetzte, um ungestörter unter den Emigrantengruppen arbeiten zu können. Noch heute halte ich das für einen schwer wiegenden Fehler. In einer solchen Gruppe wurde er dann auch verhaftet und ohne Umstände wieder zurück an die französische Grenze gestellt, wo er sofort in das Lager Vernet kam und anschliessend nach Auschwitz deportiert wurde. Seine falschen Papiere, seine illegale Existenz – Bagatellen im Vergleich zu dem, was ihm bei einer Auslieferung drohte – waren Wasser auf die Mühle der schweizerischen Polizeibehörden, die auch den bestlegalisierten Flüchtlingen bekanntlich nicht mit Sympathie entgegenkamen. In Auschwitz verhalfen ihm Genossen wiederum zur Flucht, auf der er beim polnischen Aufstand im Juli 1944 umkam.

Franz Quittner, der Freund und spätere Ehemann von Genia Lande, kam selten in unsere Gruppe, der er als Mitglied angehörte. Er stand vor dem Abschluss seines Physikstudiums an der Universität, war Assistent und leistete in seinem Fach Überdurchschnittliches, ein Hochbegabter. Ich sehe ihn vor mir, diesen hoch aufgeschossenen Jüngling mit der etwas gebückten Haltung und dem rosigen Kindergesicht. Genia studierte Staatswissenschaften, zeichnete sich durch ein phänomenales Gedächtnis aus, in dem alles Gelernte und Gelesene leicht haften blieb, war eine gute Rednerin, ein anziehender, doch recht widerspruchsvoller Mensch. Die Beziehung zwischen den beiden war so verwickelt und vieldeutig wie Genias Charakter. Sein Ruf als junger Gelehrter und Sohn aus gutem Bürgerhaus machte ihr, der Tochter einer verarmten Witwe, Eindruck. Doch wusste ich aus manchen ihrer Geständnisse, dass sie ihn lieber männlicher, heldenhafter, kraftvoller gesehen hätte. Es war bei ihr keine grosse Liebe.

Genia war in der obersten Leitung des KJV, liess sich aber immer genug Zeit für ihr Studium, das sie auch bald und mit Erfolg beendete. Sie fand dann sogar eine Stelle in einem Unternehmen, und wir alle waren voller Bewunderung, als diese hübsche junge Frau in ihrem ersten selbst verdienten Regenmantel in der Gruppe auftauchte. 1931 traf ich Genia in Moskau wieder. Sie hatte ihr erstes Kind geboren, einen Knaben, und wohnte mit Franz in einer der seltenen Neubauwohnungen für Spezialisten, die mit ihren zwei Zimmern für damalige Zeiten ein ungewöhnlicher Luxus war. Franz war als Wissenschaftler höchst angesehen, hatte aber seine liebe, kindliche Art behalten. Genia arbeitete in einem zentralen Planungsbüro, wo sie sich auf die Standortbestimmung für neue Industrien spezialisiert hatte. Obschon ich mir darunter wenig vorstellen konnte, machte mir das Eindruck. Genia rührte sich nicht von Moskau weg, pflegte mit einer russischen Nanja, die in der geräumigen Küche ihr Bett und ihre Ikone hatte, ihren Jungen, dem bald ein Mädchen folgte.

Die Jahre 1930 bis 1936 in Moskau waren sicher die besten im Leben von Franz und Genia. So etwas wie ein Hauch von Sozialismus war in dem Häuserblock zu verspüren, in dem die gehätschelten und geschützten Spezialisten wohnten. Die Frauen liefen ein wenig kokett mit roten Kopftüchlein umher, Kinder spielten in den begrünten Innenhöfen. Das schöne Märchen nahm ein trauriges Ende: 1936 wurde Franz, ein überzeugter Kommunist, dem jede bürgerliche Karriere offen gestanden hätte, verhaftet und die

Familie aus dem Wohnparadies vertrieben. Einige der führenden österreichischen Kommunisten, so der in Moskau wohlangesehene Johann Koplenig[9] und Friedl Fürnberg[10], der rote Professor, setzten sich für ihn ein und versuchten zu erfahren, wie es zur Verhaftung gekommen war und ob nicht ein Irrtum vorliege.

Heute schäme ich mich meiner damaligen Reaktion auf diese böse Nachricht. Wir alle hatten ein unbegrenztes Vertrauen in die sowjetische Justiz und waren allzu leicht geneigt, die Opfer für schuldig zu halten. Total mit Blindheit geschlagen, wollten wir den unter Stalin ausbrechenden Hexensabbat der Verdächtigungen, Verleumdungen, Intrigen und Anschuldigungen nicht zur Kenntnis nehmen. Wir sahen nur die spektakulären Erfolge des industriellen Aufbaus, die Angriffe der ganzen Welt gegen den ersten Arbeiterstaat und die Bedrohung des Faschismus. Wir glaubten an die Grösse der Idee und an den Einen, der sie verkörperte. Es gab hier Parallelen zur grossen Französischen Revolution, die ein zugleich anziehendes und abstossendes, grausames Schauspiel abgab, wo jede Abweichung von der Doktrin mit dem Tod bezahlt werden musste. Auch Stalin wurde vergöttlicht und vergötzt; die politischen Differenzen, die es unvermeidlich geben musste, weil der industrielle Aufbau unter unvorstellbar harten Bedingungen vor sich ging, diese Differenzen wurden bald geprägt von völlig irrationalen Regungen, Eifersüchteleien, allen erdenklichen Schwächen der menschlichen Natur. Was oben seinen Anfang nahm und paradigmatisch wirkte, setzte sich durch bis in jede Fabrik, in jedes Dorf.

Genia arbeitete noch viele Jahre in führender Stellung in der Partei, zuerst in der Leninschule in Moskau, dann auch in Lagern, die für deutsche Kriegsgefangene errichtet wurden. Später kehrte sie nach Wien zurück, wo sie wiederum in der Partei tätig war, allmählich mit immer gespaltenerem Bewusstsein, bis sie 1956, nach dem Ungarnaufstand, aus der Partei austrat. Ich habe sie nachher noch gesehen und gesprochen. Ihre Krise, ihre Zweifel teilte sie mit vielen von uns. Niemals jedoch habe ich verstanden, dass sie sich völlig zum jüdischen Nationalismus bekehrte, in den Schoss ihres Volkes zurückkehrte und sich von der Idee ihrer Jugend so gänzlich abwandte.

Franz Quittner sah ich 1935 das letzte Mal. Ich war zum internationalen kommunistischen Jugendkongress in Moskau delegiert, der anschliessend an den VII. Weltkongress der Komintern stattfinden sollte. Im Gewerkschaftshaus auf dem Platz des Bolschoj-Theaters traf ich Franz und Genia im Foyer, wo sich die Delegierten tummelten und ihre Eindrücke des Kongresses austauschten. Der Kongress stand unter dem Zeichen der grossen Wende, die Dimitroff[11] eingeleitet hatte, die Wende zur vorbehaltlosen Einigung der Arbeiter angesichts der Barbarei des deutschen Faschismus. Dimitroffs internationale Autorität hatte zweifellos die Engstirnigkeit Stalins überwunden. Plötzlich wurde es im Foyer für einige Augenblicke merkwürdig still. Wir erblickten eine grosse überschlanke Gestalt, die mit abwesendem Blick auf und ab schritt, vornübergebeugt, als wäre ihre Grösse eine Last. Niemand hatte den Mut, diese einsame Gestalt anzusprechen, die traurig und bedrückt schien, während wir andern in der Euphorie der Reden von Dimitroff und Kuusinen[12] schwebten. »Das ist eine tragische Figur«, sagte Genia zu mir. Die einsame, isolierte Gestalt war Lenins Frau, die Krupskaja[13]. Wie sehr ihre Bemerkung zutraf, wusste Genia damals kaum, denn niemand von uns ahnte, dass die einst hoch geachtete, einflussreiche Frau – vom grossen Diktator längst abgetan – allein gelassen und im Verborgenen ihr Leben zu Ende lebte. Doch mit alledem habe ich weit vorgegriffen.

Der Vorsitzende unserer KJV-Gruppe, die den ganzen zweiten Wiener Bezirk umfasste, war Rudi Jackl, ein Schneider. Er war ein aufgeweckter junger Mann, einer jener witzigen, temperamentvollen und klugen Wiener Arbeiter, an deren lebhafter Art und schnellem Verstand schon Friedrich Engels seine Freude hatte. Im Gegensatz zu mir, die sich alle Weisheit aus Büchern und Broschüren holte und die früher vorhandene kritische Ader verdorren liess, hatte er viel Sinn für die Realität der Dinge. Rudis Freundin, Schura, war eine

Russin aus Simbirsk, der Geburtsstadt Lenins, Tochter eines russischen Generals, der mit seiner Familie nach Wien geflüchtet war. Ich lernte Schura schon im Gymnasium kennen, da sie eine Klasse über mir war. Zur Zeit des grossen Generalstreiks in England sammelte ich im Schulhaus und erhielt von ihr eine grosszügige Spende. Es war nichts Seltenes, dass die Kinder der Weissen[14] bei den Roten landeten. Mit ihren zwei fest geflochtenen, sehr langen und dünnen weissblonden Zöpfen, den an der Nasenwurzel zusammengewachsenen dunklen Augenbrauen war Schura nicht zu übersehen. Eine Aura von Romantik umgab sie, nicht nur ihrer Herkunft und ihrer stillen Zurückhaltung wegen, sondern auch ihrer besonders fremdartigen Schönheit, die an eine Birke erinnerte. Schura besass ausserdem den Fleiss und die Disziplin, die vielen Russen aus intellektuellem Milieu eigen war. In der KJV arbeitete sie genauso viel, wie sich mit ihren Schul- und Studienverpflichtungen vertrug, und sie verfügte über eine gesunde praktische Ader, die sie im Wirrwarr und dem profaschistischen Klima an der Universität den für sie richtigen Weg finden liess.

Ein weiteres Mitglied der KJV-Gruppe zweiter Bezirk war Arnold Deutsch, der damals vor dem Abschluss seines Chemiestudiums stand und auf seine Freundin Fini wartete, welche in Berlin einen Kurs der Maria Montessori besuchte. Arnold wurde mein Freund; er sprach viel mit mir, machte mich auf Bücher aufmerksam, und ich spürte, dass er mich schätzte, was meinem angekränkelten Selbstbewusstsein wohl tat. Eine skurrile und armselige Gestalt war Drtina, ein hoch aufgeschossener Jüngling, der uns alle überragte. Er war ebenso mager wie lang und hatte ganz oben einen winzigen Kopf, in dem leider sehr wenig drin war. Drtina war nicht gerade der Hellste, doch von überaus gutmütigem Charakter. Wie er zu uns gekommen war und warum, das weiss der Himmel. Er gehörte einfach zu uns. Er hörte sich alle Vorträge und Diskussionen an, sprach aber selber nie. Unsere Hänseleien und Witzeleien liess er alle über sich ergehen und lachte nur. Wir hatten ihn gern, weil er nichts übel nahm und uns stets Anlass zum Lachen gab.

Die Gruppe, die sich schon einige Jahre vor meinem Eintritt gebildet hatte, verfügte über ihre Riten, ihre gemeinsamen Erlebnisse und einen engen Zusammenhalt. Die meisten der jungen Leute waren zu strikten Pärchen vereint. Trotz der damaligen Auffassungen über die freie Liebe, die unter anderem auch von Alexandra Kollontajs[15] gierig verschlungenen Publikationen beeinflusst wurden, waren diese Pärchen auch ohne staatlichen und kirchlichen Segen fest gebunden. Einige dieser Beziehungen hielten ein ganzes Leben lang, soweit sie nicht von der Macht der grausamen Verhältnisse durcheinander gewirbelt oder gar zerbrochen wurden. Die Moral war theoretisch frei, im Grunde aber war das Bedürfnis nach Zweisamkeit, Bindung, Vertrauen und Geborgenheit stärker. Wir waren da nicht radikaler als die braven Bürger, nur materielle Erwägungen spielten bei uns keine Rolle. Ich wurde bereitwillig aufgenommen, war aber der dazugestossene Neuling.

Einer solchen politischen Jugendgruppe geht etwas Wesentliches ab, was sie letzten Endes auch zur Sekte macht. Was uns zusammenhielt, waren die politischen Ansichten, die uns von der übrigen, auch der sozialistisch gesinnten Bevölkerung eher trennten. Das war allerdings ein fester Kitt. Doch niemand von uns ging tanzen, um andere Jugendliche zu treffen und kennen zu lernen, niemand kam auf den Gedanken, mit Naturfreundegruppen Ausflüge zu unternehmen oder in einer der zahlreichen kulturellen Vereinigungen mitzuarbeiten, die sich die österreichische Arbeiterschaft – sehnsüchtig nach Wissen – bewundernswerterweise selbst geschaffen hatte. Wir blieben meist unter uns. Die Idee, eine Vorhut, eine heroische Elite zu sein, nahm uns ganz gefangen, kapselte uns ab. Die wenigen Lehrlinge aus den Berufsschulen und Betrieben waren fast die Einzigen, die sich eines echten Kontakts mit der Arbeiterklasse rühmen konnten.

Je kleiner an Zahl wir waren, desto mehr machten wir uns bemerkbar. Wir waren eine begeisterte und überzeugte Schar. Vortragstätigkeit in den Gruppen, marxistische Schulung, illegale Plakataktionen mit Aufpassern und Klebern, kleine und grössere Versammlungen auf offener Strasse, ebenfalls meist ohne Bewilligung. Diese Kundgebungen nannten wir »spontan«, obwohl sie aufs genaueste organisiert waren. Häuser anschmieren war damals noch nicht Sitte, unsere Affichen klebten an Plakatwänden, Holzzäunen, Fabrikmauern. Die Losungen waren hoch politisch, kämpferisch, gegen die Arbeitslosigkeit, gegen die verschärften Angriffe des sich christlich nennenden Grossbürgertums. Dieses hatte seinen charakteristischen Vertreter in dem Kardinal Seipel, der zugleich Bundeskanzler war und in der um ihre Rechte kämpfenden Arbeiterschaft nur wüsten Pöbel sah. Diese aristokratische, ständische Schicht wollte und konnte die neue Zeit nicht verstehen, was schliesslich zu grossen Katastrophen führte. Die österreichischen Arbeiter, vereinigt in der grossen Sozialdemokratischen Partei, waren revolutionär gestimmt, voller Glauben an den Sozialismus. Die SPÖ, teils eine recht pragmatische Partei, hatte grossartige Leistungen aufzuweisen, verfügte über tüchtige Führer und Spezialisten auf vielen Gebieten. Nur eines schaffte sie, trotz ihrer linken Theorien, schliesslich nicht – dem aufkommenden Faschismus die Stirn zu bieten. Die Politik der Partei, die den Arbeitern und vielen jungen Menschen so viel Hoffnung, so viel berechtigten und echten Stolz vermittelte, war von Anfang an geimpft mit dem Stigma der Niederlage. In diesem Punkt sahen wir klarer. Wir sahen das Unheil näher kommen, sahen die Uneinsichtigkeit und Härte der Herrschenden. Daher kam auch unsere erbitterte bis feindselige Haltung den Sozialdemokraten gegenüber. Wir verwickelten uns in unzählige Diskussionen mit jungen SPÖlern und Schutzbündlern. Wie oft beschimpften wir uns gegenseitig, wenn alle Überzeugungskraft nichts nützen wollte, und wie oft endete das schliesslich in Handgreiflichkeiten. Rückblickend über die Jahrzehnte ist diese Spaltung der Arbeiterklasse eine bittere Tragödie.

Ich machte mich über die schwersten Wälzer her, las Rosa Luxemburgs »Akkumulation des Kapitals« und – mit grosser Mühe – den ersten Band von »Das Kapital« von Marx. Daneben verschlang ich, oft unter der Schulbank versteckt, sämtliche Broschüren und Magazine, die erreichbar waren. Aus unserer marxistischen Einstellung resultierte das überwiegende Interesse für die ökonomischen Fragen, das mir den Blick für viele andere wichtige Fragen verstellte. Weder die Schule noch der KJV vermittelten uns Kenntnisse der älteren und jüngeren Geschichte unseres Landes, ohne die auch die Gegenwart nur schlecht zu verstehen war. Wir kannten weder die Literatur noch die Kunst unseres Landes, unsere Lektüre in jenen Jahren war sehr beschränkt. So war unsere Bildung zu einseitig, zu schmalspurig, unsere Sprache dementsprechend zu klotzig, zu plakativ, zu unverständlich. Karl Kraus erfand das boshafte, aber zutreffende Wort »Moskauderwelsch«. Dieser sprachempfindliche Mensch, der keinen falschen Ton vertrug, sah hinter unserer Sprache mehr als nur die Unfähigkeit, sich auszudrücken. Wir wussten selbst nicht, welch komplexes geistiges Produkt der Marxismus war, aus wie vielen Quellen europäischer Geschichte und Philosophie gespeist, von denen man wenigstens einige kennen musste, um das, was Marxismus hiess, nicht in ein grobes Werkzeug zu verwandeln.

Es war in Wahrheit nichts so einfach, wie es uns Halbwüchsigen vorkam, wenn auch unser kämpferischer Instinkt in manchem leider Recht behielt. Die Konfrontation mit einem ebenso sturen, auf nichts als seine Privilegien bedachten Grossbürgertum samt seiner fanatischen, von Hass und Angst erfüllten Anhängerschaft führte auf beiden Seiten zu grauenhaften Vereinfachungen, die schliesslich in Mord und Totschlag gipfelten. Dies in einem Land, das Mozart, Grillparzer und Schubert hervorgebracht hatte. Heute sind wir mit ähnlichen, von Hass erfüllten Weltanschauungen konfrontiert, und die Einsichten derer, die das Zepter halten, sind um nichts subtiler und menschlicher geworden. Wir hatten zumindest noch den festen Glauben, dass über kurz oder lang der Sozialismus, dieses heiss ersehnte Utopia, siegen werde. Wie viele sind dank dieses Glaubens unter der Folter und im Angesicht des Todes stark geblieben. Ich möchte denen, die ich kannte, ein Requiem schreiben, all diesen jungen Idealisten. Ihr Reich war von dieser Welt, und ich wüsste auch heute nicht, wo anders es anzusiedeln wäre, wenn nicht in den Beziehungen und Herzen der Menschen. Für uns jedenfalls begann damals die neue Welt mit dem Jahre 1917, mit dem Trompetenstoss der Oktoberrevolution in Russland, und mit 1918, mit unserer schwachen und kleinen Republik.

Die Schule wurde für mich zur Nebensache, und es stand kein Weiser neben mir, der mich vor dieser Entwicklung gewarnt hätte. Vater kümmerte sich wenig um mich; ich glaube, je älter ich wurde, desto mehr verlor er das Interesse an mir, und ich hatte nur eine Art mitleidige Zuneigung für ihn. Mama mit ihrem aufmerksamen Instinkt der Liebe verstand sehr wohl, dass da manches nicht so ging, wie sie es für mich erwünscht hätte. Sie bangte um meine Gesundheit. Wie oft kam ich nachts um ein Uhr oder noch später nachhause, und wenn ich endlich da war, stand Mama im Hemd an der Wohnungstür, verzweifelt und voller Vorwürfe. »Du richtest dich zu Grunde!« Es nützte alles nichts – ich war aus dem Elternhaus herausgewachsen.

Oft kam Gerty zu mir nachhause, wo wir dann stundenlang zusammenhockten und redeten. Mama mit ihrem Talent für drastische Ausdrücke nannte Gerty den »Adjutanten«: »Dein Adjutant ist wieder da.« Mama war eifersüchtig, sie konnte schwer verstehen, was wir zwei immer zu schwatzen hatten. Es war wirklich nichts Besonderes, nicht viel Gescheites: Geschichten aus unserem politischen Leben, ein bisschen Klatsch über Männlein und Weiblein in der Organisation. Wie Leid mir Mama, jetzt im Rückblick, tut, wie gut könnte ich jetzt mit ihr reden, ihr mein Leben mitteilen. Aber wir waren damals viel zu hochnäsig, um die Eltern an unserem Leben teilnehmen zu lassen. Mama wäre sicher mit vielen unserer politischen Ziele einverstanden gewesen, wenn wir es nur verstanden hätten, ihr zu erklären, um was es uns ging. Stattdessen hatte ich nur Mitleid mit Mama. Es tat mir weh, wenn sie in ihrem Portemonnaie wühlte und die kargen Groschen zählte. Papas Geschäft ging immer schlechter. Es kam mir aber nicht der Gedanke, dass ich verpflichtet war zu lernen, wenn auch nur ihr zuliebe, und dass sie trotz fehlender Schulbildung klug genug war, um uns zu verstehen.

Es kam der Juli 1927 und mit ihm ein schwarzer Tag für Österreich: der Fünfzehnte. Am Morgen machte ich mich auf den Weg zur Schule und begegnete auf der Augartenbrücke Gerty, die zur Arbeit in die Gärtnerei unterwegs war. Es war auffallend unruhig und belebt auf den Strassen, von allen Seiten strebten Leute dem Quai und der Ringstrasse zu. Aus Gesprächen der Vorbeigehenden erfuhren wir, dass Demonstrationen stattfinden sollten. Die österreichischen Arbeiter und Arbeiterinnen waren tief aufgewühlt. In den letzten Monaten und Jahren waren der verbale Schlagabtausch im Parlament immer heftiger, der Graben zwischen den Schwarzen und den Roten immer breiter geworden. Bundeskanzler Seipel war ein kluger Prälat, doch ein ebenso hitziger Fanatiker, der alle Vorschläge, die von der linken Seite kamen, unbesehen abwehrte und keinen andern Weg als den der harten Konfrontation kannte. Die wirtschaftliche Lage Österreichs verschlechterte sich zusehends, die Opfer waren die Arbeiter und Armen. Die Zahl der Arbeitslosen und Ausgesteuerten, die keine Unterstützung mehr bekamen, stieg von Tag zu Tag. Die Wirtschaftskapitäne wollten weiterhin Herr im Hause sein, während die österreichischen Arbeiter, selbst- und klassenbewusst, um ihr Mitspracherecht, ihr Lebensrecht kämpften. Besonders das rot verwaltete Wien, das in allem materiellen Elend eine Hoffnung darstellte, war den Gegnern ein schmerzender Dorn im Fleisch. In jener Zeit formten sich die bewaffneten Gruppen der Heimwehren, unterstützt von den reichlich fliessenden Geldern aus der Finanzwelt und der Industrie. Österreich geriet in ein Bürgerkriegsklima, das von nun an anhielt. Die Kommunisten warfen den Sozialdemokraten vor, sie krebsten immer mehr zurück. Wir richteten unsere Angriffe auf Flugblättern, in den Zeitungen und in Diskussionen ebenso aggressiv und scharf gegen die Sozialdemokratie wie gegen das Bürgertum. Wie weit unsere Vorstellungen vom Herannahen einer revolutionären Situation und vom »Sozialfaschismus« der Sozialdemokratie zutrafen, sei dahingestellt. Zumindest der italienische Faschismus, ein neues Phänomen in Europa, hätte die wache Vernunft und Einsicht aller demokratischen und sozialistischen Kräfte erfordert, das Zusammenhalten über alle echten und vermeintlichen Gegensätze hinweg. Leider war das Gegenteil der Fall, in Deutschland wie in Österreich. Als die Einsicht kam, war es bereits viel zu spät.

Gerty und ich beschlossen, Schule und Arbeit zu schwänzen, in der Stadt zu bleiben und uns den Demonstrierenden anzuschliessen. Wir zogen mit den Menschenmassen, die immer dichter wurden, eigentlich fast ziellos in Richtung Ringstrasse. Es war das Urteil im Schattendorfer Prozess, das alle in Bewegung setzte, so dass die Fabriken und Betriebe sich ohne grosses Zutun entleerten. Der Volkszorn grollte wie ein wilder Gebirgsbach. Ein Invalide und ein Kind waren auf einer Versammlung von Heimwehrleuten erschossen worden, und jetzt hatte das Gericht die Mörder demonstrativ freigesprochen. Das Rechtsgefühl der Menschen war tief verletzt. Wir zogen mit, drängten und wurden weitergedrängt, auf der Suche nach dem Recht. Plötzlich, von irgendwoher, tauchte berittene Polizei in ganzen Schwadronen auf. Von allen Seiten brüllten die Menschen: »Kosaken!« Die Polizisten ritten mitten in die Menge hinein, die aber nicht weichen wollte, worauf die Uniformierten eine wüste, erbarmungslose Schiesserei begannen. Gerty und ich flüchteten unter die hohe Statue der Pallas Athene vor dem Parlament und duckten uns Schutz suchend unter den Muschelbrunnen. Auf der Seite des Volksgartens liefen einige Arbeiter aufgeregt vorbei und riefen uns zu: »Verflixte Madln, rennts furt!« Erst jetzt wurde uns klar, dass gerade dieser Brunnen, unter dem wir hockten, unter Beschuss stand. Nun rannten wir im Zickzack, uns duckend, über die Strasse, während hinter uns her geknallt wurde. Der Justizpalast, ein pompöses, aber eher harmloses Gebäude, stand in Brand, der Volkszorn hatte sich entladen. Aus dem Gebäude loderten helle Flammen, und aus den Fenstern wurden ganze Berge von Akten auf die Strasse geworfen. Das Ergebnis dieses blutigen Tags waren neunzig Tote und viele Hundert Verwundete. So etwas erlebten die österreichischen Arbeiterinnen und Arbeiter zum ersten Mal, und ihr Groll, ihre Wut wucherten weiter.

Todmüde langte ich gegen Abend zuhause an. Vor Papas Laden standen Leute und diskutierten aufgeregt über das Vorgefallene. Mama empfing mich mit Vorwürfen und Tränen der Erleichterung. Nur mein Onkel Schnierer, Arbeiter in der Ankerbrotfabrik, schimpfte über die randalierenden Arbeiter. Es war nicht das erste Mal, dass ich auf ihn losfuhr. Ich ersuchte ihn, den Mund zu halten, da er zu jenen gehöre, die alle guten sozialen Verbesserungen, die erst durch Kampf errungen werden könnten, ruhig in seiner Stube abwarte, um dann doch davon zu profitieren.

Nach dem heissen und tragischen Julitag stürzten sich die KP und die KJV in überhektische Aktivitäten. Wir diskutierten mit jugendlichen Schutzbündlern und sozialistischen Jugendgruppen endlos über die Ereignisse, verteilten zahllose Flugblätter und waren fast in jeder Nacht für Plakataktionen unterwegs. Ich lebte fast nur noch im Arbeiterheim. In der Schule ging am Tag nach diesem blutigen Ereignis alles so öde und langweilig weiter wie zuvor. Der Vorfall wurde mit keinem Wort erwähnt, weder von Lehrern noch von Schülern. Ich lebte wirklich in zwei völlig verschiedenen Welten.

Dann setzte die sommerliche Ruhepause endlich ein – Schulferien, sogar ein bisschen Ferien von der politischen Tätigkeit. Mein Freund Arnold Deutsch, seine Fini, Rudi Jackl und seine Schura wollten mich auf eine Passwanderung über die Hohen Tauern mitnehmen. Ich kannte Österreich, das Alpenland, nur von meinen zwei Ausflügen mit den sozialistischen Mittelschülern. Reisen hatte es in meiner Familie nie gegeben. Vater arbeitete jahraus jahrein, er schloss sein Geschäft nie, weil er befürchtete, die wenigen treuen Kunden zu verlieren. Nur Mama fuhr hin und wieder – vor allem, solange die Grossmutter noch lebte – ostwärts in ihr ungarisches Heimatdorf. Die Tauernwanderung sollte meine erste grosse Bergtour sein. Doch Mama erliess ein striktes Verbot. Ich war nun siebzehn und konnte mich mit ihrem mir unverständlichen Entscheid nicht abfinden. Ich weiss nicht mehr, mit welchen Vorwänden, Lügen und Überredungskünsten es meinem Freund Arnold gelang, ihr schliesslich doch noch eine Einwilligung abzulisten. Jedenfalls zogen wir alle mit schwer bepackten Rucksäcken los – und mit sehr wenig Geld.

Von dieser vierzehntägigen Wanderung blieb mir vor allem der schwierige und steile Aufstieg zum Ankogel im Gedächtnis, der, da ich schwach und untrainiert war, fast über meine Kräfte ging. Wir wanderten stundenlang über endlose Geröllfelder, wobei Schura und ich auf unseren nackten Beinen einen Sonnenbrand einfingen. Die Überquerung einer Schlucht auf einem Steg ohne Geländer stürzte unsere Fünfergruppe in eine Krise. Fini, die nicht schwindelfrei war, getraute sich nicht hinüber. Wir hockten im Gras und diskutierten über Mut und Feigheit. Ich hörte schweigend zu, denn ich verstand Fini; ich begriff, dass man für so eine Schwäche nichts kann. Unser Jugendpräsident Rudi Jackl, sonst wenig dogmatisch, warf Fini vor, keine Bolschewistin zu sein, weil sie hier Feigheit zeige. Arnold verteidigte seine Freundin und künftige Frau, während Schura, mit Mut und starken Nerven gesegnet, ihren Freund Rudi unterstützte. Wir alle, auch Fini, hielten heroischen Mut für die höchste und Feigheit für die niedrigste menschliche Eigenschaft. Wir verlangten von jedem Kommunisten, auch von uns selbst, den äussersten Einsatz ohne Rücksicht auf sein eigenes Leben. Die alten Bolschewiki und die Partisanen des Bürgerkrieges waren unsere Vorbilder, und wir dachten an das Wort des Dichters Ernst Toller: »Kommunisten sind Tote auf Urlaub.« Doch Fini konnte sich nicht überwinden, und wir mussten einen grossen Umweg auf uns nehmen.

Von da an war die Harmonie in der kleinen Gruppe gestört. Die zwei Pärchen sprachen nur noch wenig miteinander, und ich fühlte mich als das fünfte Rad am Wagen. Der Abstieg gegen Gastein in einer Augustnacht, die von Sternen flimmerte, das lange Wandern in der Stille der Natur führte wieder zu einer gegenseitigen Annäherung. Am frühen Morgen stiegen wir übers Nassfeld nach Gastein mit seinen vielen hässlichen Riesenhotels, die das enge Tal verschandelten. Wir waren ungeheuer hungrig, hatten nur noch ein paar Suppenwürfel und starrten die satten Kurgäste etwas neidisch an.

Zuhause wartete bereits Gerty auf mich; sie fiel mir um den Hals und erdrückte mich fast vor Freude. Wie wohl tat mir diese Freundschaft nach dem etwas missglückten Gruppenerlebnis. Ich war einsam. Ob es vielen jungen Menschen, die einer Gruppe angehören, heute ebenso ergeht? Unter den jungen Frauen herrschte wenig echte Kameradschaft, trotz der gemeinsamen Arbeit, der gemeinsamen Ideale. Das Weibchenverhalten herrschte vor. Die Jungs spielten ohnehin die Hauptrolle, und alle wollten so schnell wie möglich einen Partner – genau gleich wie auf dem Tanzboden. Ich fühlte mich zwar geborgener, weil wir alle, mit wenigen Ausnahmen, aus dem gleichen armen Milieu stammten und das sogar als Ehre ansahen. Niemand scheute sich, in die Wohnung meiner Eltern zu kommen oder mich zu sich einzuladen.

16 Die Sexualität bewegte die jungen Menschen damals wie heute. Wilhelm Reich[16], der bekannte Psychoanalytiker, der sich – ohne formell Mitglied zu sein – den Kommunisten zugehörig fühlte, hielt damals zahlreiche Vorträge in den linken Jugendgruppen Wiens. Einmal kam er auch zu uns. Sein Referat war für viele von anerzogenen Gewissensnöten Geplagte geradezu eine Erlösung. Reich war sehr beliebt und populär. Die Befreiung der Menschen aus jeglicher Sklaverei durch die Befreiung der Libido, das Recht jedes Mannes und jeder Frau auf gesteigerte Lust und erfüllten Orgasmus war sein Credo. Er sang ein Hohelied auf die Genussfähigkeit des Menschen und die Intensität der Gefühle, die er in der Beziehung von Mann und Frau als wichtigstes Element sah. Mir ging das fast zu weit. Ich fragte ihn, ob denn er selbst seine Frau und seine Kinder verlassen würde, wenn er eine andere Frau fände, die ihm mehr sexuelle Reize böte. Auch heute halte ich diese offen und naiv formulierte Frage für berechtigt. Reich ist mir zu sehr Anbeter des sexuellen Genusses, er machte eine Gesellschaftstheorie daraus, die mir ex-

trem und einseitig scheint. Dennoch liegen auch einige Wahrheiten darin. Wiederholt zeigte sich in der Geschichte, dass harte, diktatorische Regierungen, wie etwa die der Puritaner, immer dazu neigen, geschlechtliche Lust zu unterdrücken und Moralinsäure über die ganze Gesellschaft auszugiessen. Reich antwortete mir damals etwas ausweichend, fast ein wenig verlegen, und ich war mit seiner Antwort nicht zufrieden. Liebe galt mir mehr als die Reduktion auf das Körperliche, sie erschien mir vor allem als höchstes und tiefstes Gefühl der Zusammengehörigkeit. Jedenfalls wurde hitzig diskutiert, und es war nicht schlecht, dass Prüderie und Heuchelei dabei manchen Schlag erhielten.

Der Gott erschien in einer Maske

Hermes

Gelegentlich tauchte in unserer Gruppe ein junger Mann auf, der sehr geheimnisvoll erschien. Ein jüngeres Parteimitglied hatte ihm den Namen Hermes gegeben, den des griechischen Götterboten. Sein richtiger Name war Hermann Köhler. Er stammte aus dem böhmischen Sudetenland (heute Tschechische Republik) und sprach auch mit dem unverwechselbaren Akzent der Sudetendeutschen. Hermes war ein junger Arbeiter, Schreiner, eines von fünf Kindern einer früh verwitweten Textilarbeiterin aus dem Städtchen Odrau. Der Name Hermes war ein Fund. Er war schön wie ein junger Gott, sportlich, ein fast akrobatischer Turner, und er hatte etwas Verschmitztes, Heiteres an sich, auch eine wache Intelligenz. Wenn Hermes in die Gruppe kam, himmelten ihn die Mädchen an, auch die bereits fest vergebenen. Die jüngeren unter den Burschen hingen ihm wie treue Hündchen an. Er hatte die Kraft der Anziehung, die nicht allein vom hübschen Aussehen herrührte. Eine Zeit lang hatte er auch die drollige Gewohnheit, in Knittelversen zu sprechen, Spass und Lachen waren immer um ihn. Eigentlich war es seltsam, dass er, der Umworbene, noch frei war, ohne feste Bindung. Wir wussten, dass er eine geheimnisvolle Arbeit verrichtete, in irgendeinem »Apparat«, und das verlieh ihm in unseren Augen zusätzlichen Wert.

Unsere Freundschaft begann, die Freundschaft zweier sehr ungleicher Menschen. Eigentlich hätte ich mir zurufen müssen: »Hände weg!« Ein so von den Frauen verwöhnter und umworbener Jüngling ist nichts für dich. Ich warb um ihn wie die meisten Mädchen, er erwiderte scherzend die Annäherungen. Wir trafen uns immer häufiger – und ich war gefangen. Gefangen in der ersten grossen Jugendliebe, die zehn Jahre dauern sollte und mir wenig Glück, wenig innere Ruhe, dafür fast die Selbstaufgabe einbrachte.

Nach einigen Wochen verliebten Geplänkels verreiste mein Götterknabe in den Urlaub in die Lienzer Dolomiten. Da ich lange nichts von ihm hörte und von seiner echten Zuneigung auch keineswegs überzeugt war, bereitete ich mich nach innerlich schwerem Kampf schon darauf vor, mir dieses neue Gefühl des Verliebtseins wie ein noch nicht fest verwurzeltes Pflänzchen auszureissen. Da kam ein Brief von ihm aus Lienz. Es war kein richtiger Liebesbrief, das nicht, und ich habe auch nie einen von ihm erhalten. Doch war eindeutig der Wunsch vorhanden, die Beziehung fortzusetzen, und damit waren alle inneren Vorsätze und die innere warnende Stimme verscheucht. Nur die Freude blieb. Nach einigen Wochen waren wir ein Pärchen wie die anderen in der Gruppe, man neckte uns, nahm es als gegeben an, dass wir zusammengehörten. Ein paar weitere Wochen vergingen mit Zusammenkünften in seinem Quartier in der Unteren Augartenstrasse, in dem schoflen Untermieterzimmer einer jüdischen Kleinbürgerin, dann aber auch mit Ausflügen, Spaziergängen. Bis er mir endlich eines Tages erklärte, ich sei ein liebes gutes Mädchen und er wolle zu mir halten. Diese nicht gerade feurige Liebesbezeugung hätte mich nochmals warnen müssen. Kompliziert und widerspruchsvoll war diese Beziehung von Anfang an und bis zu ihrem notwendigen Ende.

Es war kein Zufall, dass der schöne, liebenswerte und auch ernste Junge in mir seine erste Beziehung zum weiblichen Geschlecht fand. Hermes, den alle als kühnen und

Frauen betörenden Götterboten ansahen, war dem weiblichen Geschlecht gegenüber gehemmt, obgleich er seine Ängste anmutig überspielte. Er fühlte sich impotent, eine Schwäche, die er als unheilbar ansah und unter der er sehr litt. Der Gott war in einer Maske erschienen. Ich war ein unerfahrenes siebzehnjähriges Ding und voller Liebe. Eine Zeit lang ging das so hin, ich glaubte seinen Worten vom »Versagen« und war von ganzem Herzen bereit, mit ihm zu leben und zu sterben – auch so. Wie jung wir waren.

Schliesslich fand ich einen Weg für ihn. Hermes begab sich in die Behandlung einer Psychoanalytikerin, der schönen blonden Frau von Wilhelm Reich, und ich holte mir Rat bei einer bekannten Wiener Ärztin und Kommunistin. Damit wurde dieses Problem, das unlösbar erschien, gelöst. Ich darf sagen, dass mir der Götterjüngling Befreiung verdankt. Eine feurige, selbstbewusste Schönheit hätte kaum die Zärtlichkeit und Geduld, die Nachsicht und die grosse Liebe zu einem verkrampften, aus unerforschlichen Gründen impotenten Mann gefunden. Ich werde nie wissen, was diesen jungen Menschen, dessen ganzes Wesen so anziehend war, in die seelischen Abgründe geworfen hatte, aus denen er erst mit Hilfe anderer herausfand.

Ist man derjenigen dankbar, der man solche Hilfe verdankt? Wer ständig eine Zeugin der ursprünglichen Schwäche neben sich hat, wird ihr nicht unbedingt wohl wollen. Er hatte nun ein Mädchen, dem er sich verpflichtet fühlte und das keineswegs seinen Erwartungen von Weiblichkeit entsprach. Das war in nuce das Wesen unserer Beziehung. Es begann eine lange Zeit, in der ich wie blind durchs Leben irrte. Ich liebte und liebte immer mehr – und er immer weniger. Es gab einige wenige poetische Momente in der ersten Zeit, eine kleine Winterreise nach Spital am Semmering. Ich trug einen roten Pullover und hatte den Arm in der Schlinge, weil ich mir beim Ski fahren den Daumen gebrochen hatte. Wir übernachteten in einem hübschen kleinen Hotel, gingen spazieren. Auf der Heimfahrt im Zug muss mir das Glück wahrhaftig von der Stirn geleuchtet haben, denn die Männer im Zug guckten mich überaus freundlich an. Solche kleinen Touren und Reislein in verschneite Gebirgsorte oder ins sommerliche Salzkammergut gab es noch mehrere. Das war die schönste Zeit, die kurz dauerte.

Was dann folgte, war Nerven aufreibend. Hermes war weiterhin in seiner Organisation tätig, die OMS[17] hiess, die Organisation der internationalen Verbindungen. In Wirklichkeit war es ein von der russischen Partei aufgebauter Informationsdienst, eine Art Spionageorganisation. Was und wer da ausgekundschaftet wurde, weiss ich bis heute nicht. Fragen stellte man nicht. Wir nahmen es als gegeben hin, dass dies alles im Interesse der Revolution geschah und somit vollauf legitimiert war. Damals war Russland eingekreist, und die Kommunisten sahen ihre Hauptaufgabe in der Verteidigung des ersten sozialistischen Experiments in der Welt, so dass wir alles für Recht hielten, was von dort kam. Mit einer Ausnahme: Die Berater kommunistischer Parteien, die aus der Sowjetunion kamen, nannten wir in Österreich ironisch »die Turkestaner«. Ich weiss nicht, ob je einer darunter war, der die westeuropäischen Verhältnisse kannte. Mit einem hatte ich persönliche Verbindungen, musste ihn öfter treffen und ihm Gesellschaft leisten. Er war auf der Suche nach einer weiblichen Bekanntschaft. Ich bin selten einem komischeren, dümmeren und überheblicheren Typ begegnet als diesem Turkestaner, der wirklich zu nichts taugte und das Brot der russischen Arbeiter und Bauern umsonst ass.

Hermes zog mich allmählich in seine Arbeit hinein, das heisst, er fand es bequem, mich bestimmte Hilfstätigkeiten verrichten zu lassen. Ich traf ihn des Öfteren an bestimmten Punkten in der Stadt, übernahm Botschaften, die ich an andere weitergab, und hatte im Übrigen von nichts eine Ahnung. Oft wartete ich bis zu einer Stunde frierend auf der Strasse. Das hätte mir wenig ausgemacht, es war ja alles für »die Sache«. Doch Hermes entschuldigte sich nie; schon beim leisesten Vorwurf reagierte er gereizt, nie liebevoll. Mir hätten die Augen aufgehen müssen, doch sie blieben geschlossen. Das alles – die überhektische Aktivität im Jugendverband, die zusätzlichen Dienstleistungen für Hermes – spielte sich im Jahr vor meiner Matura ab. Dann wurde mein Freund von der Jugendinternationale, die alle nationalen Sektionen beriet und überwachte, zum Leiter des österreichischen Jugendverbandes auserkoren. Er musste seine Tätigkeit für die OMS aufgeben und jemanden finden, der sie übernahm.

Arnold Deutsch hatte eben sein Chemiestudium beendet und suchte sich eine Arbeit, was im damaligen Österreich der wachsenden Arbeitslosigkeit für Intellektuelle nicht leichter war als für Arbeiter. Ihm unterbreitete Hermes dieses für junge Menschen jederzeit verlockende Angebot einer wichtigen und zugleich spannenden, romantischen Aufgabe. Wie ich erst nachträglich erfuhr, hatte Hermes eine Zeit lang auch mit Dimitroff, dem späteren Helden des Reichstagsbrand-Prozesses, zusammengearbeitet. Arnold nahm den Vorschlag von Hermes an. Für ihn, den einfachen, fröhlichen und harmlosen Menschen, der mehr für eine bürgerliche Tätigkeit geeignet war, begann ein abenteuerliches Leben. Ich traf Arnold einige Jahre später in Paris, dann auch in Moskau wieder. Erst nach dem Krieg hörte ich zu meinem Schmerz, welch grausames Ende er gefunden hatte.

Hermes verwickelte mich auch in seine Führungsarbeit im Jugendverband. Ich wurde so etwas wie seine private Sekretärin, schrieb und korrigierte für ihn Texte und übernahm so nach und nach die Leitung der Agitation und Propaganda. Ich entwarf Flugblätter, stellte Programme für die Schulungsarbeit zusammen und dergleichen mehr. Wie gern hätte ich jetzt diese alten Texte vor mir. In manchem sahen wir klar: Die drohende Gefahr des Faschismus und eines neuen Krieges, gegen die es anzukämpfen galt – darüber war kein Zweifel. In der Partei, bei den »Alten«, hatten die Fraktionskämpfe allmählich aufgehört, und eine stabile Führung kristallisierte sich heraus. Es war die Zeit von Johann Koplenig und Franz Honner[18], der eine ein Kärntner Schuhmacher, der andere ein Bergarbeiter aus Grünbach, beide Österreicher der besten Art. Koplenig hatte das Aussehen eines englischen Lords, eine stille und bescheidene Art, und war jederzeit bereit, mit jedem zu diskutieren. Honner liebte ich sehr. Er stand mit Leib und Seele, mit seiner ganzen temperamentvollen Art für die Sache der arbeitenden Menschen ein und hatte bei seinen Bergarbeitern immer einen Stein im Brett. In gewissem Sinne waren wir von der österreichischen Arbeiterklasse isoliert, denn deren Mehrheit war in den Reihen der Sozialdemokratie zu finden, die hervorragende Administratoren, Kommunalpolitiker und auch interessante Theoretiker und Marxisten aufwies. Otto Bauer vertrat die austromarxistische Linie mit ihrem Linzer Programm, die eine durch kritische Vorbehalte gedämpfte Sympathie für Russland beinhaltete, Max Adler einen ethischen neukantianischen Sozialismus, Renner und andere standen für den rein reformistischen Flügel. Doch ich glaube, wir Kommunisten sahen die Gefahren, die sich abzeichneten, schärfer. Ich besuchte damals immer noch meine sozialdemokratische Lehrerin Doktor Friedmann, die ziemlich entsetzt war über meinen Wechsel zu den Kommunisten. Sie sah im Kommunismus etwas sehr Fremdes, Undemokratisches, auch Slawisches, sie kannte die marxistische Lehre in keiner Weise. Sozialismus war für sie eine rein ethische Frage, die Vorstellung einer Republik, die allmählich zu immer mehr Gerechtigkeit, Gleichheit und Lebenserfüllung für die meisten Menschen voranschreitet.

Ich blicke zurück, blicke in unsere Zeit hinein, vergleiche und frage. Keine Partei, die eine Wandlung der Gesellschaft anstrebt, wird ohne Theorie auskommen. In der Unschuld und Begeisterung unserer jungen Jahre vermeinten wir ehrlich, einen theoretischen Leitfaden, ja fast eine Art Katechismus für die Praxis zu haben. Heute sehe ich deutlich, wie viel doktrinäres Denken uns von Anfang an bestimmte. Was wir für feststehende Maximen hielten, wurde schon damals fast täglich von der Praxis überrollt. Ich kritisiere nicht den Marxismus, dafür fehlen mir die Voraussetzungen. Ich weiss, dass echte Erkenntnisse in ihm stecken, Forderungen, die so lange aktuell bleiben, bis sie erfüllt sind. Doch war die Art, wie wir den Marxismus lernten, sehr einseitig und verdeckte uns einen grossen Teil der Wirklichkeit. Wir lernten zum Beispiel ziemlich viel von der Geschichte der revolutionären Bewegung in Russland, besonders über die Bolschewiken.

Einige Schriften von Lenin gehörten zu unserer Grundlektüre. Doch selbst in diesem engen Gebiet war der Umfang unseres Wissens begrenzt, begann für uns doch die Geschichte Russlands erst mit der Revolution im Jahre 1905; die Vorgeschichte kannten wir nur flüchtig und oberflächlich. Die für uns wesentliche und interessante Geschichte fing erst mit der grossen Jahreszahl 1917 an. Wir lasen immer nur die Darstellungen aus bolschewistischer Sicht, kaum je bürgerliche oder sozialdemokratische Kritik. Mein Freund Hermes ging stets mit einer dicken Aktentasche voller Bücher und Propagandamaterial umher; dieser Arbeiterjunge war ein eifriger, doch äusserst einseitiger Leser.

Wir lebten in Österreich. In unserer Partei gab es in den zwanziger Jahren Diskussionen, die heute seltsam anmuten, Diskussionen über die Lebensberechtigung Österreichs als selbstständiges staatliches Gebilde. Was wäre näher gelegen, als sich ernsthaft und gründlich mit der Geschichte Österreichs zu befassen? Nicht erst mit der fragwürdigen Republik, in der wir lebten, sondern mit der Vorgeschichte, der Monarchie, den nationalen Kämpfen in diesem reaktionären Vielvölkerstaat. Doch zu diesen Themen gab es keine kommunistische Literatur. Wir hätten – soweit vorhanden – sozialdemokratische und auch bürgerliche Autoren lesen müssen. Das hätte unseren kritischen Verstand geschärft, unseren Horizont erweitert. Karl Kraus zum Beispiel war eine faszinierende Gestalt des Wiener Geisteslebens. Ein- oder höchstens zweimal habe ich eine seiner glänzenden Lesungen besucht, niemals »Die Fackel« gelesen, die unsere Zustände mit scharfer Feder und aus einem tiefen humanen Bewusstsein heraus kritisierte. Es fehlte uns allen nicht an Intelligenz, doch war der geistige Rahmen, den wir uns selber steckten, entschieden zu eng. Manches sahen wir scharf und richtig, gerade weil wir ein Auge zukniffen, um besser zu sehen, doch öfter hätten wir beide Augen weit öffnen müssen.

1928 machte ich meine Matura. Das lief mit allen Nebenbeschäftigungen, die weit wichtiger waren, so nebenbei. Im Halbjahr zuvor holte ich rasant die Versäumnisse in der Mathematik und im Lateinischen nach. Wir mussten eine Art

Diplomarbeit in einem frei gewählten Fach schreiben. Natürlich entschied ich mich für Geschichte und ebenso natürlich für einen Ausschnitt der Oktoberrevolution. Mein Professor, Steinitz, hatte nichts dagegen, er hegte selbst eine gewisse Sympathie für Russland und verstand meine Begeisterung. Ich schrieb aus einigen Büchern, damals auch noch von Trotzki, einiges zusammen, eine völlig dilettantische, unselbstständige Arbeit, die aber akzeptiert wurde. Bei der mündlichen Prüfung hatte ich Pech mit diesem Thema. Eines der Mitglieder im Prüfungsgremium war Aline Furtmüller, als sozialdemokratische Stadträtin für Unterricht eine entschiedene Antikommunistin. Ich beantwortete zuerst flüssig und gut einige Fragen, die ich aus Zetteln herausziehen musste und die sich um allgemeine europäische Geschichte drehten. Frau Furtmüller jedoch, ziemlich verärgert über mein bolschewistisches Elaborat, stellte mir Fragen über die Vorgeschichte der russischen Revolution, über die Narodniki[19] und die Sozialrevolutionäre. Da zeigte sich die Schwäche unserer Bildungsarbeit in der Organisation. Meine Antworten fielen sehr schwach aus, und die reife Sozialdemokratin machte sich über einen jungen Menschen lustig, dessen Enthusiasmus sie weder begriff noch gelten lassen wollte. Ich hatte immer ein »Sehr Gut« in Geschichte gehabt, sie wollte mir nur ein »Genügend« geben. Nachträglich erfuhr ich, dass mein Professor mit ihr heftig um ein »Gut« gestritten hatte.

Pikant ist, dass nach mir Helen dran kam, die Tochter meiner Klavierlehrerin, welche die Witwe eines Offiziers war. Sie hatte ein kleines Gedicht zu interpretieren und wurde von Aline Furtmüller über den grünen Klee gelobt. Helen und ihre Mutter wurden in der Nazizeit eifrige Hitleranhänger und grüssten meinen Vater nicht mehr, wenn sie ihn auf der Strasse trafen. Es war für sie, die verarmten Kleinbürger, die grosse Zeit, die ihren Busen schwellen liess. Knapp nach dem Krieg, bei einem meiner häufigen Besuche in Österreich, packte mich die Lust, bei ihnen vorbeizugehen und an die Tür der Wohnung zu klopfen, wo ich Klavier gespielt hatte. Die alte Dame lebte noch, die Tochter, unverheiratet und jungfräulich, mit ihr. Die Wohnung war muffig. Ich hatte Gebäck aus der Konditorei mitgebracht, und wir tranken gemeinsam Kaffee und plauderten über Schulkolleginnen. Helli zeigte mir eine Mappe mit Fotografien unserer Maturaklasse, wobei ein Blatt auf den Boden fiel. Es war ein grosses Hitlerporträt, das friedlich bei Fotos meiner meist jüdischen Mitschülerinnen gelegen hatte. Nach einer kleinen Verlegenheitspause sagte die Klavierlehrerin: »Aber Lottchen, es war doch unsere grosse Zeit.« »Ja«, sagte ich, »nur hat mein Vater das Pech gehabt, in dieser Zeit vergast zu werden. Ich muss mich jetzt verabschieden.«

In den Sommerferien nach der Matura, die ich also mit Ach und Krach hinter mich gebracht hatte, fuhr ich mit Hermes zum Wandern ins Salzkammergut. Ich sah zum ersten Mal den Hallstättersee, der mir wie Gottes Auge erschien, die Wiesen übersät mit Bergzyklamen, die man sonst am Stefansplatz in Sträussen von alten Blumenverkäuferinnen kaufen konnte und die für mich das wunderbarste Parfüm der Welt hatten. Wie ein Kind lehnte ich mich an meinen Freund an, mit der unschuldigen, tiefen Empfindung, er würde mir nun eine Art Vater und Führer durchs Leben sein, eine Empfindung, der ich mir damals selbst nicht bewusst war. Mein eigener Vater konnte mir dieses Bedürfnis nie erfüllen. Leider kam mir nie der Gedanke, dass auch Hermes der Führung bedurft hätte, um selbstständiger zu werden, und dass eine so anschmiegsame, sich fast unterwerfende und in seinen Augen nicht so attraktive Freundin alles andere als seinem Ideal entsprach. Nun, so war es. Ich musste die Folgen tragen und trug viel zu lange daran.

So wenig echte und gründliche Bildung mir das Gymnasium geboten hatte, so war doch dies und jenes hängen geblieben, vor allem die Lust und Liebe zur Literatur, mein Bildungsdrang. Ohne es mir recht einzugestehen, störte es mich, dass Hermes ewig nur das einseitige und eintönige marxistische Lesefutter in sich hineinschlang. Es genügte nicht, auch wenn es einem Arbeiter hoch anzurechnen war, dass er überhaupt las und sich auf seine Weise weiterbildete. Ich machte zuweilen den Versuch, meinen Freund für irgendeinen Klassiker zu interessieren, las ihm dies und jenes vor. Nichts schlug richtig ein. Nur einmal hatte ich Erfolg, mit Remarques »Im Westen nichts Neues«, das ich ihm von A bis Z vorlas, und mit Feuchtwangers Roman »Die Füchse im Weinberg«. Als in späteren Jahren André Gide in der kommunistischen Partei vorübergehend in Mode kam, schleppte Hermes »Les nourritures terrestres« und andere Bücher herbei, die er dann nie las, wohl aber ich. Es geht mir nicht darum, meinen Jugendfreund herabzusetzen. Freude am Lesen muss man sehr früh vermittelt bekommen, und das war dem Arbeiterjungen, der in jungen Jahren sein Brot verdienen musste und ganz auf die praktische Seite des Lebens verwiesen war, verwehrt. Ich war vielleicht noch armseliger aufgewachsen als er, doch hatte ich die Anstösse erhalten, zu lesen und zu lernen.

Nicht der rechte Mensch für diesen Weg

Zusammenbruch

Ich immatrikulierte mich an der Universität. Natürlich Geschichte. Es war ein Fehlgriff. Der geborene Historiker ist ein Mensch des Details, aber mir fehlte dazu die Lust. Ausserdem war die Wiener Universität gerade in diesem Fach von Deutschnationalen besetzt, welchen – den Professoren wie den Studenten – nur eine Spanne direkt zu den Nazis fehlte. Doch ein falsches Pflichtgefühl hielt mich bei dieser Wahl fest. Daneben hörte ich als zweites Fach Germanistik, dann noch etwas Philosophie und Psychologie. Einer der Germanisten las uns Gedichte von Theodor Storm vor: »Reich von Segen ist die Flur, junge Frau was sinnst du nur?« Ein anderer, eine Art Wotan mit Rauschebart, trug – sich selber mit offensichtlichem Vergnügen zuhörend – mit Donnerstimme sämtliche Dramen von Gerhard Hauptmann vor. Beides war nur mässig anregend. In der Philosophie war der Neukantianismus en vogue. Ich schrieb eifrig mit, verstand aber nur wenig. Lag es daran, dass ich so tief im Marxismus steckte, der mir als die Offenbarung der Offenbarungen erschien? Mir schien die Fähigkeit, andersartige Theorien aufzunehmen, einfach abhanden gekommen. Zu kritischer Wertung war ich völlig ungeschult.

Heute scheint mir, dass die Art, wie wir den Marxismus serviert bekamen, tatsächlich einer Denkblockade gleichkam. Die dialektische Methode verwandelte sich im Handumdrehn in eine scholastische. Zwar hatte der erbitterte Richtungsstreit zwischen den verschiedenen Nuancen des Marxismus stets reale politische Hintergründe, aber eine der Wurzeln gar mancher starrer Haltungen und Fehler in der Beurteilung des Lebens lag auch in unserer katechismusartigen Denkschulung. Wir lasen die Schriften von Marx, Engels und Lenin, später die von Stalin, wie heilige Botschaften, nicht wie wissenschaftliche Texte, die durchaus der Kritik zugänglich sind. Der Hass auf den Trotzkismus, der uns – um nur ein Beispiel zu nennen – eingeimpft wurde, führte uns bereits weit weg von einer vernünftigen Interpretation. Die moderne Gesellschaft ist von der Ökonomie derart beherrscht und durchdrungen, dass die marxistische Theorie uns manchen scharfsinnigen Aufschluss über deren Funktionieren geben konnte. Wie eine Erleuchtung erfasste ich den Begriff des Warenfetischismus. Und manche andere Erkenntnis. Der Marxismus ist humanen Philosophien entsprungen, deren Quell im Wissen liegt, dass die Menschen nicht als Bestien und dumpfe Wesen erschaffen sind, dass ihre Möglichkeiten nur verschüttet sind und ihre sozialen Wege bis anhin in eine Sackgasse geführt haben, aus der sie herauskönnten, wenn sie nur ihre Vernunft und ihre Freiräume nutzen würden. Die Menschen können gut und böse sein, die Ordnung, die sie sich geben, ebenfalls. Es sind jedoch nicht allein die ökonomischen Verhältnisse, die alles Elend bewirken, so enorm wichtig sie bis zum heutigen Tag sind. Über das Wesen von Machtstrukturen, wie sie entstanden und immer von neuem zu Ungerechtigkeit und Unterdrückung führen, ist noch lange nicht das letzte Wort gesprochen.

So begann also mein Irrweg durch die Universität, der mich hin und her und im Kreis herumführte, doch zu keinem Ziel. Ich verabscheute die von den Nazis verseuchte Anstalt und war dort wieder ein Fremdling. Ehrlicherweise muss ich jedoch zugeben, dass andere trotz aller Abneigung für diesen Betrieb den formellen Abschluss, das Doktorat, schafften. Das war in Wien nicht so schwer und kein besonderes Verdienst: man musste nur wissen, welche Bücher zu lesen, welche Vorlesungen unbedingt zu besuchen, welche Seminare und welches Thema für die Abschlussarbeit bei welchem wohlgesinnten Professor auszuwählen waren. Es war im Grunde ein praktisches Problem. Heute frage ich mich erstaunt, warum ich diesen Abschnitt meines Lebens nicht über die Runde gebracht habe. An welchem Punkt meines kindlichen oder jugendlichen Lebens hat denn die Unselbstständigkeit begonnen? Ich war wohl fleissig, gewissenhaft und an geistigen Dingen zutiefst interessiert. Aber ich kam einfach mit dem freien Betrieb der Universität nicht zurecht, der schon vielen Studenten, die keine Dummköpfe waren, zur Falle wurde. Zudem packte mich kein Professor, kein Stoff und kein Thema so stark, dass ich mich von selbst in eine Arbeit hätte hineinwühlen können. Auch die Zerrissenheit meines damaligen Lebens spielte mit. Die politische Situation wurde immer angespannter, und ich warf mich umso intensiver in die politischen Aktivitäten, als mich mein Studium immer weniger befriedigte. Nicht zuletzt zehrte eine Jugendliebe voller Probleme, Spannungen und Kümmernisse an meinen Kräften.

Es kam der Sommer 1929. Unsere Strassendiskussionen mit jungen Sozialdemokraten wurden immer hitziger; einmal wurde mir dabei gar der Arm ausgerenkt. Die Arbeitslosenzahlen stiegen sprunghaft an, und Wien machte einen verwahrlosten, verelendeten Eindruck. In der Stadtbahn, auch eine Leistung des Roten Wien, traf man immer mehr Bettler, junge Menschen, die durch die Wagen schlichen und von Passagier zu Passagier flüsterten: »Bitte nur einen Groschen.« Für einen Groschen erhielt man nichts. Die Krise der Weltwirtschaft hatte das ohnehin am Boden liegende Land mit besonderer Wucht getroffen. Der Gemeindesozialismus, so imponierend seine Taten auch waren, vermochte das Elend kaum zu lindern. Den ausgesteuerten Arbeitslosen, die keine Unterstützung mehr erhielten, half er nur insofern, als sie wenigstens nicht das Dach über dem Kopf verloren. Die Mieten waren streng kontrolliert, der Mieterschutz ein heiliges Recht, mit Bodenspekulation und Mietzinswucher konnte sich niemand bereichern. Es verwundert nicht, dass die Unzufriedenheit unter den Arbeiterinnen und Arbeitern wuchs und der Sozialismus als Befreiung von der bürgerlichen Herrschaft zur Überzeugung breitester Schichten wurde. Das Linzer Programm der Sozialisten wurde im Volk eifrig diskutiert.

Die dreifache Anspannung, die dauernden Aufregungen und meine wenig beglückenden Jugenderlebnisse schädigten meine Gesundheit. So fuhr ich mit einer Freundin und ihrer Mutter für einige Sommerwochen ins Piestingtal zur Erholung. Es war höchste Zeit, ich fühlte eine Unruhe und Müdigkeit in mir, die weit übers normale Mass hinausgingen. Ich konnte nicht mehr schlafen, und bei Diskussionen kippte meine Stimme. Die Warnungen meiner Mutter hatte ich seit eh und je in den Wind geschlagen, wie das eben die Art der Jugend ist. Sie sah die Grenzen meiner Kräfte, ich nicht. Auch unter meinen Freunden merkte niemand, dass ich krank wurde. Hermes am wenigsten.

Mein Bruder Jack brachte mich mit seinem Motorrad in den kleinen Ferienort, wo wir ein Zimmer gemietet hatten. Er fuhr mit neunzig Stundenkilometern, ich sass hinten auf dem Sitz. Das war damals noch neu und ungewöhnlich. Die ersten Tage verbrachte ich ziemlich friedlich mit Spazieren, Ruhen und Lesen. Einmal besuchte mich Hermes ganz kurz und versprach zu schreiben. Neun Tage vergingen, und es kam keine Nachricht von ihm. Ich hörte jeden Abend eine Nachtigall – zum ersten und zum letzten Mal in meinem Leben – und war von Schwermut erfüllt, die ich mir nicht erklären konnte. Ich konnte nicht mehr essen, nicht mehr schlafen, nicht mehr sitzen, nicht stehen, nicht gehen, alles war mir verleidet. Ich fühlte mich schwer krank, ohne zu wissen, was mir fehlte. Ein netter kleiner Nervenzusammenbruch, der – aus später Sicht gesehen – nur natürlich war, hatte ich doch einige Jahre völlig gegen meine Natur gelebt. Irgendwo hatte ich gelesen, dass jemand auf dem rechten Weg, aber nicht der rechte Mensch für diesen Weg sein kann. Ich war es gewiss nicht.

Mein Bruder Jula holte mich zurück nach Wien. Mama war verzweifelt: Ich verlor immer mehr an Gewicht und brachte kaum einen Bissen herunter. Schliesslich rief man einen Arzt. Noch heute denke ich gerne an diesen alten liebenswürdigen Herrn mit seinem schmalen Gesicht und weissen Spitzbärtchen. Er erfasste meine Krankheit und vor allem meine Person sofort. Er tröstete mich, sagte unter Verweis auf meine letztlich gesunde Konstitution, ich müsse mir keine Sorgen machen, verschrieb mir Beruhigungsmittel, die wenig nützten, und empfahl mir, meine Zeit in netter, geistvoller und angenehmer Gesellschaft zu verbringen. Das würde mich erheitern und ablenken. Na ja. Nur, wo hätte ich diese Gesellschaft hernehmen sollen?

Als Rettungsengel tauchte meine Freundin Ida auf, die inzwischen ihren Lungenarzt geheiratet hatte. Sie war Fürsorgerin geworden und übte nun ihren Beruf an ihrer ehemaligen Freundin aus. Ihr Mann untersuchte mich, stellte tatsächlich eine kleine Schädigung der Lungen fest und wies mich – erst einmal zur weiteren Abklärung – in die Baumgartnerhöhe ein, ein Sanatorium für jugendliche Tuberkulosekranke, die von der Gemeinde Wien vorbildlich geführt wurde. Idas Mann war dort Oberarzt, ein Deutschnationaler der Chef. Dieser Chefarzt wies mich als sehr gefährdet sofort in das Sanatorium ein. Vorher sollte ich aber für einige Wochen im Spital Bettruhe haben und richtig aufgepäppelt werden. Es war der erste Spitalaufenthalt meines Lebens. Im Saal lagen etwa zwanzig Patienten, meist Schwerkranke, alte und junge durcheinander. Weit weg von mir, in einem dunklen Winkel, starb eine ältere Frau. Ihr Sohn weinte an ihrem Bett, und die katholischen Schwestern rühmten seine Mutterliebe. Eine andere Patientin, eine Arbeiterfrau, war wegen eines Nervenzusammenbruchs hier. Damals war es noch nicht üblich, die an Nervenleiden erkrankten Patienten in psychiatrische Kliniken einzuweisen, zusammen mit den

Geistesgestörten. Die Medizin war offenbar noch nicht so streng spezialisiert und in gewisser Hinsicht menschlicher. Diese Frau sagte zu mir: »Wir Nervösen sind wie rote Äpfelchen, die innen mürb sind.« Ein junges Ding, nicht älter als siebzehn oder achtzehn, lag mit einem schweren Herzleiden im Bett. Das Mädchen war eine Vollwaise, die bei fremden Bauern aufgewachsen war und sich zu Tode gerackert hatte. Wenn sie still lag, bewegte sich die Bettdecke heftig auf und nieder, krampfartig. Das Herz zuckte. Sie starb buchstäblich an gebrochenem Herzen.

Mama kam mich regelmässig besuchen und brachte nicht nur mir, sondern vor allem der jungen Sterbenden leichte und gute Esswaren mit, Biskuits, die sie selbst gebacken hatte, Trauben, Bananen. Sie hatte mit dem armen Kind fast mehr Erbarmen als mit mir, und ich fühlte wieder, wie gut sie war. Aussprechen konnte ich mich mit ihr nicht, sie hätte die Probleme mit meinem Freund, meinem Studium, meiner politischen Tätigkeit nicht verstanden. So sah sie nur bedrückt zu, wie ich von ihr wegdriftete, weil sie von meinem Leben nichts wusste und verstand. Manchmal, wenn meine Brüder da waren, gab es allerdings auch zuhause politische Gespräche. Ich stritt mit Jack, verteidigte die Diktatur des Proletariats mit schneidenden und logischen Argumenten und sah dabei die Augen von Mama glitzern vor Freude über ihre gescheite Tochter. Sie hielt einfach zu mir.

Die katholischen Schwestern, die mich pflegten, waren charaktervolle Frauen. Schwester Auxilia, ein kleines, scheues Wesen von grosser Güte, verzweifelte fast ob meiner Appetitlosigkeit und fütterte mir das Gemüse und die Kompotte löffelweise ein, indem sie mich zu sich in die Küche nahm. Schwester Eugenia, hoheitsvoll und streng wie ihr Name, beobachtete mit scharfer Aufmerksamkeit die Besuche von Hermes, die immer dann erfolgten, wenn Mama nicht da war. Einmal sagte sie liebevoll-ironisch zu mir: »Das ist ja deine Krankheit.« Auch Gerty, Ida und viele andere Freunde aus dem Jugendverband kamen mich besuchen. Sie standen an meinem Bett, schwatzten mir die Ohren voll mit politisch aufregenden Dingen, keiner ahnte, wie ruhebedürftig ich war. Sie alle strotzten vor Gesundheit, und ich fühlte mich neben ihnen sehr schwach und ohnmächtig. In einer Nacht starb das herzkranke Mädchen in einem schrecklichen Anfall, und während eine Schwester ihr beistand, zog ich mir die Decke über den Kopf, um das Keuchen und Ringen des Erstickens nicht zu hören. Es war nicht die heitere Atmosphäre, die der Privatarzt für mich gewünscht hatte.

Auf der Baumgartnerhöhe war es dann wesentlich anders. Das Kinder- und Jugendsanatorium lag in einem weiten, parkartigen Gelände, war hübsch eingerichtet, hatte eine grosse und gute Bibliothek. Es gab keine Schwerkranken, nur TB-Gefährdete. Eine Woche lang schlief ich allein in einem Zimmer, bis alle Untersuchungen durch waren. Dann kam ich in ein Viererzimmer mit anderen Mädchen. Die Tagesordnung war genau geregelt und angenehm, das Essen üppig und nahrhaft. Um acht Uhr aufstehen, duschen, frühstücken. Dann lagen wir bei jedem Wetter auf einer Veranda, in Decken eingehüllt. Es ging dem Herbst zu. Um halb elf Uhr kam das zweite Frühstück, ein halber Liter Milch, Butterbrot, Käse, Sardinen. Wir wurden gefüttert wie die Mastschweinchen. Um zwölf Uhr dann ein reichliches Mittagessen. Anfangs sass ich ewig bei den Mahlzeiten und würgte Bissen um Bissen herunter. Jede Woche wurden wir auf die Waage gestellt und wetteiferten, wer mehr zunahm. Die täglichen Nachmittagsspaziergänge in der herben Herbstluft, der Tannenduft, der herbstblaue Himmel, die sanften Hügelzüge, wie genoss ich das. Allmählich spürte ich, wie die Lebenskraft zurückkehrte. Natürlich hatte ich auch eine Freundin gefunden, ein jüngeres Mädchen, das sich abends von mir vorlesen und erzählen liess. Der Abend war der schönste Teil des Tages. Wir kuschelten uns in eine Ecke des Wohnzimmers, assen Orangen, für uns eine besondere Delikatesse, und ich fühlte mich zum ersten Mal wieder fast vollkommen froh.

Ausserdem wurden für mich Ausnahmen gemacht. Wenn Ida ihren Mann besuchen kam, durfte ich ins Ärztezimmer, wo es meist Torte mit Schlagsahne gab. Auch konnte ich ungehindert mit Hermes telefonieren. Seine Besuchstage wurden genau eingeteilt und von den Schwestern abgesegnet, nämlich immer dann, wenn nicht offizieller Besuchstag war. Ich war fast übermütig und fröhlich, wenn er da war, und sah in dem weissblau gestreiften, hübschen Anstaltskittelchen ganz nett aus. Ich war rundlicher geworden und hatte eine gute Gesichtsfarbe. Hermes brachte mir immer etwas mit, gekauft von seinem damals sehr kargen Einkommen, und bemühte sich, zärtlich zu sein. Einmal erzählte er mir von einer gemeinsamen Genossin und schwärmte von ihrer Schönheit. Es gab bei mir ein kleines Rucklein der Erkenntnis, und schon war es wieder weg. Gewiss, diese junge Frau war so schön, wie es nur eine unter Hunderten sein konnte. Ich war neidlos und mir meines unsicheren Partners, der die Schönheit so sehr anbetete, völlig sicher. Idas Mann, mein Arzt, deutete mir einmal sehr vorsichtig an, ob ich nicht eine Trennung von meinem Freund ins Auge fassen wolle. Der Hinweis fiel ins Leere. Es war mir unmöglich, es war, als würde man einem Lahmen die Krücken entziehen und ihm – wie Christus in der Bibel – sagen: »Gehe!« Es war aber kein Heiland da, der mir die Kraft zum Alleingehen gegeben hätte. So musste ich weiter auf Krücken gehen.

Auch meine Lehrerin, Frau Doktor Friedmann, versuchte während eines Besuchs vorsichtig, mit mir über meine Probleme zu sprechen. Sie stiess auf Granit; ich wurde immer einsilbiger. Worte hätten mir damals auch nicht helfen können. Ein radikaler Tapetenwechsel, eine Reise ins Ausland, die Fortsetzung des Studiums an einem anderen Ort, das wären Auswege gewesen. Sie waren der aus armer Familie stammenden jungen Frau verstellt. Ich erzähle diese Dinge ohne die geringste Bitterkeit. Ich bedaure nichts. Dass ich in der Jugend so wenig glücklich sein konnte, lag an mir selbst, an den Umständen. Alles in allem hat es das Leben mit mir sehr gut gemeint. Ich wurde von Klippe zu Klippe geschleudert und landete wohlbehalten, nur mit einigen Quetschungen, auf weichem Boden. Anderen ging es schlecht. Mein Hermes ist zu Grunde gegangen, und auf welch böse Art.

Im Sanatorium legte ich an Gewicht zu und gewann mit

fünfzig Kilo endlich die normale Figur eines jungen Mädchens. Die Zeit der Kur benutzte ich, um grössere Lücken in meiner literarischen Bildung zu stopfen. Ich las österreichische Autoren: Wassermann, Schnitzler, Hofmannsthal. Die Bibliothek war – ebenfalls ein Zeichen des Roten Wiens – ausgezeichnet. Ich wurde wieder gesund. Mit einer Einschränkung: Die Schlafstörungen, unter denen ich schon als Kind gelitten hatte, waren geblieben; ich hatte sie ein Leben lang und musste damit fertig werden. Als Kind hatte ich noch fest an meine Kraft geglaubt und bei Ausflügen und kleineren Bergtouren viel Ausdauer an den Tag gelegt. Der Nervenknacks raubte mir den Glauben an meine Stärke und Durchhaltefähigkeit. Das war das negative Ergebnis meines Zusammenbruchs: Ich war nicht mehr stark.

Meine Heimkehr ins Elternhaus hatte Mama liebevoll vorbereitet. Mein kleines Zimmer roch vor Sauberkeit, der Parkettboden glänzte, im Eisenöfchen brannte ein Feuer, die Vorhänge waren gewaschen, ein Kuchen stand auf dem Tisch. Darin äusserten sich wortlos ihre Fürsorglichkeit und der Wille, alles Erdenkliche für mich zu tun. Ich war beschämt und bedrückt. Es ist nicht vergnüglich für einen jungen Menschen, nach einem Zusammenbruch schwach und hilflos nachhause zurückzukehren. Mama hatte ja mit ihren Kassandrarufen Recht behalten. Sie sprach mit keinem Wort davon, nicht damals und nicht später.

Ich besuchte wieder die Vorlesungen an der Uni, übernahm in der KJV hauptsächlich schriftliche Arbeiten, schrieb Artikel, redigierte Texte von anderen und hielt mich von den Abendveranstaltungen im Arbeiterheim ziemlich zurück. Da ich krank gewesen war, machte mir niemand einen Vorwurf, man besuchte mich zuhause. Gerty kam oft. Sie liebte hitzige Diskussionen, doch ich vertrug sie nicht, ermüdete schnell und empfand alles als ein wenig rabulistisch. Natürlich traf ich von Zeit zu Zeit auch meinen Hermes. Er wohnte damals ganz in unserer Nähe, und ich hielt mich oft in seinem Zimmer auf, das er zur Untermiete hatte. Wir arbeiteten wieder gemeinsam, und alles ging so weiter wie zuvor. Nicht einmal machte ich mir Gedanken darüber, dass eine junge Liebe eigentlich wärmer und zärtlicher sein könnte. Die Kraft des Verdrängens ist gewaltig, wenn das Gefühl gebunden ist.

Die Familie, bei der Hermes wohnte, war meinen Eltern bekannt, nur wusste ich das nicht. Aus Sorge um mich begann Mama zu schnüffeln. Eines Tages fand sie ein Zettelchen unter meinem Kopfkissen, aus dem die Art meiner Beziehung zu meinem Freund recht klar hervorging. Mit dem Briefchen in der Hand – es gab in unseren Kreisen keine Scheu, die Korrespondenz der Kinder zu lesen – stürzte sich Mama auf mich und legte, entsetzt wie sie war, los. Sie sparte nicht mit harten, ja vulgären Worten. Ich konnte mich unmöglich auf eine Auseinandersetzung mit ihr einlassen, unmöglich in diesem Ton mit ihr reden und war zutiefst verletzt. Wortlos wartete ich, bis Mama aus dem Zimmer war. Dann packte ich ein Bündel Wäsche und begab mich zu Hermes, der inzwischen in ein Hinterhofzimmer in der Grossen Mohrengasse umgezogen war. Abends kam er nachhause, und ich blieb bei ihm. Ich war zwanzig Jahre alt. Heutzutage gehen viele jungen Menschen früher aus dem Elternhaus. In meiner Zeit war das ungewöhnlich: man blieb zuhause, bis man einen Beruf erlernt hatte oder heiratete. Hermes war weder erfreut noch betrübt über die neue Situation. Er fühlte sich offensichtlich verantwortlich für mich und war, was das betrifft, ein anständiger Bursche. Er hing auch an mir, gewiss. Der Bruch mit Mama schmerzte mich sehr, für sie aber muss ein Teil ihres Lebens eingestürzt sein. Und doch hätte uns im Augenblick niemand aus dieser Verstricktheit erlösen können.

Monatelang hörte ich so gut wie nichts von zuhause. Nur mit meinen Brüdern hatte ich hie und da Kontakt. Jack, der schon längst von zuhause weg und verheiratet war, hatte ein Mädelchen, Sonja. Er lebte in Blumau, einer kleinen Arbeiterstadt im Steinfeld, in einer wüsten Industrielandschaft. Er war Sekretär der sozialdemokratischen Kinderfreunde für das Land Niederösterreich. Materiell ging es ihm, gemessen an uns anderen, recht gut. Sein Leben hatte einen Boden, eine Richtung bekommen, und er wusste stets genau, wo er sich Vorteile holen konnte. An Überzeugung mangelte es ihm nicht, doch war da immer auch ein Körnchen der Fähigkeit, sich an gegebene Verhältnisse anzupassen, sofern sie Aufstiegsmöglichkeiten boten. Jedenfalls war, was Jack tat, nie von Schaden.

Jula, mein anderer Bruder, hatte nur von Zeit zu Zeit Arbeit. Er pflegte eine Freundschaft mit einem Simmeringer Arbeitermädel, einer Vollwaise, und wollte sie heiraten. Sie ging in die Fabrik und war ein nettes, einfaches, hübsches Mädchen. Als Mama von dieser Beziehung erfuhr, gab es Krach. Sie war noch lange nicht so weit, unser Tun und Lassen zu billigen, und verstand nicht, dass Jula kein jüdisches Mädchen gewählt hatte. Aus diesem Grund war auch meine Liebesbeziehung für sie ein Schlag, abgesehen davon, dass sie nicht wusste, wer mein Freund war. Auch Jack hatte übrigens eine Christin geheiratet, eine junge atheistische Sozialdemokratin. Die arme Mama musste sich wie eine Schiffbrüchige vorkommen, der der letzte Rettungsbalken brach. Ihr Zorn sass tief: Jula hatte, da war ich noch zuhause, von einem Unfall im Betrieb am ganzen Arm schwere Quetschwunden davongetragen. Er lag in seinem dunklen Kabinett mit dem Fenster zum Gang, stöhnend und buchstäblich in seinem Blut. Mama war so erbost, dass sie ihm nicht einmal die dringendste Hilfe zuteil werden liess. Ich lief auf die Strasse und telefonierte von einer Zelle aus ins Spital, worauf man Jula mit dem Rettungswagen abholte. Diese gütige und weichherzige Frau konnte auch hart sein. Viel später hat sie uns allen alles verziehen und ist mit uns unseren Weg gegangen, sogar bis zum bitteren Ende.

Ich war nun oft im KJV-Sekretariat in der Pulverturmgasse, um dort mitzuhelfen. Wir alle hatten nicht viel zu knabbern, und so kam es gelegentlich vor, dass wir beim Greisler, wo wir Brot und Butter einkauften, einen Hering oder sonst was mitgehen liessen. Schön war das nicht – der Greisler war kein reicher Mann. Doch wir dachten uns dabei nicht viel, ein bisschen Diebesfreude und Übermut war auch im Spiel. Ich lernte viele junge Menschen kennen, die nicht aus meiner Gruppe stammten. Einer, den ich sehr gut mochte, war Leo Gabler, ein gescheiter, liebenswerter Junge. Er hatte das gutmütige Gesicht eines Bulldoggen und kluge Äuglein darin. Eine Zeit lang war er mit Hedy befreundet, einer fast weissblonden jungen Arbeiterin, dann verliebte er sich in Herma, ein besonders reizendes tschechisches Mädchen. Wir alle waren Mitglieder der KJV-Leitung. 1968 tauchte Herma, aus Prag herkommend, mit ihrer achtzehnjährigen Tochter bei mir in Zürich auf. Sie hatte ein schwieriges, verworrenes Leben hinter sich. Ihr erster Mann Honsa, nach dem in Prag eine Strasse benannt ist, wurde in der Nazizeit hingerichtet. Hedy, Leo und ein Dritter, Fritzl, wurden in Wien enthauptet. Sie hatten versucht, dem Naziregime Widerstand zu leisten, und es mit ihrem jungen Leben bezahlt. Auch Gustl Teply, der eine Zeit lang ernsthaft um mich geworben hatte und mir auch gefiel. Es war ein feiner, sensibler Junge von beweglichem Verstand. Doch hatte damals bereits meine Freundschaft mit Hermes ihren Anfang genommen. Gustl ging mit seiner Freundin Gerty im von den Deutschen besetzten Paris zu Grunde; die Umstände ihres Todes waren besonders grauenhaft und tragisch. Manchmal scheint es mir, als hätte mich ein freundlicher Stern vor alledem bewahrt, was meine engsten Jugendfreunde zu erdulden hatten. Alle diese jungen Männer und Frauen gehörten zur Nachkriegsgeneration der schwachen österreichischen Republik, fast alle lernten Arbeitslosigkeit kennen und das damit verbundene dürftige und entbehrungsreiche Leben. Die meisten waren sehr intelligent, begabt zu hoch qualifizierter Arbeit, zum Studium. Doch Mittelschule und Universität waren fast allen diesen Kindern der Arbeiterklasse verschlossen. Einige von denen, die am Leben blieben, holten nach dem Zweiten Weltkrieg die versäumte Bildung nach.

Zu diesen jungen Leuten in der KJV zählte auch Martin Turner, ein kluger Bursche, der von Beruf Setzer war. Er redete hastig und zwinkerte stets nervös mit den dunklen Augen. Ein bisschen schwärmte er mich an, und wir vertrugen uns gut miteinander. Beide arbeiteten wir an der Redaktion der »Proletarierjugend«. Zur Hitlerzeit geschah Martin vorerst nichts, er war »Arier«, man wusste nicht sehr viel von seiner Vergangenheit, und so konnte er still und geduckt durchhalten. Doch dann wurde sein Schicksal verhängnisvoll in jenes von Hermes verwickelt. Mein Freund erhielt 1942 von Moskau den Auftrag, mit der Untergrundbewegung und der Partei in Österreich Verbindungen herzustellen. Dabei mussten er und eine Gefährtin namens Emilie Boretzky, mit einem Funkgerät ausgerüstet, mit dem Fallschirm abspringen. Dort sollten sie untertauchen und sich als entsprungene Fremdarbeiter aus Estland ausgeben. Was sich damals genau abspielte, habe ich viel, viel später in einem Buch gelesen, das ich aber nur zur Hälfte als vertrauenswürdig erachte. Laut dem Autor wurden Hermes und Emilie von Murmansk aus zuerst über die Nordsee nach England gebracht. Für den Absprung stellte offenbar die Royal Air Force ein Flugzeug zur Verfügung. Bei der Landung im Burgenland, in der Nähe von Wien, wurden die zwei wegen des Motorengeräusches der schwerfälligen, in geringer Höhe kreisenden Maschine entdeckt. Ein Suchtrupp stöberte sie in einem Wäldchen auf und nahm sie gefangen. Sie versuchten nicht einmal, ihre wahre Identität zu verbergen, was ihnen auch schwerlich gelungen wäre. Sie verstanden ja kein Wort Estnisch. Hermes wurde von der Gestapo in Wien schwer gefoltert, kam nachher ins KZ Buchenwald, wurde dort in den Bunker gesteckt und weiter gefoltert. Einige Genossen haben ihn dort gesehen. Er sah miserabel aus und beneidete sie dafür, dass sie »nur« im KZ waren. Zuletzt wurde Hermes einfach mit einem Maschinengewehr über den Haufen geschossen.

Noch heute bin ich entsetzt über die Verantwortungslosigkeit der Leute, die ihn als Agenten ausgeschickt hatten. Hermes verfügte in Österreich über keinerlei Anlaufstellen, keinen Ort, an dem er sich melden, an dem er über die Nacht unterschlüpfen konnte. Die meisten seiner ehemaligen Genossen waren im KZ oder im Exil. Ein Mensch, der kein Österreicher, kein Wiener ist, dort keine Verwandten, keine nützlichen Adressen hat – was hat man denn erwartet? Dass die Nazis nicht draufkommen würden? Es haben noch viele andere auf diese Weise ihr Leben verloren. Meiner Meinung nach waren das leichtfertige Aktionen; diese Menschen sind für nichts umgekommen, denn sie haben nichts leisten können.

Als er in Österreich absprang, besass Hermes nur die Adresse von Martin Turner. Und natürlich hat die Gestapo diese Adresse während der Folter aus ihm herausgequetscht. So wurde auch Martin verhaftet, ein gesundheitlich und nervlich sehr zarter Mensch. Auch er wurde ins berüchtigte Gestapogebäude am Morzinplatz gebracht und dort fast zu Tode gefoltert. Ich habe Martin später in Wien wieder getroffen, gesundheitlich schwer geschädigt, und er erzählte mir, wie es war, als die Gestapo-Schergen seinen Kopf immer wieder an die Wand schlugen. Aber er war Hermes nicht böse, dass er ihn in diese misslungene Aktion reingezogen hatte.

Vom Tod meines Jugendfreundes erfuhr ich 1945 in Zürich, ein Besuch aus Österreich erzählte mir davon. Ich war verheiratet, hatte ein Kind, war glücklich. Der Tod meines Freundes war mir schrecklich. Ich hatte davon geträumt, ihn in Wien wieder zu sehen, hätte ihm alles erdenkliche Gute gewünscht, nicht dieses grausame Ende. Jetzt drängt sich dieses ferne Jugendbild zuweilen in meine Träume. Hermes kommt dann von irgendwoher aus einer weiten unheimlichen Ferne zu mir zurück, und ich bin um seinetwillen immer tief traurig. Diese Träume sind wie aus einer Geisterwelt.

3. Teil

1930–1934

Gute Lehren sind mehr wert als schöne Worte.
Molière, Don Juan

1929 geriet Österreich in den Strudel der Weltwirtschaftskrise, die Arbeitslosigkeit verschärfte sich weiter. Als Reaktion war in Deutschland eine Radikalisierung zu beobachten: Bei den Septemberwahlen 1930 gewannen die Nationalsozialisten und Kommunisten Stimmen auf Kosten der politischen Mitte. Eine gegenteilige Tendenz zeigten die österreichischen Parlamentswahlen vom November 1930: Die Wählerschaft entschied sich gegen die politischen Extreme. Die Sozialdemokratie wurde erstmals seit 1920 wieder zur stärksten Partei, und die bürgerlichen Parteien orientierten sich vermehrt zur politischen Mitte hin. Gleichzeitig verabschiedete sich die KPÖ allmählich von der »Sozialfaschismus«-Theorie und warb intensiver um sozialdemokratische Arbeiterinnen und Arbeiter.

In den folgenden Jahren wurde die Nazi-Bewegung immer stärker. Im Sommer 1932 lancierte die KPÖ die überparteiliche »Antifaschistische Aktionseinheit«, deren hautsächliche Stossrichtung im Abwehrkampf gegen den Nationalsozialismus lag. Im Oktober 1932 konnte Adolf Hitler mit einem Einreiseverbot daran gehindert werden, am Parteitag des österreichischen Gaus der NSDAP teilzunehmen. Dieser Erfolg wurde allerdings durch die Tatsache geschmälert, dass die Abschlussveranstaltung des Parteitages, an der Goebbels und Göring als Redner auftraten, mehr Publikum zu mobilisieren wusste als die antifaschistische Gegenveranstaltung.

1932 wurde Engelbert Dollfuss Bundeskanzler und Aussenminister Österreichs. Er war Anhänger einer ständestaatlich-autoritären Staatstheorie, die nicht mehr politische Parteien, sondern als Stände wirkende wirtschaftliche Interessenvertretungen als Machtträger vorsah. Im März 1933 lieferte ihm eine Parlamentskrise die Handhabe, um die ihm verhasste Volksvertretung aufzulösen und eine »Diktatur à la Mussolini« zu errichten. Fortan war der antifaschistische Kampf primär darauf ausgerichtet, die abgeschafften Freiheitsrechte wieder zu etablieren und der Koalitionsregierung aus Christlichsozialen, Landbund und Heimwehr ein Ende zu setzen. Unter dem Dollfussregime begann die Verfolgung und Unterdrückung der Arbeiterbewegung, deren vorläufiger Höhepunkt im Mai 1933 das Verbot der KPÖ war.

Am 12. Februar 1934 holte der Austrofaschismus zum endgültigen Schlag gegen die Arbeiterbewegung aus: Dem Regime gelang es, die vom Schutzbund angeführten Volksaufstände gegen die Abschaffung der Demokratie niederzuschlagen und alle Parteien zu verbieten. Diese Niederlage bedeutete auch das Scheitern des legalistischen Weges der Sozialdemokratie. Der kleinen österreichischen KP konnte man – im Unterschied zur Situation in Deutschland – nur sehr bedingt eine Mitschuld an der Katastrophe geben. Der marxistische Theoretiker und SPÖ-Führer Otto Bauer schrieb am 19. Februar 1934 selbstkritisch aus seinem Exil in Bratislava: »Wir hätten am 15. März 1933« – gemeint ist die Auflösung des Parlaments – »mit dem Generalstreik antworten können. Nie waren die Bedingungen für einen erfolgreichen Kampf so günstig wie an jenem Tage. (...) Damals hätten wir vielleicht siegen können. Aber wir sind damals vor dem Kampf ausgewichen, weil wir dem Lande die Katastrophe eines blutigen Bürgerkrieges ersparen wollten. Der Bürgerkrieg ist elf Monate später trotzdem ausgebrochen. Es war ein Fehler – der verhängnisvollste unserer Fehler.«

Die **Sowjetunion** der 30er Jahre war geprägt von riesigen Anstrengungen zur Industrialisierung des Landes und – begleitet von gewaltsamen Enteignungen und einer Kampagne gegen die Kulaken (Grossgrundbesitzer) – zur Kollektivierung der Landwirtschaft. Die katastrophale Wirtschafts- und Sozialpolitik des Regimes führte zu einer Lebensmittelverknappung in den Städten und zu einer Hungersnot auf dem Lande, die Millionen Menschenleben forderte.

Der stalinistische Repressionsapparat begann sich, abgestützt auf das 1934 gebildete »Volkskommissariat des Innern« (NKWD), definitiv durchzusetzen. Die kommunistischen Parteien der verschiedenen

Länder wurden mit der Theorie der »Generallinie«, die sich im Verlauf der 20er Jahre herausbildete, zusehends ihrer Autonomie beraubt, die gesamte Komintern mit den russischen Apparaten gleichgeschaltet.

Die Worte »Säuberung« und »Überprüfung« seien aus der Geschichte der russischen Partei nicht mehr wegzudenken, schreibt der Schweizer Historiker Peter Huber. Für die Ausschaltung der Opposition um Trotzki und Sinowjew und die Verfolgung so genannt »parteischädigender Elemente«, »trotzkistischer Verschwörer« oder »Rechtsabweichler« griff Stalins Regime zu Methoden wie Zwangsdeportationen, Verhaftungen, Erschiessungen und Straflager. Die Gesellschaft der Sowjetunion der 30er Jahre war gezeichnet von Denunziation und Angst. Stalins persönliche Vorrangstellung und der damit einhergehende Personenkult war allgegenwärtig. »Das Genie Stalin«, »Feldmarschall der Revolution«, »geliebter Führer«, »der Grösste aller Theoretiker«, »wie Stalin sagt« – Phrasen wie diese beherrschten den öffentlichen Diskurs und die Diskussionskultur innerhalb der kommunistischen Bewegung. Das »Arbeiterparadies« entwickelte sich in dieser Phase immer stärker zu einem »Volksgefängnis« und Terrorsystem.

Ein aus dem Nest gefallener Vogel
Leben im Land der Träume

Hermes, den wir damals Konrad nannten, weil das Leben in Österreich ohne Papiere einen Decknamen erforderte, geriet in eine Krise. Als guter Organisator tat er alles nur Mögliche, um den Jugendverband zu stärken, um Einfluss unter der Arbeiterjugend zu gewinnen. Wir kamen nicht vorwärts. Aus der Sowjetunion tauchte Friedl Fürnberg auf, der in der kommunistischen Jugendinternationale führend war, und besah sich die Sache. Friedl, geistreich und schlagfertig, war um einige Jahre älter als die meisten von uns. Des Pudels Kern war, dass die kommunistischen Ideen nur in einigen wenigen Ländern Europas – in Frankreich, Italien, Deutschland – Wurzeln gefasst hatten. In einigen hatten sie zur Spaltung der Arbeiterbewegung geführt, in anderen nur Minderheiten für sich gewinnen können. Diese Minderheiten waren sehr aktiv, doch kamen sie nicht vom Fleck. In einer solchen Situation waren wir in Österreich. Doch diskutierten wir sehr viel über den so genannten subjektiven Faktor, das heisst über die Möglichkeit, durch eigene Anstrengungen Einfluss zu gewinnen. Dadurch wurde unsere Aktivität immer hektischer, aber sie brachte uns kaum denjenigen näher, die wir beeinflussen wollten. Was uns trotzdem Bedeutung verlieh, war die grosse Sowjetunion, das Vaterland der Werktätigen in unserem Rücken. Wir dachten und fühlten alle als Internationalisten. Es wäre uns nicht im Traum eingefallen, dass wir allmählich ins Fahrwasser einer grossen Nation geraten könnten. Die Sowjetunion selbst verkörperte für uns keinen Nationalstaat; sie stand stellvertretend für alle Unterdrückten der Welt.

Schliesslich kam ein weiterer Abgesandter von Moskau, um sich mit der engsten Leitung der KP und wohl auch mit Hermes allein auszusprechen. Hermes sollte abgelöst werden, für einige Zeit nach Moskau fahren und dort in der Jugendinternationale mitarbeiten. Ich fühlte, dass mein Freund deprimiert war, fand aber die Ursache nicht heraus, weil er sich verschloss. Diese Abberufung, die ich als Ehre empfand, erlebte er als Niederlage. Hermes fuhr im Sommer 1930 nach Moskau, und wir vereinbarten, dass ich vorderhand in Wien bleiben und weiterstudieren sollte. Ich hatte mein kleines Stipendium, und er wollte mir einen kleinen Zuschuss schicken. Die letzten Wochen miteinander in der Grossen Mohrengasse waren eine gute Zeit in unserer persönlichen Beziehung. Vielleicht brauchte auch Hermes ein wenig Halt und lehnte sich fester an mich. In der Partei hatte sich eine Opposition gebildet, die sich um Willi Schlamm scharte und nach rechts tendierte. So jedenfalls wurde sie taxiert. Die Auseinandersetzung ging in der Hauptsache um die Prognose der politischen Entwicklung und die Strategie, die sich daraus ergab. Würde bald ein revolutionärer Aufschwung eintreten oder müsste man sich auf eine lange Periode kleiner, schrittweise weiterführender Kämpfe und auf die Zusammenarbeit mit der Sozialdemokratie vorbereiten? Die »Rechten« wurden ausgeschlossen, und mit ihnen auch Genossen, die treu zur Partei hielten.

Am VII. Weltkongress der Kommunistischen Internationale, die vom Geist Dimitroffs inspiriert war, sollte sich herausstellen, dass die »Rechten« nicht in allem Unrecht und sogar in vielem Recht hatten. Das war 1935, als Hitler bereits zwei Jahre an der Macht war. Die Schuld ist gewöhnlich nicht nur auf einer Seite zu finden. Wir hatten gesündigt durch unsere Verketzerung der Sozialdemokratie als »sozialfaschistisch«, was ein absurder Ausdruck war und vom Unverständnis der russischen, von Stalin geprägten KP für europäische Verhältnisse herrührte. Die Sozialdemokratie sündigte durch ihre Nachgiebigkeit und den mangelnden Kampfwillen gegenüber einem skrupellosen Gegner, der zu allen brutalen Mitteln bereit war.

Diese Konflikte griffen in mein ganz persönliches Leben ein. Meine Freundin Gerty Schindel lebte damals mit Anton Reisinger, genannt Tondo, zusammen, einem typischen Wiener Arbeiter und tüchtigen Mechaniker. Reisinger schloss sich, aus einem instinktiven Gefühl für die Realität, der »rechten« Gruppe an. Man nannte das in unserer Partei

»opportunistisch«. Einige aus dieser Gruppe opferten später ihr Leben im Widerstandskampf. Willi Schlamm allerdings entwickelte sich tatsächlich zu einem wilden Antikommunisten und fiel in dieser Rolle in den Jahren des Kalten Krieges beträchtlich auf. Mein Freund Hermes pflegte mich manchmal ein »unpolitisches Dingerl« zu nennen. Diese »Unpolitik« bestand darin, dass ich mir das Gefühl für Menschen und deren Qualitäten nicht von momentanen politischen Richtungen, die ohnehin wechselten, verwirren liess. Ich liebte Gerty, schätzte ihren Freund und verkehrte weiter mit ihnen. Auch Gerty wurde aus dem KJV ausgeschlossen, als ihr Freund aus der Partei flog. Man hatte sie nicht einmal um ihre Meinung befragt.

Am Tag der Abreise begleitete ich Hermes zum Bahnhof. Wir wussten nicht, wann wir uns wieder sehen würden, und der Abschied fiel uns beiden schwer. In dem Hinterzimmer an der Grossen Mohrengasse hatten wir zusammen gelebt, uns oft spät in der Nacht nach anstrengender Arbeit in dieses Refugium begeben, mehr als bescheiden gegessen. Für die Jugend von heute ist es wohl schwer vorstellbar, mit wie wenig Mitteln wir auskamen, ohne eigentlich etwas zu entbehren. Baden an den Donauauen, was nichts kostete, zu Fuss hin und zurück in der prallen Sommersonne und den Staub der Strasse schluckend. Hie und da ein Kinobesuch, weiter nichts. Doch wir hatten unsere Arbeit, einen Sinn, ein Ziel. Nun musste ich dieses Leben ohne meinen Freund weiterführen. Der Zug fuhr ab, ich blieb zurück. Nicht unglücklich, nein, es war anders: Ich hatte das Gefühl, als gehöre jeder Zentimeter meines Körpers gar nicht mir, als wäre ich noch er. Es war schmerzhaft.

Ich zog aus der Grossen Mohrengasse aus zu einer Kameradin aus der Volksschulzeit, die eine Stelle in einer Blusenfabrik hatte. Ihre Mutter, die an einem unheilbaren Gehirntumor litt, hatte sich aus dem Toilettenfenster im dritten Stock zu Tode gestürzt. Die Tochter blieb allein in der Wohnung zurück und nahm mich als Untermieterin auf. Inzwischen hatte ich gehört, dass meine Mutter an Diabetes erkrankt war, und wollte nicht mehr lange warten, um sie zu besuchen. Mit einem Blumenstrauss tauchte ich wieder in der Adambergergasse auf und war bestürzt über Mamas Aussehen. Sie war ganz dünn geworden, ihre Gesichtszüge waren müde und vergrämt. Wir sprachen kein Wort über das Vergangene. Ich erzählte ihr nur kurz, dass mein Freund in Moskau sei, für mich aufkomme, und dass ich vorläufig weiterstudiere. Nach einigen Monaten kehrte ich wieder nachhause zurück. Papa äusserte sich, wie gewohnt, überhaupt nicht, nahm alles tolerant und etwas gleichgültig hin.

Ich blieb nicht mehr lange in Wien. Als ich hörte, dass meine Freundin Gerty nach Moskau fahren wollte, zu ihrem Freund Reisinger, war auch mein Entschluss gefasst. Tondo war mit einem Ingenieur namens Wögerer gereist, einem ehemaligen Parteimitglied, der eine Erfindung gemacht hatte, die er den Russen zur Verfügung stellen wollte. Um diese Erfindung lag ein Schleier der Verschwiegenheit. Ich hörte nur wispern, es würde in der Wallstreet einen schwarzen Tag geben, falls sie in die Realität umgesetzt würde. Ob es sich darum handelte, Gold synthetisch herzustellen, weiss ich nicht – etwas von einem Hexeneinmaleins schwang jedenfalls mit. Wögerer hatte sich ausbedungen, seine eigene Equipe mitzunehmen. Damals war die Ein- und Ausreise einzelner Personen nach und von Russland noch ziemlich liberal. Ein Visum war nicht so schwer zu bekommen, und es schien auch keine Rolle zu spielen, dass einige der Reisebegleiter Wögerers aus der Partei ausgeschlossen waren.

Während mein Gesuch um ein Einreisevisum lief, meldete ich mich an der Universität ab und verlor damit automatisch mein Stipendium. Dann suchte ich mir jemanden, mit dem ich Russisch lernen konnte. Mit Hilfe der Partei fand ich einen jungen politischen Emigranten aus Kschinew in Karpathorussland. Diese Weltgegend wurde nach dem Zweiten Weltkrieg russisch, damals gehörte sie noch zu Rumänien. Bei Jascha erlernte ich das kyrillische Alphabet und eignete mir die ersten Russischkenntnisse an, allerdings mehr autodidaktisch, denn Jascha war wenig geschickt im Unterrichten. Mama rüstete mich in aller Liebe für die Reise nach Moskau aus. Ich hatte keinen Koffer und bekam einen alten, recht schäbigen von Hertas Mutter geschenkt. »Siehst du, wie bescheiden man sein kann. Bei dir muss alles das Teuerste sein und zusammenpassen«, war Frau Breuers Kommentar gegenüber ihrer Tochter. Mir waren Koffer und dergleichen Dinge tatsächlich gleichgültig. Nur auf nette Kleider legte ich Wert, denn ich wollte ja Hermes gefallen. Nur sollte ich da eine schmerzliche und unerwartete Erfahrung machen.

Im Juli 1931 brach ich mit Gerty auf in das Land unserer Träume. Die Reise war lang, zwei Tage und zwei Nächte. Die Grenzstation war damals noch Negoreloje, das nach der Teilung Polens 1939 an Russland fiel und seit dem Verschieben der polnischen Grenze nach dem Westen 1945 zum tiefen Russland gehört. Als sich der Zug langsam der Grenze näherte, klopften unsere Herzen, und als wir den hölzernen Triumphbogen erblickten, durch den er hindurchrollte, waren wir vor Enthusiasmus ausser uns. Auf der einen Seite des Bogens stand in russischer Sprache: »Proletarier aller Länder vereinigt euch»; auf der anderen: »Der Kommunismus überschreitet alle Grenzen«. Wir lehnten uns aus dem Zugfenster und wurden fast verrückt vor Freude, als wir die ersten Rotarmisten mit geschultertem Gewehr entdeckten, in ihren fusslangen glockigen Mänteln, die in der Hüfte fest gegürtet waren. Wir stiessen ein Willkommengeschrei aus und winkten ihnen wie besessen zu, doch sie blickten uns starr und unbewegt an.

Wir mussten aussteigen, die Grenzkontrolle passieren und das Bahngeleise wechseln. Auch die Bahnhofshalle in Negoreloje war mit Sprüchen und Bildern geschmückt. Da sich mein Kunstverständnis trotz Gymnasium und Hochschule in recht embryonalem Zustand befand, gefielen mir diese etwas steifen und naiven Gemälde, die emporgereckten Hände mit Sträussen und Fahnen, die verzückten Gesichter und Augen, die in eine unerreichbare Ferne zu blicken schienen. Im russischen Waggon, nach der langen Reise, meldete sich der Hunger. Unser Proviant war aufgezehrt, und wir hatten kein russisches Geld. Ein freundlicher älterer Herr, der merkte, dass wir nichts zu Essen hatten, führte uns in den Speisewagen, wo es allerdings auch nicht viel gab. Wir tranken auf seine Kosten heissen, süssen Tee, so viel wir wollten, und assen einige trockene Biscuits dazu.

Noch eine Nacht mussten wir auf den harten Bänken schlafen. Gegen Mittag des folgenden Tages gelangten wir nach Moskau. Reisinger wartete mit einem Blumenstrauss auf dem Bahngeleise und empfing Gerty auf das Liebevollste. Auch Hermes war dort, der meine beiden »opportunistischen« Freunde keines Blickes würdigte. Mein Herz krampfte sich zusammen, ja auf einmal sehr traurig wurde ich, als ich den Blick bemerkte, den mein Freund auf meinen armseligen Koffer warf. Noch heute sinniere ich manchmal darüber nach, woher dieser Arbeiterbub, damals ein junger Mann von vierundzwanzig Jahren, sein Verständnis von Luxus und Eleganz hernahm. Im Sommer 1930 hatte ich zwei Wochen bei seiner Mutter in Odrau verbracht. Antonia Köhler, eine wunderbare, kleine und rundliche Frau mit schönen Gesichtszügen, mochte damals um die sechzig gewesen sein, aber natürlich kam sie mir sehr alt und wie eine richtige Grossmutter vor. Sie war von überaus heiterem Temperament und arbeitete immer noch ihren vollen Arbeitstag in der Textilfabrik des Ortes. Ihre älteste Tochter war in die Vereinigten Staaten emigriert und dort gestorben. Von ihrem zweitältesten, in die Sowjetunion ausgewanderten Sohn Oskar hörte sie nur noch selten. Er wurde später unter Stalin in die Verbannung geschickt, kam aber nach dem Krieg wieder in die Tschechoslowakei zurück, um dann mit allen Sudetendeutschen, auch jenen mit entschieden antifaschistischer Gesinnung, nach Deutschland ausgewiesen zu werden. Nur Sohn Karl, mit einer Tschechin verheiratet und Vater eines zauberhaften Bübchens, lebte ebenfalls in Odrau. Später verliess auch er das Städtchen, verbrachte den Zweiten Weltkrieg in Wien und liess sich dann in Hannover nieder.

Mutter Köhler blieb allein in Odrau zurück. Da ihr Sohn Hermann, mein Hermes, im Widerstand gegen den Hitlerfaschismus umgekommen war, durfte sie, die alte Frau, als besondere Ausnahme in Odrau bleiben. Das Städtchen, das vorher rein deutschsprachig war, wurde von tschechischer

Bevölkerung besiedelt. Antonia verbrachte ihr hohes Alter ohne irgendeines ihrer Kinder um sich herum, ohne Freunde unter ihren fremdsprachigen Mitmenschen, völlig einsam und verlassen. Doch war sie von unverwüstlichem Gemüt. Sie erzählte mir oft, wie in der Fabrik die jungen Mädchen zu ihr kamen, um sich von ihr trösten zu lassen. Auch mich hatte Mutter Köhler liebevoll aufgenommen. Ich schlief mit ihr in dem kleinen, freundlichen Stübchen in ihrem winzigen Häuschen. Nur das Notwendigste stand darin: ihr Bett, ein schmales Sofa, ein runder Tisch, einige Stühle, ein Schrank. Doch überall blickte Grün herein, man hörte die Vögel und vor allem das sehr laute Tick-Tack einer Wanduhr. Nachts störte es mich derart, dass ich aufstand und den Perpendikel anhielt. Sofort erwachte Mutter Köhler aus ihrem guten Schlaf und stellte die Uhr wieder an, seufzend, dass so was seit Jahren nicht passiert sei. Das wiederholte sich noch zweimal, und jedesmal erwachte sie. Ich erzählte ihr meinen Streich und übernachtete von da an auf dem Heuboden, wo noch ein Bett stand. Nur war es da im Sommer sehr heiss.

Mutter Köhlers Mann war ein Trinker, der früh starb. So schleppte sie ihre fünf Kinder alleine durch. Die Verhältnisse, in denen Hermes aufgewachsen war, waren also sehr schlicht und voller Entbehrungen. Dennoch wuchs in ihm, der schon während seiner illegalen Arbeit für die OMS mit vielerlei Menschen zusammengekommen war, der Sinn für verfeinerte Lebensart, wenigstens was die Äusserlichkeiten betraf. Und so kam es, dass er meinen Mangel an Eleganz, den ich bis dahin in aller Unschuld nicht gespürt hatte, kritisch vermerkte. Doch war auch das nur ein Symptom für eine tiefer liegende Ablehnung, die ich immer noch nicht bewusst zur Kenntnis nahm. So war der Empfang alles andere als erwartet. Die Trennung hatte ein seelisches Loch gerissen.

Wir fuhren mit einem rumpelnden Trolleybus vom Bahnhof eine lange, endlose Chaussee entlang, die in die Twerskaja, die spätere Gorkistrasse, mündete. Es gab mir einen schweren Ruck im Innern, ich hätte heulen können. Der kühle Empfang, und dazu eine Welt, so eine fremde Welt, die mich mit Wucht überfiel. Niedrige, grelle und hässliche Häuser, alles überhaupt grell, schreiend, klobig, dumpf, schwer. Ich verspürte den Wechsel in eine andere Kultur wie eine Zerreissprobe. Moskau war nicht das Moskau von heute, das mit seinen breiten Strassen, hohen Häusern und Bäumen, modern und doch nicht so chaotisch wie viele der heutigen europäischen Städte, die zwar schöne Innenkerne behalten haben, doch infolge des Baubooms am Rand in erschreckend ungestaltete, herzlose Agglomerationen ausgewuchert sind. Moskau baute damals fast keine Wohnungen. Die Bedürfnisse der Bevölkerung wurden schlecht und recht befriedigt, indem man die grossen Wohnungen der alten Kaufmannshäuser, des besseren Bürgertums, in einzelne Zimmer unterteilte und mehrere Familien hineinsetzte. Ich war in vielen solchen Wohnungen, in denen man Küche, Toilette und Bad, falls es eines gab, gemeinsam benutzte und die riesengrossen Zimmer durch quergestellte Schränke in ein Schlaf- und ein Wohnabteil trennte. Eine Wohnung für sich allein zu haben, war der Gipfel des Komforts und nur wenigen, hauptsächlich höheren Partei- und Regierungsangestellten vorbehalten.

Ich kam in das alte, uralte Moskau von Mütterchen Russland, und es flösste mir vom ersten Augenblick an Angst ein. Zu gross war auch die enttäuschte Erwartung. Von der politischen Agitation her hatte ich eine Art überdimensioniertes Rotes Wien erhofft, und nun war alles so anders. Das Land begann sich eben von den fürchterlichen Verlusten des Bürgerkriegs zu erholen, der erste Fünfjahresplan lief an, die ganze produktive Energie war auf die Schwerindustrie gerichtet. Später liebte ich dieses alte Moskau wegen seiner einmaligen Mischung von östlicher Farbigkeit und barbarischem, doch unwiderstehlich anziehendem Russentum. Ich hatte für manches Viertel und manche Strassen eine besondere Vorliebe, streifte gerne am Kusnetzkymost und bei den Kremlmauern umher. Der Kreml, der heutzutage allen Touristen offen ist, war damals hermetisch abgeschlossen. Nur selten, mit irgendeiner Delegation, der man sich anschloss, konnte man einen Blick in dieses geheimnisvolle Innere, wo die Herrgottsobersten hausten, werfen.

Wir kamen im Hotel Lux in der Twerskaja Nummer 36 an, wo alle Angestellten der Kommunistischen Internationale in Einzelzimmern wohnten. Es wurde streng bewacht, und jeder, der Zugang hatte, wurde kontrolliert. Hermes verfügte über ein ziemlich grosses, helles Zimmer mit zwei der Strasse zugewandten Fenstern und den nötigsten Möbeln. Ich war ausgehungert. Mein Freund teilte mir mürrisch mit, es sei nichts da; wir müssten bis zum Abend warten, dann bekämen wir in der Stolowaja, in der Kantine, Abendessen. Kein Tee, kein Krümel Brot, kein Zucker. Ich wusste ja noch nicht, in welcher Lage sich das russische Volk befand und wie unerhört privilegiert wir in Wien demgegenüber waren. Und doch: Wer sich anstrengte, war durchaus im Stande, sich etwas zu beschaffen. Hermes wäre es zweifellos möglich gewesen, mich nach der langen Reise mit mehr Aufmerksamkeit zu empfangen. Franz Quittner und seine Frau Genia, die als ausländische Spezialisten in Moskau lebten, hätten ihm von ihrer überreichlichen Ration gerne etwas abgetreten – Tee, Zucker, Milch, Brot, Butter und vieles mehr. Anfangs hatten die beiden aus Idealismus versucht, auf ihre Privilegien zu verzichten und mit der normalen Ration der Russen zu existieren. Es war unmöglich. Sie mussten etwas beschämt das Büchlein für Ausländer verlangen, mit dem man im ehemaligen Delikatessengeschäft Jelissejew, nicht weit vom Lux, alles in Hülle und Fülle einkaufen konnte. Sie wären sonst verhungert. Wie nur schafften es die Russinnen und Russen? Schlecht. Dennoch hatten die Einheimischen es ein wenig leichter als die Fremden, sich irgendwie durchzuschlagen. Das russische Volk litt schwere Not, war aber harte Entbehrungen besser gewohnt und hielt gesundheitlich besser durch als wir verzärtelten Westler.

Von da an war ich ein aus dem Nest gefallener Vogel, für den die Rückkehr versperrt war und den kein neues Nest mit Wärme aufnahm. Die Trennung von meinem Freund hatte unserer ohnehin fragwürdigen Beziehung nicht gut getan. Hermes war im Lux, wo viele junge Frauen der verschiedensten Nationen wohnten, umschwärmt wie eh und je. Er hatte sein männliches Selbstbewusstsein längst gestärkt. Ich merkte, dass einige Skandinavierinnen mir böse Gesichter machten. Frauensolidarität wurde damals recht klein geschrieben, wenn es um das Männchen ging. Friedl Fürnberg, der auf der Hochschule für Rote Professur studierte, guckte für einen Moment zu uns herein, auch ein junger slowakischer Genosse. Sie sahen mich beide flüchtig an, um sich mit Hermes in ein Gespräch zu vertiefen, ohne von meiner Gegenwart weiter Notiz zu nehmen. Ich verehrte Friedl Fürnberg zu jener Zeit sehr, hatte einen eminenten Respekt vor seiner Intelligenz, seinem marxistischen Wissen, seiner politischen Klugheit. Seine Entwicklung als Intellektueller habe ich noch während Jahrzehnten verfolgen können. In meinen reiferen Jahren bin ich zum Urteil gekommen, dass er zu jenen Menschen gehört, die an einmal gefassten Ideen treu festhalten, ohne jene umfassende Bildung und geistige Beweglichkeit zu besitzen, die neue Horizonte öffnen. Er war ein liebenswerter und anständiger Mensch und setzte sich für die von Stalin Verfolgten wiederholt ein, ohne aber je in eine Sinnkrise zu geraten. Für ihn ist die Welt einfach geblieben.

In der ersten Nacht in Moskau erlebte ich im Hotel Lux die Adambergergasse meiner frühen Kindheit. Wanzen. Wir schoben das einzige Bett in die Mitte des Zimmers und machten das Licht an. Die Wanzen hatten sich in dichter Kolonne und lang ausgezogener Reihe auf dem Plafond formiert, bereit, sich auf unsere Körper zu stürzen. Es war jede Nacht das Gleiche. Hermes und ich nahmen nun gemeinsam Russischstunden. Ein Fräulein wie aus dem vorigen Jahrhundert, ältlich und zart, mit einem komischen Hütchen auf dem Kopf, unterrichtete uns. Ich weiss nicht, ob sie Kommunistin war. Leider war sie keine besonders gute Lehrerin, und wir kamen nicht recht vorwärts. Hermes arbeitete tagsüber für die Kommunistische Jugendinternationale, die ihren Sitz im Gebäude der Komintern hatte. Bei einigen Gelegenheiten kam ich auch in dieses Gebäude, das noch viel strenger überwacht war als das Lux.

Ich sah mich in Moskau um und verbrachte meine Zeit vor

allem mit meiner Freundin Gerty und ihrem Tondo. Ihr Heim wurde mir das wahre Zuhause. Sie hatten zwei hübsche, helle Zimmer in einer grösseren Wohnung, die sie mit dem Ingenieur Wögerer und dessen Frau sowie einem weiteren Ehepaar teilten, das ebenfalls aus der österreichischen KP ausgeschlossen worden war. Die Wohnung war, selbst gemessen an westlichem Standard, sehr freundlich und komfortabel. Hier fand ich die Herzlichkeit und Wärme, die ich im Lux so sehr vermisste. Hermes sah es gar nicht gern, dass ich mit Gerty derart rege in Kontakt stand. »Gehst du schon wieder zu den Opportunisten?«, war sein Tenor. In dieser einen und einzigen Frage liess ich es immer wieder auf eine Auseinandersetzung ankommen. Ich beharrte darauf, dass mir meine Freunde als Menschen wichtig und zudem gute Genossen seien.

Die Zukunft hat mir Recht gegeben. Reisinger ist im Kampf gegen Hitler umgekommen, und Gertys Leben war eine einzige Hingabe an den Kommunismus und den österreichischen Widerstand. Es hat nicht viele gegeben, die – bereits in der relativ sicheren Emigration in Frankreich – nach Österreich zurückkehrten, um dort zu kämpfen. Sie reiste, inzwischen getrennt von Reisinger, mit ihrem zweiten Mann René Hayek als französische Fremdarbeiter getarnt nach Österreich. Dort kam ihr Sohn Robert[20] zur Welt. Gerty und René wurden von der Gestapo verhaftet, als der Kleine kaum halbjährig war. Das Wagestück war misslungen, das Risiko ungeheuer gewesen. René Hayek wurde enthauptet, und vor seinem Tod bezeugten ihm selbst die Schergen Bewunderung für seinen Mut, den sie einem Juden nicht zugetraut hätten. Gerty wurde ihr Kind von der Brust weggenommen, und es war ein unwahrscheinliches Wunder, dass sie es wieder fand. Schon während der Dollfuss-Schuschnigg-Zeit war Gerty über ein Jahr in Wiener Gefängnissen gesessen. Jetzt kam sie auf dem Weg über diese Gefängnisse ins Lager Ravensbrück. In der sogenannten »Lisl«, dem Gefängnis auf der Elisabethpromenade, in dem Dutzende meiner Freunde eingekerkert waren, begegnete sie einer sozialdemokratischen Gefängnisaufseherin, die sie von früher kannte. Die

Nazis hatten ja den ganzen österreichischen Polizeiapparat, fast wie er war, übernommen. Sie vertraute der Frau ihre Geschichte an, erzählte von ihrem kleinen Sohn und bat sie, seine Spur zu verfolgen. Die Frau entdeckte den kleinen Robert in einer Sammelstelle für Kinder, die man den verhafteten Frauen abgenommen hatte. Es war knapp ein Jahr vor Kriegsende, das noch mit Muttermilch genährte Kind hatte fast ein Jahr lang unter grauenhaftesten Bedingungen durchgehalten. Nach dem Krieg erhielt ich einen Brief von Gerty, worin sie mir ihre eigene Rettung mitteilte. »Hoffentlich finde ich auch mein Kind wieder.« Gerty war von der kommunistischen Organisation im Lager gerettet worden. Man hatte sie in eine Gruppe von französischen Widerstandskämpferinnen hineingeschmuggelt, die im Austausch für Nazi-Kriegsgefangene nach Schweden ausreisen durfte. Später bekam ich dann ein weiteres Telegramm: »Ich habe meinen Sohn gefunden und fliege nach Paris.« Robert war von der braven Aufseherin gleich nach Kriegsende aus dem Kinderlager herausgenommen und zu einer Arbeiterfamilie in Pflege verbracht worden. So grauenhaft die automatenhafte Präzision und der preussische Ordnungssinn der Hitlerfaschisten selbst beim Morden waren, in diesem wie in manchen anderen Fällen erleichterten ihre Namenslisten und Angaben das Auffinden verlorener Menschen. Weichheit und Güte waren in Gerty mit Kraft und Mut gepaart. Sie hat sich auch später nicht verändert, nicht in diesen Grundzügen ihres Wesens. Nur verlor sie im Lauf der Jahre und der Ereignisse etwas von der geistigen Intoleranz, die mehr der starren Doktrin unserer Partei als ihrer Art entsprach. Diese »Opportunistin« besuchte ich in Moskau also unentwegt. Friedl Fürnberg pflegte, wenn er dem Streit zwischen mir und Hermes zuhörte, nachsichtig und ironisch zu sagen: »Lass doch die zwei Madln.« Er nahm uns nicht ganz ernst.

Weil unser Zimmer ausgeschwefelt werden musste, bekamen wir im Hotel Lux ein neues, ein langer Schlauch mit einem Fenster. Ich konnte nirgends leben, ohne meine Umgebung sofort umzumodeln. Ein grosser Schrank wurde quer gestellt, eine Stange mit einem Vorhang teilte das Zimmer in einen grösseren Wohnteil und einen kleineren Teil für den Waschtisch. Die zwei Couchbetten stellte ich so, dass sie eine Ecke bildeten. Davor stand ein grosser Tisch mit einer hellgelben Decke, und schon war das Zimmer wohnlich. Es gab Zentralheizung, doch wir waren ja mitten im glühenden Moskauer Sommer. Fliessendes Wasser fehlte. Auch das Trinkwasser war schal und schmeckte nach Desinfektionsmitteln. Man trank sowieso nur Tee. Immerhin, die Wanzen waren wir los, das neue Zimmer war vorher gründlich geräuchert worden.

Im Lux hatten wir eigentlich nur mit den österreichischen und mit einigen wenigen deutschen und tschechischen Genossen Verbindung. Zu diesem Kreis gehörten Alfred Klahr und seine Frau Rosi, ferner der allein stehende Oskar Grossmann[21], den ich sehr gut mochte, obwohl er stets ein wenig zynisch über Frauen witzelte. Er war ein geistvoller, unterhaltsamer Mann von scharfem politischen Verstand, mit dem ich oft lange und anregende Gespräche führte. Oskar fand als Kämpfer in der Résistance in Lyon ein furchtbares Ende. Beim Überqueren einer Strasse explodierte neben ihm eine Bombe, gelegt von Partisanen. Dabei wurden seine Augen so verletzt, dass er erblindete. Schwerverletzt, wie er war, wurde er von der Gestapo aufgegriffen, als Täter beschuldigt und in Verhören zu Tode gefoltert. Ich hatte mit ihm schon in Wien Verbindung, später auch im Prager Exil. Die Nachricht von seinem schrecklichen Tod ging mir sehr nahe.

Allmählich freundete ich mich mit Moskau an. Hermes und ich hatten eine neue Russischlehrerin, die Frau eines höheren russischen Offiziers, eine ungemein anziehende, kluge und liebenswürdige Frau. Die konnte unterrichten, und so machte ich ganz schnelle Fortschritte. Im Hotel Lux arbeiteten einige junge vollbusige, rotbackige Mädchen vom Land als Putzfrauen. Sie lebten hier unvergleichlich besser als in ihren Dörfern, von denen wir nichts wussten und die doch den grössten Teil des Landes ausmachten. Ich schnappte jedes Wort auf, das sie sprachen, und konnte mich bald auch mit den Leuten auf der Strasse verständigen. Hermes hatte wenig Sprachbegabung, seine Talente lagen auf anderem

Gebiet. Er nahm mir meinen bescheidenen Erfolg fast ein wenig übel, obwohl ich ihm sonst wenig voraus hatte. Ob er an der Kluft litt, die Intellektuelle von Arbeitern trennte? Ich sah mich selber so wenig als Intellektuelle, hatte so viel Respekt für die frische Intelligenz der Arbeiter, mit denen ich in Berührung gekommen war, dass mir sein Verhalten schwer verständlich war. Er gab die Russischstunden auf, und ich lernte allein weiter.

Moskau war damals eine sehr lebendige Stadt. Die Strassen wimmelten von Menschen. Autos gab es fast keine, und so waren die Strassenbahnen und Autobusse derart überfüllt, dass immer ganze Menschentrauben in unglaublichen Stellungen auf den Trittbrettern hingen. Trotz sichtlich grosser Armut wirkte die Stadt weniger deprimierend als Wien in jener Zeit. Man spürte den Optimismus der Menschen, die so viel durchgemacht hatten und nun fest auf bessere Zeiten hofften. Auf der Strasse hielten mich des Öfteren Frauen an, betasteten den Stoff meiner Kleider, sahen meine Schuhe an und bemerkten dann neidlos: »Macht nichts, nach dem ersten Fünfjahresplan werden wir auch alles haben.« Damals waren die Schaufenster und Gestelle der Läden leer. Statt Waren sah man da Leninbilder, manchmal auch schon Stalinbilder, manchmal eine Schlange von Zündholzschachteln. Was sollte man auch vorweisen können? Alles war streng rationiert. Frauen und Männer arbeiteten in den neu errichteten Fabriken und nahmen dort ihre Hauptmahlzeit ein. Die Theater und Kinos florierten. Auf den grossen Plätzen tanzten die Komsomolzen, Mitglieder des Kommunistischen Jugendverbandes, ihre hübschen Volkstänze und sangen mit den etwas schrillen Kopfstimmen der Dorfjugend. Auch der neu errichtete Park für Kultur und Erholung, damals noch ganz im Grünen gelegen, gefiel mir sehr gut. Es gab da für alle Bedürfnisse etwas, Sport, Spiele, Musik, sogar Bibliotheken, Fallschirmabsprünge ab Türmen, Rudern und Schwimmen auf und in der Moskwa. Hier ruderten wir einmal in einem Boot und trafen dabei eine Gruppe von Schwimmern, die, da man in Russland keine Badkleider kannte, alle nackt waren. Was für ein Geschrei diese russischen Burschen erhoben, als wir uns näherten. Es war eine Mischung von Scham und Obszönität, ich hörte es aus ihren Zurufen. Moskau war in vielerlei Hinsicht ein grosses Dorf. Dennoch brodelte das kulturelle Leben, und wer daran teilnahm, konnte in dieser geistig reichen Epoche viel profitieren. Es gab eine damals sehr lebendige russische Literatur, viele Konzerte und wundervolle Theateraufführungen. Von diesem vielfältigen Angebot machten nur wenige Komintern-Mitarbeiter aus meinen Kreisen Gebrauch, wie auch wenig Anregungen von dieser Seite kamen. Ich besuchte mehrere Male das Moskauer Jiddische Theater, das eine der besten Bühnen überhaupt war. Michoels ist mir als Darsteller noch in bester Erinnerung. Er ist in einem Lager verschollen, das Theater existiert nicht mehr. Ich verstand damals wenig von Kunst und Theater, und doch sind mir diese Aufführungen durch ihr Temperament, ihre Farbigkeit und ihre künstlerische Präzision unvergesslich geblieben.

In der ersten Zeit nahm ich keine Arbeit an, war bloss die Gattin eines Komintern-Angestellten. Materiell befand ich mich dabei nicht schlecht, ungeheuer privilegiert gegenüber dem russischen Volk. Das Frühstück bereiteten wir uns selbst zu, es gab schwachen Tee, den man einige Male aufbrühte, Brot, manchmal etwas Butter und Käse. Hermes ass in der Kantine des Komintern-Gebäudes, die einfache, doch sehr schmackhafte Mahlzeiten bot, und ich konnte meine zweite Mahlzeit abends im Lux einnehmen. Allerdings erhielt ich einen kräftigen Zustupf von Gerty. Die Rationen auf ihrem Spezialistenbüchlein waren so enorm, dass sie mit bestem Willen nicht verbraucht werden konnten. Sie gab mir das Büchlein, und ich konnte im Jelissejew nach Herzenslust einkaufen, Butter, Milch, Wurstwaren, Früchte, Gemüse. Von aussen sah man da kein Geschäft. Altmodische geraffte Vorhänge waren dicht herabgezogen, der Eingang war bewacht. Doch wussten die Moskauer natürlich, dass es da alles in Hülle und Fülle gab, was sie entbehrten. Ich habe niemals etwas von Neid bemerkt. Nie wurde ich angerempelt oder hörte ich auch nur eine Bemerkung, wenn ich mit meiner vollen Einkaufstasche dem Lux zustrebte. Es war selbstverständlich, dass man die kostbaren Spezialisten gut fütterte. So wenig Chauvinismus und Ausländerneid unter so schweren Bedingungen waren ein Zeichen für die hohe Moral und gute Gesinnung, die damals trotz überstandener Bürgerkriegsleiden und gegenwärtiger Nöte das Volk in weiten Kreisen beherrschten.

Es gab in Moskau noch Bettler. Welcher sozialen Schicht diese in Lumpen gehüllten, meist alten Menschen angehörten, war schwer zu sagen. Auch trieben sich immer noch Scharen von »Besprisorny«, verwahrlosten Kindern, herum, auch ein bitteres Erbe des Bürgerkrieges. Sie steckten in grotesken Lumpen und waren unvorstellbar schmutzig. Bei der Feier zur Oktoberrevolution auf dem Roten Platz sah ich ein bemerkenswertes Schauspiel. Ich stand mit Hermes und anderen österreichischen Genossen auf der Zuschauertribüne, um den Vorbeimarsch anzusehen. Links von uns stand ein riesiges Teerfass. Genau in dem Augenblick, als aus einem der Kremltore Stalin mit seinen Gefährten herauskam und sich langsam zur Tribüne begab, wurde das Fass lebendig. Strubelköpfe regten sich, streckten sich empor und umgaben das grosse Fass wie einen Kranz. Diese ungebetenen Gäste hatten trotz strengster Kontrolle einen Weg gefunden, um sich das Schauspiel und die grossen Führer der Weltrevolution aus nächster Nähe anzusehen. Übrigens war das die Zeit, in der der grosse Pädagoge Makarenko seine Kinderheime einrichtete. Ich habe zwei solcher Heime besucht, die unter der Aufsicht und dem Patronat der GPU standen, also der Geheimpolizei, die damals noch Zeit hatte, sich sozialen Aufgaben zu widmen. Dem einen Heim, in einem Wald gelegen, war eine Skifabrik zugeordnet, in der die Jugendlichen arbeiteten. Die Ordnung in den Aufenthalts- und Schlafräumen war strikt, Sauberkeit hatte oberste Priorität. Es wird wohl notwendig gewesen sein. Man schor ja auch den Knaben noch lange Jahre danach, sobald sie in die Schule eintraten, die Köpfe, um sie vor Läusen zu schützen. Makarenko war eine warmherzige, humorvolle Persönlichkeit mit bedeutender pädagogischer Begabung und enormen praktischen Fähigkeiten. Die paramilitärische Ordnung, die er in seinen Heimen einführte, mag für die damalige Zeit richtig gewesen sein. Sein erstes Buch, »Der Weg ins Leben«, nach dem der auch in Westeuropa bekannte Film gedreht wurde, widerspiegelt jene harte, doch lebendige Zeit sehr gut, die Zeit, in der noch ein Hauch der romantischen grossen Revolution wehte. Wir spürten ihn. Wer scharfe Augen oder einen feinen Sinn hatte, konnte aber bereits auch andere Anzeichen wahrnehmen.

Die Komintern-Angestellten genossen noch weitere Privilegien. Sie durften die Dienste des Kremlspitals in Anspruch nehmen, das für die höheren Partei- und Regierungsangestellten gebaut worden war. Hier fanden sich die besten Ärzte und die besten Einrichtungen, die das Land aufzuweisen hatte. Die Ärzte waren freundlich, die Behandlung grosszügig. Als ich nach einem halben Jahr eine Arbeit annahm und nun eine schlichte Angestellte war, bekam ich den Unterschied ziemlich krass zu spüren. Ich erinnere mich an mürrische Ärzte, von denen man schnell und ohne Anteilnahme abgefertigt wurde, und besonders an einen jungen Arzt, der wohl seine Wut über den niedrigen Lohn an den Patienten abreagierte. Ärzte und Lehrer gehörten damals zu den schlechtest bezahlten Berufsleuten. Das Land war arm, es konnte nicht nach allen Seiten Schätze verteilen.

Zu den gehätschelten Kindern des neuen Regimes gehörten die Angestellten der GPU. Und da wurde wohl des Guten zu viel getan. Einmal waren wir bei einem Österreicher eingeladen, der aus irgendeinem Grund Funktionär der Geheimpolizei geworden war. Er war ein netter Mann, er hatte eine nette Frau. Die Gäste waren zahlreich, die Wohnung war luxuriös, der Tisch bog sich unter den Delikatessen und Alkoholika. Niemand von uns dachte daran, dass sich Stalin damals schon langsam und zäh seinen Apparat aufbaute, der ihm unumschränkte Macht gab. Auch in Gertys Wohnung gingen einige Geheimpolizisten ein und aus. Das hing mit der geheimnisvollen Arbeit des Ingenieurs Wögerer zusammen, aber auch – wie wir zwei jungen Frauen sehr gut beobachten konnten – mit der aussergewöhnlich schönen Frau von Wögerer, der die Männer von der GPU nachstiegen. Sie kamen deshalb öfter, als es ihre dienstlichen Pflichten verlangten. Tatsächlich konnte Wögerers Frau der Versuchung der forschen Typen in ihren glänzenden, knapp sitzenden Stiefeln und eleganten Uniformen nicht widerstehen und tat sich mit einem von ihnen zusammen.

»Wir haben das Volk vorwärts gepeitscht«
Stalin baut seine Diktatur auf

Ich hielt es nicht lange ohne Arbeit aus. Tief in meinem Inneren war ich unzufrieden, dass ich mein Studium aufgegeben hatte. Doch ein Zurück stand ausser Frage. Das Stipendium hatte ich mit meiner Abreise verspielt, und den Eltern konnte ich nicht weiter auf der Tasche liegen. Wäre ich doch nur meiner wahren Begabung nachgegangen, der für Sprachen. Ich lernte das Russische leicht und hätte im Land selbst alle Möglichkeiten zur Verfügung gehabt, um mich darin zu vervollkommnen. Es war wie eine Hexerei, dass ich immer dahin geriet, wo ich nicht mehr weiter kam. Ein deutscher Kommunist namens Schälicke, der im Verlag für Ausländische Arbeiter eine leitende Funktion bekleidete, nahm mich dort als so genannte Verlagsredakteurin auf. Was ich dann in Wirklichkeit zwei Jahre lang tat, war eigentlich die Arbeit einer Korrektorin. Jedenfalls hatte ich mir unter dieser Berufsbezeichnung etwas anderes vorgestellt als meistens Korrekturfahnen zu lesen. Der Verlag übersetzte hauptsächlich russische Broschüren ins Deutsche, auch etliche belletristische Literatur. Die Redakteure erhielten die bereits übersetzten Schriften und mussten sie in ein passables Deutsch bringen. Als Jüngste der Mitarbeiter erhielt ich anfangs wenig interessante Sachen, die zum Teil auch im Inhalt miserabel waren. Doch gewissenhaft verglich ich den deutschen mit dem russischen Text und nahm mir alle Mühe, etwas daraus zu machen. Mit der spontanen Urteilskraft, die ich noch als Vierzehnjährige hatte, mit der ungebrochenen Art, die Welt zu betrachten, hätte ich wohl gegen manches öde und leere Geschreibsel protestiert, einfach erklärt, es sei Mist.

Manche dieser Broschüren wurden denn auch zurückgezogen, nachdem viele unnütze Arbeitsstunden daran verschwendet worden waren. Es erschienen Broschüren über den ersten Fünfjahresplan, über die Kollektivierung der Landwirtschaft, Stalins Reden wurden publiziert. Einmal wollte ein Redakteur Stalins Ausdruck »Wir haben das Volk vorwärts gepeitscht« durch einen milderen ersetzen, worauf sich eine alte Genossin in politischer Aufsichtsfunktion einmischte und auf der originalen harten Formulierung beharrte.

Im Verlag arbeiteten Leute aus verschiedensten Nationen, auch an einen Chinesen erinnere ich mich. Ich kannte aber zumeist die Deutschen, darunter Erich Wendt, der eine Abteilung leitete und später in der DDR führend tätig war. Er war ein etwas schroffer und zackiger Mensch, recht preussisch, doch wie es schien, sehr tüchtig. Der Leiter des Büros, in dem ich arbeitete, war der Genosse Egli, ein lang aufgeschossener Mann um die Dreissig mit einem feinen, femininen Gesicht. Egli war der erste Homosexuelle, den ich kennen lernte, ein sehr sympathischer, belesener Mensch. Unter den vielen Menschen, die ich kennenlernte, war auch meine Freundin Laura Schimko, eine jüdische Slowakin, die ich später im Prager Exil viel sah, weil die tschechische KP sie der österreichischen Emigrantengruppe als Helferin und Organisatorin zugeteilt hatte. Laura war nur drei Jahre älter als ich, doch bedeutend reifer und lebenserfahrener. Durch sie kam ich in russische Familien und lernte Sascha Leontjew, einen ehemaligen Trotzkisten, kennen. Die trotzkistische Opposition war zu jener Zeit bereits aufgelöst, zerschlagen, und hatte praktisch keinerlei Einfluss mehr. Die meisten Trotzkisten waren auch von ihren Theorien abgekommen und fügten sich der Parteilinie mehr oder weniger willig.

Der Enthusiasmus der Industrialisierung riss alle mit. Sascha Leontjew war Direktor einer Fabrik für medizinische Instrumente, in der mein Bruder Jula ab 1934 als Ingenieur arbeitete. Jula verkehrte auch privat mit Sascha. Erst 1978, beim Besuch meiner Schwägerin Mitzi in Zürich, erfuhr ich, dass Sascha verhaftet und deportiert worden und nie mehr zurückgekommen war. Stalin verfolgte alle ehemaligen Anhänger Trotzkis mit methodischer Rachsucht. Saschas Frau, die Japanisch und andere fernöstliche Sprachen lernte, um für aussenpolitische Dienste eingesetzt zu werden, war – ebenso wie ihr Mann – der KP treu ergeben. Als sie sich von ihrem Mann lossagen sollte, wie man das von vielen Frauen verlangte, weigerte sie sich und wurde aus der Partei ausgeschlossen. Mein Bruder Jula blieb trotz der engen Beziehung zu Sascha ungeschoren, kam aber 1941 als einer der Ersten an die Front und fiel bald darauf. Ich erfuhr, dass er zuerst verwundet in einem Spital lag, kuriert und dann wieder an der Front eingesetzt wurde. Sein Tod war wenigstens nicht ohne Sinn.

Genosse Gulkow, ein Verlagsmitarbeiter und liebenswürdiger Preusse, lud mich öfter in sein Zimmer im Lux zum Tee ein. Er zeigte mir seine Bibliothek, die auch noch die Werke von Trotzki enthielt. Wenig später wurden alle öffentlichen Bibliotheken von seinen Büchern gesäubert, die privaten meist schon freiwillig, aus Angst. Gulkow versuchte, mich auf die Schönheit der Sprache und des Stils von Trotzkis Werken aufmerksam zu machen, verglich sie mit denen Stalins, verwies mich diskret auf die Unterschiede. Ich hörte ihm zu und verstand nichts. Trotzki war zu jener Zeit schon offiziell verpönt, wenn auch seine Anhänger und er selbst noch nicht als Verbrecher qualifiziert wurden. In den zwanziger Jahren in Wien wurden die Namen Lenin und Trotzki in einem Atemzug genannt. Man kannte ja die Geschichte der russischen Partei nicht so genau, wusste wenig davon, dass Lenin der Theoretiker und Praktiker der Revolution, ihr wahrer Genius war, während Trotzki seine legendäre Popularität vor allem seiner Rolle als Armeeführer im Bürgerkrieg verdankte. Friedl Fürnberg erzählte mir begeistert von den mitreissenden Reden Trotzkis, der die Massen sofort in Bann schlagen konnte. Trotzki war zwar politisch geschlagen, doch noch keineswegs die Teufelsfigur, die man schliesslich aus ihm machte. Der historische Fälschungsprozess liess seine Rolle im Bürgerkrieg mit der Zeit als nichtig erscheinen und stellte immer mehr Stalin als den alleinigen

Sieger an fast allen Fronten hin. Diese Geschichtsklitterung ging gerade zu der Zeit vor sich, als ich in Moskau lebte, die Prawda lesen lernte und die Parteibroschüren, in denen Stalin immer mehr an Glanz gewann. Ich war damals keineswegs kritisch eingestellt. Eine meiner Kolleginnen im Verlag, eine Deutsche, die mit einem russischen Bolschewiken der älteren Garde verheiratet war, lud mich einmal zu sich nachhause ein. Ich war etwas bedrückt von der Enge und Düsternis des einzigen Zimmers, in dem sie hausten. Mein Gastgeber erzählte voller Stolz von seinen beiden Söhnen, die am Aufbau der Industrie mitarbeiteten. Doch ich wusste, dass er kaltgestellt war und nur noch eine Art Gnadendasein auf Abruf führte. Er ist in einem Lager verschollen. Wie viele wertvolle, dem Sozialismus ergebene Menschen, wie viel fachliches Wissen, wie viel Tüchtigkeit sind so dem Land sinnlos verloren gegangen.

Man kann sich nun fragen, warum wir alle dieses allmähliche Erstarken von Stalins Diktatur nicht wahrnahmen und noch viele Jahre lang nicht erkannten, diese Verzerrung einer Idee, die das Paradies auf Erden verwirklichen wollte. Als ich etwa ein halbes Jahr in Moskau lebte, ungefähr im Herbst 1931, war die Presse voll von Artikeln über Rosa Luxemburg, öffentliche Versammlungen und Parteidiskussionen fanden statt. In Österreich war diese ausserordentliche Frau für uns junge Kommunistinnen und Kommunisten eine der theoretischen Führerinnen des Weltsozialismus, die integre Kämpferin gegen den Krieg und schliesslich die Märtyrerin für die Sache der revolutionären Arbeiter Deutschlands und der ganzen Welt. Ihr Bild hing in unserem Arbeiterheim, wir lasen ihre Werke, besonders ihre wunderschönen Briefe aus dem Gefängnis, formten unseren Geist an ihr. Und nun sollte fast alles an ihr nicht recht sein. Gewiss, sie hatte Differenzen mit Lenin, wir wussten das. Sie war Internationalistin durch und durch. Lenin verstand besser, dass nationale und geschichtliche Gegebenheiten respektiert werden müssen, dass der Kampf gegen nationale Unterdrückung auch eine Form des Internationalismus ist. Doch darum allein ging es nicht. In Rosa Luxemburg lebte ein Geist, der sich auf keinen Fall mit der Diktatur stalinscher Provenienz vertrug. Ihr Ziel war die Emanzipation der arbeitenden Menschen, und das konnte eine Diktatur wie die Stalins nicht zulassen.

Ich war nur ratlos und verwirrt. Das Land vibrierte, ja brodelte mit seinen Aufbauprojekten, das Volk war bildungshungrig und drängte sich in die Schulen und Universitäten. Man konnte sich nicht vorstellen, dass irgendetwas, was Stalin sagte oder tat, falsch war. Jüngere marxistische Autoren haben später versucht, die Figur Rosa Luxemburg als irrelevant abzutun. Sie sind auf dem Holzweg. Ich habe selbst erlebt, wie wichtig es Stalin war, den Glanz und die Anziehung dieser Frau zu vernichten, um auch ihre Theorien ad absurdum zu führen. Es muss ihn schon gereizt haben, dass sie unvergleichlich kultivierter war als er selbst, von einer menschlichen Kultur, mit der sie auch ihre Auffassung vom Sozialismus imprägnierte. Diese Kultur musste ihm, dem Zögling eines orthodoxen Priesterseminars, fremd und feindlich gewesen sein. Seine Dialektik war scholastischer Art, seine Denkweise und seine Sprache primitiv. Ich will nicht abstreiten, dass nach Lenins Tod die Gefahr eines Auseinanderfallens der verschiedenen Parteigruppierungen durchaus bestand und dass es einer starken Hand und eines mächtigen Willens bedurfte. Das verkörperte Stalin allerdings, doch nicht mehr mit Lenins demokratischer Grundgesinnung, Respekt vor den Menschen, Loyalität und Integrität. So prägt eine Persönlichkeit ihre Epoche.

In Österreich war ich leitendes Mitglied des kommunistischen Jugendverbandes. Es war uns frei gestellt, ob wir zugleich Mitglied der Partei sein wollten, und es hatte auch keine besondere Bedeutung. In Russland war das wesentlich anders. Die Partei war die Eliteorganisation und der Jugendverband, der Komsomol, eine so genannte Massenorganisation, deren oberste Leitung aus schon ziemlich bejahrten Komsomolzen bestand, die der Partei angehörten und die Organisation politisch lenkten. Wer nicht schon in Österreich Parteimitglied war, hatte nicht die geringste Aussicht, in die russische Partei aufgenommen zu werden, schon gar nicht, wenn er nicht der Arbeiterklasse angehörte. Meine Familie, so arm sie war, galt als kleinbürgerlich, da Vater ein kleines Geschäft besass. Erst in Moskau begriff ich, warum Hermes darauf bestanden hatte, dass ich für ihn Parteibeiträge für ein ganzes Jahr nachbezahlen sollte. Auf diese Weise wurde er auch Mitglied der russischen KP. Das war für ihn sehr wichtig, spielte sich doch das eigentliche politische Leben nur innerhalb der Partei ab. Zwar wurde in den Parteizellen zu jener Zeit noch viel diskutiert, doch die wichtigen Beschlüsse und Auseinandersetzungen fanden nur in den höchsten Gremien statt.

Nachdem Trotzki geschlagen war, ging es den Anhängern Bucharins[22] an den Kragen, buchstäblich. In allen Parteigremien und Jugendversammlungen wurden die Verdienste Bucharins schlecht gemacht und seine Politik verurteilt. Da ich keine Parteigeschichte, sondern nur die Erlebnisse einer politisch unerfahrenen jungen Frau niederschreibe, schildere ich diese Vorfälle aus meiner Sicht, wie ich sie damals erfahren habe. Arnold Deutsch, mein Genosse aus dem KJV in Wien, der nun in einem der geheimnisumwitterten internationalen Apparate tätig war, befand sich mit seiner Frau Fini damals auch eine Zeit lang in Moskau. Er hatte einen guten Freund, der in Wien der russischen Handelsvertretung vorgestanden hatte. Dessen Tochter Galja, eine reizende junge Russin, mit der ich befreundet war, arbeitete als eine der Sekretärinnen Bucharins. Zur Zeit, als die grosse Kampagne gegen Bucharin lief, kam sie oft voller Verzweiflung zu uns ins Lux. Von Bucharin war allgemein bekannt, dass er ein liebenswerter, angenehmer Mensch mit einem grossen geistigen Horizont und höflichen Umgangsformen war. Er galt als der Liebling unter den Parteiführern. Auch Lenin hatte ihn geliebt, obwohl er von seinem Dialektikverständnis und seiner Philosophie nicht allzu viel hielt. Bucharin wollte, ganz wie es Engels in seinem Büchlein »Die Entwicklung des Sozialismus von der Utopie zur Wissenschaft« schreibt, den Bauern noch eine ziemlich lange Frist auf ihrer eigenen Scholle lassen, gerade um sie zu einer erhöhten Produktion anzureizen. Stalin propagierte den schnellen und gewaltsamen Vorstoss zur allgemeinen Kollektivierung der Landwirtschaft. Die russischen Bauern und Bäuerinnen waren geistig darauf in keiner Art und Weise vorbereitet. Sie hingen an ihrem Land, das die Revolution ihnen verschafft hatte. Das war auch der Grund, warum sie die bolschewistische Revolution unterstützt hatten und warum diese letztlich gesiegt hatte. Bis zum heutigen Tag bin ich der Meinung, dass Stalin die russische Landwirtschaft damals ruiniert hat und dass sie sich von den Folgen dieses überstürzten Vorgehens noch nicht erholt hat. Galja weinte sich einige Male bei uns aus. Es war ihr unverständlich, warum ihr Vorgesetzter, den sie nur von seinen guten Seiten kannte, plötzlich ein Verbrecher, ein Renegat sein sollte. Auch in Versammlungen unseres Verlages war die Landwirtschaftspolitik Gegenstand von Diskussionen. Ich erinnere mich noch, wie Erich Wendt versuchte, uns Stalins entsprechende Doktrin zu erklären. In meinem Parteileben habe ich oft genug erfahren, dass wir Meinungen zu Fragen übernahmen, von denen wir ehrlicherweise hätten sagen müssen, dass wir nichts davon verstanden. Was wussten wir schon von den Bauern, ihrem Land, ihren Problemen?

Sascha Leontjew, der Fabrikdirektor, gehörte zu den Equipen, die – mit Revolvern ausgerüstet – aufs Land geschickt wurden, um die Eintritte der Bauern in die Kolchosen zu erzwingen. Er erzählte davon sogar mit einer gewissen Begeisterung. Die Bauern, die einen grossen Teil der Bürgerkriegstruppen gestellt hatten, wurden von den klassenbewussten Städtern doch als rechte Hinterwäldler angesehen, denen man den Sozialismus mit kräftigem Nachdruck nahe bringen musste. Leider ging die Rechnung nicht auf. Das Land bezahlte mit Hunger. Einzig auf den grossen Staatsgütern wurde mehr produziert. Die Bauern in den Kollektiven fügten sich nur schwer ins Joch, individualistisch, wie die Bauern von Natur aus sind, hätten sie für das Genossenschaftswesen langsam erzogen werden müssen.

Es ging nicht lange, da hörte man von Unruhen und Aufständen auf dem Land und vor allem vom Rückgang der Produktion, von massenweisen Viehschlachtungen. Eines Tages mussten wir im Verlag einen Artikel von Stalin lesen, betitelt: »Die Erfolge steigen zu Kopf.« Stalin hat es, wie ich erst in reifen Jahren sah, seit eh und je gut verstanden, die Fehler, die er selbst nicht vorausgesehen hatte, anderen in die Schuhe zu schieben. Diesmal waren es jene, die mit Gewalt vorgegangen waren und die ganze Landwirtschaft in einem Ansturm ummodeln wollten. Wie dem auch war: Bucharin war erledigt, wie schon mancher vor ihm. Von Friedl Fürnberg bekam ich damals den Ausspruch zu hören: »In der Politik gibt es keine Dankbarkeit.« Damit mochte er Recht haben, auch wenn es für junge Ohren ziemlich zynisch klang. Doch es ging ja nicht um Gegner, um Feinde. Bucharin war nach wie vor überzeugter Kommunist. So jung, wie ich damals war, verstand ich noch nicht, dass es in jeder Frage Differenzen gibt und dass jedes wirklich lebendige wissenschaftliche oder politische Leben, jede Lebensäusserung überhaupt, voller Widersprüche ist. Es regierte in der Tat der Geist der Scholastik. Was die Epoche so schwer durchschaubar machte, war, dass neben der allmählich einsetzenden Unterdrückung freien geistigen Lebens trotzdem auf vielen Gebieten Ausserordentliches geleistet wurde. Vielleicht konnte der Sozialismus in Russland wirklich auf andere Weise nicht entstehen? Ich glaube das nicht. Für mich ist auch die Geschichte kein Fetisch, kein Abstraktum. Ein freier Spielraum ist immer möglich. Es war die Person Stalin, die ihn für sich beanspruchte, besetzte und damit die Epoche prägte.

Eines Tages wollte man im Verlag die Qualifikation der deutschsprachigen Redakteure heben und unsere Russischkenntnisse verbessern. Ein junger Lehrer wurde uns zugeteilt. Wir lasen und übersetzten aus Lenins Buch »Staat und Revolution«, und natürlich war unsere Aussprache noch weit davon entfernt, korrekt zu sein. Anstatt uns geduldig phonetische Einzelheiten zu erklären, vorzusprechen und uns nachsprechen zu lassen, schäumte unser Lehrer vor Wut und dümmlicher Überheblichkeit. Er machte sich ein Vergnügen daraus, uns alle zu entmutigen. Es war kaum zu übersehen, dass er kein Lehrer war, sondern irgendein junger Mann, der hier eine Arbeit gefunden hatte, ohne dafür qualifiziert zu sein. Nach einigen Stunden liefen die Schüler auseinander, womit die Erhöhung unserer Qualifikation kein Thema mehr war. So banal, ja lächerlich dieses Beispiel tönen mag, so steht es doch symptomatisch für viele andere Gebiete, auf denen es an qualifizierten Kräften mangelte.

Eines Tages bekam ich ein Manuskript über Bürgerkriegsereignisse in einem der fernöstlichen Gebiete der Sowjetunion in die Hand. Ich nahm die Arbeit nachhause und begann die Korrekturbogen durchzusehen. Da wurde mir unheimlich. Der Text war eine einzige Aufzählung scheusslicher sadistischer Taten, breit ausgewalzt und mit Lust geschildert. Da wagte ich erstmals eine Kritik, und tatsächlich wurde das Manuskript fallen gelassen. Es gab die so genannten Produktionsberatungen, an denen wir solche Einwände vorbringen konnten. Ich fand diese Sitzungen langweilig, selten machte jemand den Mund auf, um etwas Interessantes zu sagen. Nur in der Geschäftsleitung wurde bestimmt, was publiziert werden sollte, unsere Vorschläge pflegten sich auf winzige technische Details zu beschränken, die niemand sehr fesselten. Ich kann mir aber sehr gut vorstellen, dass Leute mit Mut, Einfallsreichtum und Fantasie damals noch manches hätten erreichen können. Nur war ich selbst mit meinen dreiundzwanzig Jahren leider noch ein Lehrling.

Wenn eine ausländische Delegation Moskau besuchte, setzte ich jeweils alle Hebel in Bewegung, um mich ihr anzuschliessen und Betriebe, Spitäler und Kinderheime zu besichtigen. In den Betrieben wurden die Delegationen von Direktoren empfangen, die von der Euphorie des Aufbaus erfüllt waren. Die trockene und sachliche Arbeit, eine Maschinenfabrik einzurichten und zu leiten, wurde zum Gegenstand lyrischen Empfindens und echter Begeisterung. Man erwartete von Fabriken, vom elektrischen Strom, von Traktoren direkt die Entstehung des neuen Menschen, befreit von allen Makeln der früheren ausbeuterischen Ordnung. Ich bin weit davon entfernt, im Rückblick diese Auffassung als simpel zu betrachten. Damals identifizierte auch ich mich damit.

Hermes bekam einen Auftrag im Ausland. Wo, war streng geheim, ich erriet es nur aus Andeutungen. Damals war

Moskau eindeutig die Zentrale der kommunistischen Weltbewegung, von da ging alles aus, von da schickte man die Experten der Revolution in die verschiedenen Länder. Vor der Abreise meines Freundes begaben wir uns gemeinsam zur Erholung nach Gagri, einem kleinen Städtchen im Kaukasus am Schwarzen Meer. Das waren schöne vier Wochen. Es war Dezember, das Meer tiefblau, das Wetter mild. Wir lebten in einer einfachen Pension mit behaglichen Kachelöfen, hatten ein kleines Zimmer mit Balkon, gingen viel spazieren, sahen uns in dem orientalischen Städtchen um. Hier war eine völlig fremde wilde Welt, deren Gesetze wir nicht kannten, zu der wir keinen Zugang hatten. Von einer Bäuerin, deren Wohnstube von oben bis unten mit Zeitungspapier tapeziert war, kauften wir Mandarinen, eine grosse Kiste voll, nicht weniger als fünfundzwanzig Kilo, die wir in wenigen Tagen aufassen, bis uns richtig schlecht wurde. Südfrüchte hatten wir schon in Wien nur selten kaufen können, in Moskau gab es keine, und hier assen wir, um es biblisch zu sagen, bis zur Völlerei. Und wirklich mussten wir uns auch erbrechen. Auf uns senkten sich die verächtlichen Blicke des jungen Mädchens, das unser Zimmer reinigte. Wir schämten uns ein bisschen. Sie lebte hier in dem gesegneten Tal und konnte sich unsere Gier nach diesen Früchten schwer vorstellen. Am Strand trafen wir einmal Frau Stassowa[23], eine berühmte alte Bolschewikin, damals noch Leiterin der Internationalen Roten Hilfe und führendes Mitglied der russischen KP. Sie erkundigte sich freundlich nach unserem Leben. Ein richtiges Gespräch wurde daraus nicht, wir erstarben fast vor Ehrfurcht. An einem Tag wurde Hermes von einer jungen Meteorologin, die sich in unserer Pension Proviant besorgte, aufgefordert, mit ihr auf den zweitausend Meter hohen Berg zu steigen, wo sich die Beobachtungsstation befand. Mich guckte sie nur von der Seite an und fand mich recht untauglich für diese Tour. Der Berg erhob sich steil, unmittelbar über dem Meer. Um drei Uhr morgens brachen sie auf, und spät am Abend des anderen Tages kam mein Freund zurück. Er gestand, dass es für ihn eine harte Zeit gewesen sei. Die junge Frau sei geklettert wie eine Gämse, und er hätte nur keuchend folgen können. Auch mein Tag war schwer gewesen. Die kleine Meeresbucht, in der die Sonne heiss brannte, war Schauplatz eines Begräbnisses. In einem offenen Sarg trug man ein schönes junges Mädchen in weisser Totenkleidung in der Bucht umher. Eine trauernde Menge, wehklagende Frauen folgten dem Sarg. Der extreme Kontrast zwischen der blühenden Vegetation, der Sonne, dem Meer und diesem stillen toten Antlitz wühlte mich zutiefst auf.

Hermes reiste nach Lettland ab, und ich blieb allein in Moskau zurück. Als einzige enge Freunde in der grossen Stadt hatte ich Gerty und ihren Tondo. Gelegentlich traf ich auch Arnold Deutsch, der, von seinen Reisen zurückkehrend, in Moskau Station machte. Über seine Arbeit durfte man ihn nicht befragen, das war selbstverständlich tabu. Fini, seine Frau, absolvierte irgendwo ausserhalb Moskaus einen Kurs, der ebenso konspirativ war wie die Tätigkeit von Arnold. Ihre menschlich schöne Arbeit als Kindergärtnerin hatte sie aufgegeben, um sich auf geheimdienstlichem Gebiet technische Kenntnisse zu erwerben. Damals beneidete ich sie fast ein wenig um diese Tätigkeit, die mir so überaus wichtig und gefahrvoll schien. Heute muss ich darüber lächeln. Weder war Fini, die nicht den Mut hatte, über einen geländerlosen Steg zu gehen, dafür geeignet, noch erachtete ich Spionage als besonders wichtig für den Lauf der Welt. Zum Glück geriet Fini niemals in Gefahr. Sie verbrachte den Zweiten Weltkrieg weit im russischen Hinterland und wurde zwar eingesetzt, doch nie da, wo es brannte.

Im Verlag arbeitete eine junge Jüdin, die mich einmal ganz erstaunt fragte, warum ich in allen Papieren, die auszufüllen waren, als Nationalität immer österreichisch statt jüdisch hinsetzte. Ich erklärte ihr, dass wir in Österreich den Begriff der jüdischen Nationalität nicht kennten, das sei für uns eine Religionsbezeichnung. Ausserdem sei ich in Österreich geboren und aufgewachsen und fühlte mich als Österreicherin. In sowjetischen Pässen wurde die Nationalität immer eingetragen, es war eine Rücksichtnahme auf die verschiedenen Völker dieses Vielvölkerstaats. Für die Juden allerdings war es zwiespältig. Sie waren nicht vergleichbar mit den anderen Nationen, hatten kein eigenes Territorium, lebten meist in grossen Städten. Zu meiner Zeit in der Sowjetunion war der ursprünglich während des Zarentums von oben geschürte und unten praktizierte Antisemitismus nicht bemerkbar. Nationale oder rassistische Diskriminierung wurde streng geahndet. Die Juden in Moskau sprachen alle jiddisch, hatten ihre eigene Zeitung, ihr eigenes Theater und durften sich frei fühlen. Das wurde in der Stalinära nach und nach anders. Stalin liebte die Juden schon deshalb nicht, weil die bedeutendsten seiner politischen Gegner Juden waren. So wie sich das politische Klima veränderte und der Hauch der Freiheit und Toleranz langsam dahinschmolz, wurde der Antisemitismus wieder virulent. Alte Traditionen, fest eingewurzelt, bestimmten wieder das kulturelle Leben. Doch ging dieser Vorgang zuerst ganz unmerklich vor sich. Er manifestierte sich an Äusserlichkeiten wie den Uniformen der Roten Armee, damals noch die langen, in der Hüfte fest gegürteten Mäntel und die konischen Mützen mit dem roten Stern. Es war für uns immer noch die Revolutionsarmee, in der es kaum Unterschiede zwischen Offizieren und Soldaten gab. Einige Jahre darauf trugen die Armeeangehörigen wieder die alten zaristischen Uniformen, Rangabzeichen und Rangunterschiede lebten auf. Mit den Juden war es so: Bekannten sie sich vorbehalt- und kritiklos zu allem, was ringsum geschah, konnten sie – mit Ausnahme der höchsten Ränge – immer noch beachtliche Karrieren machen, besonders auf künstlerischem und wissenschaftlichem Gebiet. Doch die Stellung eines Volkes, das der Definition nach eigentlich keines ist, schärft in den Individuen, die ihm angehören, die Sensibilität für die Umgebung, in der es lebt. Das gilt nicht nur für Russland. Als die heikle und komplizierte Zionismusfrage hinzukam, führte das zu Reibungen, und im Volk brach, von oben nicht gehindert, die ursprüngliche primitive Abneigung wieder hervor, die Ablehnung des »Anderen«.

Lenin hatte in der Bürgerkriegszeit die so genannten kommunistischen Samstage eingeführt, freiwillige Arbeitseinsätze ausserhalb der normalen Arbeitszeit. Das Land war zerstört und bedurfte aller Kräfte. Reste davon erlebte ich noch 1931. Die ländlichen Kollektivwirtschaften in der Umgebung Moskaus versorgten die Stadt mit Gemüse. Einige Male wurde unser ganzer Verlag geschlossen, und wir mussten ausrücken, um Zwiebeln zu stecken oder Kartoffeln auszugraben. Die meisten von uns waren harte körperliche Arbeit nicht gewohnt. Acht bis zehn Stunden auf dem Feld in gebückter Haltung überstieg einfach unsere Kräfte. Einmal arbeitete neben mir ein junger Leninredaktor, der zusammen mit anderen eine Gesamtausgabe der Werke Lenins übersetzte und redigierte. Beide konnten wir kaum mehr, das Genick war steif, der Rücken brach fast, und es gab auch nichts zu essen oder zu trinken. Das fiel mir damals nicht weiter auf. Doch vermute ich, dass die Bauern über diese städtischen Helfer nicht sehr begeistert waren, da sie uns gegenüber niemals ein freundliches Wort oder eine Aufmunterung äusserten. Nur Axel Fichtenberg, ein Kollege, brachte mich manchmal zum Lachen mit seinen Bemerkungen. Er flüsterte mir ins Ohr: »Morgen fällt die Produktion im Verlag um achtzig Prozent.« Oder: »Wie lange wirst du dich krank melden?« Abends wurden wir dann auf einen Lastwagen verladen und nach Moskau zurückgeführt. Solche freiwillige Arbeit konnte niemand verweigern. Aber Axel hatte Recht, am andern Tag war im Büro nicht viel los. Axel war mir schon vorher aufgefallen. Bei den Produktionsberatungen sass er meist hinten etwas versteckt und machte leise Randbemerkungen, die mich amüsierten, aber auch nachdenklich stimmten.

Der Winter ging vorbei, der Frühling, und ich erhielt keinerlei Nachricht von Hermes. Er durfte mir nicht schreiben. Von einem prominenten Mitglied der kommunistischen Jugendinternationale erfuhr ich nur, dass es ihm gut ginge. Ich fühlte mich einsam, obwohl mich Hermes mit seiner Zuneigung nie verwöhnt hatte. Der Moskauer Sommer nahte, aus der Bäckerei nebenan drang der Geruch von warmem Brot ins Zimmer, in dem ich fast erstickte. Axel, ein Balte aus Riga, der fliessend Lettisch, Deutsch und Russisch sprach, gefiel mir sehr gut. Die scherzhafte Aufmerksamkeit, mit der er sich mir zuwandte, seine leise Ironie, aus der Geist sprach, zogen mich an. Da war jemand, der meine frauliche Neugier weckte. Ich war in der seelischen Verfassung, mich zu verlieben. Von vorneherein war klar, dass keiner von uns beiden eine dauernde Bindung anstrebte. Axel erzählte mir sehr bald, dass er einer alten Liebe nachtrauere, und ich wollte mich von meinem Freund nicht trennen. Acht heisse Sommerwochen lang dauerte diese Beziehung. Axel war sieben Jahre älter als ich, älter als Hermes. In aller Sorglosigkeit gaben wir uns dem Tag hin, wie er kam. Er war selten bei mir im Lux, es hätte zu Gerede Anlass gegeben. Ich verbrachte meist die Abende bei ihm in seinem kleinen Zimmer bei einer Arbeiterfamilie. Ein Sofa, ein kleiner Arbeitstisch, zwei Stühle und Plakate an der Wand waren die Einrichtung. Er korrigierte an seinen Manuskripten, ich hatte meist auch eine Verlagsarbeit bei mir. Ich habe diesen Sommer, diese wenigen Wochen nie vergessen. Das Bild dieses anziehenden Menschen hat sich mir tief eingeprägt. Rufe ich mir jene längst in die Tiefe gesunkene Zeit zurück, kann ich nichts bereuen, nichts moralisch verurteilen. Wenn jemand zu einer einzigen Liebe prädestiniert war, so gewiss ich. Nur sehr vitale Naturen können sich Bindungen und Lösungen erlauben, die weiter keine Spuren in ihrem Leben hinterlassen. Ich brauchte Treue, Beständigkeit, Wärme, Geborgenheit. Wenn ich liebte, dann ausschliesslich. Abenteuer waren für andere da. Meine Zuneigung zu Hermes hatte in den fast fünf Jahren, die wir miteinander verbrachten, so viele Schläge und Demütigungen erhalten, den seelischen Grund so aufgelockert, dass mich die neue Flutwelle ergriff, trug und immer weiter trug, ohne dass ein Ufer in Sicht kam. Es war endlich das Meer nach der Wüste.

Im Herbst 1932 erhielt ich Urlaub und fuhr in ein Erholungsheim in die Nähe von Moskau, ins Haus der Presse. Axel reiste in die Krim. Es war unser vorläufiger Abschied und das Ende unserer Beziehung. Die Ferien im Haus der Presse, das mitten in einem Kiefernwald stand, taten mir gut. Braun gebrannt und gesund kehrte ich in unser Zimmer im Lux zurück. Am nächsten Tag stand Hermes unerwartet vor der Tür, auch er braun, die grauen Augen noch heller, das

Haar noch blonder. Er umarmte mich fest, freute sich, dass ich so gut aussah. Ich blickte in das vertraute Gesicht, erschrak, mir wurde kalt. Mein Gefühl für ihn war nicht erloschen, nah wie nichts anderes. Doch etwas war weg, nicht unwiderruflich, jetzt gerade aber war es weg. Hermes hatte einen Genossen mitgebracht, einen jungen Mann, der im Lux nicht sogleich untergebracht werden konnte. Er schlief diese Nacht bei uns und entschuldigte sich tausendmal. Ich lag neben meinem Freund, und die Tränen begannen zu fliessen. Er verstand sie nur zu bald. In der Aussprache, die folgte, meinte er bitter: »Ich habe dir nichts vorzuwerfen, ich war in Riga auch nicht allein, aber von dir habe ich geglaubt, es sei anders.« Eine Freundschaft auf dieser Grundlage – wie brüchig war sie doch. Es konnte jederzeit geschehen, dass Hermes eine traf, die hatte, was ihm an mir fehlte, und dann würde alles in die Brüche gehen, so wie es später auch der Fall war. Vielleicht hätte dieses Wiedersehen unsere Gefühle, unsere Beziehung neu aufleben lassen können. Dennoch hätte sie auf die Dauer nicht standgehalten. So viel Leiden mir die Sommerwochen in den folgenden Jahren brachten, war es doch, als hätte mich in diesem Sommer ein gütiger Helfer am Schopf gepackt und durch die Irre ans Ziel geführt. Unsere Beziehung setzte sich fort, disharmonisch, zerrissen.

Im November 1932 fuhr ich nach Wien und verbrachte einen Monat mit meinen Eltern. Meine Freundin Ida hatte einen kleinen Kreis von Intellektuellen eingeladen, damit ich ihnen von Moskau erzähle. Meine Garderobe fiel mir erst in Wien auf, wo ich sehr von den elegant angezogenen Frauen abstach. Man sass bei Torte, feinem Gebäck und Kaffee, und ich sollte diesen Menschen das Wunder des Aufbaus und den Elan der Industrialisierung begreiflich machen. Ich tat unwillkürlich das, was die meisten taten, wenn sie aus der Sowjetunion zurückkamen – ich zeichnete ein euphemistisches Bild von den Zuständen. Nichts daran war eigentlich unwahr. Immer noch war dort etwas zu verspüren von dem, was im Westen fehlte, ein Ziel, eine Hoffnung, die die Menschen trotz aller Entbehrungen und Misslichkeiten des grauen Alltags zusammenhielt, sie zu grossen Leistungen anspornte, auch ein fast gieriger Bildungshunger. Ich wollte, dass meine gut gekleideten, gut genährten Zuhörerinnen und Zuhörer eine Vorstellung von dem Elan bekämen, der jene Periode erfüllte, verschwieg aber wenig anziehende Einzelheiten, manches, was mich bedrückte. Ich konnte mir selbst nicht Rechenschaft darüber geben, dass der reale Sozialismus hinter meinen Idealen zurückblieb. Man musste ihn verteidigen, ohne Wenn und Aber.

Das Wien von Ende 1932 war auch nicht mehr die Stadt, die ich verlassen hatte. Die Atmosphäre war deutlich verändert, grauer, trübseliger geworden. Armut und Arbeitslosigkeit lasteten noch schwerer auf den Menschen, besonders auf der Jugend. Das politische Leben war angespannt, verschärft. In Österreich zeichnete sich eine ähnliche Entwicklung ab wie in Deutschland. Das Bürgertum, gegenüber den Forderungen der Arbeiter hart und unerbittlich, baute – hauptsächlich auf dem Land – systematisch seine nazistischen Organisationen auf, um das verhasste Rote Wien zu schlagen und mit ihm die Arbeiter ganz Österreichs. Die sozialdemokratische Führung zeigte sich schwach, der Feind war draufgängerisch und zum Sieg bereit. Freunde, mit denen ich zusammenkam, erzählten mir, wie frech die Nazis sich bereits aufführten. Sie bekamen ihre Anweisungen aus Berlin. Im Sommer 1932 hatten sie bei den Gemeinderatswahlen in Wien ihre Stimmenzahl von etwa 20'000 auf rund 200'000 erhöht. Im Oktober 1932 wagten sie es bereits, im Arbeiterbezirk Simmering ihren Gautag abzuhalten, an dem Göring teilnahm. So machte der so genannte schwarze, nach Italien orientierte Faschismus dem deutschen den Weg frei zum Ende Österreichs.

Im Dezember 1932 war ich wieder zurück in Moskau. Auch hier wehte jetzt ein schärferer Wind. Die Ereignisse in Deutschland, der Stimmenzuwachs der Nazis waren eine erschreckende Erfahrung. Die Sowjetunion befand sich im Zustand einer belagerten Festung, die ausserhalb der Mauern nicht auf sichere Freunde zählen konnte. Auch wir bekamen das zu spüren. Alle jüngeren Mitglieder der Partei und des Jugendverbandes wurden in paramilitärische Gruppen eingeteilt, im Schiessen, Reiten und in der Bedienung eines Maschinengewehrs ausgebildet, sogar im Fallschirmspringen. Als gut trainierter Sportler musste Hermes an allen Übungen teilnehmen. Es war damals selbstverständlich, dass die Angehörigen der verschiedenen Länder in der Internationale wie eine einzige Nation behandelt wurden. Im Verlag und in der Komintern begann langsam, fast unmerklich, wie eine schleichende Seuche, Misstrauen um sich zu greifen. Eines Tages hielt Manuilski[24], eine der hervorragenden Führerfiguren der Komintern, ein grosses Referat zum Thema »Wachsamkeit«. Auch wir Angestellten des Verlages wurden in das streng bewachte Kominternhaus eingeladen, so weit wir Mitglieder der Partei und des Jugendverbandes waren. Jules Humbert Droz[25] und Ernst Fischer[26] haben in ihren Memoiren sehr positiv über Manuilski geschrieben, seine politische Weitsicht, Klugheit und menschlichen Qualitäten gerühmt. Mir flösste der Mann, der uns mit harten Worten aufforderte, wachsam zu sein und die Feinde in unserer näheren Umgebung aufzuspüren, beklemmende Furcht ein. Was konnte das anderes bedeuten, als die Menschen, die man liebte und mochte, zu beobachten, sich ihre Äusserungen zu merken und sie womöglich zu denunzieren. Mit Menschen, die nicht loyale Freunde der Sowjetunion waren, hatten wir in unseren Kreisen keinen Umgang. Es ist mir in Moskau auch nie jemand begegnet, der in irgendeiner Form, auch nur in Worten, den Kommunismus und die Sowjetunion ablehnte. Ich dachte an jenen Mann, der mich in seinem Zimmer im Lux auf die Schönheit von Trotzkis Schreibstil aufmerksam gemacht hatte, oder an andere, die mich auf einen Streik da und dort hinwiesen, ausgelöst durch die elende Versorgungslage in vielen Betrieben. Oder an Axel Fichtenberg, der sich gelegentlich eine ironische Bemerkung zu Stalin erlaubte. Als die Frau von Stalin, Allilujewa[27], starb, meinte Axel zum Beispiel lakonisch: »Wirst du am Staatsbegräbnis teilnehmen?« Ich ahnte nicht, dass Stalin schon damals viele Parteigenossen der alten Garde, auch Georgier und Angehörige der Allilujewa, ums Leben gebracht hatte, und dass diese Frau, eine ergebene Parteigenossin, sich gerade deswegen das Leben genommen hatte. In der Presse wurde nichts darüber laut, man wisperte nur. Also Wachsamkeit wem gegenüber?

Die Aufforderung zum Misstrauen war der Vorbote des grossen Verhaftungsfeldzugs, der in kleinerem Rahmen bereits begonnen hatte. 1929 hatten wir in Wien von dem grossen Schachty-Prozess in der Sowjetunion gehört. Auf der Anklagebank sassen Ingenieure, beschuldigt, Maschinen ruiniert, Gruben unter Wasser gesetzt, Arbeiter getötet zu haben. Damals glaubte ich ohne jeden Zweifel an ihre Schuld. Heute denke ich auch an andere Möglichkeiten. Die besten russischen Arbeiter, die aus Petrograd, Moskau, Kiew und anderen grossen Städten, waren im Bürgerkrieg, wo sie als Elitetruppen eingesetzt waren, zu Grunde gegangen. Übrig blieb nur ein kleiner Rest an kundigen, beruflich qualifizierten Menschen. In die neuen Fabriken und Bergwerke strömten zahlreiche ungeschulte, aus den Dörfern herbeigeholte Landarbeiter und Bauern ohne irgendwelche Erfahrung in der Industriearbeit. Neue, kostbare Maschinen hatten kein langes Leben in diesen ungeübten Händen. Es gab auch zahlreiche Unfälle, viel Unglück. Wem konnte man die Schuld dafür in die Schuhe schieben? Die Aristokraten und alle, die von den neuen Machthabern etwas zu fürchten hatten, waren längst über alle Berge. Zum Glück waren da noch die Ingenieure des alten Regimes, meistens integre Leute, und wenn auch nur darum, weil der Mensch im Allgemeinen das Werk seiner Hände und seines Geistes nicht vorsätzlich ruiniert. Falls die Akten dieses Prozesses noch existieren, werden wir vielleicht irgendwann erfahren, inwiefern die Anschuldigungen gegen die Ingenieure zutrafen. In der damaligen Sowjetunion passten sie ziemlich genau zu Stalins Doktrin des verschärften Klassenkampfes, obwohl doch die alte Klassenordnung längst niedergeschlagen war.

Während meines Aufenthaltes traf ich viele missmutige Menschen, die mit ihrer Stellung, mit ihrem Lohn oder mit ihrem Vorgesetzten unzufrieden waren. Unfreundliche Ärzte zum Beispiel, die sich mit ihrem niedrigen gesellschaftlichen Status nicht abfinden konnten, darunter auch junge, die erst nach der Revolution ihre Ausbildung erhalten hatten. Doch nie wagte jemand offen eine Äusserung gegen die Revolution. Die Theorie vom verschärften Klassenkampf entsprang Stalins wachsendem Misstrauen, seiner zunehmenden Angst vor Machtverlust, die niemandem, auch nicht den besten Köpfen der Komintern, auffiel. Es war seltsam, dass dieser Georgier, aufgewachsen in elenden, kulturlosen Verhältnissen, mit einem zwar klugen, doch von der starren Dogmatik des Priesterseminars beeinflussten Geist, auf diese Weise den Marxismus und dessen durchaus vorhandene dialektische Offenheit allmählich zu einer Art Dogmenlehre umformte. Dennoch nahmen wir so vieles unbesehen hin. Woher kam dieser Glaube, diese Kritiklosigkeit, dieses Bedürfnis, zu bewundern? Die Sowjetunion und ihre oberste Leitung waren für uns im Grunde ein Buch mit sieben Siegeln, und zwar hauptsächlich deshalb, weil jede Opposition ausgeschaltet war und damit keine offene Auseinandersetzung stattfand. Was auch immer geschah, das wir nicht verstanden, beriefen wir uns zudem stets auf die eine Theorie: Die Sowjetunion als das erste sozialistische Land ist in Gefahr – das war sie auch –, und jede organisierte Opposition würde unweigerlich zu einem Kristallisationspunkt der Feinde, zu Nestern, in denen sie sich einnisten konnten. In solchen Annahmen liegt viel Richtiges, doch auch viel Falsches.

Zuweilen spielte ich mit dem Gedanken, in Russland zu bleiben, doch waren das flüchtige Anwandlungen. Ich fühlte mich stark verbunden mit Österreich, mit Wien, mit meiner Partei. Da meine Beziehung zu Hermes auf schwachen Füssen stand, sprachen wir auch darüber. Dabei entschied ich mich, nach Wien zurückzukehren. Doch zuerst reiste Hermes ab. Ich blieb noch einige Monate. Kurz vor meiner Rückkehr verbrachte ich einige Tage in Leningrad bei meinem Freund Axel Fichtenberg, der im dortigen Verlag für ausländische Arbeiter tätig war. Von dieser Stadt habe ich seltsam traumhafte Bilder zurückbehalten. Mein Gemütszustand, der Abschied von einem Menschen, der mir lieb war, hüllte mich in Trauer und Melancholie. Wie eine Traumwandlerin schlenderte ich stundenlang durch die schnurgeraden Strassen, den vielen Kanälen entlang. Die grossen grauen Häuser und Paläste und vor allem diese Kanäle sind mir in Erinnerung geblieben, der Duft des Meeres und die weissen Nächte. Es war Dostojewskis Stadt, die ich erlebte, in genau der gleichen Stimmung wie viele seiner überzarten Mädchengestalten. Damals gab es keinen einzigen Touristen, ich hatte die Stadt für mich. Und wenn ich Leningrad, das geheimnisvolle, auch nur wie im Nebel sah, glaube ich doch, die im Vergleich zu Moskau so viel urbanere und verfeinerte Kultur dieser nördlichen Stadt erfasst zu haben. Matrosen streiften in Grüppchen durch die Strassen, kräftige, sonnengebräunte Gestalten, und Axel meinte: »Solche musst du dir aussuchen, die taugen viel mehr.«

Von der Abreise aus Moskau und der Rückreise ist mir keine blasse Erinnerung geblieben. Das Wien, das ich im Sommer 1933 antraf, hielt mir völlig neue Arbeitsbedingungen bereit. Die Sozialdemokratie war zurückgedrängt, die Arbeiter warteten auf den Aufruf zum Kampf. Die Nazis waren frech geworden, liefen mit weissen Strümpfen und blauer Kornblume im Knopfloch herum, zeigten sich ganz offen. Die kommunistische Partei war verboten, öffentliche Zusammenkünfte in Arbeiterheimen gab es nicht mehr, eine intensive unterirdische Maulwurfsarbeit hatte begonnen.

»Hast du keine Angst?«
Politische Arbeit im Untergrund

Nach meiner Rückkehr aus der Sowjetunion lebte ich anfangs bei meinen Eltern, die wenig für mich tun konnten. Die Wiederaufnahme meines Studiums kam nicht in Frage, ein Gesuch für ein zweites Stipendium bei der Gemeinde Wien hätte unter den neuen politischen Verhältnissen keine Chance gehabt. Hermes war noch in Prag. Die Partei setzte mich als eine Art Kurier ein, der die Verbindung zwischen der Leitung und den Organisationen der Basis herstellte. Die Arbeit bestand darin, dass ich jeweils äusserst pünktlich an

Strassenecken oder auf Plätzen zu sein hatte, um dort den Leiter der Wiener Parteiorganisation zu treffen, für den ich schriftliches Material, Anweisungen, Flugblattentwürfe, politische Beschlüsse weiterbeförderte. Vom Inhalt dieser Papiere wusste ich nichts; ich empfing sie und gab sie ab. Ich war ein winziges Rädchen, welches mithalf, dass die Organisationen weiterlebten. Dafür, und weil ich sonst nichts zum Leben hatte, bekam ich eine sehr bescheidene Unterstützung, die ich jeweils Mama übergab.

Hermes kam gegen Sommerende 1933 wieder nach Wien. Solange ich ihn kannte, hatte er niemals mit einem legalen Papier gelebt. Er mietete sich ein Zimmer in einer Reihensiedlung in Hietzing, wo vor allem sozialdemokratisch organisierte Arbeiterfamilien lebten. Meine Eltern hatten ihn mittlerweile akzeptiert, er ging in ihrer Wohnung ein und aus. Vor unserer Abreise nach Moskau hatte er von einem Nazi einen Hieb mit einem Schlagring ins Gesicht bekommen. Die Spitzen der Waffe waren in der Augenbrauengegend ins Jochbein eingedrungen, und die Verletzung blutete stark. Ich führte ihn in Vaters Geschäft, wo er den ersten Notverband bekam. Dann fuhren wir in die Unfallstation. Auf die Frage des Arztes, wie das geschehen sei, antwortete Hermes, er sei im Treppenhaus gestürzt. Der Arzt entgegnete nur: »Ja, ja, wers glaubt.« Damals hatte mein Vater Hermes zum ersten Mal gesehen. Seit Moskau galt er als mein Freund und war akzeptiert. Er bekam von Mama zu essen, lernte auch meine Brüder kennen, und wir verbrachten manchen Sonntag zusammen.

Im Dezember 1934 machte die Presse publik, dass der Leningrader Parteisekretär Kirow[28], eine sehr beliebte und neben Stalin die populärste Persönlichkeit der russischen KP, ermordet worden war. Bei einem Treffen mit meiner Freundin Gerty, die ebenfalls seit längerer Zeit wieder in Wien lebte, diskutierten wir über diese Nachricht. Nicht nur sie und ich, sondern alle Kommunisten glaubten der Erklärung, dass er das Opfer einer trotzkistischen Verschwörung geworden sei. Das war die Version, die in der russischen Partei selbst und in allen Sektionen der Komintern verbreitet wurde. Es war nicht leicht, eine andere fürchterliche Möglichkeit in Betracht zu ziehen. Selbst kluge Sozialdemokraten wie Otto Bauer sprachen von einer Verschwörung gegen den Sozialismus, auch wenn sie nicht unbedingt an die von der KP propagierten Schandtaten der Trotzkisten glaubten. In Italien herrschte der Faschismus, in Deutschland der Nationalsozialismus, und Österreich stand immer mehr unter dem Druck dieser aussenpolitischen Entwicklung. Die Ermordung eines bedeutenden Arbeiterführers in Russland fügte sich als weiteres passendes Mosaiksteinchen in diese politische Situation. Erst mehr als zwanzig Jahre später, nach dem 20. Parteitag und den Enthüllungen Chruschtschows, erfuhren wir, was sich wirklich ereignet hatte. Die Delegierten des siebten Parteitages hatten in geheimer Abstimmung mehrheitlich nicht Stalin, sondern Kirow zum Generalsekretär der russischen KP gewählt. Kirow selbst bat die Delegierten, das Wahlergebnis zu revidieren und Stalin zu wählen, was dann auch geschah. Doch nicht nur Kirow musste sterben, sondern die meisten Delegierten dieses Parteitages bezahlten später diese Meinungsäusserung mit ihrem Leben. Auch der von der Geheimpolizei gedungene Mörder wurde zur Vertuschung der Wahrheit umgebracht.

Der Tod Kirows war für uns ein Ansporn mehr, gegen den Faschismus in Österreich zu kämpfen. Das Verbot der KP und ihrer Nebenorganisationen war nur ein Vorbote der späteren schrecklichen Ereignisse. Die Arbeiter begannen allmählich zu merken, woher der politische Wind blies, und nicht wenige hatten ihre Meinung über die Kommunisten geändert. Wir erhielten viel Unterstützung in unserer nunmehr illegalen Tätigkeit, für die wir nicht unvorbereitet waren. Die einst öffentlich verkaufte »Rote Fahne« wurde fast wie selbstverständlich zur massenweise verbreiteten Untergrundliteratur, was ohne die Unterstützung durch sozialistische Arbeiter, Angestellte und viele Intellektuelle gar nicht möglich gewesen wäre. Beim Verbot der KP und aller ihrer Organisationen berief sich die Regierung auf ein kriegswirtschaftliches Gesetz, das noch aus der Zeit der Monarchie stammte. Die sozialdemokratische Partei protestierte öffentlich gegen die Verletzung der demokratischen Grundrechte, war aber ausser Stande zu bemerken, dass dieser Schlag gegen die Kommunisten nur die Vorbereitung auf die völlige Vernichtung der Demokratie war.

Der Februar 1934 war ein Monat, der Europa bewegte und aufwühlte. Weniger die Führer als vielmehr die Arbeiter sahen klar, was auf sie zukam, und wollten kämpfen. Wien und das übrige Österreich erlebte den Aufstand des Schutzbundes, wobei wir ohnmächtig und im Abseits zuschauen mussten. Die Erstürmung des Arbeiterheimes in Linz durch Heimwehren war der Tropfen, der das Fass zum Überlaufen brachte – ohne Erlaubnis der politischen Führung. Die Kampfkraft der SP-Führung war ohnehin geschwächt, das Parlament von der Regierung Dollfuss bereits ausgeschaltet worden. Es war lehrreich zu sehen, mit welcher Konsequenz und Angriffslust das Dollfuss-Regime vorging. Österreich wurde zum Ständestaat, in dem alle legal erworbenen Rechte der Arbeiter und Arbeiterinnen ausser Kraft gesetzt waren. Innerhalb der SP bildeten sich linke Gruppierungen wie jene um Ernst Fischer, die endlich Verbindung mit der KP aufnahmen. Bei der Nachricht des Kampfes in Linz legten einige Betriebe in Wien spontan die Arbeit nieder. Durch eine kühne Einzelaktion gelang es, den Strom in der Stadt für einige Zeit abzuschalten. Doch die SP-Führung war leider unfähig, die aufständischen Arbeiter zu organisieren. Umso härter ging die Regierung vor. In einigen Arbeiterbezirken Wiens und einigen Regionen Österreichs, besonders in der Obersteiermark, kam es zu harten, lang anhaltenden Kämpfen. Entsetzlich, bedrückend war, dass Teile der Arbeiterschaft kämpften, während die Strassenbahnen fuhren, die Züge verkehrten, das Telefon funktionierte. So musste dieser Aufstand zusammenbrechen, der heroisch, doch unorganisiert gegen eine Übermacht anzurennen versuchte.

Dann setzte das Morden ein. Zehn Schutzbundführer wurden durch den Strang hingerichtet, darunter Münichreiter[29], nach dem heute in Wien eine Strasse benannt ist, auch wenn die Schulkinder kaum erfahren, wer er war. Zur Zeit der schwersten Kämpfe sass ich zusammen mit Hermes in meinem kleinen Kabinett in der Wohnung meiner Eltern. Das Gefühl der Machtlosigkeit war schlimm. Es gab zwar hier und da einzelne Kommunisten, die mitkämpften, doch war der Schutzbund eben rein sozialdemokratisch organisiert. Alles, was wir tun konnten, war, Flugblätter zu schreiben und zu verteilen, was wegen des Ausnahmezustandes zwar gefährlich, doch von wenig Nutzen war. Ähnliche Erfahrungen machte offenbar Ernst Fischer, wie ich später in seiner Autobiografie nachlesen konnte. Auch seiner oppositionellen Gruppe gelang es nicht, mit den Schutzbündlern direkt in Verbindung zu treten, oder dann erst zu spät und über Umwege. Ausserdem gibt er aufrichtig zu, dass er vom bewaffneten Kampf nichts verstand. Sein Bruder Walter[30] war direkt in den Aufstand verwickelt. Er war ein von der Bevölkerung geliebter Armenarzt im elendesten Viertel von Wien, am Laaberg im Arbeiterbezirk Favoriten. In seiner Praxis erhielten die Leute medizinische Hilfe, und gleichzeitig war sie ein Zentrum der Arbeiter. Auch während des Schutzbundaufstands, da erst recht, war die Praxis eine Drehscheibe für Kuriere und Verbindungsleute zwischen den Kampfabteilungen. Walter wurde zusammen mit Hunderten von Kommunisten und Sozialdemokraten verhaftet, kam aber mit dem Leben davon. Der dritte Bruder, Otto[31], war in den Kämpfen in Graz dabei, verlor ein Bein und verdankte es nur der Zivilcourage des Arztes, der ihm das Bein amputiert hatte, dass er nicht ausgeliefert und gehenkt wurde. Der Arzt zog die Auslieferung so lange hin, bis der Ausnahmezustand und die Kriegsgerichte vorbei waren. Otto konnte aus der Haft entweichen und fliehen.

Nach diesem Aufstand war Österreich ein anderes Land. Langsam und zäh organisierte sich der Widerstand im Untergrund, bauten die zerstörten Organisationen sich auf neuer Grundlage wieder auf. Im Sommer 1934 leitete ich gemeinsam mit anderen jungen Genossen in der Obersteiermark einen Schulungskurs für den Jugendverband. Auf einer abgelegenen, versteckten Waldlichtung bauten wir, etwa dreissig Leute inklusive Lehrer, unsere Zelte auf. Als Themen standen die Geschichte der Arbeiterbewegung, die Geschichte der Jugendinternationale und unsere künftige Tätigkeit in der Illegalität auf dem Programm. Unter den Teilnehmerinnen und Teilnehmern erinnere ich mich noch an Friedrich Hexmann, der schon in den Kämpfen der Lehrlinge und jungen Arbeiter beim Umsturz von 1918 eine Rolle gespielt hatte. Er war ein klein gewachsener, humorvoller Mann, der mit der Jugend gut umgehen konnte. Mit dabei war auch Leo Gabler, einer meiner liebsten Freunde aus dem KJV. Damals nannten wir ihn Heini, so wie auch wir anderen schon alle unsere Decknamen hatten. Mit mir im Zelt schlief Bertl Grubhofer, die Freundin und spätere Frau von Josef Lauscher; beide verbrachten viele Jahre in Hitlers Lagern, kamen aber mit dem Leben davon. Josef alias Ernstl war der Leiter der Wiener Jugendorganisation, und ich lernte in unzähligen Sitzungen seine methodische, fast etwas pedantische Arbeitsweise gut kennen. Er spielte nach dem Krieg in der KPÖ noch lange Jahre eine bedeutende Rolle, gehörte aber später zu jenen, die sich – besonders nach dem Prager Aufstand – der Partei entfremdeten. Die sieben Jahre, die er im KZ verbringen musste, und später die ideellen Irrungen und Wirrungen trugen zu seinem viel zu frühen Tod bei. In seine Bertl war Josef so offensichtlich verliebt, dass wir ihn alle neckten, besonders wenn er in Verzückung die Konturen ihrer vollendeten Figur in der Luft nachzeichnete. Mit dem Sommerwetter hatten wir ausgesprochenes Glück, nur Sonne, Waldluft und Erdbeerenduft. Wir gingen früh am Morgen mit unseren Handtüchern an verborgene Quellwasser, um uns zu waschen, und konnten uns dabei ungestört ausziehen. Mit ihren anmutigen Kurven und dem feinen Strubelkopf glich Bertl dabei einer Waldnymphe, die sich den Schlaf aus den Augen rieb. Nach 1945 traf ich sie einmal in Wien, da war sie, obwohl noch jung, sehr von den Strapazen des Lagers gezeichnet. Doch sie war wieder mit ihrem Josef zusammen und glückliche Mutter von zwei Buben.

Kein Wanderer verirrte sich zu unserem Lagerplatz. An einem stillen Sommertag tauchte gegen den Abend unerwartet eine Gruppe junger Burschen bei uns auf, die uns aufgeregt von der Ermordung des Kanzlers Dollfuss erzählten. Aus ihren verwirrten Berichten wurde uns bald klar, dass sie Nazis waren, die in irgendeinem Zusammenhang mit diesem Terrorakt standen und auf der Flucht waren. Die Nazis waren zu jener Zeit verboten, ihre jugendlichen Anhänger fühlten sich vom Hitlerreich angefeuert und überboten sich im Sprengen von Telefonhäuschen, im Hissen von Hakenkreuzfahnen, im Bombenlegen. Für das damalige Europa war das, wenn man den Balkan ausnahm, ungewöhnlich und neuartig. Die sozialistischen und kommunistischen Parteien lehnten damals wie heute den individuellen Terror strikt ab. Unter unseren jugendlichen Schulungsteilnehmern erwachte fast eine Art Solidaritätsgefühl mit den Flüchtigen, der Wunsch, ihnen, die wie wir verfolgt wurden, zu helfen. Friedrich Hexmann, der Älteste und Erfahrenste, brachte die naiven Hitzköpfe schnell zur Vernunft. Das Wichtigste war, sie so schnell wie möglich von unserem Zeltplatz zu entfernen, ohne sie unsere Identität ahnen zu lassen. Wir wimmelten sie ab. Nachher gab es eine lange und fruchtbare Aussprache. Hinter dem Faschismus der Heimwehr, welche die Arbeiterklasse blutig zerschlagen und sich die Funktion eines Henkers angemasst hatte, tauchte schon ein böserer Feind auf, der Nationalsozialismus. Mit ihm durfte es keinerlei Gemeinschaft geben, auch wenn wir selber verfolgt und unterdrückt waren. Dollfuss, der ein grausiges Ende gefunden hatte, war selbst schon auf dem besten Wege, den Nazis alle Türen zu öffnen, und sein Nachfolger Schuschnigg führte dieses Werk zu Ende. Österreich, solidarisch mit Deutschlands Machthabern und deren Politik, konnte kein anderes Ende finden, als verschlungen zu werden.

Der Kurs war noch nicht zu Ende, da brachte uns ein Bote die Nachricht, dass Hermes auf einer Reise nach Prag, wo sich die Auslandleitung der österreichischen KP mit Koplenig befand, verhaftet worden sei. Das war für alle von Bedeutung, weil er unsere gesamte Tätigkeit leitete. Für mich war es schmerzlich, die helle Sommersonne verdunkelte sich. Ich war erst einige Monate wieder mit ihm zusammen und jetzt schon wieder getrennt. Er kam, dank eines nachsichtigen tschechischen Richters, mit einigen Wochen Arrest davon und wurde über die österreichische Grenze gestellt, was er ja auch wollte. Man hatte seinen Pass als falsches Papier erkannt und ihn deshalb festgehalten. Er erzählte uns von der Verhandlung und dem alten Richter, der den Zeigefinger wedelnd gesagt hatte: »Junger Mann, junger Mann, Lügen haben kurze Beine.« Wir waren alle froh, ihn wieder zu haben, ich besonders. Es war das gefährliche illegale Leben, das uns wieder aneinander band. Hermes hatte in Wien keine Verwandten, keine Freunde, mit denen er verkehren konnte. Jene, die durch ihre Arbeit am engsten zusammengehörten, mieden einander aus konspirativen Gründen. So war mein Freund in seiner Freizeit sehr isoliert. Ich hatte immer noch meine Beziehungen aus der Kinder- und Jugendzeit. Meine Freundin Ida und ihr Mann, die ich öfter besuchte, halfen uns häufig bei unserer Arbeit. Ich sass in ihrer Wohnung und klapperte auf ihrer Schreibmaschine meine Manuskripte. Auch mit Gerty kam ich oft zusammen. Aber Hermes fühlte sich in meinen Kreisen nicht heimisch. Er funktionierte vor allem im Rahmen der Partei, auf einer zwar intelligenten, aber geistig etwas engen Ebene. So natürlich und selbstsicher er gegenüber allen Parteileuten auftrat, sobald wir zusammen bei Freunden von mir eingeladen waren, wurde er irgendwie schüchtern und fühlte sich nicht ganz wohl. Auch Gerty zog ihn nicht an, es war etwas an ihr, das weit über das nette und hübsche Mädel von nebenan hinausging, eine ernste und nachdenkliche Seite, eine Grösse des Charakters, die nicht gerade zum Tändeln einlud. Hermes bevorzugte einen bestimmten Frauentyp. Wie die meisten Männer zog ihn ausgesprochene Schönheit an, gepaart mit einer gewissen Intelligenz. Doch Selbstbewusstsein und Eigenwilligkeit flösste ihm bei Frauen eher Scheu ein. Was uns so lange zusammenhielt, war, dass ich meine Person so stark in den Hintergrund rückte und mich ganz auf ihn einstellte, weshalb die Entwicklung meiner eigenen Persönlichkeit in den zehn Jahren unserer Beziehung beträchtlich zurückblieb. Ich habe es später nachgeholt, bedaure gewisse Versäumnisse, nicht aber meine Jugendliebe.

Nach dem Schutzbundaufstand tauchte ich bei meinem Bruder Jula in Simmering auf, der ebenfalls an den Kämpfen teilgenommen hatte, aber nicht in unmittelbarer Gefahr von Verfolgung war. Er wohnte mit seiner Mitzi in einem kleinen Häuschen in der Dorfgasse, nicht weit vom Zentralfriedhof. Die Wohnung bestand aus einer fensterlosen Küche und einem zweifenstrigen kleinen Zimmer, in dem die beiden schliefen. Die Küche war zugleich der Aufenthaltsraum, die Toilette befand sich im Hof. Jula gehörte zu jenen Menschen, die immer alles für andere tun und selbst nie etwas für sich. Er brachte es nie zu einer Gemeindewohnung, trotz seiner intensiven Aktivität in der sozialdemokratischen Partei und im Schutzbund. In den Jahren der grossen Arbeitslosigkeit fand er nie eine feste Anstellung, nur ab und zu einen kleinen Verdienst als Taglöhner. Mitzi, die als Hilfsarbeiterin in einem Industriebetrieb arbeitete, trug wesentlich zum Unterhalt bei. Ich meldete mich bei Jula, weil ich mir Sorgen um ihn machte, aber auch, weil es nun immer wichtiger wurde, mit Genossen aus der SP Verbindungen herzustellen. Er empfing mich, tief bedrückt durch die Niederlage und die schrecklichen Verluste in den eigenen Reihen. Bitter fragte er: »Freust du dich jetzt, dass alles ruiniert ist?« Wie weit weg war das von unseren Gefühlen. Wir hatten den ständigen Rückzug der SP-Leitung mit Zorn verfolgt, an den Kämpfen der Arbeiter aber grossen Anteil genommen und wenn immer möglich dabei geholfen. Für die gemeinsame Arbeit taten sich weite Horizonte auf. Die Mauer zwischen den Kommunisten und den sozialdemokratischen Arbeitern, die zuvor unüberwindbar schien, war gefallen. Es galt noch viel Misstrauen abzubauen, doch beide Seiten zeigten viel guten Willen. Unsere Jugendarbeit wurde durch die Kontakte mit jungen Mitgliedern der Revolutionären Sozialisten – so nannte sich die neue Partei, die aus den Trümmern der alten SP hervorgegangen war – stark bereichert. Jetzt erwies sich, dass unsere fast hektischen Aktivitäten in den vergangenen Jahren nicht umsonst gewesen waren. Die Revolutionären Sozialisten, schon vom Austromarxismus her radikal geprägt, wesentlich anders als die deutschen Sozialdemokraten, wurden nun, da sie sich wie ein Phoenix aus der Asche erhoben, fast noch radikaler und in manchen Fragen weltfremder als wir Kommunisten. Wir lernten mühselig genug den Weg der Realität. Von da an bis etwa zum Ausbruch des Zweiten Weltkrieges brachen die Verbindungen zwischen Kommunisten und Revolutionären Sozialisten nicht mehr ab und erreichten ihren Höhepunkt in den Aktionen knapp vor dem Einmarsch der Hitlertruppen in Österreich.

Hermes fuhr wieder einmal weg, nach Prag, und ich blieb erneut monatelang allein. Verantwortlich für die Bildungsarbeit und Autorin bei der »Proletarierjugend«, arbeitete ich oft mit Edi Rabofsky zusammen. Er war ein gescheiter und draufgängerischer Arbeiterjunge, der nach dem Krieg eine Schnellmatura machte, ebenso blitzschnell und erfolgreich doktorierte, zum bedeutendsten Spezialisten der Arbeiterkammer für Landarbeiterfragen wurde und ebenso ein Spezialist beim Aufspüren ehemaliger Nazis, die sich warm in der zweiten Republik installieren wollten. Nebenbei war er auch ein grosser Alpinist. Edi entwickelte ein bemerkenswertes Geschick im Auffinden von konspirativen Wohnungen, in denen wir unsere Sitzungen abhalten konnten. Es war erstaunlich, in welche Kreise er überall Einlass fand. Wir trafen uns meist ganz ungestört in guten Bürgerwohnungen, bei erfolgreichen Intellektuellen, die mit uns sympathisierten. Zu unserem engsten Kreis gehörte in jener Zeit auch Christian Broda[32], der spätere Justizminister. Er war Mitglied des Zentralkomitees der Jugend, ein siebzehnjähriger Junge aus gutem Haus, hoch begabt, witzig und eloquent, mit wirrem Haarschopf und ungepflegtem Äusseren als Protest gegen seine bürgerliche Herkunft. Wir mahnten ihn alle, sich gelegentlich die Haare zu schneiden oder die Nägel zu putzen. Christian geriet bald in Konflikt mit der Partei, die ihn des Trotzkismus beschuldigte – was immer das bedeutete – und ihn ausschloss. Auch Stawaritsch gehörte zu diesen »Renegaten« um Broda, die gemeinsam eine Fraktion gebildet hatten, was in der österreichischen Partei so streng verpönt war wie in der Sowjetunion. Stawaritsch lehrte später als Professor Stadler am Linzer Institut für Neue Geschichte und Zeitgeschichte, das wertvolle Beiträge zur jüngsten Geschichte leistet und durch seine Forschungsarbeit antifaschistisches und demokratisches Bewusstsein fördert. Christian war, nachdem er die Hitlerzeit teils auf der Flucht, teils im Gefängnis und – mit grossem Geschick – teils in Freiheit überstanden hatte, nach 1945 kurze Zeit Mitglied der KPÖ und trat dann in die SPÖ ein. Sein älterer Bruder Bert blieb noch viele Jahre in der Partei, und die beiden brachen sogar ihre persönlichen Beziehungen ab. Später gab sich das wieder. Mit Bert, der danach den Lehrstuhl für Chemie an der Universität Wien innehatte, kreuzten sich meine Wege noch mehrmals, und wir blieben in losem Kontakt.

Ich erhielt den Auftrag, für die KJV und auch die neu hinzugekommenen Mitglieder aus der sozialdemokratischen Partei eine kleine Broschüre über unsere Partei zu verfassen. Auf der Kohlenkiste in Mutters Küche sitzend, schrieb ich in einer fast religiösen Stimmung. Die Partei war unser Tabernakel, unser Heiligtum, unsere Heimat, der Hort der Weisheit, sie war eine auserlesene Schar von Kämpfern gegen alle Ungerechtigkeit der Welt, geformt aus einem besonderen Stoff. Heute könnte man darüber lächeln, und – wie das häufig der Fall ist – gläubige Kommunisten als verkappte Religiöse bezeichnen, die sich einen Religionsersatz geschaffen haben. Ich widerspreche, obgleich die Kritik nicht völlig falsch ist. Die besondere Situation, in der wir uns befanden, die allgegenwärtige Gefahr, für Monate oder Jahre ins Gefängnis zu kommen, der Verzicht auf fast alle Annehmlichkeiten des Lebens, unterschied uns wirklich von den anderen Menschen, die trotz Ständestaat, Parteienverbot und Verlust der bürgerlichen Freiheiten unbekümmert ihren täglichen Verrichtungen nachgingen, als ob nichts geschehen wäre. Wiederholt fragte mich meine Freundin Ida: »Hast du keine Angst?« Ich war und bin ein ängstlicher, nervöser Mensch, doch damals zeigte ich keine Spur davon. Rings um uns herum wurden fast täglich Leute verhaftet. Der Schuschnigg-Ständestaat war innerlich ein völlig instabiles Gebilde. Angegriffen von links – die ehemals starke SP, die fast zu hundert Prozent gewerkschaftlich organisierten Arbeiter waren zwar in die Illegalität gedrängt, doch nicht verschwunden – und angegriffen von rechts, von den aufwieglerischen Nazis, die aus dem deutschen Reich alle Unterstützung erhielten und immer unbotmässiger wurden, zeigte er seine Unsicherheit, indem er verhaftete, einlochte, Anhaltelager errichtete. Unsere bedingungslose Treue zur Partei hatte einen weiteren Grund: Schon die russische Partei, die in tiefer Illegalität gross wurde und in den Kämpfen des Bürgerkriegs alle anderen Parteien überflügelte und auch vernichtete, entwickelte ein Elitebewusstsein. Dieses Gefühl, das auch in König Artus Ritterrunde vorgeherrscht haben dürfte, fand ebenfalls Eingang in die kommunistischen Parteien des Westens. Der positive Effekt davon war die Hingabe der Mitglieder an den Kampf auch unter Bedingungen, unter denen man nichts zu vergewärtigen hatte als Verfolgung und Tod; der negative war die Unschärfe des kritischen Bewusstseins bis zum Verlust der Fähigkeit, als Individuum selbstständig zu denken. Wie auch immer: Meine kleine Broschüre wurde mit Beifall aufgenommen.

Hermes war unterwegs wieder wegen eines untauglichen Papiers hängen geblieben. Mit einem Brief rief er mich in einen kleinen Grenzort an der tschechischen Grenze. Ich beeilte mich hinzufahren. Dort wies er mich an, nach Wien zurückzugehen, ein bestimmtes Papier für ihn zu besorgen und dann wieder zu kommen. Dann sollte ich gemeinsam mit ihm nach Prag reisen. Wir vereinbarten den Tag und die Stunde, in der wir uns in der Wohnung eines Genossen treffen wollten. Ich erledigte alles in der gewünschten Zeit, traf pünktlich ein – und Hermes im Dorf nicht mehr an. Er war schon – wie, weiss ich nicht – nach Prag weitergefahren. »Ohne eine Nachricht zu hinterlassen?«, fragte ich den Verbindungsmann. »Nein, keine Nachricht.« Mir blieb nichts übrig, als wieder nach Wien zurückzufahren und auf weiteren Bericht zu warten. In dieser Nacht hatte ich die erste Gallensteinkolik meines Lebens. Ich wusste nicht, was es war, litt nur arge Schmerzen. Von da an sollten mich meine Gallensteine jahrelang plagen, ohne dass ich die Schmerzen übertrieben ernst nahm und nach ihren Ursachen suchte.

4. Teil

1935–1939

Die ganze Heimat und
das bisschen Vaterland
die trägt der Emigrant
von Mensch zu Mensch – von Ort zu Ort
An seinen Sohl'n, in seinem Sacktuch fort.
Walter Mehring,
Der Emigrantenchoral, Ketzerbrevier

Prag wurde nach der Machtergreifung Hitlers neben Paris zu einem wichtigen Zentrum der Deutschen und Österreicher im Exil. Der Alltag in der Emigration war in mancherlei Hinsicht nicht leicht, und auf viele mag zugetroffen haben, was 1934 in der »Neuen Weltbühne« nachzulesen war: »In unsrer Emigration gibt es Leute, von denen sich sagen lässt, sie haben nur eine Filiale eröffnet, aber die Atmosphäre um sie hat sich nicht im Geringsten verändert. Es gibt diese Leute von rechts bis links. Sie spielen Ausflügler. Sie merken gar nicht, was alles passiert ist.«

In den Prager Kaffehäusern wurde aber auch heftig diskutiert, wobei trotz der Gefahren des Naziregimes und der persönlichen Not die alten parteipolitischen Gräben weiter aufrecht erhalten wurden. Neben den Bücherverbrennungen und dem Reichstagsbrand-Prozess in Deutschland beherrschten in jenen Jahren zwei Themen die Menschen im politischen Exil: Die Entwicklung in Spanien und die Moskauer Schauprozesse. In beiden Fällen stand die Politik der sowjetischen Führung um Stalin im Mittelpunkt der Diskussionen. Die nicht der kommunistischen Parteilinie verpflichtete Emigration beschäftigte laut Henry Jacoby vor allem der Umstand, »dass die Sowjetunion den spanischen Republikanern keine Waffen zukommen liess.« Viele Antifaschisten kämpften nach dem Ausbruch des Spanischen Bürgerkrieges im Juli 1936 in den Internationalen Brigaden für die Spanische Republik. Paris war zu der Zeit eine wichtige Anlaufstelle und Drehscheibe für die Spanienfreiwilligen.

In **Moskau** fand im August 1936 der erste grosse stalinistische Schauprozess statt. Sinowjew, Kamenew, Smirnow und weitere wurden zum Tode verurteilt. Nochmals Henry Jacoby: »Die politischen Handlungen Stalins konnten nun nicht länger als blosse ›Fehler‹ angesehen werden. Mit der Hinrichtung der alten Bolschewiki hatte Stalin in unseren Augen mit der Revolution selbst gebrochen. Hier hatte die Revolution nicht nur ihre Kinder verzehrt, sie hatte sie auch entehrt.«

Auch in **Österreich** führte die Niederschlagung des Aufstands vom Februar 1934 und die damit verbundene Verfolgung der Arbeiterbewegung zu Flucht und Exil. Viele Schutzbündler wanderten in die Sowjetunion aus. Aber auch Prag war eine Anlauf- und Durchlaufstelle der österreichischen Emigration und ein wichtiger Stützpunkt der illegalen politischen Arbeit. Leopold Spira schreibt über die damalige Situation der KPÖ: »Tausende Sozialdemokraten, Arbeiterfunktionäre, Schutzbündler und Jungsozialisten stiessen zur illegalen KPÖ; es trat der seltene Fall ein, dass eine Partei in der Illegalität wesentlich stärker wurde, als sie in der Legalität gewesen war.«

Kurz nach den Februarkämpfen organisierten sich jüngere sozialdemokratische Parteifunktionäre und Vertreter verschiedener Linksgruppierungen in einer neuen Sammelbewegung: den Revolutionären Sozialisten (RS), die vom Auslandbüro österreichischer Sozialisten (ALÖS) und von der Sozialistischen Arbeiter-Internationale (SAI) anerkannt wurden. In einer Erklärung der RS vom 18. März 1934 heisst es: »Nicht die Wiederherstellung der bürgerlichen Demokratie, sondern eine revolutionäre Diktatur als Übergangsform zu einer echten sozialistischen Demokratie ist unser Ziel.« Ein Teil der RS lehnte eine enge Zusammenarbeit und Einheitsfront mit der KPÖ entschieden ab, wobei die Frage der Internationale eine bedeutende Rolle spielte. Er verstand sich als Teil der SAI und hatte gegenüber der stalinistischen Komintern-Politik grosse Vorbehalte. Dennoch kam es im Frühjahr 1936 zu einem Abkommen mit der KPÖ: »Das gemeinsame Ziel beider Parteien ist die Wiederherstellung der völligen Einheit der österreichischen Arbeiterklasse auf revolutionärer Grundlage.«

Nach der Ermordung von Dollfuss setzte Kurt Schuschnigg im Juli 1934 dessen austrofaschistische Politik fort. Sie endete am 12. Februar 1938, vier Jahre nach den blutigen Februarkämpfen, bei Hitler in Berchtesgaden. Schuschnigg unterwarf sich dort dem Gewaltdiktat der Nationalsozialisten, die im März 1938 in Wien einmarschierten. Am 11. März erklärt Schuschnigg im Radio: »Der Herr Bundespräsident beauftragt mich, dem österreichischen Volke mitzuteilen, dass wir der Gewalt weichen.« Österreich hörte an jenem Tag auf, ein selbstständiger Staat zu sein. Der Anschluss an das Dritte Reich war vollzogen, die Arbeiterbewegung war abermals genötigt, aus dem öffentlichen Leben zu verschwinden.

Nach einigen Wochen erhielt ich eine Mitteilung von Hermes, ich solle nach Prag kommen. Ich traf ihn in einem Gasthaus am Wenzelsplatz. Er gab mir keine Erklärung zu seinem Verhalten, und ich verlangte sie auch nicht. Ein schweres, dumpfes Gefühl, dass etwas zwischen uns nicht mehr stimmte, quälte mich. Die Partei hatte uns eine Unterkunft bei einem Briefträger besorgt, die für uns alles andere als angenehm war. Die Wohnung bestand aus einer grösseren hellen Küche und einem einzigen Zimmer. Ein Magenleiden des Mannes hatte diese nette tschechische Familie so heruntergebracht, dass sie ihr einziges Zimmer vermieten musste. Da war auch noch ein kleines zartes Mädelchen, etwa sechsjährig. Wir schliefen einige Nächte in der Küche, wo wir uns tagsüber nicht aufhalten konnten. Es war alles peinlich sauber, die Bettwäsche schneeweiss, doch der Gedanke, dass wir der Familie den wenigen Raum wegstahlen, bedrückte uns fürchterlich. Nachts weinte ich, denn ich litt mit den Leuten, und auch ich tat mir Leid. Dann bekamen wir das Wohn- und Schlafzimmer unserer Vermieter, und sie selber lebten in der Küche. Das ging so etwa zwei Monate lang. Wenn wir nachhause kamen, mussten wir immer durch die Küche und störten so das Leben der kleinen Familie. Im Zimmer arbeiteten, assen, schliefen wir.

Erst in der Emigration lernte ich den Genossen Koplenig und seine Frau Hilde gut kennen. Ernst Fischer und dessen schöne erste Frau sah ich ebenfalls gelegentlich. Auch Laura Schimko, Freundin aus der Moskauer Zeit, traf ich wieder. Sie war jetzt mit Peter verheiratet, einem Hünen von Mann, unstet in der Liebe, doch überaus herzlich und menschlich im Umgang. Die beiden besassen eine nette moderne Einzimmerwohnung mit Bad, für mich der Inbegriff von Luxus und Komfort. 1935 war Prag noch eine wundervoll lebendige Stadt, Wien schien tot und ausgelaugt daneben. Die Weltwirtschaftskrise schien an dieser Metropole an der Moldau irgendwie vorbeigegangen zu sein, der Aufschwung der tschechoslowakischen Republik, die sich ihrer jungen Selbstständigkeit erfreute, hielt an. In Prag entstanden grosse, freundlich aussehende Arbeiterquartiere, und in den eleganten Vierteln der Altstadt blühten die Geschäftsläden. Laura verschaffte uns nach einiger Zeit ein Zimmer bei einer jungen unverheirateten Tschechin. Die Wohnung war geräumig, nicht weit vom Wenzelsplatz entfernt. Dort konnten wir uns schon recht unbehelligt fühlen, Gäste empfangen, arbeiten, auch die Küche benützen.

Von da an übertrug mir die Partei die Redaktion der »Proletarierjugend«, die in einer Auflage von einigen tausend Exemplaren nach Österreich geliefert wurde und in Prag auch an den Zeitungsständen am Wenzelsplatz ganz legal zu haben war. Die tschechischen Behörden liessen die deutschen und österreichischen Emigrantinnen und Emigranten ziemlich in Ruhe; sie wussten zwar von illegalen Papieren, von ständigen Reisen hin und her über die Grenzen, drückten aber bewusst beide Augen zu. Die tschechische KP war sehr stark und half uns. Wenn wir nicht schrieben, Sitzungen hatten, Delegierte aus Österreich empfingen oder uns mit den Genossen der Emigration trafen, boten die Prager Kaffeehäuser – im Stil den Wiener Pendants sehr ähnlich, doch meist moderner und luxuriöser – einen sehr behaglichen Rückzugsort. Man konsumierte da nicht nur, sondern sass und politisierte, plauderte stundenlang. Prag sprühte damals vor Leben. Ich verkehrte viel bei Lauras älterer Schwester Elsa, die wir alle nur »Tetta«, Tante, nannten. In ihrer kleinen dunklen Wohnung, wo auch Laura sich mit jüngeren Tschechen traf, war es gemütlich wie in Mutters Schoss. Hier erfuhr ich, welch wunderbares Theater es damals in Prag gab, welch reiches kulturelles Leben. Am Graben hatte die Bucheule ihre grosse, angesehene Buchhandlung. Wir nannten diese kultivierte jüdische Frau so, weil sie hässlich, doch sehr klug war. Von Laura erfuhr ich nach dem Krieg, dass unsere Bucheule in Hitlers Lagern verschollen war. Geld für Bücher besassen wir nicht, doch in der Buchhandlung in der Passage konnte ich stundenlang schmökern und lesen.

Das epische Werk »Die verzauberte Seele» von Romain Rolland, das damals in deutscher Übersetzung erschien, verschlang ich, in einem Winkel hockend, Band für Band, oft mit tränenden Augen. So führte ich neben meinem Leben mit Hermes immer auch eines für mich, an dem er wenig teilnahm. Mein Freund war hier kein Sonderfall: Viele der Partei-Intellektuellen interessierten sich wenig für geistige Fragen, die über den Rahmen der Parteipolitik hinausgingen.

Mit Koplenig kamen wir oft, und ich sehr gern zusammen. Unser »Kop« war ein leidenschaftlicher Politiker und diskutierte in seiner eindringlichen Art mit wem auch immer. Das Schicksal der österreichischen Arbeiterinnen und Arbeiter lag ihm sehr am Herzen. Gewiss, Kop war bis zu seinem Tod ein ergebener Freund der Sowjetunion, selbst die desillusionierende Stalinperiode konnte ihm nichts anhaben. Für ihn war derjenige ein wahrer Kommunist, der ohne zu schwanken an der Sowjetunion festhielt. Darin stand er ganz im Gegensatz zum früheren Kommunisten Manès Sperber[33], von dem ich einige Bücher gelesen habe. Ich kannte Sperber aus der Zeit der sozialistischen Mittelschüler als Redner. Er ist später ein leidenschaftlicher Antikommunist geworden, der seine eigene Vergangenheit verabscheute und von tiefer Skepsis erfüllt war. Skepsis lehrt uns das Leben. Ich halte sie nicht für schlecht, sofern man darüber die Hoffnung nicht verliert. Ich kann nicht, wie Sperber, unseren Glauben der vergangenen Zeit, unser ganzes Tun und Lassen verurteilen. Noch viel weniger die zahlreichen Menschen reinen Herzens, die ich kennen gelernt habe. Kop war ein solcher Mensch. Er hatte Unrecht, wenn er die Politik der Sowjetunion in jeder Beziehung guthiess, doch war er nichtsdestotrotz ein Kämpfer für eine gute Sache. Er hat seine Partei bis zu einem bestimmten Punkt geführt,Tausende von Kommunisten haben in seinen Spuren ihr Leben hingegeben, nicht weil sie eine Diktatur über das Volk anstrebten, sondern weil sie den Sozialismus, die freie Entwicklung des Menschen verwirklichen wollten. Unsere Schwächen, Fehler und Irrtümer sind aus der Begrenzung unserer Zeit, aus unseren eigenen Begrenzungen zu verstehen.

Spaziergänge in der Prager Altstadt, auf den Hradschin, blind wie ein neugeborenes Kätzchen für all die Herrlichkeiten dieser Stadt, und doch mit Sinnen ausgestattet, um die Atmosphäre zu spüren, besser als später mit offenen Augen. Den Silvester von 1934 auf 1935 feierten wir in unserer Wohnung, weil die Vermieterin verreist war. Etwa zwanzig führende Parteigenossen trafen sich bei uns, es gab Wein und Süssigkeiten. Was nicht zu Stande kam, war das gemeinsame Feiern. Stattdessen setzten sich die Gäste in Grüppchen zusammen und politisierten. Es war traurig. Niemand war im Stande, ein intimes Fest zu feiern. Gegen vier Uhr morgens trennte man sich. Hermes hatte getrunken – er vertrug nie viel – und ging leicht torkelnd zu Bett. Ich holte heisses Wasser, Seife, Bürste und einen Lappen aus der Küche, fegte das verschmutzte Zimmer, bis die rohen Bretterdielen wieder gelb glänzten, und ging dann auch zu Bett. Ich schlief gut und tief bis in den Vormittag hinein, was mir nur mehr selten gelang. Das Erwachen war trotzdem ungut. Ich weiss, wie ich mich, im Bett aufsitzend, fast erschrocken fragte: »Warum bin ich denn unglücklich, warum fühle ich mich nicht froh?« Der Grund lag auf der Hand, bald sollte ich ihn wissen, und es war endlich Zeit.

Im Februar 1935 waren wir wieder in Wien, um eine grosse Jugendkonferenz vorzubereiten. Hermes sass trotz seiner neunundzwanzig Jahre noch immer in der Führung des KJV. Das war nicht untypisch für die Organisationsstrategie der damaligen Kommunisten. Die der Partei nahe stehenden Organisationen waren der Form nach zwar selbstständig und entwickelten durchaus ein gewisses Eigenleben. Doch wurde die politische Linie, die eher eine starre Gerade war, strikt von den höchsten Parteigremien festgelegt, und so übten langjährig bewährte Parteileute den bestimmenden Einfluss aus. Deswegen konnte auch die zu endlosen Diskussionen führende Empfehlung, einen volkstümlichen politischen Stil, eine den jungen Menschen verständliche Sprache zu entwickeln, nie richtig umgesetzt werden. Denn lebendige Sprache setzt selbstständiges Denken, unverkrampftes Handeln und die Möglichkeit voraus, sich innerhalb der Gemeinschaft ungehemmt und frei zu regen.

Für die Jugendkonferenz, die in tiefster Illegalität stattzufinden hatte, fand der unverwüstliche Edi Rabofsky eine Schutzhütte im Gerlosgebiet in der Steiermark. Der Aufstieg auf Skiern dorthin war lang und mühselig, nicht alle waren gut trainierte Skifahrer. Die letzten hundert Meter waren besonders steil. Neben mir stapfte Ernst Fischer, unser Hauptreferent, mühsam vorwärts. Es war Neuschnee gefallen, reichlicher, wässriger Schnee, der an unsern Skiern kleben blieb. Ich war körperlich nie stark, und dieses letzte Stück fiel mir schon besonders schwer. Der arme Ernst Fischer aber schaffte es gar nicht mehr. Rabofsky packte ihn unter den Schultern und schleppte ihn Schritt für Schritt bis zur Hütte. Ein länglich kahler Raum, nur mangelhaft beheizt, war das Konferenzzimmer für etwa fünfzig junge Menschen aus allen Teilen Österreichs. Kurz vor dem Ende der Tagung kam es zu einem dramatischen und auch komischen Zwischenfall. Jemand trug uns die Nachricht zu, die Gendarmerie im Tal unten habe die Meldung erhalten, dass eine grössere Gruppe jugendlicher Skifahrer in Lawinengefahr sei, und deshalb den alpinen Rettungsdienst aufgeboten. Das konnte nur uns betreffen. Es galt, so schnell wie möglich in getrennten Gruppen ins Tal zu fahren. Edi Rabofsky kam mit einem selbst gebastelten Maschinengewehr zum Vorschein, mit dem er die Gendarmerie oder den Rettungsdienst empfangen wollte. Nur mit Mühe konnten wir ihn von seiner »romantischen« Idee abbringen. Nach der vor Kälte durchwachten Nacht und dem anstrengenden Konferenztag sausten wir schliesslich über verschiedene Wege dem Tal zu. Dicker Nebel verbaute uns jede Sicht. Wir fuhren einzeln hintereinander und verständigten uns durch Zurufe. Es ging steil abwärts in die Tiefe, ich fiel oft hin und rappelte mich wieder auf, erinnere mich aber nicht, Angst gehabt zu haben. Wie so oft im Leben, waren wir uns der Gefahr nicht bewusst. Um uns krachten die Lawinen. Die Bauern in den verstreuten Siedlungen, die uns wie die Verrückten vorbeisausen sahen, tippten mit den Fingern an die Stirn: »Dalkerte, es is gefährlich.« Wir sausten weiter. Erst ganz unten im Tal, wenige Kilometer vor der Bahnstation, getrauten wir uns anzuhalten. In einem Wirtshaus kehrten wir ein. Der dicke Schnee auf unseren Windjacken und Hosen war gefroren, durchnässt bis auf die Haut, waren wir in diese klirrenden Panzer gekleidet. Vor dem grossen glühenden Eisenofen zogen wir uns aus, trockneten die Kleider und wärmten uns mit einer heissen Suppe. Im Zug schlief ich, meinen Kopf auf die Knie der blonden Bertl gebettet, bis nach Wien durch. Zuhause fand ich Schwägerin Gusti in meinem Bett, die erste Frau meines Bruders Jack. Ich war darüber etwas erbost. Wie schon vorher war mein Leben ein ewiges Pendeln zwischen dem Heim meiner Eltern und dem soundsovielten illegalen Quartier meines Freundes. Was uns noch zusammenhielt, war diese Unbehaustheit. Und zudem hatte ich ihn immer noch lieb.

Hermes wurde verhaftet, auch zum soundsovielten Mal, und sass einige Monate im Gefängnis. Das war merkwürdig an diesem Faschismus österreichischer Konvenienz: nach dem ersten grausamen Ausbruch bei den Februarkämpfen schlug er zwar um sich, doch zu unserem Glück ohne Systematik und ohne die Bestialität des Hitlerregimes. Nach der Freilassung meines Freundes zogen wir wieder nach Prag. Diesmal wohnten wir bei einer Sudetendeutschen, deren Tochter und ihrem unehelichen Mädelchen. Die ältere Frau war sehr gütig, liess uns in der Küche hantieren und das einfache Bad benützen. Nur zu ihrem unerwünschten Enkelkind fehlte ihr die rechte Beziehung. Das Kind sass denn auch stundenlang über seinem Essen und brachte keinen Bissen herunter. Bald danach fuhr Hermes nach Moskau zu einem Kongress der Jugendinternationale, und ich folgte ihm etwas später. Wir standen damals alle unter dem überwältigenden Eindruck, den Dimitroff, Angeklagter im Prozess um den von Hitlers Schergen selbst angefachten Reichstagsbrand, vor dem Gericht der Nationalsozialisten in Berlin hinterlassen hatte. Mit beispiellosem Mut und Klugheit hatte er sich selber verteidigt und daneben – trotz dieser Justizfarce und der Todesgefahr, in der er schwebte – erst noch ein völlig neues politisches Programm entwickelt, das ihn von nun an zu einem der grössten und gescheitesten Kämpfer gegen den Nationalsozialismus, zum besten Kopf der Kommunistischen Internationale machte. Wie man die Differenzen unter Genossen begraben, alle Kräfte vereinigen müsse, um sich gegen den Hauptfeind der Menschheit zu wehren, das lernten wir damals von Dimitroff. Ich möchte noch heute jedem jungen Menschen die Prozessberichte als Lektüre in die Hand drücken, sie sind ein Dokument höchster Menschenwürde und sollten nicht in Vergessenheit geraten.

Nach dem Kongress fuhr ich mit Hermes in die Krim, nach Suuksu, in ein Haus der Partei mit einfach eingerichteten Zimmern. Wir verfügten über ein Schlafzimmer, einen Wohnraum mit Schreibtisch und eine riesengrosse Veranda, von der uns die tiefe Bläue des Schwarzen Meers anstrahlte. Fast bis ins Zimmer reichten die Zweige eines Riesenbaumes mit tropischen Blüten, deren Duft zart und stark war; ich konnte ihn nicht tief genug einatmen. Wir hatten Arbeit mitgenommen, bereiteten Manuskripte vor, und Hermes diktierte mir sehr viel. Der einzige echte Luxus war der Koch, ein mürrischer älterer Mann, übrig geblieben aus der alten Zeit, wo er in diesem Kurort noch Gäste aus der höchsten Gesellschaft zu bedienen hatte. Er beehrte auch uns Unterschichtskinder mit seiner Kunst und bereitete Speisen zu, die wir genossen, ohne ihm viel Dank zu wissen. Uns fehlten die guten Manieren der alten Gesellschaft, und das Gesicht des alten Kochs wurde nie von einem Lächeln erhellt. Ausser uns wohnte in der Villa noch ein russisches Ehepaar mittleren Alters, wohl höhere Parteifunktionäre. Der Mann war kränklich, und beide wechselten mit uns nie ein Wort. Dann war da noch eine ältere Frau, die Deutsch mit jiddischem Akzent sprach. Ihre Tochter hatte, so jung sie war, ein Kind, war herzleidend und von aussergewöhnlicher Schönheit. Von Zeit zu Zeit erhielt das Dreifrauenhaus Besuch von einem jungen sympathischen GPU-Offizier, dem Gatten der Tochter.

Hermes reiste, wie es zwischen uns schon fast üblich war,

eine Woche vor Ablauf des Urlaubs und ohne mich zurück. Es war Kirschenzeit, und auf allen Tischen der Villa standen Schüsseln mit den schwarzen glänzenden Früchten. Wie immer konnte ich dem Obst nicht widerstehen und ass zu viel davon. Doch nicht die Kirschen, eher die Abreise von Hermes war schuld daran, dass ich in der letzten Woche schwere Gallenkoliken hatte. Die ältere Jüdin nahm mich in ihre warme Obhut und liess den Arzt kommen, einen hochmütigen schlanken alten Mann, der sich keine Mühe gab, zu verbergen, dass er uns alle nicht mochte. Er gehörte noch zum alten Regime und gab seiner Abneigung gegen uns Plebejer durch sein arrogantes Benehmen Ausdruck. Am Strand lernte ich eine junge hochschwangere Frau kennen, die irgendwo im Fernen Osten lebte und mir andeutete, dass sie für eine sehr geheime Arbeit ausgebildet wurde. Wir freundeten uns an und tauschten, wie es bei Reisebekanntschaften oft der Fall ist, hemmungslos Bekenntnisse aus. Nur von ihrer Arbeit schwieg sie. Auf dem Rückweg nach Moskau reiste ich von Suuksu bis Jalta per Autobus mit einer alten Bolschewikin, einer jener charaktervollen strengen Frauen, die ihr ganzes Leben der Revolution gewidmet hatten. Unterwegs hatte ich Schmerzen. In Jalta gab es eine Sanitätsstation, ein kleines hochmodernes Gebäude ganz in Stahl und Glas, in dem sich kränkliche Reisende und Mütter mit Kleinkindern ausruhen konnten. Dort wollte ich ein Glas Wasser holen, um das Medikament einzunehmen, das mir der Arzt verschrieben hatte. Bei der Eingangstür stand jedoch eine stämmige Frau in weisser Kleidung, die mir den Eintritt verweigerte und dabei behauptete, ich könne ja eine ansteckende Krankheit haben. Erst nachdem sie von der alten Genossin ausgezankt wurde, die ihr ad hoc eine Lektion über ihre Aufgabe erteilte, liess sie uns ins Haus. Der Sprung ins zwanzigste Jahrhundert war für dieses Riesenland tatsächlich nicht einfach.

Wieder im Lux in Moskau, wurde ich sofort in die intensiven Vorbereitungen der österreichischen Partei zum VII. Kongress der Internationale hineingezogen. Er begann am 25. Juli im Kolonnensaal der Gewerkschaften, einem Gebäude in neugriechischem Stil, das heute völlig von nüchternen Wolkenkratzern umstellt ist. Der Anlass stand ganz im Zeichen Dimitroffs, und wir waren alle sofort auf seiner Seite, begriffen, dass es an der Zeit war, über Meinungsverschiedenheiten hinweg nicht nur mit den Sozialdemokraten, sondern mit allen demokratisch gesinnten Bewegungen, Parteien und Personen zusammenzuarbeiten, zu kämpfen, um dem weiteren Vormarsch Hitlers eine geeinte Front entgegenzustellen, die Volksfront. Ich sah Dimitroff, hörte ihn reden. Auch Vertreter der russischen Partei hielten Reden, aber Stalin erschien nicht. Er war der ferne Gott über allem, von dem man ohnehin wusste, dass kein Satz eines wichtigen Dokuments, geschweige denn eine neue Politik ohne seine Zustimmung in Kraft trat. Für Deutschland kam die Wende zu spät, dort herrschte bereits Hitler, für Österreich war sie noch eine Hoffnung, wie für das übrige Europa auch.

Nach dem Kongress weilten wir noch einige Wochen im Lux, und ich besuchte oft meinen Bruder Jula, der mit seiner Frau in die Sowjetunion zurückgekehrt war. Das Wohnproblem in Moskau war nicht einmal ansatzweise gelöst, der Aufbau der Schwerindustrie hatte absoluten Vorrang. In Fünf- oder Sechszimmerwohnungen mit oft grossen Prunkräumen sassen meist ebenso viele Familien mit Kindern in je einem Raum, fast eine Art Vorläufer heutiger Wohngemeinschaften, doch unfreiwillig, aus Not. Auch Jula und Mitzi, die in der ehemaligen Wohnung meiner Freundin Gerty Unterschlupf gefunden hatten, bewohnten nur ein Zimmer. Bald sollte ein Kind dazukommen, meine Schwägerin war schwanger. Die Tochter Tanja, die bald darauf das Licht der Welt erblickte, entwickelte sich zu einer guten Ärztin, auch deren Sohn Aljoscha wurde Arzt. Jula war nicht unzufrieden. Er hatte nach einer langen Zeit der Arbeitslosigkeit zum ersten Mal wieder eine richtige Arbeit als Ingenieur in einer Fabrik für medizinische Instrumente. Mitzi war zur Abwechslung Hausfrau und fühlte sich in dem fremden Land ganz wohl.

Da erreichte uns aus Wien eine niederschmetternde Nachricht. Meine Eltern waren verhaftet worden und hatten einen

Prozess zu erwarten. Vor meiner Abreise aus Wien hatte ich alle meine Freunde dringend davor gewarnt, die Adresse meiner Eltern als Treffpunkt zu benützen. Es war mir schon lange unheimlich gewesen, wie viele Leute ungestört in der Wohnung an der Adambergergasse 2 ein- und ausgingen, wie vielen Illegalen Mama sogar Unterkunft für die Nacht geboten hatte. Die Genossen vom Jugendverband hielten sich auch an meine Anweisung. Irgendjemand teilte die Adresse meiner Eltern aber einem Parteimann mit, der die Aufgabe hatte, die illegale »Rote Fahne», die in Prag gedruckt und dann über die Grenze geschmuggelt wurde, an einem Ort in Wien abzuliefern. So wurde die Adambergergasse 2 der Umschlagplatz für die verbotene Zeitung. Meine Eltern waren sich der grossen Gefahr kaum bewusst. Aus Freundlichkeit und auch aus Sympathie für uns sagten sie nicht Nein. Ich glaubte sie in Sicherheit und ungestört von unseren Aktivitäten. Den Transport über die Grenze hatten professionelle Schmuggler besorgt, die erwischt wurden. Diese Leute, die nur für Geld schmuggelten, hatten keine Motivation, Informationen zurückzuhalten. So gaben sie unter anderem auch die wichtige Adresse meiner Eltern preis. Zwei dicke Kieberer setzten sich mit Bier, Wurst und Rauchwaren in mein ehemaliges Zimmer, an meinen Tisch, und warteten da ab, damit noch mehr Vögel auf den Leim gingen. Unter diesen Vögeln war meine Freundin Gerty Schindel, die nur einmal bei meiner Mutter vorbeischauen wollte und dann gleich hängen blieb. Mein Freund Berti Broda, zu dieser illegalen Zeit aktiv in der KP, später wohlbestallter Professor am Chemischen Institut der Universität Wien, kam dabei um Haaresbreite davon. Was führte ihn in die Adambergergasse? Auf das vernehmliche »Herein« wollte er eintreten, sah aber schon vom kleinen Vorzimmer aus durch die offene Tür die zwei fetten Gestalten am Tisch. Er sah, begriff im Nu, machte auf dem Absatz kehrt und sauste wie ein Verrückter die drei Stockwerke hinunter. Ihm nach die zwei Fetten. Berti jedoch, jünger und schlanker, auch nicht vom Biertrinken angesäuselt, entkam.

Es war gut, dass ich den Schlag der Verhaftung meiner Eltern nicht allein tragen musste und mir mein Bruder zur Seite stand. Zuerst versuchten wir etwas Geld aufzutreiben, als kleine Reserve für die Eltern, wenn sie wieder freikämen. Wir sammelten Rubel bei allen Bekannten und Freunden und legten sie in einem teuren Pelz an, der sonst nur für Devisen zu haben war. Für meine Eltern war die Verhaftung eine Katastrophe. Mama war zuckerkrank, Papas Geschäft wurde geschlossen und damit beider Existenz ruiniert. Trotz meiner Mahnungen, besonders an Mama, nach meiner Abreise niemanden mehr einzulassen, niemandem eine Übernachtung zu gewähren, waren sie doch beide wegen mir in Gefahr gekommen und zu Grunde gerichtet worden. Es gab nichts abzuleugnen: in der Wohnung fand man Zeitungspakete, und böswillige Nachbarn trugen mit ihren Aussagen ein Übriges zum Bild der Konspiration bei. Im dreibändigen Werk »Widerstand und Verfolgung in Wien – 1934 bis 1945« ist der Prozess gegen meine Eltern erwähnt. Mama und Papa sassen über ein Jahr lang im Gefängnis. Ich habe bis heute nicht den Mut aufgebracht, mich bei Freundinnen, die mit Mama in einer Zelle sassen, über Einzelheiten ihrer Haftzeit zu erkundigen. Zu schwer lastet das Gefühl auf mir, dass ich meinen Eltern zum bösen Schicksal wurde. Doch erfuhr ich trotzdem von einer meiner Gefährtinnen, dass Mama Bindel im Gefängnis sehr geliebt und von allen Jüngeren nur mit Mama angesprochen wurde. So musste sie ihre schwere Zeit wenigstens nicht ohne menschliche Anteilnahme verbringen. Die Eltern schoben im Prozess alles auf mich, sie hätten alles nur mir zuliebe getan. Ihre Argumentation, mit der sie sich selbst zu entlasten versuchten, tönte plausibel, und sie wussten mich ja in Sicherheit. Mama erkrankte in der Haft schwer. Zu ihrer Diabetes kam noch eine unheilbare Tuberkulose hinzu, die sie wohl in dem verseuchten Gefängnis aufgelesen hatte. Zum Prozess musste man sie auf einer Bahre herbeitragen, man liess sie nicht frei. Das Schuschniggregime war in seiner Mischung von Schwäche und Grausamkeit abstossend. Papa kam damals mit dem Leben davon; er war 64 Jahre alt und ohne Existenzgrundlage. Mama aber starb kurz nach ihrer Freilassung im Alter von 51 Jahren. Ich finde etwas fragwürdigen Trost in dem Gedanken, dass sie umgeben von der Fürsorge guter Menschen, besonders meiner Tante Helene, gestorben ist. Durch Helene hat sie mir auch die letzten Grüsse geschickt. Mein Vater erlebte noch die Anfänge der Hitlerzeit in Wien, kam ins Getto, dann nach Theresienstadt und von dort nach Auschwitz. Auch das ist dokumentiert: In den siebziger Jahren erst erhielt ich von der jüdischen Gemeinde in Wien ein Buch mit dem Verzeichnis aller jüdischen Frauen, Männer und Kinder Wiens, die deportiert worden waren, mit genauer Angabe des Datums. Die Vernichtungsmaschinerie der Nazis hatte mit höchster Präzision gearbeitet.

In Moskau lebten viele Ausländer, Spezialisten aller Berufe, von denen die meisten nicht daran dachten, Russland zu verlassen. Nichts schien das Leben dieser Leute zu trüben, sie fühlten sich völlig eins mit dem Lande, dem sie meist hingebungsvoll dienten. Ihre Lebensbedingungen waren erträglich: Franz Quittner und Genia lebten mittlerweile in einer hellen Neubauwohnung und besassen auf dem Land eine Datscha, in der sie die Sommerwochen genossen. Hermes und ich besuchten sie dort oft. Kurz nach dem VII. Kongress kam aber, für alle völlig unerwartet, der Beschluss heraus, dass sämtliche Ausländer entweder die sowjetische Staatsbürgerschaft anzunehmen oder innert sehr kurzer Frist das Land zu verlassen hätten. Für viele war das ein Schock. Auch Jula musste sich entscheiden und beriet sich mit mir. Die Staatsbürgerschaft zu wechseln, ist keine Formsache. Wer Russe wurde, war für unabsehbare Zeit von seinem Herkunftsland ausgesperrt. Jula entschloss sich zu bleiben, weil er in Österreich für sich keine anderen Lebensperspektiven sah als in der Arbeitslosigkeit zu vegetieren. Ausserdem fühlte er sich in Moskau wohl. Er fiel als Soldat 1941 in einer jener vernichtenden Schlachten, bei denen die Deutschen tief ins Land eindrangen. Wäre er am Leben geblieben, falls er die Abreise vorgezogen hätte? Die Frage ist sinnlos, niemand kann sie beantworten. Viele verliessen mit einer gewissen Erbitterung, denn die Alternative war hart, das Land ihrer Hoffnungen, weil sie ihren Pass und ihr Ursprungsland nicht aufgeben wollten. Franz Quittner blieb – zu seinem Verhängnis.

Auch Hermes und ich standen vor der Abreise, und wieder fuhr er als Erster allein ab. Vorher fragte er mich, ob ich nicht Lust hätte, in Moskau zu bleiben. Das war doch, kaum mehr zu übersehen, der Wunsch, eine Änderung unserer Beziehung herbeizuführen. Aber ich war blind und taub. So stark, wie ich immer noch fühlte, zu meinem Freund zu gehören, so stark fühlte ich mich auch mit Österreich, meiner Heimat, verbunden. So sagte ich ohne zu zögern: »Ich gehöre in die österreichische Partei, ich habe in Moskau nichts zu suchen.« In Russland zu bleiben, hätte bedeutet, für lange Zeit, vielleicht für immer, die Heimat zu wechseln. Ich habe zwar selten ganz frei Entschlüsse gefasst, doch wenn, dann waren sie die richtigen für mich.

In Prag hatten wir wieder unser altes Zimmer in den Weinbergen bei der alten Sudetendeutschen, die nach dem Zweiten Weltkrieg mit ihrer Familie in die DDR ausgewiesen wurde. Etwas über ein halbes Jahr verbrachten wir im Kreis des Prager Apparats der österreichischen KP. Wir lebten nicht von Österreich isoliert. Es besuchten uns immer wieder Genossen »aus dem Land«, in dem sie ihre illegale Arbeit fortsetzten. So blieben wir auf dem Laufenden. Ziel unserer Aktivitäten war, den Vormarsch der Nazis aufzuhalten, den grossen Einfluss der Kommunisten nach dem Februaraufstand vernünftig zu nützen und dabei mit den Revolutionären Sozialisten zusammenzuarbeiten, die uns ideologisch sehr nahe standen. Auch mit Otto Bauer, dem bedeutenden Theoretiker der österreichischen Sozialdemokratie, gab es eine gewisse Zusammenarbeit. Im Grunde schienen die Unterschiede in Nichts überzugehen. Dem war nicht so. Die Kommunisten der damaligen Zeit waren reifer in manchen Einsichten und Entscheiden, die den Kampf gegen Hitler betrafen. Es galt, diesem Feind alle erdenklichen Kräfte entgegenzustellen. Die Spielart des österreichischen Faschismus war zwar rückwärts gewandt, die Idee des Ständestaates ahistorisch und reaktionär, doch musste man um der grösseren Gefahr willen selbst in diesem Lager Bündnisse finden. Es war nicht immer leicht, unseren eigenen und den Genossen der Revolutionären Sozialisten zu erklären, warum man im Einheitsgewerkschaftsbund des Ständestaates mitarbeiten sollte, sich nicht isolieren durfte. In uns lebte die Hoffnung, dass richtige politische Kampfstrategien das österreichische Volk vor dem Zugriff der Nazis retten könnten. Die Kommunisten, die vorher nur von der Diktatur des Proletariats gesprochen hatten, wollten jetzt nicht mehr als die demokratische Republik wieder herstellen und verteidigen. Die Diktatur des Proletariats war ein theoretischer Begriff, die demokratische Republik aber der Boden, auf dem alle in Freiheit leben und kämpfen konnten.

Noch grössere Unstimmigkeiten entstanden in der Frage der österreichischen Nation. Das Land musste sich erst noch zu einem eigenen Staats- und Nationalbewusstsein durchmausern. Unter Bismarck war es aus dem Reich ausgestossen worden und lebte weiterhin als Vielvölkernation mit einer österreichischen Herrenschicht, mit Deutschen also. Die geschichtliche Möglichkeit, aus dem Staat der vielen Völker einen Verband gleichberechtigter Länder zu machen, hat Österreich nicht genutzt. Nach dem Ersten Weltkrieg fand es sich in seiner neuen Rolle nicht zurecht. Alle anderen Nationen durften sich als befreit von österreichischer Fremdherrschaft betrachten, nur Österreich blieb zurück, klein, nackt, verarmt, unsicher. In Schuschniggs ganzer Politik gegenüber Hitler zeigte sich dieses Minderwertigkeitsgefühl in Form eines ständigen erniedrigenden Nachgebens. An den vielen Diskussionen, die sich um Österreich als eine selbstständige Nation drehten, nahm auch ich teil.

Unter falschem Verdacht

Fünf Monate im Gefängnis

Hermes war inzwischen eine wichtige Funktion zugeteilt worden, die Leitung der illegalen Organisation der KP in Österreich. Ich redigierte weiterhin die monatlich erscheinende »Proletarierjugend«, die meist in Prag, eine Zeit lang auch in Zürich gedruckt wurde. Hermes fuhr wieder einmal nach Österreich und liess mich in Prag zurück. Bei der Abreise bat ich ihn, halb im Scherz, halb im Ernst, nicht allzu einsam zu sein und sich ab und zu mit einer Freundin von mir, Friedl, zu treffen. Wir hatten die letzten Monate ganz friedlich miteinander gelebt, das leise nagende Ziehen, dass da etwas nicht ganz stimme, war weit weg. Von meinen Eltern hörte ich wenig, sie waren immer noch im Gefängnis. Im April des Jahres 1936 fand im Prager Vorort Hlubocepich eine Konferenz von jungen Kommunisten und Revolutionären Sozialisten statt. Die Organisation war meine Aufgabe. Damals wohnte ich schon nicht mehr in Untermiete. Mit einem Meldezettel unter dem Namen Evelyn Strohschneider hatte ich eine moderne Einzimmerwohnung mit Bad und Kochnische gemietet. Dort erhielt ich viele Besuche von jungen Männern aus Österreich, Genossen des Jugendverbandes, mit denen ich verschiedene Arbeiten zu erledigen hatte. Auf einem Tischchen stand meine Schreibmaschine, und immer lagen irgendwelche Manuskripte herum. Diese Wohnung vermittelte mir nach langer Zeit des Umhervagabundierens einen Hauch von Zuhausesein. Allerdings hatte ich keine Ahnung, dass der Mieter der gegenüberliegenden Wohnung das Kommen und Gehen in meiner Behausung mit Misstrauen beobachtete.

Die Konferenz fand an einem warmen, linden Frühlingstag mit rund sechzig Teilnehmern statt. Koplenig hatte gerade sein Referat über die aktuelle politische Lage beendet, als plötzlich die Türe aufging, mehrere Gendarmen hereinkamen und uns alle für verhaftet erklärten. Das ganze Wirtshaus war von der Gendarmerie umzingelt. Wir sahen uns ziemlich dumm an, und ich musste angesichts der betretenen Gesichter ein Lachen unterdrücken. Da die damalige Regierung Benesch sich gegenüber linksgerichteten Emigranten sehr tolerant verhielt, war diese Verhaftung unbegreiflich. Mir war sie peinlich, weil ich für die Organisation verantwortlich war. Es stellte sich heraus, dass irgendwelche Leute den Verdacht geschöpft hatten, bei unserem Treffen handle es sich um eine illegale Konferenz von Nazis. Die

Vorsicht hatte ihre guten Gründe. Es war die hohe Zeit der sudetendeutschen Nazis, die unter ihrem Führer Henlein[34] so schnell wie möglich heim ins Reich wollten. Die tschechoslowakische Regierung fühlte sich mit Recht bedroht.

Uns allen wurden die Ausweispapiere abgenommen, mir noch meine Handtasche, in der sich meine Wohnungsschlüssel und ein ziemlich grosser Geldbetrag befanden, den ich für die Delegierten der Konferenz zur Verfügung hatte. Dann wurden wir per Bus nach Prag in die Polizeidirektion überführt. Als einziges weibliches Wesen unter den Konferenzteilnehmern steckten sie mich in eine Zelle zu einigen Frauen. Vom weiteren Schicksal meiner Genossen erfuhr ich lange Zeit nichts. Vierzehn Tage lang sass ich in Haft, ohne verhört zu werden. Die Zelle war schmutzig und verwanzt, nachts lagen wir in unseren Kleidern auf einer blossen Matratze, zum Zudecken gab es eine grobe Militärdecke, unter der vorher schon manche Körper gelegen hatten. Sie roch widerlich. Meine Zellengefährtinnen waren meist Prostituierte, von denen es in Prag wimmelte. Nach einigen Tagen wurde die Tür aufgerissen und ein Polizist brüllte: »Alle zur ärztlichen Visite.« Ich wurde von den Frauen mitgedrängt, musste in einem Korridor warten und wurde schliesslich in ein helles Ärztezimmer gestossen. Ein junger Arzt blickte mich flüchtig an und rief dann verärgert: »Was haben Sie hier zu suchen, hinaus mit Ihnen.« Erst da wurde mir richtig bewusst, um welche Art Untersuchung es sich handelte, und ich war über den Scharfblick des Arztes erstaunt. Ich hatte vorgehabt, mich über die hygienischen Verhältnisse zu beschweren, doch war ich schneller zurück in meinem Wanzenloch, als ich vermutet hatte. Die Haft selbst ertrug ich geduldig. Ich ging immer davon aus, dass man mir wegen meines Meldezettels mit den falschen Angaben ein paar Wochen aufbrummen und mich dann freilassen würde. Die meisten meiner Freunde und Freundinnen in der KP und dem KJV waren in Österreich über längere oder kürzere Zeit in Haft oder im Anhaltelager Wöllersdorf gesessen. Ich hielt es für normal, dass auch ich einmal drankam. Unsere Arbeit war eben riskant. Von den tschechoslowakischen Behörden befürchtete ich wenig. Doch sollte das Abenteuer für mich länger dauern, als ich ahnen konnte.

Nach zwei Wochen teilte man mir mit, dass ich zwecks weiterer Abklärungen ins Untersuchungs- und Strafgefängnis Pankraz verlegt werde. Auch diese Massnahme nahm ich ziemlich gelassen hin und dachte: »Da sitz ich halt noch ein paar Wochen.« Im Pankraz band mir eine Aufseherin eine rote Binde um den linken Arm, das Zeichen für kriminelle Untersuchungsgefangene. Ich dachte weiterhin, es ginge um meinen falschen Meldezettel, und war bereit, eine angemessene Strafe zu akzeptieren. Inzwischen hatte ich ja angegeben, wer ich war und welche Aufgabe ich an dieser Konferenz erfüllte. Im Pankraz war es sauber, der rohe Bretterboden war blank geputzt. Die grosse Zelle bot etwa acht Häftlingen Platz, mit mir war die Belegschaft voll. Ich stellte mich darauf ein, langweilige, endlos scheinende Tage zu verbringen, und rechnete mit einem Strafmass von vier bis sechs Wochen. Doch wozu überhaupt die Untersuchungshaft? Darüber machte ich mir vorläufig keine Gedanken. Ich schaute mir meine Zellengenossinnen näher an, bereit, mit ihnen ein friedliches Leben zu verbringen. Keine erzählte, warum sie in Haft war, aber jede war natürlich unschuldig. Nur ich erzählte die Geschichte von meinem Meldezettel und von unserem antifaschistischen Kampf, von dem sie vorher noch nie etwas gehört hatten. Einige Frauen sassen wegen Diebstahls oder Hehlerei ein, aber alle waren im Grunde harmlose Menschen, die irgendwie in eine unsaubere Geschichte geraten waren. Ich fand sie nett und harmlos, nicht schlechter als die übrige Menschheit. Eine junge Prostituierte war dabei, die aus ihrem Beruf kein Geheimnis machte und mich vom ersten Tag an in ihr Herz schloss. Mittlerweile hatte mir jemand von draussen, vermutlich von der Partei, aus meiner Wohnung etwas Wäsche, ein Pyjama und einen geblümten Morgenrock geholt und ins Gefängnis gebracht. Die Prostituierte stickte mir mit weisser Nähseide mein Monogramm in den rosa Pyjama, den ich bis zu meiner Emigration in die Schweiz im Jahr 1938 behielt, Erinnerung an einen Menschen, der mich gut mochte.

Unter den Gefangenen befand sich noch eine sehr junge schwangere Jüdin aus Polen, Frau Siebzehner. Die wochenlange Haft hatte ihren rosigen Wangen bis dahin nichts anhaben können. Frau Siebzehner war eine ausnehmend hübsche Frau, die ein gutes Deutsch mit jiddischem Akzent sprach. Sie erzählte mir, dass sie wegen ihres Mannes in Haft sitze, gab von seinen Taten allerdings nichts preis. Sie sass nicht zum ersten Mal in Haft, und sie hatte, so jung sie war, noch zwei kleine Kinder, deren Aufenthaltsort sie ebenfalls nicht verriet. Nur einer dieser Frauen war anzusehen, dass sie aus einem kriminellen Milieu kam. Sie mied den Kontakt mit den anderen, hatte einen unruhigen, schielenden Blick und eine Figur, als ob sie einem Buch von Dickens entsprungen wäre. Auch eine politische Gefangene war in der Zelle, kaum älter als zwanzig. Sie sass schon seit fast einem Jahr in Haft, und ihrem vergrämten Aussehen, der fast gelblichen Haut sah man die lange Zeit ohne Luft und Sonne an. Meist hockte sie am Fussboden in einer Ecke, döste vor sich hin und wollte mit keiner von uns etwas zu tun haben. Von den anderen erfuhr ich, dass sie eine sudetendeutsche Nationalsozialistin war, die in den grossen Landesverratsprozess gegen Anna Dienel verwickelt war. Die »Dienelova«, wie sie die tschechischen Aufseherinnen nannten, bekam ich beim Spaziergang im Hof des Öfteren zu Gesicht. Sie war zu fünfzehn Jahren Gefängnis verurteilt und arbeitete, in eine Sträflingstracht gekleidet, in der Wäscherei der Anstalt. Noch in dieser formlosen grauweissen Tracht war diese leidenschaftliche Hitleranhängerin von solcher Schönheit und stolzer Haltung, dass man sich einer gewissen Achtung für sie nicht erwehren konnte. Wenn sie sich, voller Verachtung für ihre Umgebung, zwischen den Insassinnen des Gefängnisses bewegte, fiel sie auf. Menschen wie sie, die in ihrem Deutschtum und in Hitler ein grosses Ideal sahen, waren zu jedem Opfer bereit. Menschlich kann man ihnen nichts vorwerfen als ihre ungeheure politische Naivität. Ich bezweifle, dass solche Figuren je bewusst die Naziverbrechen befürworteten. Vermutlich waren sie einfach jahrelang blind und taub, bis ihnen eines Tages die Augen aufgingen, sofern dieser Tag überhaupt kam. Fanatischer Glauben verstockt, weil er ans Innerste rührt, und manche gehen lieber zu Grunde, als in Frage zu stellen, was ihr Leben ausmachte. Ich habe noch mehrere solche »Edel-Nazi« kennen gelernt, und mich schaudert heute vor der Parallele mit unserem eigenen unerschütterlichen Glauben an eine Ideologie, ein Land. Doch tröste ich mich damit, dass der Idee des Sozialismus niemals Verbrechen gegen die Menschlichkeit entsprungen sind und dass dieses theoretische Konzept eine humane Grundlage hat. Ich weiss, wie oft im Namen der Humanität inhuman gehandelt wurde. Die menschliche Geschichte ist voll von Verbrechen.

Anna Dienel, die vorher lange in Untersuchungshaft gesessen war, war mit meiner Zellengenossin Frau Siebzehner befreundet, ausgerechnet mit einer Jüdin. Vom Fenster der Gefängniswaschküche aus rief sie ihr zu, wie enttäuscht sie sei, dass Frau Siebzehner nochmals im Pankraz gelandet sei. Die Angesprochene rief zurück, Hitler verfolge die Juden und vernichte sie. »Das ist eine Lüge«, schrie Anna Dienel zurück. Reden beim Spaziergang war verboten, doch kamen solche Szenen öfters vor, wenn nicht gerade die strengste Aufseherin uns begleitete. Für einige Wochen bewohnte auch eine in Schwarz gekleidete Dame, die ihren Rücken sehr gerade hielt, unsere Gemeinschaftszelle. Schleier hingen ihr über das Gesicht, Schleier verhüllten auch ihren Haftgrund. Die Oberaufseherin behandelte sie bevorzugt, fast devot, und gab ihr stets eine grössere Ration Klosettpapier als uns. Die Frau sah aus wie eine vom habsburgischen Adel oder wie eine Karikatur davon. Einmal liess sie sich herab, uns zu erklären, dass ein Rücken, der vom Halswirbel zum Steissbein gerade wie ein Lineal ist, ein Zeichen von Rasse sei. Bald verschwand sie wieder; ich vermute, dass sie in irgendeine Spionageaffäre verwickelt war. Sie galt auch als politische Gefangene.

Um sechs Uhr früh war jeweils Morgenwache, und wir mussten unser Bett, wie im Militär, nach ganz genauen Vorschriften machen. Auf dem Brett über dem Bett hatten die Menageschalen in einer bestimmten Ordnung zu stehen.

Massnahmen wie diese gehören wohl zu allen Gefängnissen und Anstalten, die zum Ziel haben, die Menschen zu erniedrigen. Ich zankte mich oft mit einer Aufseherin, weil es mit meiner Ordnung nie so recht klappen wollte. Es erfüllte mich mit Wut, dass in der Ecke anstelle eines ordentlichen Klosetts ein grosser Kübel stand. Der Kübel diente den acht Frauen für ihre Notdurft und wurde einmal am Tag geleert. Eines Tages fing die Prostituierte an, sich über heftige Kopfschmerzen zu beklagen, und sass mit einem nassen Tuch auf der Stirn stöhnend da. Nach einer ärztlichen Untersuchung kam sie ins Gefängnisspital. Die Diagnose: Syphilis. Sie hatte mit allen den gleichen Kübel benutzt und hätte ohne weiteres auch ihren Zellengefährtinnen diese Geschlechtskrankheit anhängen können. Doch das war für die Gefängnisleitung kein Thema, Hauptsache, die Schalen standen in Reih und Glied.

Am schwersten zu ertragen war die völlige Untätigkeit. Auf dem Bett sitzen oder liegen war bis sechs Uhr abends nicht erlaubt. Um den rohen Längstisch in der Mitte standen einige Hocker, auf die wir uns setzen durften. Zweimal in der Woche bekam ich auf eigenen Wunsch ein Buch aus der Gefängnisbibliothek. Das war in kurzer Zeit ausgelesen. So verlangte ich ein Lehrbuch der tschechischen Sprache und erhielt es auch. Das Tschechische war mir vom Russischen her nicht ganz unvertraut, und mit Hilfe einer Mitgefangenen arbeitete ich mich durch. Die anderen sahen uns mit scheelen Blicken zu. Trotz der Freundlichkeit, mit der sie mir begegneten, war ich ein seltsamer Vogel in diesem Käfig. Schliesslich kam mir die Idee, etwas zu veranstalten, um die Stimmung in der Zelle zu verbessern. Ich schlug vor, dass jede einen Film erzählen sollte, den sie noch im Gedächtnis hatte. So hockten wir uns verbotenerweise in einem Winkel der Zelle auf den Boden und achteten darauf, dass uns vom Guckloch her niemand sehen konnte. Eine musste immer nahe beim Guckloch Wache stehen und uns warnen, falls sich jemand näherte. Das Geschichtenerzählen machte allen Spass und verkürzte uns den unendlich langen Tag. Auch Rätselraten und dergleichen Spiele gehörten dazu. Auf die

Art begegneten sie meinem Sprachunterricht mit mehr Toleranz. Natürlich wurde auch über dies und jenes geschwatzt, nur nie darüber, was die Frauen eigentlich ins Gefängnis gebracht hatte. Frau Siebzehner gab immer wieder Anlass zu Streit. Obwohl sie von den tschechischen Frauen toleriert wurde, schien sie sich als polnische Jüdin minderwertig zu fühlen. So fühlte sie sich stets bemüssigt, von all den schönen Dingen zu reden, die sie besass. Silbernes Tischbesteck spielte dabei eine nicht geringe Rolle. Die Aufschneidereien, so kindisch sie waren, stifteten böses Blut. Es kam zu hässlichen Zänkereien, und ich musste mir die Frau, deren Bäuchlein sich zusehends rundete, beiseite nehmen, um sie zu mehr Zurückhaltung zu ermahnen. Nur eines liess sie sich nicht nehmen: Anna Dienel bei jeder Gelegenheit zuzuschreien, was für ein Menschenfresser ihr Hitler doch sei. Hierin hatte sie recht, und sie ertrug die harschen Zurechtweisungen der Aufseherinnen jeweils mit Würde.

Zum grossen Staunen meiner Mitinsassinnen wusch ich mich täglich von Kopf bis Fuss, ohne auf ihre Prüderie Rücksicht zu nehmen. Auch ass ich, zwar ohne Appetit, aber mit Disziplin, die grobe Erbsen- und Bohnenkost aus der Gefängnisküche. Von dem Geld der Partei, das ich bei der Verhaftung auf mir trug und das jetzt bei der Administration lag, verwendete ich kleine Summen, um das Essen aufzubessern. Nachmittags konnte man sich etwas Butter, Marmelade, Brot und Kaffee kaufen. Ich hielt mich dazu für berechtigt, weil mir jeglicher Kontakt nach draussen fehlte. So vergingen etwa zweieinhalb Monate, ohne dass sich etwas rührte. Einmal holte mich die Oberaufseherin in ihr Zimmer. Auf ihrem Schreibtisch lagen Stösse von Zeitungen, alle an mich adressiert, die mir aber vorenthalten wurden. Aus purer Gutmütigkeit erlaubte sie mir für knappe fünfzehn Minuten, wenigstens die Titel und die dickeren Überschriften durchzusehen. So erfuhr ich, dass in Spanien ein Bürgerkrieg ausgebrochen sei, den Rest aber musste ich mir selbst ausdenken. In Spanien war doch der Diktator Primo de Rivera gestürzt und eine demokratische Republik ausgerufen worden. Wer kämpfte gegen wen? Vermutlich die feudalen und faschistischen Mächte gegen die junge Republik. In der Stille der Nacht grübelte ich darüber, warum ich keine Briefe erhielt. Wo blieben alle meine Freunde und Genossen? Wo war Hermes? Er musste doch erfahren haben, dass ich verhaftet worden war.

Nach über drei Monaten Haft wurde ich langsam ungeduldig. Einmal war ich zum Gefängnispriester gerufen worden, wobei ich hoffte, mir wenigstens mehr Bücher verschaffen zu können. Der dickbäuchige Mann, der mich mit zuckersüssem Lächeln empfing, hörte sich zuerst meine Klage über den Mangel an Lektüre an und begann mich dann wie ein Untersuchungsrichter auszufragen. Ich durchschaute seine hinterhältige Art und die Funktion, kraft seines Amtes aus Gefangenen Geständnisse herauszuholen, sofort. Der Mensch war mir widerwärtig, und ich hatte wenig Lust, mich mit ihm auf ein Gespräch einzulassen. Kurz nach dieser Unterredung kam die jüngste Aufseherin, eine hoch gewachsene Frau mit kalten blauen Augen, in unsere Zelle. Sie sagte nie ein überflüssiges Wort, fühlte sich allen gefangenen Frauen sichtlich weit überlegen, und ihre Miene brachte unmissverständlich zum Ausdruck, dass wir alle nur Abschaum seien. Um ihre Lippen stand stets ein Zug von Verachtung. Sie kam auf mich zu, streifte mir die Armbinde ab und befestigte sie auf der rechten Seite. »Sie sind jetzt eine Politische«, sagte sie, jedes Wort ein Peitschenknall. Ich erschrak. »Politische« zu sein, konnte in der damaligen tschechoslowakischen Republik nichts anderes heissen, als unter der gleichen Anklage zu stehen wie Anna Dienel oder die stumme, kleine verhärmte Nationalsozialistin in unserer Zelle. Das war absurd. Ich verlangte, zum Untersuchungsrichter geführt zu werden, ohne Erfolg. Auf dem Weg durch die langen Gänge zum Spaziergang auf dem Hof traf ich unerwartet mit Edi Rabofsky zusammen und rief ihm erstaunt zu: »Was, du bist auch hier?« »Ja«, brüllte er zurück, »die anderen sind alle längst frei.« Ich konnte mir nicht vorstellen, warum sie den Edi noch festhielten. Noch viel weniger konnte ich das von mir.

Erst jetzt begann für mich eine schwer erträgliche Zeit. Es

war August geworden. Nachts lag ich stundenlang wach und grübelte. In der Frühe, wenn ich etwas schläfrig wurde, weckten mich die zahllosen Vögel, die jenseits der Mauern ihren vielstimmigen, süssen Gesang anstimmten. Meine Lage erschien mir dumm, absurd, unmöglich. Ich verlor den Appetit und begann abzumagern. Einmal wurde ich durch die kafkaesken Gänge des Gefängnisses in einen Empfangsraum geführt, wo ein hohes Gitter die Häftlinge von den Besuchern trennte. Ich hoffte auf ein Verhör. Stattdessen kam ein schüchternes Männchen, das sich als Rechtsanwalt der Liga für Menschenrechte vorstellte und mir im Beisein eines Gerichtsvertreters mitteilte, ich sei der Spionage gegen die CSSR angeklagt. Er glaube an meine Unschuld, es gäbe noch mehr solche Fälle, in denen die Beschuldigten schon seit etwa drei Jahren sässen; alle diese Fälle würden gemeinsam in der Herbstsession des Parlaments zur Sprache kommen. Er hielt mir eine Tüte mit Nüssen und Rosinen hin, bat mich, davon tüchtig zu naschen und mich in Geduld zu üben. Zurück in der Zelle packte mich Wut und Angst zugleich. Wussten denn diese Herren nicht, dass ich als Sekretärin einer antifaschistischen Konferenz fungierte und dass meine Eltern, jüdische Menschen, unter dem Schuschnigg-Regime in Wien ebenfalls im Gefängnis sassen? Die Angst entsprang dem Wissen, dass die Gerichtsmaschinerie, obwohl auf der falschen Spur, unermüdlich weiter mahlen würde und dass der einzelne Mensch der Dummheit eines bürokratischen Apparates völlig ausgeliefert sein konnte. Der Anwalt von der Liga für Menschenrechte hatte mir nicht gerade Mut eingeflösst. So wälzten sich die Wochen weiter, nur meine Zuversicht war um einige Grade gesunken. Ich ass fast nichts mehr und war froh, dass Körbe voll Arbeit in die Zelle geliefert wurden, Sicherheitsnadeln, die zu Päckchen aufzufädeln waren, Knöpfe, die es an Kartons zu befestigen galt, und ähnliches mehr. Mechanisch liefen die Finger stundenlang. Mit diesen Arbeiten für Warenhäuser verdiente ich mir mein Geld für einige Nahrungsmittel, von denen ich dann doch fast keine zu mir nahm. Drei Jahre für nichts und wieder nichts. Eine der Aufseherinnen, eine brave bäuerliche Frau, veränderte aus eigener Initiative meine Diät. Statt Bohnen, Erbsen und harten Fleischstücken liess sie mir Griess- und Reisbrei mit viel Milch verabreichen. Das konnte ich schlucken, ohne kauen zu müssen.

Wieder trat eine Wendung ein – ich dachte schon zum Ende. Mit einem Polizeiwagen wurde ich in das Karlsgefängnis transportiert, gegen das der Pankraz ein Idyll war. Es lag mitten in der Stadt, am Graben, ein uralter Turm, in dem die Häftlinge kürzere Gefängnisstrafen absassen. Endlich kam ich vor einen Richter, der mir für die Sache mit dem Meldezettel vier Wochen aufbrummte, nachdem ich nun schon seit Ende April gesessen hatte. In meiner engen, finsteren Zelle, die nur über ein winziges Fenster hoch oben an der Decke verfügte, sass eine nette, kleinbürgerlich wirkende Frau mittleren Alters wegen irgendeiner Steuer- oder Betrugsangelegenheit ein. Dann war da noch eine Greisin, eine alte Prostituierte, die während Stunden ihren malträtierten Unterleib über einem Kübel mit Wasser kühlte. Das Essen war völlig ungeniessbar, doch man konnte sich aus einem benachbarten Gasthaus eine Mahlzeit bringen lassen. Ich ass ein bisschen davon und gab den Rest der Alten, die den Teller gierig leer putzte. Hier gab es nie ein Buch, kaum ein Gespräch, nichts. Die Tage dehnten sich unendlich. Doch durften wir zumindest auf unserer Koje liegen und vor uns hin dösen. Ich hoffte auf meine baldige Entlassung. Die kurzen Spaziergänge auf dem Hof erinnerten mich an Bilder von Masereel. Ringsum hohe Mauern, kaum eine Spur des Himmels, nur wenige Schritte im Kreis herum. Irgendwie gingen auch diese vier Wochen vorbei.

Statt in die Freiheit ging es zurück ins Pankraz, in meine frühere Zelle. Alle waren noch da, die sehr umfangreich gewordene Frau Siebzehner, die Kassenknackerin mit dem unsteten Blick, die kleine bleiche Nazi im Winkel. Ich werde nicht die Erste gewesen sein, die – wie ein aus der Höhle vertriebenes Tier, das den alten Unterschlupf wiederfindet – bei diesem Anblick von einer Art Heimats- und Geborgenheitsgefühl überfallen wurde. Hier waren bekannte Gesichter, man sah ein Stück Himmel, wurde des Morgens von Vogelgesang geweckt. Doch nach wenigen Tagen schon verflüchtigte sich dieses Gefühl, und die Aussicht auf drei Jahre Haft, die mir das Männlein von der Liga prophezeit hatte, begann mich schwer zu deprimieren. Nachts lag ich und grübelte. Alle Mitverhafteten waren längst wieder auf freiem Fuss – warum nicht ich? Warum waren meine Verbindungen zur Aussenwelt gesperrt, warum bekam ich keine Briefe? Von Hermes hatte ich einen einzigen Brief erhalten, ganz zu Beginn meiner Haft, und der distanzierte, kühle Ton fiel mir erst viel später auf, als ich längst wieder draussen war. Ein junger Hamburger Genosse, mit dem ich in Wien viel zusammengearbeitet hatte, hatte mir in einem freundschaftlichen Brief Mut zugesprochen. Das war alles, nichts weiter. Doch wusste ich mit Sicherheit, dass viele meiner Genossen und Freundinnen mir schrieben. Also wurde die Post zurückbehalten. Doch gerade aus den Briefen hätte leicht hervorgehen können, dass es sich bei meinen Leuten um Hitlergegner und Antifaschisten handelte. Ich konnte mir keinen Reim machen. Gesundheitlich war ich schon recht heruntergekommen, die ewigen fruchtlosen Grübeleien plagten mich. Da fiel mir mein Zimmer ein, das ich so kurze Zeit bewohnt hatte. Die Schreibmaschine, die Tischschublade. Was hatte ich zuletzt in der Maschine gehabt, was lag als Manuskript da? Da blitzte in mir ein Gedanke auf und mit ihm ein Vorsatz. Ich wollte mich einfach nicht länger damit abfinden, der Dummheit von Untersuchungsbehörden ausgeliefert zu sein. Die Gerichtsferien standen bevor, in denen ohnehin sämtliche Geschäfte liegen blieben. Mir war eingefallen, dass ich die letzte Ausgabe der »Proletarierjugend« als Protestnummer gegen die allgemeine Wehrpflicht in Österreich vorbereitet hatte. Österreich hatte nur ein kleines Berufsheer; um mit dem rapide aufrüstenden Deutschland gleichzuziehen, sollte als sicherer Beweis der von Schuschnigg beteuerten Einigkeit mit Deutschlands Politik die allgemeine Wehrpflicht eingeführt werden. Das war nichts anderes als der Anschluss Österreichs an eine abenteuerliche Kriegspolitik. Der Inhalt der letzten Nummer der »Proletarierjugend«, die bereits gedruckt und an allen Kiosken am Wenzelsplatz verkauft wurde, enthielt vehemente Artikel, die diese Zusammenhänge aufzeigten und die Einigkeit aller Österreicher gegen Hitler propagierten. Was ich vermutete, stellte sich dann auch als richtig heraus. Ein sturer Untersuchungsbeamter, der deutschen Sprache kaum mächtig, hatte in den Manuskripten auf meinen Tisch nur etwas von Krieg und Militär gelesen und daraus die falschen Schlüsse gezogen. Diese schriftlichen Beweisstücke waren der Grund meiner langen Haft. Nach langer Zeit schlief ich in dieser Nacht etwas besser. Für den nächsten Tag hatte ich einiges vor.

Gegen fünf Uhr nachmittags machte ich besonders sorgfältig meine Nachttoilette, schlüpfte in mein Pyjama und legte mich um sechs Uhr friedlich ins Bett. Ich wartete bis halb sieben Uhr, solange ich noch Licht in den Gängen des gegenüberliegenden Gerichtsgebäudes sah. Dann stand ich auf und hämmerte zum Gaudi meiner Zellengenossinnen mit beiden Fäusten an die fest verriegelte Tür. Ich machte einen solchen Krach, dass die Oberaufseherin die Tür öffnete und zornig nach der Ursache des Lärms fragte. Ich erklärte ihr in deutscher und tschechischer Sprache, so gut es ging, dass ich jetzt, aber nur jetzt, bereit sei, ein umfassendes Geständnis abzulegen. Nachher würden sie nichts mehr aus mir herausbringen. Die ziemlich gutmütige, ein wenig dümmliche ältere Aufseherin, die sich gerne ihr Haar von den Häftlingen waschen und kräuseln liess, wurde nervös und wies mich darauf hin, dass die Bürozeit vorbei sei. Ob ich nicht bereit sei, mein Geständnis schriftlich niederzulegen? Ich konnte mir nichts besseres wünschen. In meinem blumigen Morgenmantel durfte ich ihr auf den Korridor folgen, wo sie mir ein Tischchen, Tinte und eine kratzende Feder bereitstellte. Ich schrieb an den unbekannten Herrn Untersuchungsrichter eine Epistel, die sich gewaschen hatte, verwies ihn auf seine Trägheit und Unfähigkeit, das verfügbare Beweismaterial richtig zu interpretieren, wobei sich meine Unschuld einwandfrei herausstellen würde. Auch forderte ich ihn auf, meine beschlagnahmten Briefe genauer zu studieren und sich die Mühe zu nehmen, eine Nummer der öffentlich erhältlichen »Proletarierjugend« zu kaufen und deren Inhalt mit den bei mir gefundenen Manuskripten zu vergleichen. Ich sprach sogar eine Warnung aus: die tschechoslowakische Republik möge doch ihre Kräfte nicht im sinnlosen Kampf gegen ihre Freunde vergeuden, denn sie habe der Feinde genug. Dieses Schreiben gab ich der Aufseherin und kroch danach, zum ersten Mal seit langem wieder ein wenig vergnügt, ins Gefängnisbett.

Zwei Tage lang rührte sich nichts. Schliesslich musste der unbekannte Richter ja wirklich erst einmal die Aktendeckel öffnen und den Inhalt ein wenig unter die Lupe nehmen. Gegen Abend des zweiten Tages, ich stak schon in meinem rosa Pyjama, stürzte die hochmütige Aufseherin in die Zelle und brüllte: »Bindelova, schnell anziehen. Der Herr Untersuchungsrichter will Sie sprechen.« Ich liess mir trotzdem etwas Zeit und brummte aufsässig, wenn ich schon so lange gesessen sei, wolle ich auch Zeit zum Anziehen haben. Diesmal ging es ins Büro der Oberaufseherin, wo sie mich in Gesellschaft eines sympathischen Herrn erwartete. Auf ihrem Tisch lagen Berge von Zeitungen und privaten Briefen an mich. Mich packte ein solcher Zorn auf die Gerichtsbürokraten, dass ich, ohne zu grüssen, herausplatzte: »Aha, da liegen ja die Briefe meiner sozialistischen österreichischen Freunde, da liegen meine Zeitungen, jetzt weiss ich, warum nie etwas zu mir kam.« Der Richter brüllte zurück. Wollte er mich bloss einschüchtern oder zu weiterem Reden herausfordern? Wir gingen beide wie gereizte Löwen in dem engen Zimmer auf und ab, aneinander vorbei, bis er das Gezänk mit den Worten abbrach: »Schluss, Sie werden von mir hören.« »Hoffentlich sehr bald«, schimpfte ich zurück. Von einem eigentlichen Verhör keine Spur. Gerade das machte mich optimistisch. Letztlich gab es ja nichts herauszufinden, es lag alles auf der Hand. Das Ganze war eine bürokratische Dummheit.

Drei bis vier Tage dauerte es noch, bis die eisige Aufseherin wieder hereinkam und mich anbrüllte: »Anziehen, Sie müssen zum Untersuchungsrichter.« Da sass ein etwas gedrückter kleiner Mann vor seinem Schreibtisch, murmelte so etwas wie eine Entschuldigung, es könne in den heutigen Zeiten vorkommen und so weiter. Ich war ihm nicht böse, kafkaeske Erlebnisse wie meines dürften in dieser Maschinerie nichts Fremdes gewesen sein. Die Tür ging auf und meine Freundin Laura Schimko trat ein. Etwas verschüchtert sagte sie zu mir: »Du wirst abgeschoben und kannst dir die Grenze selbst auswählen. Es wird schon alles gut gehen.« Mit diesen etwas pythischen Worten verabschiedete sie sich. Es war Ende September, schon recht kühl, und ich hatte nur ein leichtes Sommerkleid an. Ich begriff nicht, warum Laura mir keinen Mantel gebracht hatte. Die Eisige legte mir einen Stoss Bücher, die ich ebenfalls von draussen erhalten hatte, auf die Arme, und beide – die lange kräftige und die kleine, weniger als vierzig Kilo wiegende Person – schritten wir durch einen grossen Hof zum Eingang des Gefängnisses. Im Büro erhielt ich das Geld zurück, das man mir abgenommen hatte, minus einiger kleiner Ausgaben für zusätzliches Essen. Auch meine Uhr bekam ich wieder. Die Bücher liess ich zurück. Ich könnte sie nicht auf den Schub mitnehmen und würde sie später abholen lassen, erklärte ich meiner Begleiterin. Die Abschiebung war mir etwas Unvorstellbares. Adieu Pankraz. Erst viele Jahre später, auf den Spuren meiner Vergangenheit, sah ich dieses Gefängnis wieder – diesmal von aussen. Ich stand da und fragte mich, wer heute solch kafkaeske Erlebnisse wie meines durchzumachen hat.

Es war ein trüber Tag. Ich wurde in einen Autobus gesetzt und in die Schubstation transportiert. Was sich so nannte, war ein ziegelrotes Gebäude mitten in freundlichem Grün. Zuerst brachte man mich in ein Büro, wo mich zwei leutselige Herren fragten, über welche Grenze ich denn abgeschoben werden wolle. Ich wollte gar keine, musste jedoch eine angeben. Österreich kam nicht in Frage, dort sassen meine Eltern in Haft und stand ich zweifellos auf einer Verhaftungsliste. Nach Hitler-Deutschland? Ganz gewiss nicht. Also blieb nur Polen, auch kein sympathisches Land, was sein Regime betraf. Was hätte ich dort anfangen sollen, ohne Anlaufadresse, ohne Bekannte? Aber es blieb mir nichts anderes übrig. »Polen«, sagte ich. Die jovialen Herren notierten meinen Wunsch und teilten mir dann mit, es werde eine Verzögerung geben, denn für einen Schubtransport müssten mindestens drei Weggewiesene beisammen sein. Die Verzögerung dauerte geschlagene vier Wochen, in denen ich in Schubhaft gehalten wurde. Ich kam in ein Zimmer, in dem etwa zwölf weisse Gitterbetten standen, je drei in Kajüten übereinander. Das Abschiebehaus, das von aussen so harmlos aussah, war abgeschlossen, nur in den Gängen und Schlafräumen konnten sich die Insassen bewegen. Es herrschte ein Lärm wie in einem Irrenhaus, bevor die bequemen Psychopharmaka erfunden wurden. Hier warteten nicht nur abgeurteilte Sträflinge auf ihren Transport an die Grenzen. Alte Frauen und Männer, schwer senil, torkelten umher, brabbelten vor sich hin, schrien und weinten. Offenbar war für sie noch kein endgültiger Platz gefunden worden. Junge und alte Prostituierte, die ebenfalls auf den Schub warteten, zankten und krakelten. Manche sassen auf den Stufen und starrten den ganzen Tag lang vor sich hin. Es war ein armseliger, bemitleidenswerter und doch schrecklicher Menschenhaufen, der hier auf irgendeinen Platz in der Welt wartete. Ein paar Aufseherinnen mit Peitschen standen umher – notabene im Jahre 1936, in der Tschechoslowakei, die als eine der humansten Demokratien galt. Nachts lag ich zuoberst auf dem Kajütenbett. An Schlaf war nicht zu denken, es gab keinen Augenblick lang Ruhe. Heulen, Zanken, Wimmern ohne Unterbruch. Wenn es ganz arg wurde, kam eine der Aufseherinnen und knallte mit der Peitsche durch die Luft. Dann war es für einen Augenblick still, um gleich von neuem loszugehen. Nach vierzehn Tagen meldete ich mich wieder bei den leutseligen Herren und fragte, ob noch kein Schub in Aussicht sei. Nein, ich müsse noch Geduld haben. Warum ich mich denn überhaupt in eine solche Lage gebracht hätte? Was antwortet man auf eine solche Frage? Überall, wo ich bin, gelingt es mir, mit einem Menschen irgendeine freundliche Beziehung zu knüpfen. An diesem Ort des Wartens und des Wahnsinns war es unmöglich. Ich konnte mich nur selbst vor dem Verrücktwerden schützen. Die Toiletten waren modern und hygienisch, liessen sich jedoch nicht abschliessen.

Auch dieser Monat ging vorbei. Irgendwann gegen Ende Oktober teilte man mir im Büro mit, ich könne noch heute mit zwei weggewiesenen Taschendieben auf die Fahrt. Ein Polizeiauto brachte mich und zwei junge Bürschchen zum Wilsonbahnhof. Ich warf einen sehnsüchtigen Blick auf den Wenzelsplatz, wo ganz in der Nähe Lauras Schwester wohnte. Hätte ich nur hier aussteigen und bleiben können. Wir wurden in ein Zugabteil verfrachtet und erhielten als Begleitung bis zur polnischen Grenze zwei Soldaten. Die beiden jungen Polen, zwei Taschendiebe jüdischer Herkunft mit den ehrlichsten und heitersten Gesichtern der Welt, verwickelten mich sogleich in ein Gespräch. Während ich ihnen von meiner Kalamität erzählte, standen die beiden Soldaten draussen im Gang. Es regnete, die wenigen Schritte über die Strasse zum Bahnhof hatten mich in meinem leichten Baumwollfetzen völlig durchnässt. Ich fror. Die beiden Gesellen sprachen mir Mut zu und versprachen, mich bei unserer Ankunft zu netten Leuten zu bringen. Ich glaubte ihnen kein Wort, fand ihre Hilfsbereitschaft aber trotzdem ermutigend. Während wir so plauderten, ging mir ständig durch den Kopf, was wohl Laura gemeint hatte mit ihrem »Es wird schon alles gut gehen«. Durfte ich es wagen, die beiden Soldaten zu bestechen? Das hatte ich in meinem Leben noch nie gewagt. »Zweihundert Tschechenkronen«, dachte ich, »das wäre angemessen, nicht zu viel, nicht zu wenig.« Die beiden waren sicher arme Teufel. Verschlimmern konnte ich eigentlich nichts. Ich trat auf den Gang hinaus, schloss die Tür, wandte mich dem einen zu und sagte leise: »Ich bin eine Politische, Anti-Nazi, in Polen habe ich nichts zu suchen, bitte lassen Sie mich laufen.« Dabei steckte ich ihm das vorbereitete Geld hin und siehe, er wies es nicht zurück. Etwas erleichtert, doch keineswegs beruhigt, setzte ich mich wieder ins Abteil. Nach mehrstündiger Fahrt erreichten wir Teschen (heute Cieszyn), die Grenzstation. Dort wurden wir aus der Bahnhofshalle, die fast leer war, hinauseskortiert und bewegten uns auf der Strasse in Richtung polnischer Grenzposten. Die beiden Taschendiebe waren auf einmal sehr niedergedrückt. Etwa in der Strassenmitte schrie mich einer der beiden Begleitsoldaten an: »Sie bleiben hier stehen und rühren sich nicht vom Fleck, bis wir zurückkommen.« Ich verstand, empfing noch einen schnellen Abschiedsblick der zwei Polen, sah von weitem, wie sie im Grenzhäuschen verschwanden, machte rechtsumkehrt und ging zum Bahnhof zurück. Es regnete immer noch. Tropfnass, wie ich war, begab ich mich ins geheizte Bahnhofsrestaurant und bestellte mir Kaffee, Buttersemmeln und zwei Spiegeleier. Ich war frei. Das Gefühl war herrlich. Ich ass gierig meine erste Mahlzeit nach der Haft und bewunderte das schöne Besteck. Das Leben sollte mir noch öfter Situationen bescheren, in denen allein schon die Abwesenheit eines Unglücks Glück hiess.

Langsam ging ich zum Billettschalter und überlegte fieberhaft, wohin ich nun gehen könnte. Nach Prag? Ausser Lauras Schwester hatte ich dort keine Adresse, die ich anlaufen konnte. Ausserdem konnte man aus konspirativen Gründen nie sicher sein, ob man einfach an einen Ort zurückkehren durfte. Also löste ich eine Fahrkarte nach Bratislawa, wo Karl, der Bruder von Hermes, mit Frau und Kind wohnte. Von dort konnte ich dann mit Prag Verbindung aufnehmen. Die Reise in meinem dünnen Sommerkleid war lang und frostig. Karl Köhler und seine Frau nahmen mich bereitwillig auf. Ich hatte hohes Fieber und einen solchen Schnupfen, dass ich kaum aus den Augen sehen konnte. So legte ich mich gleich ins Bett. Nach einer Woche war ich wieder auf den Beinen, und Hermes, inzwischen benachrichtigt, traf in Bratislawa ein. Ich war unbeschreiblich froh, dass er gekommen war. Ich hatte mir mein verstrubbeltes Haar ganz kurz schneiden lassen und mir Rock und Bluse gekauft. Hermes übernachtete in einem Hotel. Am andern Morgen sollten wir uns in einem Café treffen, mit dabei Friedl aus Wien. Das Vergessen wie das Erinnern hat seine Eigengesetzlichkeit. Wir sassen zu dritt im Café, und ich, noch berauscht vom Gefühl, wieder frei zu sein, plauderte drauflos. Nichts vom Gefängnis – ich fühlte, dass sie davon nichts hören wollten. Ich war lustig und schwatzte, die beiden waren stumm.

Ich erfuhr, dass auch meine Eltern seit einigen Wochen wieder frei waren. Nur dass Mama schwer krank war, wusste ich nicht. Friedl reiste nach Wien zurück, und Hermes begleitete mich zu seinem Bruder. Er hatte es eilig, wieder nach Prag zu gelangen. Ich verschwendete keinen Gedanken daran, dass seine Rückreise ohne mich seltsam war. Vermutlich führte ich es auf Sicherheitsgründe zurück. Wie ahnungslos und vernagelt ich doch war.

»No pasaran«
Betreuung von Spanienkämpfern in Paris

Zurück in Prag, wohnte ich mit Hermes in einem kleinen Zimmer bei einem tschechischen Genossen. Mein Freund war viel unterwegs auf Sitzungen, während meine Existenz ziemlich in der Luft hing. Ich war viel allein. Hermes stellte mir keine einzige Frage nach der Zeit im Gefängnis. Er war sehr still, und ich fühlte Eiseskälte um uns beide. Eine Erklärung dafür hatte ich nicht, wollte ich auch nicht. Die Verdrängung war absolut. Doch eines Tages, als ich seinen Rock bürstete, fiel ein Bildchen aus der Tasche, eine sehr gute Foto von Friedl. Sie war darauf so schön und schien so fröhlich, dass ich nun endlich alles verstand. Die Erkenntnis traf mich wie ein greller Blitz, und plötzlich wusste ich, dass unsere zehnjährige Beziehung ein Ende gefunden hatte. Doch es sollte noch Wochen, Monate, sogar Jahre dauern, bis wir uns ganz voneinander gelöst hatten. Unsere Wege kreuzten sich noch oft.

Im November erreichte mich die Nachricht vom Tod meiner Mutter. Sie hatte mir einen letzten Gruss geschickt. Aufgrund meiner Lebensart hatte ich sie schon längst verloren, doch immer hatte sie ihre Liebe für mich bewahrt. Ich war jetzt nirgends mehr verwurzelt ausser in der Partei, in der ich nun auch keine feste Aufgabe hatte. Die Novemberwochen in Prag schlichen dahin. Obwohl wir im selben Raum lebten, sprachen Hermes und ich wenig miteinander. Wir sassen oft zusammen am Radio, in Spanien tobte der Bürgerkrieg, den

Franco entfesselt hatte, Hitler schickte seine Truppen und Flugzeuge hin, trat gegenüber der Welt immer unverfrorener und machtsüchtiger auf. Wir sassen schweigend und hörten Radio, die Welt erschien mir wie verschleiert, und ich tappte im Nebel, sah keinen Ausweg. Hermes wartete auf ein erlösendes Wort von mir, das nicht kam. Ich war zu schwach dazu und machte mir deswegen Vorwürfe. Damals las ich Dostojewskis »Die Brüder Karamasow«, wobei mich besonders das Gespräch des Erzpriesters mit Christus beeindruckte. »Gib den Menschen nicht die Freiheit«, sagte der Priester, »denn sie sind schwach. Sie brauchen deine Freiheit nicht.« »Ja«, sagte ich mir, »auch ich bin schwach. Ich müsste ihn mit freundlichen Worten ziehen lassen, das erwartet er von mir, und ich kann nicht.«

Wie so oft, erzwang ein Anstoss von aussen die Lösung. Julius Deutsch[35], der in Zürich als Emigrant lebte und für die Partei tätig war, kam nach Prag. Er führte mich auf den Hradschin, sass mit mir in Caféhäusern, plauderte mit mir, lenkte mich ab. Wir kannten uns schon lange von den Treffen im Arbeiterheim in Wien. Ich tat ihm leid, wie ich, dünn wie ein Faden, so dahindämmerte und nicht mehr lachen konnte. »Du musst fort«, sagte er. Das war der einzige vernünftige Vorschlag. Hermes war wieder für kurze Zeit verreist, und so zog ich mich am eigenen Schopf aus meiner Misere, beherzigte den Ratschlag meines guten Freundes und reiste nach Zürich. Dort sollte mich ein Genosse, den Julius sehr schätzte, abholen und mich in der Zeit meines Erholungsurlaubes betreuen. Kaum in der Eisenbahn, kam wieder Leben, fast Übermut in mich. Ich steckte in einem neuen Mantel, ein luftiges Hütchen sass schief auf dem Kopf. Ich war etwas wehmütig und zugleich begierig auf Neues. Als der Zug im Zürcher Bahnhof einfuhr, sah ich aus dem Fenster und erblickte sofort einen Mann mit einer Pfeife in der Hand, aus der er von Zeit zu Zeit bedächtig einen Zug nahm. Diese Ruhe, diese Bedächtigkeit gefielen mir. Der Mann flösste mir sofort Vertrauen ein. Er hiess Fred[36] und wurde mein künftiger Ehemann. Doch sollte es noch fast drei Jahre dauern, bis wir uns fürs Leben finden konnten.

Von da an begann ein neuer Abschnitt meines Lebens, noch voll von Wirrungen, Hoffnungen und Enttäuschungen, doch Schritt für Schritt hin zu grösserer Selbständigkeit. Fred und ich fanden sofort eine gemeinsame Sprache. Er war, ebenso wie ich, schon früh in der sozialistischen und dann in der kommunistischen Bewegung aktiv geworden und stammte ebenfalls aus sehr einfachem Hause. Sein Vater war jahrelang arbeitslos gewesen, und seine Mutter hatte die Familie zeitweise mit Zimmer vermieten und Kostgängern über Wasser gehalten. Die revolutionären Entwicklungen der zwanziger und frühen dreissiger Jahre, der Erste Weltkrieg und seine Folgen, hatten Freds Gedanken und Weltanschauungen die gleiche Richtung gewiesen wie mir. Beide hatten wir auch schwere persönliche Krisen durchgemacht. Fred befand sich mitten in der Scheidung von Käthe, seiner ersten Frau, und ich stand vor der Auflösung einer Beziehung, die zehn Jahre gedauert hatte. Mit dem Pflichtbewusstsein, das charakteristisch für ihn war, übernahm mein zukünftiger Mann meine »Betreuung«. Das Quartier, das er mir in Zürich verschafft hatte, war nicht übel. Er brachte mich in ein schönes Haus an der Hadlaubstrasse am Zürichberg zu Frau Doktor Klaesi-Brennwald, die damals Rossi hiess. Dort wohnte ich eine Woche bis zu meiner Abreise in den Tessin und lernte dabei Freds Kinder kennen, Robi und Rösli, die damals acht und neun Jahre alt waren. Zürich schien mir im Vergleich zu Wien eine ruhige, kleinbürgerliche und wohlhabende Stadt. Hinter ihrem bescheidenen Äusseren vermutete man keine grossen Reichtümer. Ebenso wenig ahnte man von den schweren Kämpfen der Krise in den frühen dreissiger Jahren. Die Stadt erlebte gerade einen Aufschwung. Mir gefiel sie in ihrer kleinstädtischen Ruhe, mit ihrem See und der damals noch viel lebendigeren Limmat. Fred hatte immer gern den Fremdenführer gespielt und zeigte auch mir die Stadt, die meine zweite Heimat werden sollte. Wir spazierten unter den Bögen an der Limmat, durch die kleinen engen Gässlein, und er schenkte mir Blumen. Blumen von einem Mann, das war mein erstes Erlebnis dieser Art. Da Fred zudem ein Augenmensch und Kunstliebhaber war, führte er mich auch ins Kunsthaus. Ich war in dieser Hinsicht geradezu eine Barbarin. Das Gymnasium hatte mir in Sachen Kunst nichts geboten ausser ein paar altgriechischen Bildern, die im Geschichtsunterricht in einer Dia-Vorführung gezeigt wurden. Nur der archaische Rosslenker war mir davon im Gedächtnis geblieben. Fred war tolerant. Er zeigte, machte aufmerksam, lehrte sehen, ohne seine ungebildete Schülerin fühlen zu lassen, dass sie nichts verstand.

Im Zimmer, das mir die gastfreundliche Frau Rossi zur Verfügung stellte, entdeckte ich ein Buch, das mich sofort gefangen nahm. Es war der zweite Band von Thomas Manns Josefsromanen. Ich las und las und konnte nicht aufhören. Josefs Schiffsfahrt als Gefangener nach Ägypten hatte eine ausserordentlich beruhigende Wirkung auf mich. Dieser breite epische Erzählstrom, der so ruhig dahinfloss wie das Wasser des Nils, dieser gedemütigte Gefangene, der sein Los mit Heiterkeit und Ironie hinnahm, wirkte stark auf mich in meiner damaligen Zerrissenheit. Mir wurde klar: Eine wichtige Funktion grosser Kunst ist auch das Trösten. Von da an wurde Thomas Mann für mich zu einem Schriftsteller, der mich allein mit seiner Ironie lehrte, die Dinge, die grossen und die persönlichen, mit einigem Abstand zu sehen.

Frau Rossis Pflegesohn, James Tobler, brachte mich auf den Zug in den Tessin. Fred hatte dort für mich einen Ferienplatz beim Ehepaar Gobmeyer organisiert, das in Minusio eine kleine Pension führte. Vater Gobmeyer war kein gewöhnlicher Mann, er hatte viel erlebt während der deutschen Revolution und Hitlers Putschversuch in München. Viele Emigranten, Flüchtlinge und Politiker, die sich ausruhen wollten, fanden in der kleinen wohligen Pension Unterschlupf. Bei dieser meiner ersten Fahrt in den Süden hatte ich mit dem Wetter grosses Glück. Auf der Alpennordseite herrschte dichtes Schneegewimmel, kaum war der Zug in Airolo, leuchtete mir das reinste, makelloseste Blau entgegen, und das Land lag in strahlender Sonne. Damals gab es noch keine Autobahn, und die Trasse der Eisenbahn war imponierender ohne diese Konkurrenz. Bei Gobmeyers war ich zu dieser Zeit, einige Tage vor Weihnachten, der einzige Gast. Es ging mir prächtig. Frau Gobmeyer verwöhnte mich mit ihrer vorzüglichen Küche, in meinem Zimmer standen immer Veilchen und Primeln, und von Fred kamen Briefe. Das Leben hatte für mich ein Tor weit geöffnet. Meinen Unterhalt bestritten Freunde von Fred, Paul und Millicent Furrer. Sie waren religiöse Sozialisten, Anhänger von Leonhard Ragaz[37]. Fred selbst war finanziell eher knapp dran. Er lebte von seiner Frau bereits getrennt und teilte sein Einkommen mit ihr und den Kindern. Ich besass nichts, war vogelfrei, meine Zukunft lag im Dunkeln. Doch jetzt ging es mir gut. Ich lag in der Sonne auf dem kleinen Balkon und las, blickte von Zeit zu Zeit auf die Berge um mich, ihre weichen musikalischen Linien, genoss das Läuten der Tessiner Glocken mit ihren melodiösen Tönen statt des gewohnten Bimbam. Wenn ich in den Himmel starrte, war mir sehr wohl und sehr weh. Ich war plötzlich herausgerissen aus einer harten, kämpferischen Welt und in einen Frieden versenkt, der mich fast schmerzte. Mein Freund war mir – so schien es – auf immer entschwunden, meine Jugend verloren. Ich schloss die Augen und weinte.

Gobmeyers bereiteten sich auf Weihnachten vor. Feiern hatten wir in unserer besessenen Aktivität nie gelernt. Ich freute mich auf das kleine Fest. Im Esszimmer wurde ein schöner Tannenbaum geschmückt, um den viele Geschenke zu liegen kamen. Als dann die Lichter brannten, das gute Essen verzehrt war, befiel mich doch ein bitteres Gefühl. Ich war weit weg von allem, was mir lieb war, getrennt von nahen Menschen durch den Tod, durch Verfolgung, durch den Abbruch einer Beziehung. Als ich gerade versuchte, mein Selbstmitleid zu unterdrücken, überreichte mir Frau Gobmeyer ein Päckchen. Was ich aus Geschenkpapier herausschälte, war eine Handtasche, eine schöne rote Handtasche aus feinem Leder. Und ein Brief dabei, von Fred. Es war das schönste Geschenk, das ich in meinem Leben erhalten habe. Es war mehr als Geschenk, es war die zarteste Liebesbezeugung, die ich bisher erhalten hatte. Es war das sanfteste Streicheln nach langer Zeit. Es war auch der erste, noch zurückhaltende Liebesbrief, den ich erhalten hatte, einer von vielen, die noch folgen sollten.

Bei Gobmeyers lernte ich auch Mentona Moser[38] sehr gut kennen, die in Morcote wohnte. Sie dürfte damals etwa Mitte sechzig gewesen sein, stammte aus reichem grossbürgerlichem Haus und hatte in der Zeit der grossen Hungersnot in Russland, nach dem Krieg und der Revolution, ihr ganzes Vermögen für den Aufbau eines Waisenhauses hergeschenkt. Mentona war überzeugte Kommunistin und eine interessante Frau. Sie erreichte ein sehr hohes Alter und verbrachte ihren langen Lebensabend sorgenlos in einem Heim in der DDR, wo sie noch ihre Memoiren schrieb. Ich ging oft mit ihr, die vor Gesundheit und Lebenskraft strotzte, spazieren. Sie brachte mir ein kleines italienisches Verschen bei, das an Obszönität nichts zu wünschen übrig liess, und erteilte mir so Italienischunterricht.

Nach Weihnachten besuchte mich Fred. Er kam, so oft er konnte, und ich fürchte, seine Reisen in den Tessin haben damals sein Budget bedenklich erschüttert. Ich hatte immer gute Freundinnen, mit denen ich über vieles reden konnte. Doch denke ich an jene Jahre innerer Not zurück, wird mir bewusst, wie wenig Jugendliche Gleichaltrigen helfen können. Ein Gefühl der Scham, das Bedürfnis, eigene Schwächen zu verstecken, überwiegt gegenüber dem Drang, sich einer Freundin vertrauensvoll zu öffnen. Mit Fred konnte ich gleich von Anfang an reden. Sicher nicht über alles – jeder Mensch hat sein Geheimnis, das respektiert sein muss –, doch über vieles. Erstaunt schaue ich zurück. Was habe ich denn zehn Jahre lang mit meinem Jugendfreund gesprochen? Gewiss nie über Persönliches, nie über schwere Erlebnisse, die miteinander leichter zu verkraften gewesen wären, nicht einmal ernsthaft über politische Fragen, die ja unser Leben ausfüllten. Auch er hat mir nie von dem erzählt, was ihn bewegte. Dennoch waren wir nicht stumm, wir redeten durchaus. Es waren Gespräche, die an der Oberfläche blieben, wir redeten um die Dinge herum. Nie gelang es uns, diese Schicht zu durchstossen und in eine tiefere einzudringen. Hermes hatte auch nie einen wirklichen Freund, so heiter er sich gab, so anziehend er im Umgang mit allen war. Brauchte er das nicht? Nicht jene tiefe Vertrautheit, die im Leben so vieles leichter ertragen lässt? Ich jedenfalls spürte immer, dass hinter seiner Lichtseite ein dunkler Schatten war, fühle noch seine schweissnassen Hände, wenn ihn etwas quälte, und weiss, dass er ein ernster Mensch war, der ein bestimmtes Bild von sich nach aussen kehrte und sich dahinter versteckte. Er wahrte dieses Gesicht bis zu seinem schweren Tode.

Die zwei Monate in Minusio, eine sehr helle Zeit meines Lebens, neigten sich ihrem Ende zu. Von Prag aus wurde ich aufgefordert, nach Paris weiterzureisen, wo ich eine Aufgabe vorfinden würde. In Zürich traf ich mit meiner Freundin Gerty zusammen, die nach jahrelanger illegaler Tätigkeit in Wien und fast einjähriger Haft in der »Lisel« ebenfalls nach Paris wollte. Wir waren damals nicht so reiselustig wie die Jugend heute, uns fehlte das Geld. Die Welt lockte trotzdem, und Paris ganz besonders. Gerty jubelte vor Freude, und ihre Fröhlichkeit steckte mich an. Über ihre persönlichen Probleme erzählte sie nichts. Ihre Beziehung mit Toni Reisinger war schon in Moskau ins Wanken gekommen. Tondo war ein Schürzenjäger, und Gerty war nicht die Frau, die Seitensprünge einfach hinnahm. In Moskau hatte sie eine kurze Freundschaft mit einem rumänischen Genossen, der mit mir im Verlag arbeitete. Wir nannten ihn nur King. Er war ein ernster freundlicher Mann, einiges über dreissig, der Respekt einflösste. Seine Gesichtszüge glichen den Konterfeis auf alten römischen Münzen. Über einem Auge, das ihm die Siguranza, die rumänische Geheimpolizei, herausgeschlagen hatte, trug er eine schwarze Binde. Mit einer Lupe in der Hand sass er über Übersetzungen von Lenintexten. King war verheiratet. Er hatte seine Frau bei seinem illegalen Aufenthalt in Wien kennen gelernt, wo sie Hausmädchen bei jenen Leuten war, die ihn aufgenommen hatten. Es war eine Ehe aus Dankbarkeit, aus Pflichtgefühl. Seine Frau passte nicht zu ihm, sie war ein braves Hausmütterchen ohne Interesse für ihre Umwelt. Als seine kleine Tochter zur Welt kam, feierten wir bei King ein Fest. Hat er Gerty erst dort kennen gelernt? Einige Monate, bis zur Abreise meiner Freundin aus Moskau, dauerte die Liebesbeziehung. Einmal sagte King zu mir: »Ich werde nie mehr einen so gütigen, integren und mutigen Menschen kennen lernen wie diese Frau.« Gerty war meine Freundin, und ich verstand, weshalb dieser Mann von ihr eine solch hohe Meinung hatte. Unser Parteitheoretiker Alfred Klahr, der uns während des Krieges vor seiner Ausweisung aus der Schweiz im Triemli besuchte, sprach mit fast den gleichen Worten von Gerty. Sie selbst hielt von ihm nicht so viel wie von King. Intellektuelle Fähigkeiten konnten ihr wohl Eindruck machen, doch waren sie ihr nicht Ausschlag gebend in der Bewertung eines Menschen. Viele verstanden sie in diesem Punkt nicht. Auch ihr Sohn Robert[38], das Kind von René Hayek, dem Mann, den sie am meisten geliebt hatte, fragte mich einmal, warum seine Mutter einen Mann gewählt habe, der ihr geistig unterlegen sei. Georg Nürnberger, mit dem sie nach dem Krieg zusammenlebte, war ein Mann aus Arbeiterkreisen, Spanienkämpfer, kein Gebildeter, kein Intellektueller. Gerty kann jeden Menschen neben sich dulden und lieben, wenn er nur eine Eigenschaft hat: Herzensgüte. Ich versuchte das ihrem Sohn zu erklären, erzählte ihm auch, wie viele Männer in der Partei sich nach schlimmen Kriegs-, KZ- und Foltererlebnissen mit viel jüngeren Frauen zusammentaten, um das Leben von Neuem unbelastet zu beginnen. Auch Georg Nürnberger hatte das versucht und war sehr schnell gescheitert. In Gerty fand er Halt, und sie in ihm. Gerty hat seine Tochter aus der misslungenen ersten Ehe grossgezogen und ihren schwierigen Sohn Robert dazu. Das Kinder-KZ, wo Robert als Baby anderthalb Jahre vegetierte, war nicht der beste Start ins Leben.

Also – auf nach Paris. Frankreich war zur Zeit der Blum-Regierung politisch in Hochstimmung. Neue Gesetze brachten den arbeitenden und lohnabhängigen Menschen erstmals ein bis zwei Wochen bezahlte Ferien im Jahr, die Sozialleistungen waren auf vielen Gebieten verbessert worden. Frankreich war ein reiches Land und hatte auf diesem Gebiet viel aufzuholen. In Spanien herrschte schon seit einigen Monaten ein erbitterter Bürgerkrieg. Die Regierung Blum hatte sich gegen eine Intervention entschieden, wissend, dass das Hitlerreich Francos Truppen mit Waffen, Soldaten und Offizieren unterstützte und die Legion Condor für Bombardierungen hinschickte. Was die Reaktion der europäischen Linken bis weit hinein in bürgerlich-liberale Kreise betraf, so habe ich seither keine zweite Solidaritätswelle mehr erlebt, die so stark, so umfassend und ergreifend war wie jene für das demokratische Spanien. Aus fast allen Ländern Europas, auch aus den Vereinigten Staaten strömten junge Männer nach Spanien, um sich den Internationalen Brigaden als Kämpfer anzuschliessen. Die Frauen taten es ihnen als Krankenschwestern und Köchinnen gleich. Jene aus Europa nahmen den Weg über Frankreich, die Pyrenäen. Die französischen Behörden, die Polizei und die Grenzkontrolle drückten beide Augen zu. Den Weitertransport der Freiwilligen organisierte die KP Frankreichs mit Hilfe der Sozialisten, doch spielte sich alles so ab, als wäre es gemäss dem Prinzip der Nicht-Intervention illegal und müsste geheim gehalten werden.

In diesem Kampf fand auch ich meine Aufgabe. Ich hatte die Freiwilligen aus Österreich und der Tschechoslowakei in Empfang zu nehmen und sie während der wenigen Tage, die sie in Paris verbrachten, zu betreuen. Ich erledigte für sie die verschiedensten Dinge. Fast täglich trafen bis zu zehn Österreicher oder Tschechen ein, und ich hatte während Monaten keinen freien Tag. Zuerst wohnte ich mit Gerty in einem dunklen möblierten Zimmer mit einem kleinen Lichthof. Gerty kochte, da ich vom Haushalten nichts verstand, für uns beide. Erst als wir die sonderbaren Tierchen bemerkten, die zu Dutzenden auf dem Lichthof hin und her huschten und sich als respektable fette Ratten erwiesen, gaben wir dieses Quartier auf. Im Halbdämmer hatten wir sie zuerst für Spatzen gehalten. Wir machten uns beide selbstständig: Ich zog ins neunzehnte Arrondissement nahe der Metrostation Jaures, bald darauf in die Avenue Maturin-Moreau, in die Nähe des Büros, wo Vertreter aller Nationen die anreisenden Freiwilligen in Empfang nahmen und die Schleichwege zur Weiterbeförderung organisierten. Ich empfing meine Landsleute und die Tschechen, nahm ihnen das Geld ab, das sie bei sich hatten, um es in eine gemeinsame Kasse fliessen zu lassen, und versorgte sie mit Taschengeld und vorläufigen Instruktionen. Sie mussten Fragebogen ausfüllen, kurz über ihre Lebensverhältnisse, ihre Weltanschauung berichten. Aus Österreich kamen viele Arbeitslose, meist Gegner des faschistischen Regimes, Sozialdemokraten, Kommunisten. Manche kannte ich, die meisten nicht. Sie waren voller Begeisterung, wieder für eine demokratische Sache kämpfen zu dürfen, und hatten den unbekümmerten Mut der Jugend. Ein bisschen Abenteuerlust war bei einigen auch dabei. Kaum einer unter ihnen war je aus dem Land herausgekommen, und Spanien war für sie ewiger Sonnenschein, das Meer, Orangen, das Neue, das ganz andere. Manche Österreicher, die noch nie fremde Luft gerochen hatten, lernte ich auch von einer quengeligen Seite kennen. Ich führte sie alle in das Genossenschaftsrestaurant »La bonne famille« zum Essen. Der Übergang von dem etwas derben österreichischen Essen zu den französischen Gemüsen und Joghurtdesserts fiel einigen gar nicht leicht. Sie mussten sich den Magen richtig füllen können, und das war bei diesem billigen französischen Essen nicht möglich. Auch als Arbeitslose mussten sie zuhause eingebranntes Gemüse und Erdäpfelknödel als Nahrung nicht vermissen. Es fiel ihnen schwer, die Sitten anderer Länder zu akzeptieren, umso mehr, je ärmer sie vorher zuhause waren.

Vor meiner Abreise nach Paris hatte ich noch zwei Tage in Prag bei Hermes verbracht. Als sei nichts vorgefallen, hatten wir uns dann in mehr als freundschaftlichem Einvernehmen getrennt. Über die vergangenen Etappen meines Lebens sinnierend, fragte ich mich verwundert, wie das kam. Ich war auf dem besten Weg gewesen, die Vergangenheit hinter mir zu lassen. Nun war der Faden neu geknüpft, von mir ungewollt, doch nicht gegen mein Gefühl. Die längere Abwesenheit, ein Fluidum von Fremdheit und Selbstständigkeit an mir hatten – zusammen mit dem Altvertrauten – meinen Freund offenbar wieder zu mir hingezogen. Es war ein trügerischer Altweibersommer, ein letztes leises Nachwehen vergangener Gefühle. Nicht für mich. Ich hatte die Kette kaum gelöst, da war sie wieder geschlossen. In freudiger Stimmung reiste ich ab, ohne nach der weiteren Zukunft zu fragen. Auf der ganzen Fahrt war ich in euphorischer Stimmung, und so begann ich auch mein Pariser Leben. Mit meiner Konkurrentin Friedl hatte ich Mitleid, die aufkeimenden Hassgefühle waren verdorrt, diese erniedrigenden Gefühle, deren man sich schämt, die man für unwürdig, weil schlecht hält und doch nicht unterdrücken kann. In Zürich, wo ich kurz Station machte, traf ich wieder Fred, der sich alles von mir anhörte und sich mit grosser Güte an meinem Glück freute. In Paris sass ich abends oft in einer Brasserie oder einem Café und schrieb Briefe nach Prag und auch nach Zürich. Es war wohltuend, neben dem unzuverlässigen Freund einen zu haben, der liebe, warme und herzliche Briefe schrieb. Sonst blieb alles in der Schwebe. Ich hatte meine Arbeit, neue Menschen um mich, lebte in einer sehr anderen Welt. Von der Stadt selbst bekam ich zunächst nur einen begrenzten Umkreis zu sehen, immer das gleiche Arbeiterquartier, in dem die Ankommenden untergebracht wurden. Daneben unternahm ich mit ihnen vor ihrer Weiterreise einige wenige Spaziergänge.

Da war aber Max, der kleine Max, der Sohn eines reichen polnischen Juden. Mäxchen, wie wir ihn seiner Körpergrösse wegen nannten, war schon früh zur kommunistischen Partei gestossen. Seinen Vater sah ich einmal in Paris, einen netten älteren Herrn, der alles duldete, was sein einziger Sohn unternahm, wohlwollend, lächelnd. Mäxchen sorgte für die Verbindung aller ausländischen Gruppen zu den Franzosen, welche die Weiterreise und den eigentlichen Transport nach Spanien leiteten. Er sprach ein elendes Französisch, war immer gut gelaunt, witzig und überaus menschen- und frauenfreundlich. Mäxchens Freundin Marika, eine zwanzigjährige Kroatin, lebte in Prag, war schwanger und sollte bald nach Paris kommen. Inzwischen nahm Max hier seine wichtige Aufgabe wahr, und dank seines Kommunikationstalents funktionierte der Verkehr mit den Franzosen reibungslos. Seine ebenfalls knappe Freizeit verbrachte er meist mit Gerty und mir. Mit Geld war er dank seines freigiebigen Vaters reichlich versehen; wir andern erhielten nur das Nötigste zum Wohnen und Essen. Dieser Winter in Paris war sehr sonnig. Max pfiff einem Taxi, wir setzten uns zu dritt hinein und los gings, kreuz und quer durch die Stadt, ohne auf die Zeit zu achten. Damals gab es noch Wagen mit zurückklappbarem Dach, so dass wir genug von der Pariser Luft bekamen, und Mäxchen stimmte ein Lied nach dem andern an. Tschechische Volkslieder, die ich schon von der Prostituierten im Gefängnis gehört hatte. Eines war das Lieblingslied Masaryks[39], ich habe es noch im Ohr. Auch Kampf- und Fliegerlieder sangen wir, wobei Max mit seinem schönen hellen Tenor unsere piepsigen Stimmen anführte. Er nahm uns manchmal auch mit in schummrig rot beleuchtete Lokale, in die wir sonst nie gekommen wären.

Im Rahmen meiner Arbeit für die Spanienkämpfer lernte ich auch Otto Heller kennen, den Schriftsteller, der mit seinem Buch über die Juden in der Sowjetunion, vor allem über Birobidschan[40], bekannt geworden war. Heller war ein interessanter, auch ein wenig arroganter Mann, mit dem wir uns gelegentlich in einem Café trafen. Er kannte die schweizerischen Verhältnisse gut, hatte in Zürich längere Zeit mit Willy Münzenberg[41] zusammengearbeitet und lebte nun, ein leidenschaftlicher Liebhaber Frankreichs und seiner Menschen, in Paris. Das Experiment von Birobidschan hatte keinen Erfolg, die Juden der Sowjetunion schlugen dort keine Wurzeln. Heller war ein guter Causeur, wusste unsere Runde glänzend zu unterhalten und machte uns auf die besondere Schönheit der Pariser Frauen aufmerksam. Durch ihn bekam ich einen Blick für die etwas strenge Schönheit und die natürliche Eleganz der Pariserinnen.

Die Spanienfahrer brachte ich in einem schäbigen Hotel unter, dessen enge Zimmer ausser einem Eisenbett und einer Waschschüssel keinen Komfort zu bieten hatte. Von der Strasse aus betrat man einen Hof, in dem die Zugänge zu den Zimmern lagen. Das Hotel wurde uns von den Franzosen zugewiesen, es war billig, und die Besitzer hatten keine

Angst vor möglichen Komplikationen mit der Polizei. Das Zimmermädchen, das während der Woche sauber machte, hiess Marguerite. Oft hörte ich den gedehnten Ruf der Chefin über den Hof schallen, wenn neue Gäste ankamen: »Margueriiiiite.« Diese Marguerite sah wochentags wie eine Schlampe aus, das dunkle Haar ungepflegt und zerzaust. Doch sonntags kam die grosse Verwandlung: Marguerite wurde – kaum mehr zu erkennen – eine hübsche Frau in dunkler eleganter Kleidung. Mit dem Besitzer-Ehepaar hatte ich regelmässig abzurechnen, meist wenn sie beim Mittagessen sassen. Das Esszimmer enthielt ausser Tisch und Stühlen nur die Jagdgewehre des Chefs, doch die Tafel war mit einer üppigen Auswahl an Speisen versehen, die mir die Augen übergehen liess. Herrliche Früchte auf grossen Schüsseln bildeten den Nachtisch. Ich wurde oft eingeladen mitzuessen, lehnte aber immer ab, weil ich nur zu genau wusste, wie sich die beiden in dieser schweren Zeit bereicherten.

Marika traf mit einem hochgeschwollenen Bauch, den sie stolz vor sich hertrug, in Paris ein. Ihr slawisches Kindergesicht leuchtete vor Zufriedenheit. Gerty sah ich fast täglich; sie wohnte zu jener Zeit in einem Etablissement, an dem draussen über der Tür eine rote Laterne und an der Decke ein Spiegel hingen. Sie war da in aller Unschuld hineingeraten, wurde aber nie belästigt. Ich hatte oft ein schlechtes Gewissen, weil ich einen jungen Spanienkämpfer nach dem anderen in den Krieg schicken musste, während ich nicht sehr glücklich, doch zumindest sicher in Paris sass. Manche Frauen meldeten sich als Krankenschwestern, doch mir war ein solcher Einsatz versagt. Ich hätte es nicht ausgehalten, bei einer Amputation zu assistieren, und war auch physisch ungeeignet für diesen Beruf. Inzwischen kamen die ersten Verwundeten aus dem Bürgerkrieg nach Paris zurück. Einen kleinen Spanier mit amputiertem Arm, ein blutjunges Kerlchen, brachte ich in einer Pension unter, die fürchterlich schäbig war. Ich nahm mich seiner an, ging mit ihm spazieren, wenn ich Zeit hatte. Auch Gerty dachte nicht daran, sich den Internationalen Brigaden anzuschliessen. Sie besorgte in Paris die private Korrespondenz zwischen den Interbrigadisten und ihren Angehörigen. Ihr waren für später ganz andere Abenteuer vorbehalten.

Meine Kusine Renée, Tante Schnierers Tochter, kam für einen Besuch nach Paris. Sie war damals achtzehn Jahre alt und ging in Wien ins Gymnasium. Sie wollte die langen Sommerferien bei mir verbringen und dem omnipräsenten Druck des schwarzen Faschismus in Österreich eine Zeit lang entrinnen. Ich verfügte damals über ein leidlich hübsches Zimmer in einem guten Maison meublée mit einem breiten Doppelbett und einer Kitchenette. Mit Renées Hilfe entstand ein ganz solider kleiner Haushalt. Wir nahmen regelmässige Mahlzeiten zu uns, und meine Kusine kochte mir gelegentlich auch Diät, weil sich meine Gallensteine sehr oft bemerkbar machten, ohne dass ich wusste, was es war. Über körperliche Beschwerden glitt man damals sehr leicht hinweg, litt man, so litt man eben, war es vorbei, umso besser. Damals trat ein wichtiger Mensch in unser Leben. Franz Luda, ein schwerinvalider junger Österreicher, kam direkt aus dem Spital in Albacete, wo damals Walter Fischer Chefarzt war. Sein eines Bein war knapp unter der Hüfte amputiert, das andere unter dem Knie, ein Arm knapp unter dem Schultergelenk. Doch auf den Schultern sass ein hübscher blonder Kopf, aus dem helle fröhliche Augen blitzten. An Franzls Frohmut war nichts gekünstelt, nichts angestrengt. Dieser vitale Bursche war einfach nicht zu brechen. Wir brachten ihn in einer halbwegs anständigen Pension in der Nähe von Jaurès unter, von wo aus er in die Spitäler fuhr, um sich Prothesen anmessen zu lassen. Franz Luda wurde von allen als grosser Held des antifaschistischen Krieges betrachtet. Um sein Bett versammelten sich täglich die österreichischen Emigranten, die ankommenden und abfahrenden Spanienkämpfer. Die nicht zu zerstörende Heiterkeit Franzls trug viel dazu bei, dass sein Zimmer zu einem geselligen Zentrum wurde. Auch mein schweizerischer Freund Fred kam einige Male nach Paris, so oft es seine beschränkten Mittel und die Schulferien erlaubten, und lernte so einige meiner Freunde und Freundinnen kennen. Die Beziehung mit ihm war mir zu einem Stück innerer Heimat geworden. Mit seinen Besuchen verbinde ich Erinnerungen an bunte Frühlingssträusse, an den fröhlichen Markt in der Rue de Seine, an Besuche im Louvre, für die ich sonst nie Zeit hatte. Manchmal war mein neuer Freund zornig. Von der ruhigen Schweiz her war es ihm wohl nur schwer verständlich, dass ich bis spät in die Nacht hinein auf Trab war und kaum Zeit zum Essen hatte. Renée hingegen hatte viel Zeit und war stundenlang mit Franz Luda zusammen. Mit ihrer kleinen Stupsnase, den hohen Backenknochen und dem dunkelblonden Haar war sie ein sehr hübsches Mädchen. Das Mitleid mit dem verkrüppelten jungen Mann zerbarst ihr fast das Herz. Vom Mitleid und der Bewunderung für den mutigen Kämpfer bis zur Liebe und Hingabe war es nicht weit. Mit Besorgnis sah ich, wie diese Beziehung immer stärker wurde. Ich fühlte mich für Renée verantwortlich und fand, sie sei zu jung, um schwerwiegende Entscheide zu fällen, die ihr Leben in eine ganz andere Bahn lenkten. So kam ich mit ihrem Bruder Arthur überein, sie nach Ende der Sommerferien wieder nachhause zu schicken. Renée reiste mit Tränen in den Augen ab, und Franz Luda erhielt später in der Sowjetunion Asyl.

Eines Tages kam auch mein Hermes alias Konrad nach Paris. Ich war damals in einer äusserst zwiespältigen Lage. Von Natur aus sehr zur Beständigkeit und Treue neigend, hatte das Leben mich in eine verzwickte Situation gebracht. Ich hatte jetzt zwei Freunde, einen, mit dem ich eine lange Vergangenheit hatte und durch viele gemeinsame Erlebnisse und Kämpfe verbunden war, und einen, den ich erst seit kurzem kannte. Zwischen uns dreien war alles unklar, alles in der Schwebe. Keine Seite sprach ein endgültiges Wort. Mein Herz sprang vor Freude, als Hermes in mein Zimmer trat. Ich hatte gar nicht gewusst, dass die alten Gefühle noch lebendig waren. Da er sich ebenfalls alles andere als reserviert verhielt, erschwerte er mir die Loslösung von ihm, die doch nur eine Frage der Zeit war. Nachdem er irgendeine seiner vielfältigen Aufgaben in Paris erledigt hatte, reiste er wieder ab. An einem unserer gemeinsamen Abende gingen wir mit einem österreichischen Genossen in die Folies Bergères zu einer Vorführung von Josefine Baker, die damals auf der Höhe ihres Ruhmes stand. Wir bekamen eine Loge, von der aus man alles bestens sehen konnte. Die zwei Männer sassen nebeneinander, ich hinter ihnen in der Ecke. Und was taten die beiden? Den Vorgängen auf der Bühne schenkten sie kaum einen Blick. Unser Genosse, brav verheiratet und ein Muster an Moral, hatte nur eine Leidenschaft – die Politik. Er vertiefte sich mit Hermes in ein politisches Gespräch, wobei die beiden laut flüsterten. Rundherum wurde gezischt. Nur ich genoss die Vorführung; zum ersten Mal sah ich nackte Tänzerinnen und bewunderte vor allem die Baker mit ihrem dunklen, glänzenden Schlangenleib. Das Desinteresse der beiden Männer neben mir war typisch – neben der Partei gab es nichts, die übrige Welt versank. Was für ein enger Horizont. Nicht einmal die Baker mit ihrer vitalen, erotischen Ausstrahlung konnte die beiden für einen Augenblick ablenken.

In der Pariser Redaktion der »Roten Fahne« arbeitete Rudi Auerhahn, ein prächtiger Genosse und begabter Journalist. Die Aufgabe füllte ihn nicht aus, und er wusste nie so recht, was tun. Nach einem Treffen mit ihm kam Hermes einmal erbost nach Hause und kritisierte, dass Rudi nicht bereit war, nach Spanien zu gehen, in den einzigen Kampf, der einem anständigen Kommunisten in der Emigration ohne besondere Aufgabe offenstand. Ich konnte ihm nicht zustimmen. Rudi Auerhahn war ein körperlich zerbrechlicher Intellektueller und völlig ungeeignet für Kriegsdienste. Doch war er zweifellos bereit, jede andere Parteiarbeit zu übernehmen, selbst wenn sie zu bitteren Konsequenzen führen sollte. Nach einigen Tagen entschloss sich Rudi doch, sich den Internationalen Brigaden in Spanien anzuschliessen. Er kämpfte nicht lange. Ein Bein wurde ihm abgerissen, und er starb am Operationsschock. Er wollte kein Held sein und wurde es dann doch. Sein Fall war charakteristisch für die Haltung innerhalb der kommunistischen Parteien.

Die meisten Freiwilligen, die in Spanien am Bürgerkrieg teilnahmen, waren Haudegen, abenteuerlustig und zum harten Kampf gegen den Faschismus bereit. Es gab aber auch andere wie Rudi Auerhahn. Einmal kehrte einer von der

Front zurück, den ich in einem jener billigen Hotelzimmer unterbrachte, die je nach Stimmung und Lebenssituation der Bewohner Selbstmordgedanken hervorrufen können. Er war nicht verwundet, nur auf eine geheimnisvolle Weise krank. Wir nannten das damals »Nervenzusammenbruch«. Heute würde ich sagen, der junge Mann hatte eine schwere Depression, entstanden aus dem Zwiespalt, dass er den Härten des militärischen Kampfes nicht gewachsen und doch gezwungen war, als Held zu agieren. Als ehemaliger Schutzbündler in Wien war er – wie andere auch – von Moskau aus an die Front geschickt worden. Es galt zwar das Prinzip der Freiwilligkeit, doch die meisten standen moralisch so unter Druck, dass sie nicht wagten, Nein zu sagen. Für solche Menschen war es eine harte Zeit.

Das Jahr 1937 näherte sich seinem Ende. In Spanien wurde der Kampf immer verbissener und für die Republikaner aussichtsloser. Im Vélodrome d'Hiver gab es Massenveranstaltungen, in denen die Pasionaria[42] sprach, eine imponierende dunkle Frau, die für uns die Personifikation des spanischen Widerstandes war. »No pasaran.« Immer neue Frachten von Menschenleibern wurden an die Front geschickt, doch führte der Faschismus bereits seine grossen Materialschlachten. Im Paris des Sommers 1937 fand die grosse Weltausstellung statt. Fred kam in seinen Schulferien wieder zu mir, wir besuchten die Ausstellung und betrachteten das Guernica-Bild Picassos, für das ich damals noch kein Auge hatte. Fred sah es wohl und bewunderte es erschüttert. Mir gefielen die grossen Wandbilder in der Halle des russischen Pavillons weit besser, naiv gemalte bukolische Szenen aus dem angeblichen Sowjetleben. Ich hätte es ja besser wissen müssen, hatte die Wirklichkeit dort gar nicht idyllisch erlebt, sondern eher schwer und grau. Gegenüber dem russischen stand der deutsche neoklassizistische Bau. Ich ging wie um ein Pesthaus darum herum.

»Gott schütze Österreich«
Einmarsch Hitlers in Wien

Die österreichische Partei forderte mich auf, nach Prag zu kommen. Von dort sollte ich nach Wien weiterreisen und in Österreich eine bestimmte Arbeit übernehmen. Mein Weg führte mich ganz natürlich über Zürich, jetzt ein grosser Anziehungspunkt für mich. Fred bewirtete mich gleich am Abend meiner Ankunft mit Schlagrahm und Meringue, seinem eigenen Lieblingsdessert. Er wohnte damals bereits als geschiedener Mann an der Sihlfeldstrasse bei einer toleranten Zahnarztwitwe, die nichts dagegen hatte, dass seine Freundin bei ihm übernachtete. Dieses Laissez-faire war für das damals ziemlich puritanische Zürich ungewöhnlich. Das Intermezzo in Zürich war kurz. Ich hatte keine Ahnung, wann wir uns wieder sehen würden. In Prag holte mich Hermes von der Bahn ab. Schon das erstaunte mich, noch mehr aber der Umstand, dass er in unserem alten Quartier bei jener sudetendeutschen Frau wohnte, die das Auf und Ab unserer Beziehung miterlebt hatte. Ich war sehr verwirrt. Meine Gefühle für Hermes waren noch nicht völlig erloschen; er verkörperte meine ganze Vergangenheit, meine Jugend, meine Kämpfe, meine Freuden, meine Leiden. Trotzdem wäre es mir lieber gewesen, dieses Zimmer nicht mehr zu sehen. Die Illegalität führte uns in solche Situationen, vielleicht auch ein Bedürfnis nach jener flüchtigen Geborgenheit, an der es uns sonst völlig mangelte. Ich blieb nicht lange in Prag. In Wien sollte ich eine Aufgabe übernehmen, für die vorher der hoch begabte Franz Marek[43] verantwortlich zeichnete, die Herausgabe eines Informationsblattes für die Genossen in der Illegalität mit einer Auswahl und Zusammenfassung von Presseberichten. Ich hatte einige Jahre lang die »Proletarierjugend« redigiert und das anscheinend so gut gemacht, dass man mir diese Aufgabe anvertraute. Die Ereignisse sollten mir allerdings keine Zeit lassen, mich einzuarbeiten.

In Wien bezog ich in Hernals ein Zimmer, in dem schon

viele Genossen illegal gewohnt hatten. Die Frau, eine Witwe mit zwei kleinen Mädchen, brauchte das Geld und nahm uns nicht aus politischen Motiven auf. Ich war im Besitz eines tschechischen Passes, lautend auf den Namen Jana Vagnerova, der für mich zu einem sehr wichtigen Dokument wurde. Da ich mich unangemeldet in Wien aufhielt und mit einer Verhaftung rechnen musste, durfte ich mich bei Papa, der in unserer alten Wohnung an der Adambergergasse lebte, nicht zeigen. Ich habe ihn nie wieder gesehen. Keinen von meinen Verwandten traf ich, auch nicht meinen älteren Bruder Jack, der für mich wie verschollen war.

Als Büro war mir eine Adresse in der Praterstrasse angegeben worden. Ich stand vor dem neobarocken Haus mit seiner für Wiener Verhältnisse eher seltenen, überladenen Fassade und staunte. Es war das Haus meiner verstorbenen Tante Mandel, der einzigen piekfeinen Dame in unserer Familie, die uns stets auf saubere Nastücher, gewaschene Hälse und geputzte Fingernägel geprüft hatte und die wir weidlich hassten. Ich schlich an ihrer Wohnung im ersten Stock vorbei, wo vermutlich noch ihre Nichte, die Tante Anna wohnte, und bezog einen Stock höher mein Büro. Eine Schreibmaschine, ein Stoss Papier. Von Zeit zu Zeit traf ich mich mit Franz West[44] und Franz Marek, mit denen ich mich über meine Arbeit beriet. In der Pariser Zeit war ich über die Ereignisse in Österreich nur flüchtig informiert. Spanien nahm uns so sehr in Anspruch, dass ich die politische Verbindung mit meinem Land fast verloren hatte. Nun erlebte ich ein Wunder. Die vermeintlich völlig zerschlagene österreichische Arbeiterbewegung, die den Ständestaat von Anfang an als etwas Fremdes, Aufgezwungenes betrachtete, tauchte wie der Phönix aus der Asche wieder auf. Trotz ernsthaften Differenzen zwischen Revolutionären Sozialisten, Sozialdemokraten und Kommunisten zeigte sie sich mit ihrer ungebrochenen Kraft. Unter dem Druck der immer militanteren Nazis und des zusehends unsichereren Schuschnigg-Regimes brachen die Barrieren der Illegalität. Aus den Betrieben, der Einheitsgewerkschaft, in der sich die Arbeiter feste Positionen erobert hatten, wuchs eine starke, völlig legale Widerstandsbewegung hervor. Schuschnigg musste mit den Vertrauensmännern der Arbeiter verhandeln, und diese klar auftretenden Vertreter ihrer Klasse haben ihm, dem schwankenden und zerrissenen Mann, zweifellos tiefen Respekt abgenötigt. Auch christliche Kreise, die an die Selbstbestimmung Österreichs glaubten, fanden auf den Weg des gemeinsamen Widerstands.

Wenn Österreich fiel, dann nicht aus Mangel an Widerstandsgeist, nicht weil es eine Nation von Lakaien und Anpassern war, sondern weil sich die Ereignisse überstürzten. Nach Schuschniggs Kapitulation in Berchtesgaden wurde Seyss-Inquart Innenminister, den die Wiener in ohnmächtiger Wut »Scheiss-Inquart« nannten. Am 24. Februar 1938 sprach sich Schuschnigg im Wiener Parlament gegen Hitlerdeutschland aus, nicht ganz ohne Mut, doch auch ohne Distanzierung zum Ständestaat und zum so genannten »deutschen Frieden«, der sowieso eine blutige Illusion war. Seiner Rede folgten grosse illegale Flugblattaktionen und zahllose Bekenntnisse zur Unabhängigkeit. Eine Verhandlungsdelegation aus Betrieben und Gewerkschaften ersuchte dringend um ein Treffen mit Schuschnigg, das er nur zögernd und nach langer Wartezeit gewährte. Am 7. März 1938 kam es im Florisdorfer Arbeiterheim zu einer historischen Konferenz von Vertrauensleuten der Arbeiter, an der Hillegeist[45] von seiner Unterredung mit Schuschnigg berichtete. Auch Hermes nahm als Delegierter der KP daran teil. Der Florisdorfer Konferenz folgten Branchenkonferenzen der Arbeiter, ein fester Widerstandsgeist formte sich. Am 13. März kündigte Schuschnigg in Innsbruck eine Volksabstimmung an, die als Hauptpunkt ein Bekenntnis zur Unabhängigkeit Österreichs beinhaltete. Er hatte dem Druck des Volkes nachgegeben, doch zu spät. Das später offen gelegte Aktenmaterial zeigt, dass Hitler einmarschierte, um diese Abstimmung zu verhindern. Er verleibte sich Österreich ein, obwohl Schuschnigg die Abstimmung absagte. Die Westmächte hatten das Land ohnehin im Stich gelassen.

Hermes hatte zu dieser Zeit von der Partei den Auftrag, mit den Christlich-Sozialen vom antinazistischen Flügel zu verhandeln, damit man den Arbeitern ihre Rechte bis zu einem gewissen Grad zurückgäbe und sie mit Waffen ausrüstete, um gegen die Nazis zu kämpfen. Doch von dieser Mission wusste ich damals nichts. Aus den Dokumenten, die in den Buchbänden »Widerstand und Verfolgung in Wien« festgehalten sind, erfuhr ich es erst sehr viel später, welche Rolle mein Freund spielte. Bei der Zeugeneinvernahme im Prozess gegen den führenden Nazi Georg Schmidt befragt der Gerichtsbeisitzer den Kommunisten Otto Horn[46] über jene Zeit kurz vor dem Einmarsch. »Wie haben Sie sich die Aussichten des Widerstands vorgestellt, da Sie selbst sagten, dass Sie die starke Aufrüstung Deutschlands einkalkuliert haben?« Antwort von Otto Horn: »Es haben Hermann Köhler und General Zehner direkte Verhandlungen geführt, und zwar darüber, dass nicht allein das Bundesheer Widerstand leisten solle, sondern dass auch die Arbeiterschaft bewaffnet werden solle und von innen her versucht werden würde, den Widerstand gegen die Nationalsozialisten aufzunehmen.«

Zu jener Zeit traf ich mich regelmässig mit Hermes, obschon das Gebot der Illegalität ihm strengste Diskretion auch mir gegenüber auferlegte. Einmal war ich bei ihm in seinem Zimmerchen in Hietzing, wo wir früher lange miteinander gewohnt hatten. Die Vermieter waren sozialdemokratische Sympathisanten, ein älteres Ehepaar, das schreckliche Ängste ausstand, weil der Mann, wie sich herausstellte, Jude war. Wir lagen auf dem Bett, über uns der Lautsprecher des Radios, und hörten uns gemeinsam Schuschniggs letzte Rede an das österreichische Volk an. Bei den Worten »Gott schütze Österreich« brach seine Stimme fast. Auch wir hätten am liebsten losgeheult, denn wir wussten, dass es das Ende war und die neuen Blüten des Volksfrühlings im Frost des Nationalsozialismus wieder erfrieren würden.

Als Hitlers Truppen einmarschierten, im März 1938, hielten wir uns gemeinsam in einem Kaffeehaus am Südtiroler Platz auf. Wir sassen am Fenster und beobachteten mit ohnmächtiger Wut, wie die Soldaten der Wehrmacht von mehreren Strassen her anrückten, um die SS und die Gestapo zu verstärken, die schon früher eingefallen waren. An diesem

Tag hatte ich nicht die Kraft, allein in mein düsteres illegales Quartier zurückzukehren. So fuhren Hermes und ich zu sozialistischen Genossen, mit denen wir die ganze Nacht durchwachten. Der Mann war Redakteur bei der ehemaligen Zeitung »Abend« gewesen, einem sozialdemokratisch orientierten Boulevardblatt, das mein Vater gerne gelesen hatte. Ein paar Tage danach traf ich Hermes in einer Wohnung in der Brigittenau. Der Mann, der uns Unterschlupf gewährt hatte, war ein alter orthodoxer Jude mit langem Bart. Ich stand mit ihm am Fenster und sah hilflos zu, wie die Flammen einer gerade angezündeten Synagoge loderten.

Kurz nach dem Einmarsch reiste Hermes weiter, ich vermutete nach Paris. Er musste schnell fahren, bevor es an der Grenze Schwierigkeiten gab. Wir sahen uns noch einmal in meinem Quartier. Beim Abschied geschah etwas, das ich mir lange nicht erklären konnte, so absurd kam es mir vor. Hermes hatte seine Pantoffeln bei den sozialdemokratischen Freunden vergessen und machte mir nun bittere Vorwürfe, dass ich ihn nicht daran erinnert hatte. Die Pantoffeln – ich war sprachlos. Unklar fühlte ich, dass ich diesen Menschen vielleicht nie wieder sehen würde, und nun – die Pantoffeln. Es war eine groteske, komische Situation, Ausdruck unserer ganzen jahrelangen Beziehung. Später verstand ich ihn besser. Er fühlte wohl seine Verantwortung für mich, Angst auch, mich nun allein in dieser fremd gewordenen Stadt zurückzulassen. Hinzu kam, dass er wieder eine neue Freundin hatte. Alles das zusammen mündete dann wahrscheinlich in diesen unverständlichen Vorfall.

Nach Hermes' Abreise war ich ganz allein in Wien. Franz Marek, meinen Hauptverbindungsmann, hatte ich verloren. Ich irrte in der Nähe des angegebenen Treffpunkts in der Innenstadt umher, suchte in den benachbarten Gassen und fand ihn nicht. Etwa dreissig Jahre später in Zürich fragte er mich, wieso wir uns damals verfehlt hätten. Wenig später reiste Marek nach Paris weiter. Hätten wir uns getroffen, wäre wohl auch ich dort gelandet. Ich bin froh, dass es anders gekommen ist. Ich kann nicht mit Sicherheit sagen, ob ich es ertragen hätte, mit Folter und Tod konfrontiert zu sein.

Damals suchte ich meine Schulfreundin Ida auf, die Geliebte meiner vierzehn Jahre. Sie gab mir Unterkunft und Essen, unterdrückte ihre Angst. Ich selbst hatte keine Furcht, strich in den Strassen umher, beobachtete. Einmal sagte ein Strassenbahner zornig zu mir: »Jetzt wirds wenigstens an Urdnung gebn.« »Ja«, entgegnete ich, »Ordnung schon, aber auf dem Friedhof. Krieg wirds nämlich geben.« Ein ander Mal fuhr ich mit dem Autobus gegen Abend in ein Aussenquartier. Er war vollgestopft mit Arbeitern, alle waren still, bedrückt. Plötzlich sagte einer laut und lachend: »Leitln, machts denn so a Gsicht. Jetzt san ma halt Rauchschinken. Aussen braun und innen rot.« Gelächter, Erleichterung – die österreichischen Arbeiter und Arbeiterinnen werden sich nicht unterkriegen lassen. Ich sah auch Offiziere der Hitlerarmee, wie sie an wichtigen Kreuzungen stramm standen. Es war eine fremde Stadt. Die Leute hatten an ihren Kleidern plötzlich winzig kleine Hakenkreuzchen angesteckt. Man sah so viele davon, dass schon klar wurde, dass es sich nur um eine Mimikry handelte. Mir begegneten sogar Juden, die das Hakenkreuz trugen.

Bis Anfang Mai hielt ich es, völlig isoliert, in dem mir unvertraut gewordenen Wien aus. Zu meinen Angehörigen konnte und durfte ich nicht gehen, zu legal lebenden Genossen ebenfalls nicht. Wie meine Vermieterin reagieren würde, sobald sich Kontrolle und Aufsicht verschärften, war leicht vorauszusehen. So fuhr ich mit der Elektrischen in den Wienerwald, wanderte von Grinzing aus auf den Kahlenberg, hockte mich hinter ein Gebüsch und dachte nach. Ich musste einen Entschluss fassen. Auf den Strassen Wiens rollten Panzer, marschierten Truppen – es war nicht sinnvoll, so ganz ohne Verbindung in dieser Stadt zu bleiben. Heute, wo die Ereignisse jener Jahre bis in die winzigsten Details erforscht werden, weiss ich, dass der Schock, unter dem die Menschen litten, Ruhe vortäuschte, kampflose Kapitulation, sogar Zustimmung und Begeisterung für den Nationalsozialismus. Da und dort höre ich noch von den charakterlosen Österreichern reden, von dieser Lakaien-Nation, gewohnt, andere Nationen zu beherrschen und sich selber jedem

Druck zu beugen. Es ist wahr: Die Unsicherheit vieler Menschen entsprang der Unsicherheit über ihre nationale Identität. In einem solchen geschichtlichen Dilemma fand sich nicht jede Nation, die von den Nazis besetzt wurde. Als Hitler triumphierend in diese ihm so verhasste Stadt Einzug hielt, war ich auf dem Ring dabei. Er stand mit ausgestrecktem Arm auf dem Auto und nahm die Jubelrufe einer riesigen Menschenmenge, in der ich eingequetscht stand, entgegen. Wien war eine rote Stadt gewesen. Woher kam diese Menschenmasse, die vor Euphorie und Hysterie heulte? Es schien, als ob die Nazis aus ganz Österreich anmarschiert wären. Und da war auch die Unsicherheit über die Frage, ob mit dem Anschluss an das Deutsche Reich nicht ein historischer Akt stattfinde. Der Sozialdemokrat Renner, ein alter Deutschnationaler, meldete sich am 14. März im Wiener Rathaus bei dem soeben eingesetzten Nazi-Bürgermeister Neubacher und sagte: »Es freut mich, dass es gerade ein Österreicher ist, der meinen Traum verwirklicht, Österreich nach Deutschland zurückzuholen.« Mit diesem Österreicher meinte er Hitler – die Schamlosigkeit konnte nicht weitergetrieben werden. Aber die Geschichte leistet sich makabre Witze: 1945, im Jahr Null, als alles zusammengebrochen war, betraute die russische Armee Renner mit der Aufgabe, eine provisorische Regierung zu bilden. Die Kommunistische Partei hatte in der nationalen Frage eine klare, eindeutige Haltung, die jedoch noch bei weitem nicht in das Bewusstsein aller Parteimitglieder eingedrungen war. Dies umso weniger, als wir uns ja seit Jahren in der Illegalität befanden und die grundsätzlichen politischen Diskussionen sich in kleinen Kreisen abspielten. Meine eigene Haltung in der Anschlussfrage war gar nicht so klar. Das Hitlerregime war für uns die Pest, aber die Vereinigung mit Deutschland stand auf einem andern Blatt. Die Bedeutung der nationalen Frage in Befreiungskämpfen war uns, die wir so stark von einer internationalistischen Haltung geprägt waren, nicht ins Innerste gedrungen.

Ich entschloss mich, Wien zu verlassen, jene Stadt, in der ich keine Wurzeln mehr hatte. Doch schon damals begann in aller Stille ein zäher, unauffälliger Widerstand, winzige Aktionen. Kleine Gruppen von Mittelschülern, Studenten, Arbeitern organisierten sich. Die Dokumente jener Zeit zeugen davon, wie sich unter der harten Kruste der Unterdrückung Leben regte, wie besonders junge Menschen ihr Leben wie selbstverständlich aufs Spiel setzten. Manche meiner Bekannten waren darunter, Freunde, die von der Gestapo kurz nach Beginn der Hitler-Herrschaft verhaftet und in die Gefängnisse und Lager verschleppt wurden. Das Beil des Henkers regierte in meiner Heimat, aber es konnte den Widerstand nicht ausrotten.

Wurzellos

Flucht in die Schweiz

Anfang Mai reiste ich mit meinem tschechischen Pass, lautend auf den Namen Jana Vagnerova, ab. Das ältere Kind meiner Vermieterin, ein vierzehnjähriges Mädchen, begleitete mich auf den Westbahnhof. Auf dem Perron gesellte sich ein massiger Mann in Uniform zu uns, der mir sogar meine Koffer abnahm, was ich als sehr unangenehm empfand. Er blieb vor dem Abteilfenster stehen, bis der Zug sich in Bewegung setzte. Wollte dieser deutsche Polizeibeamte nur höflich sein oder wollte er die Leute überwachen? Es war mir unheimlich. Ich plauderte mit dem Kind drauflos, lachte, machte Spass. Ich verstand nicht, warum der Mann sich nicht vom Fleck rührte. Endlich – der Zug fuhr los. Er war voll besetzt. Bald stellte ich fest, dass viele junge Nazis wieder Richtung Salzburg und Tirol fuhren, von wo sie zur Begrüssung ihres Führers angereist waren. Neben mir sass ein junger Bursche, ein Arbeiter aus einer Patronenfabrik. Er erzählte mir begeistert von den illegalen Aktionen, die er als Nazi-Mitglied während des Verbots seiner Partei durchgeführt hatte. Stundenlang schwärmte er davon, wie er Hakenkreuzfahnen auf Kirchtürmen gehisst hatte, und lehnte sich zutraulich an mich. Unangenehm wurde die Sache erst, als er plötzlich zu mir sagte: »Gell, du bist eine Jüdin.« In der

Nacht wartete ich, bis er einen Augenblick eingeschlummert war, packte meinen Koffer und wechselte in einen Waggon ganz vorne. So bodenlos politisch dumm waren diese jungen Menschen, dass sie nicht einmal ahnten, wie gefährlich das Leben für einen Juden im Dritten Reich unter ihrem angebeteten Führer war.

Es war mein Glück, dass ich im Waggon gleich hinter der Lokomotive sass. Gegen neun Uhr früh langten wir in Feldkirch an. Drei Stunden blieb der lange Zug an der Grenze stehen. Alle Passagiere mussten aussteigen und im Stationsgebäude die Pass- und Gepäckskontrolle der Gestapo passieren. War ein Waggon kontrolliert, stiegen die Passagiere des folgenden aus. Ich empfand ein rasendes, krampfartiges Hungergefühl, gleichzeitig war mein Magen wie zugeschnürt. Fieberhaft repetierte ich in Gedanken die Daten meines Passes. Sie waren ziemlich kompliziert. Geboren in einem Ort mit schwer artikulierbarem tschechischem Namen, heimatberechtigt an einem anderen Ort. Als endlich unser Waggon drankam, war es Mittag. Wir mussten nicht mehr aussteigen. Unter den Passagieren im Abteil herrschte beklommene Stille, keiner sprach ein Wort. Ich rauchte eine Zigarette nach der anderen, obwohl ich sonst im Leben nie Geschmack daran gefunden habe. Ein Gestapobeamter erschien und überprüfte uns anhand der Angaben im Pass. Ich spielte meine Rolle ganz gut, wandte mich dem Mann absichtlich nicht zu, guckte stets halb zum Fenster hinaus, rauchte weiter und gab ihm gleichgültig die gewünschten Antworten. Hansi Wagner nannte ich als meinen Namen. Erstaunt sah er mich an. »Nun ja, das heisst auf tschechisch Jana Vagnerova. Es gibt ja auch Sudetendeutsche.« Trotzdem fragte er alles, was in meinem falschen Pass zu erfragen war. Dann endlich war es vorbei. Auch die anderen Passagiere im Abteil hatten offenbar ihre Proben bestanden. Ich drückte die Zigarette aus und ass gierig ein Salamibrot. Nach der ganzen Anspannung war ich plötzlich todmüde.

Jetzt ging es Richtung Zürich, wo ich meinen Freund Fred treffen wollte. Irgendwo im Zug sass Berti Broda, der – noch von der Schuschnigg-Polizei gesucht – den heissen

Boden der Heimat verliess. Ich erinnere mich gut an die kurze Fahrt auf Schweizerboden, wie die gepflegte Landschaft vorbeiglitt und ein Passagier bemerkte, diese Schweizer seien doch zu beneiden. Ich verspürte ein Aufatmen und gleichzeitig eine Beklemmung über meine ungewisse Zukunft, auch undeutliche Verlustgefühle. Fred musste mein Wiedererscheinen nach ziemlich kurzer Trennung, aber unter solch ausserordentlichen Umständen wie ein Déja-vu vorkommen. Seine erste, von ihm geschiedene Frau Käthe war als Emigrantin nach dem Sturz der ungarischen Räterepublik unter Bela Kun in die Schweiz gekommen. Als sie ausgewiesen werden sollte, hat Fred sie auf Zureden von Genossen geheiratet. Auch unter solchen Prämissen können gute Ehen hervorgehen, doch für diese genügten sie nicht. Fred und ich waren damals noch weit davon entfernt, ans Heiraten zu denken. Mir selbst galt ein offizieller Stempel, die Absegnung einer Liebesbeziehung durch die Behörde, so gut wie nichts. Nicht nur ich, sondern auch viele meiner Freundinnen und Freunde hatten während vieler Jahre nie in normalen Verhältnissen gelebt. Treue galt mir hingegen viel, dafür war ich geschaffen. Alles andere war unnötiges Beiwerk.

Fred wechselte bald von der Sihlfeldstrasse in sein Haus am Triemli, das für Käthe zu teuer geworden war. Sie wollte und konnte nicht mehr darin wohnen. So seltsam es klingt: Häuser waren damals schwer zu verkaufen. So musste Fred diese finanzielle Last übernehmen und in das hübsche Einfamilienhaus mit dem grossen Garten einziehen. Ich mietete mir ein Zimmer in der Nähe bei einem älteren sozialdemokratischen Ehepaar. Der Begriff »Sozialdemokratie« bedeutete für mich, gewöhnt an österreichische Verhältnisse, etwas ziemlich Revolutionäres. Mit diesem bürgerlich-behäbigen, ruhig daherlebenden Ehepaar lernte ich einen andern Typ Sozialisten kennen. Genossen in meinem Sinn waren das nicht. Sie interessierten sich kein bisschen für das Schicksal der jungen Emigrantin, für die beunruhigenden Ereignisse im Nachbarland. Und sie kassierten wie selbstverständlich ihren Zins ein, den ich für das kleine Zimmer entrichten musste. Ich hielt mich jedoch mehr bei Fred auf. Das Zimmer war eher eine Deckadresse für die Polizei. Das Konkubinat war damals streng verboten, und die Emigranten und Emigrantinnen wurden scharf beobachtet.

Mein Exil in Zürich dauerte vom Mai 1938 bis Anfang Dezember 1938. Ich erlebte den neuen Zustand wie ein aus der Erde gerissener Baum. Die Heimat war versunken, die Zukunft verschwommen. Um Rat und finanzielle Unterstützung zu erhalten, meldete ich mich bei der Roten Hilfe, die damals von dem liebenswerten Willy Trostel[47], einem Kommunisten der idealistischen alten Garde, geleitet wurde. Rückblickend finde ich es politisch wenig klug, dass man Menschen, die vor Hitlers Schergen geflüchtet waren, bei der Roten Hilfe offiziell anmeldete. In der Praxis kam es fast einer Denunziation gleich: Dieser Mensch gehört der äussersten Linken an; es wäre besser, ihn so schnell wie möglich loszuwerden. Die damalige Flüchtlingspolitik der Schweiz wurde erst Jahre später unter die kritische Lupe genommen. Während es viele gute Menschen gab, die den Flüchtlingen halfen, war die offizielle Politik – gelinde gesagt – wenig grossmütig, am wenigsten zu der Zeit, als Hitler von Triumph zu Triumph eilte.

Ich nahm Verbindung auf zu Freunden und Genossen, die sich bereits in der Schweiz aufhielten oder nach und nach hier eintrafen. Axel Leskoschek[48] lernte ich erst hier kennen; er wurde Fred und mir ein treuer Freund bis zu seinem Tod. Von Paris aus, wo auch Hermes war, erhielt ich den Auftrag, die Korrespondenz zwischen den Genossen in Österreich und jenen in Frankreich zu vermitteln. Im Keller des Triemlihauses entzifferten ich und Fred die mit unsichtbarer Tinte geschriebenen Briefe. Offiziell waren politische Aktivitäten für Emigrantinnen und Emigranten streng verboten. Wir mussten froh und obendrein dankbar sein, dass wir hier unser nacktes Leben fristen konnten. So spielte sich die antifaschistische Tätigkeit nur im Geheimen ab. Meinen Jana-Vagnerova-Pass hatte ich versteckt, da ich noch keinen anderen hatte. Einmal noch diente er mir für eine kurze Reise nach Paris im Auftrag der Partei. Dort traf ich wieder mit Gerty zusammen. Alles, woran ich mich erinnere, ist, wie wir auf dem Fussboden in Gertys Zimmer in irgendeiner Maison meublée sassen und, statt zu schlafen, die ganze Nacht durch redeten und redeten. Mir wurde dabei klar, dass mein Aufenthalt in der Schweiz nur sehr begrenzt war. Meine Zukunft erschien mir nicht sehr hell.

In Zürich wurde ich einige Male auf die Polizei zitiert, wo man mir sehr eindrücklich klar machte, dass ich unerwünscht sei und die Schweiz so schnell wie möglich verlassen sollte. Bei der Enreise hatte ich natürlich nicht erzählen können, dass ich mit einem falschen Pass gekommen war. So tischte ich ein Märchen auf, wonach mich Freunde über die Grenze geführt hätten. In Österreich war die Polizei immer unser Feind gewesen. Wir waren dazu erzogen, nichts zu verraten und nur so viel von der Wahrheit zu sagen, als es der Glaubwürdigkeit diente und niemandem schadete. Ich kann nicht sagen, dass mir das leicht fiel. Schweigen ist eine Sache, Geschichten erfinden eine andere. Einer dieser manchmal stundenlangen Aufenthalte in Polizeigewahrsam ist mir in Erinnerung geblieben, weil ich nach der Entlassung, als ich von der Polizeikaserne Richtung Sihlbrücke ging, unerwartet auf Hermes stiess, was mich zugleich erschreckte und erfreute. Er war gerade in Zürich angelangt, wollte eine Zeit lang hierbleiben und dann nach Paris weiterreisen, wo das Sekretariat der österreichischen KP eingerichtet werden sollte. Seine neue Frau Betty war mit ihm gekommen. Sie hatte lange Jahre mit dem Chefredakteur der »Roten Fahne« zusammengelebt, einem spritzigen und geistvollen Mann, der in unseren Augen nur einen Fehler hatte: er war sehr dick, ass viel zu viel und war mit seinem Monatsgehalt jeweils schon nach zwei Wochen am Ende. Die Beziehung zwischen Betty und ihm war nicht sehr gut, was auch der Grund seiner Fresslust gewesen sein mag. Die Trennung, zuerst ein Schlag, hatte ihm auf die Dauer gut getan. Betty war eine üppige Wiener Schönheit. Sie hatte ein keckes Näschen, lustige braune Augen, war tadellos gebaut und zog, wo immer sie war, die Blicke der Männer auf sich. Hermes war stolz auf sie. Doch der wunderschönen Betty war kein glückliches Leben beschieden. Als Hermes in Österreich mit dem Fallschirm abgesprungen und bald darauf von der Gestapo gefasst, gefoltert und getötet wurde, lebte Betty in Moskau und erwartete ein Kind, das nicht von ihm war. Der Vater dieses Kindes ging zu Grunde wie Hermes. Betty fand sich nicht mehr zurecht und starb früh an Krebs.

Damals in Zürich musste ich Hermes und Betty für einige Zeit ein Quartier beschaffen, obwohl ich doch hier selbst eine Fremde war. Durch Freds Vermittlung konnten wir die beiden bei Dora Förster am Friesenberg unterbringen. Sie hatten dort eine sichere Bleibe und waren bei guten Leuten. Seltsamerweise machte mir Hermes den Vorwurf, ich hätte sie primitiv untergebracht. Die beiden waren nicht zufrieden. Sie verkehrten mit mir auch nicht in dem freien, unbefangenen Ton, den ich selbst ihnen gegenüber so leicht fand. Zwar lebte noch, wie ein Funke unter der Asche, etwas von dem starken Gefühl für Hermes in mir, doch war er bereits am Verglimmen. Ich konnte ihm und Betty jetzt aufrichtige Freundschaft entgegenbringen. Es berührt mich heute noch schmerzlich, dass Hermes so wenig Grossmut aufbringen konnte, die alte Liebesbeziehung zu mir in eine gute Freundschaft umzuwandeln, auch aus Respekt vor den vergangenen Jahren, die wir gemeinsam verlebt hatten.

1939, knapp vor Kriegsausbruch, waren beide nochmals kurz in Zürich, auf der Durchreise irgendwohin, nach Moskau meinte ich. Ich war bereits verheiratet und lud sie beide zu uns ins Haus im Triemli ein. Auch da herrschte immer noch der gezwungene Ton vor, die Befangenheit, über die ich bis heute nur rätseln kann. Der Tod von Hermes hat mir die Auflösung des Rätsels verunmöglicht. Es ist mir nicht gegeben, Menschen, die ich einmal geliebt habe, einfach aus meinem Leben zu streichen. Sie waren darin und gehören zu mir. Möglicherweise wäre er mir irgendwann fremd geworden, hätte der Tod nicht den grausamen Schlusspunkt gesetzt. Ich behielt, so lange ich mit ihm zusammen war, ihm gegenüber immer mein geistiges Reservat, meine kleine Insel, auf der ich auf meinem Ich beharrte, auf meinen Freunden, die nicht die seinen waren, auf meinen Büchern, die er nicht las, meinen Zuneigungen, die er nicht teilte. Ein lan-

Oben: Brand des Justizpalastes während der Demonstration gegen das »Schandurteil von Schattdorf« am 15. Juli 1927. Unten: Industrialisierung in der Sowjetunion. Die Originallegende zum Bild: »Wir werden arbeiten, wie uns der grosse Stalin gelernt hat«, erklärt der Dreher W. M. Dudin vom Kollektiv der Maschinenfabrik Worowski in Swerdlowsk. Bei einem Sowjetpatrioten ist Wort und Tat eins: In diesen Tagen erfüllt der Dreher sein Soll zu 250–400 Prozent.

Wien, XXI. Schlingerhof

Schutzbundaufstand vom Februar 1934 in Wien.
Links: Ein getöteter Schutzbündler auf einer Strasse in Wien-Florisdorf.
Rechts oben: Verhaftete Schutzbündler in Zivil.
Rechts unten: Die vom Artilleriebeschuss zerstörte Fassade der Wohnsiedlung Karl-Marx-Hof.

Schutzbundaufstand vom Februar 1934 in Wien:
Oben: Das zerstörte Café Goethehof.
Unten: Zahlreiche Einschusslöcher an der Fassade des Arbeiterheims in Wien-Ottakring zeugen von der Härte der bewaffneten Auseinandersetzungen.

Oben links: Alfred Hümbelin mit Pfeife, wie Lotte ihn 1936 kennen lernte.
Rechts: Lotte (2.v.l.) während ihres Erholungsurlaubs im Winter 1936 in Minusio mit ihren Gastgebern, der Familie Gobmeyer.
Unten links: Gerty Schindel 1937 in Paris, wo sie zusammen mit Lotte für die Spanienkämpfer arbeitete.
Rechts: Lotte als Betreuerin von Spanienkämpfern mit einem Kriegsverletzten, Paris 1937.

Links: Karte der Roten Hilfe. Unten Letty, für die Lotte als Haushälterin arbeitete, mit ihrer Tochter Lynne vor dem Quarterhouse in Whittersham, Kent. Ganz unten: Versammlung der Roten Hilfe im Volkshaus Zürich in den dreissiger Jahren.

Ausdehnung der kantonalen Wegweisungsverfügung auf das ganze Gebiet der Schweiz

[Stempel:] ...ZERISCHE BUND... AUG. 1938 ... C. 13.626

Eidg. F. P. Nr.	Kanton Nr.	Kant. Antrag oder Entscheid	Bern
789 o29 E/HB.	2o2 o61	vom 26.7.38	1.August 1938.

(1

Die eidgenössische Fremdenpolizei, nach Prüfung der Akten

Z B i n d e l Charlotte, geb. 22. Januar 19o9, von Wien, schriftenlos, Privatlehrerin,

und gestützt auf Art. 12, Abs. 3 und Art. 13 des Bundesgesetzes über Aufenthalt und Niederlassung der Ausländer vom 26. März 1931

verfügt:

Die Wegweisungsverfügung des Kantons Zürich wird auf das ganze Gebiet der Schweiz ausgedehnt.

Obgenannte hat **das Gebiet der Schweiz bis zum** 15. September 1938 **zu verlassen.**

Die Wiedereinreise in die Schweiz zur Uebersiedelung, vor dem 1. Oktober 194o

ohne ausdrückliche Bewilligung der eidgenössischen Fremdenpolizei in Bern ist untersagt. Nachher gelten die allgemeinen Vorschriften über Einreise und Aufenthaltsregelung.

Begründung: Ueberfremdung.

Bemerkungen:

Eidg. Gebühr Fr. -.-

Beilagen: 1 österr. Heimatschein
1 Geburts-Zeugnis.

Eidgenössische Fremdenpolizei

Geht an:
Gesuchsteller Frl. Charlotte Bindel, Zürich 9, Birmensdorferstr. 575, b. Lüthi.
Arbeitgeber -.-
Kanton Zürich
Gemeinde Zürich
Kt. Arbeitsamt Zürich.

n Schweiz. Bundesanwaltschaft z.K. **Siehe Rückseite** (1) 311 d

Oben: Faksimile der Wegweisungsverfügung der Eidgenössischen Fremdenpolizei gegen Charlotte Bindel. Die Begründung des ablehnenden Asylentscheids: »Überfremdung«. Unten: Erkennungsdienstliche Fotos von Lotte, aufgenommen vom Polizeikommando des Kantons Zürich.

Links oben: Kommunisten am 1.-Mai-Umzug von 1939 in Zürich.
Links unten: 1.-Mai-Umzug von 1945 in Zürich.
Rechts oben: Wahlpropaganda-Umzug in Zürich-Aussersihl 1947.
Rechts unten: Alfred Hümbelin (2. Reihe, 2.v.l.) mit seiner Klasse von 1935/36 im Zürcher Feldschulhaus.

Arbeiter
wählt
Rot

ESSO
KRONE

Linke Seite, oben links: Lotte und Fred Hümbelin, frisch verheiratet.
Oben rechts: Familie Hümbelin-Binden anfangs der vierziger Jahre in den Ferien im appenzellischen Schönengrund.
Unten: Lotte mit ihrem Sohn Karl und einem Nachbarskind im Juli 1941.
Rechte Seite, oben links: Robert und Rösli, Freds Kinder aus erster Ehe.
Oben rechts: Familie Hümbelin in den fünfziger Jahren in den Ferien in Minusio.
Unten: Fred und Lotte Hümbelin mit Sohn Karl Mitte der vierziger Jahre zuhause an der Kurvenstrasse in Zürich.

Linke Seite oben: Foto des PdA-Mitglieds Fred Hümbelin, aufgenommen von der »Fichenpolizei«.
Linke Seite unten: Lotte als Delegierte der SFFF im März 1954 an einer Frauenkonferenz in der DDR.
Rechte Seite oben: Lotte (mit Blumen) empfängt im September 1954 am Flughafen Zürich-Kloten eine Frauendelegation aus der Sowjetunion.
Rechte Seite unten: Mit dem Arzt, Poeten und Spanienkämpfer Walter Fischer, Bruder des marxistischen Theoretikers Ernst Fischer, blieb Lotte bis zu seinem Tod 1978 befreundet.

Rechts: Mitstreiterin für Frauenrechte: Amalie Pinkus und Lotte Hümbelin lernten sich im Rahmen ihrer politischen Arbeit schon in den vierziger Jahren kennen und waren beide aktiv in der Schweizerischen Frauenvereinigung für Frieden und sozialen Fortschritt (SFFF). Daneben waren sie auch persönlich befreundet und pflegten jeden Sonntag gemeinsam im Haus Pinkus zu essen. Bild: Amalie Pinkus in ihrer Küche an der Besenrainstrasse 36 in Zürich, aufgenommen von Brigitte Marassi im März 1991.

Links: Alfred Hümbelin (m.) 1967 bei einem Besuch in der Sowjetunion vor einem Modell der Sputnik.

Lotte und Fred Hümbelin in älteren Jahren.

ges, ein glückliches Leben hätte ich mir für ihn gewünscht, ein Leben, in dem er immer weiter von mir weggedriftet wäre, so dass ich irgendwann mit freundlicher Ironie auf unsere Jugendjahre hätte zurückblicken können. Das verhinderte sein früher Tod, erhöht durch sein Martyrium. Im Traum kommt er immer wieder von irgendwoher zu mir, der Jugendfreund aus der Ferne, und sucht Hilfe in der Not. Welch ein Glück, dass ich diese Träume, die mich intensiv heimsuchen, diese unverhüllte Jugendsehnsucht, mit meinem Mann besprechen konnte. Fred war ein aufmerksamer und einfühlender Zuhörer; ihm tat der tote Hermes so leid wie mir. Zum letzten Mal sah ich meinen Jugendfreund, als wir von der Endstation des Dreizehner-Trams zu zweit auf den Üetliberg wanderten. Er war besorgt um mein Schicksal, weil er wusste, dass ich nicht in der Schweiz bleiben konnte. Zugleich war er von einer Distanziertheit und Fremdheit, die mich bestürzte. Ich hätte mir so sehr eine Freundschaft gewünscht. Mit diesen verwirrten Gefühlen gingen wir auseinander, um uns nie wieder zu sehen. Ich kam zurück ins Triemlihaus, wo ich den Abend mit Fred und Axel Leskoschek verbrachte. Welch eine Wohltat war die Wärme und Herzlichkeit dieser beiden Freunde.

Eines Tages holte mich die Polizei, als Fred und ich mit zwei österreichischen Emigrantinnen gerade beim Mittagessen sassen. Ich konnte nicht einmal fertig essen, so eilig hatten sie es. Auf dem Posten gaben sie mir eine Frist von einer Woche, um meine Ausreise vorzubereiten. Wenig später verlängerten sie diese Frist und holten mich wieder, um mir den neuen Termin mitzuteilen und mich erneut aufzufordern, die Schweiz zu verlassen. In dieser Zeit erfuhr ich, dass sich in London die Austrian Self Aid gebildet hatte, die Flüchtlingen aus Österreich Einreisevisa nach England organisierte. Frauen konnten nur als Hausangestellte einreisen. Also bewarb ich mich um ein Visum. Willy Trostel empfahl mir, mich wegen der drohenden Ausweisung mit einem sozialdemokratischen Anwalt namens Düby zu beraten. Düby schickte mich nach Bern, um beim Chef der Bundespolizei, Heinrich Rothmund[49] höchstpersönlich, um eine Verlängerung nachzusuchen, bis das Visum für England einträfe. Rothmund empfing mich höchst ungnädig. Als ich ihm die Gründe meiner Flucht auseinander setzte, meinte er unwirsch: »Warum haben Sie sich überhaupt in politische Dinge eingemischt?« Ich gab ihm zur Antwort: »Herr Rothmund, wäre Österreich so glücklich wie die Schweiz, wäre mir die Politik vielleicht nicht so nahe gekommen.« Mein Besuch in Bern hatte immerhin zur Folge, dass mir eine Gnadenfrist von einigen Wochen gewährt wurde, in denen die Einreisebewilligung für England eintraf.

Das rund ein halbes Jahr währende Exil in der Schweiz war nicht nur wegen der Polizeischikanen, sondern auch in anderer Hinsicht mühsam und spiegelte das Schicksal vieler Emigranten wider. Natürlich gab es heftige politische Diskussionen über den Lauf der Dinge in der Heimat. Doch gingen nicht nur die Meinungen auseinander; oft zeigten sich zwischen den entwurzelten Menschen, die unter diesen Lebensbedingungen nicht unbedingt ihre besten Eigenschaften hervorkehrten, auch kleine Rivalitäten. So war ich nicht gerade unglücklich, Zürich zu verlassen. Schwer fiel mir der Abschied nur von Fred, da ich nicht wusste, wann und ob wir uns wieder sehen würden. Da ich auf meinem neu ausgestellten Nansenpass kein Durchreisevisum für Frankreich hatte, musste ich fliegen, was damals noch ungewöhnlich war. An einem der ersten Dezembertage um neun Uhr morgens sollte das Flugzeug von Dübendorf aus starten. Am Abend vorher kam ein Telefon von der jüdischen Flüchtlingshilfe: ein älteres Ehepaar müsse schon um fünf Uhr früh fliegen, ob ich, die Jüngere, nicht bereit sei, mit ihnen die Flugkarte zu wechseln. Ich war einverstanden und stand sehr früh, es war noch dunkle Nacht, auf. Fred begleitete mich zum Autobus. In dem winzig kleinen Flugzeug war ausser mir, dem Piloten und einer liebenswürdigen jungen Stewardess nur noch ein jüdischer Flüchtling. Wir flogen so tief, dass ich diesen ersten Flug meines Lebens wie einen Vogelflug erlebte. Als das Flugzeug über London niederging, wurde mir schwindlig, weil sich uns die zahllosen einförmigen Londoner Häuschen wie auf einer stark geneigten schiefen Ebene entgegenhoben. Ich fragte meinen jungen Mitpassagier, wo er in London arbeiten werde. »Was, arbeiten soll ich? Arbeiten soll ein belgisches Ross, ich werde Geld verdienen.« So unverblümt hatte ich es noch nie gehört.

Blue Collar, white Collar

Als Hausgehilfin in England

Als wir in England landeten, war es noch sehr früh. Da ausserdem Sonntag war, konnte ich das Büro der Austrian Self Aid in der Oxfordstreet nicht aufsuchen. So nahm mich der junge Springinsfeld zu einer ihm bekannten jüdischen Familie mit. Als die Frau des Hauses erfuhr, dass ich ein Hausangestellten-Permit hatte, fragte sie mich sofort, ob ich denn auch Silber putzen könne; sie würden just in dem Moment jemanden suchen. Ich war verblüfft. Keine Frage nach meinem persönlichen Schicksal als Flüchtling, welches sie als Jüdin doch irgendwie hätte interessieren müssen. Nichts dergleichen. Die Insel England, und auch die Juden, die dort lebten, fühlten sich in absoluter Sicherheit und nahmen kaum Anteil an den Ereignissen auf dem Festland, wenigstens nicht die Durchschnittsmenschen, für die Politik eine Nebensache war. Ich hatte wenig Lust, bei dieser Familie zu bleiben, fuhr allein in die City und übernachtete erstmals in meinem Leben in einem eleganten, neuen Hotel. Für mein Budget war es viel zu teuer, doch für eine Nacht ging es. Der alte Kellner, der mich zum Frühstück bediente, bemerkte meine Schüchternheit angesichts des für kontinentale Begriffe überaus üppigen Frühstücks. Er machte mich auf alles aufmerksam, was es gab, und nötigte mich zum Essen wie sein eigenes Kind.

Im Büro der Austrian Self Aid erhielt ich die Adresse von Berti Broda, der eine bequeme kleine Wohnung in High Gate hatte. Fürs Erste blieb ich bei ihm und seiner hochschwangeren Frau Hilde. Es war Dezember, kalt und feucht, und der berüchtigte Londoner Nebel war damals noch so, wie ihn Dickens in seinen Romanen schildert, schwarz und schwefelgelb. An bestimmten Tagen sah man kaum einen Meter weit, und die Menschen auf der Strasse erschienen nur wie graue Schemen. Die einzige Wärmequelle war ein kleines Kohlenfeuer in einem offenen Kamin, und diese vielen Kohlenfeuer, die mehr schwelten und russten statt zu brennen, waren auch die Ursache des Nebels. Die Brodas überliessen mir ihr einziges Bett und quartierten sich auf einer Matratze am Boden ein. Hilde war Ärztin, hatte aber vorderhand wegen ihrer Schwangerschaft kaum Aussicht auf Arbeit. Berti hingegen fand in Universitätskreisen schnell Anschluss, und da seine Fähigkeiten als Chemiker überdurchschnittlich waren, hatte er immer wieder eine Beschäftigung. Mein Hausgehilfinnen-Permit verbot mir jede andere Tätigkeit. Allerdings hätte ich als Flüchtling auch bei einer reichen Familie unterkriechen oder irgendwo in einer komfortablen Mansarde wohnen und ein Monatsgeld beziehen können. Solche Möglichkeiten gab es, und sie wurden mir auch offeriert. Ausserdem war da eine Hilfsstelle, bei der jüdische Emigranten und Emigrantinnen wöchentlich ein Pfund beziehen konnten. Mit einem Pfund konnte man sich damals durchaus über Wasser halten. Ich ging nur ein einziges Mal in dieses Woburnhouse. Beim Anblick der Schlange stehenden Wohltätigkeitsabhängigen machte ich rechtsumkehrt. Das war nichts für mich.

Hilde vermittelte mir die Adresse einer Dame der High Society, die eine Köchin suchte. Es war lächerlich, doch ich wagte es. Ich habe dieses vornehme Stadtviertel bei meinen späteren Besuchen in London nie mehr gefunden, diese stillen Squares mit ihren altmodischen Häusern. Mein bisschen Schulenglisch reichte zu einem Gespräch nicht aus, kaum zu ein paar holperigen Sätzen. Die Frau empfing mich höchstpersönlich und wollte meine Kenntnisse prüfen. Es schaute nicht viel heraus. Sie zeigte mir das Zimmer des Stubenmädchens, auch das meinige, falls ich vor ihren Augen Gnade finden sollte. Doch weder mir noch ihr war danach. Sie gab mir einen Sovereign für den Weg, führte mich in die grosse Küche und liess mich bei einem grossen Krapfen alleine sitzen. Aus Höflichkeit würgte ich ein bisschen an dem süssen Gebäck. Mit der nächsten Adresse klappte es besser. Ein Junggeselle, Journalist, suchte ein Dienstmädchen für den Vormittag. Die Wohnung in Ordnung bringen, das Bett machen, ein Riesenbett, wo drei bequem Platz hatten, einkaufen, Mittagessen zubereiten, Geschirr waschen, die Küche putzen. Um neun Uhr musste ich erscheinen. Der Weg war lang, fast eine Stunde mit dem Bus. Es war knapp vor Weihnachten, die Strassen versanken im Schneematsch, doch in der Luft lag Feiertagsstimmung. Überall stand in Riesenlettern geschrieben: »A happy New Year and a square Deal.«

Schon wenn ich zur Arbeit kam, war ich müde, denn früh aufstehen war noch nie meine Stärke gewesen. Und je müder ich wurde, desto schlechter schlief ich. Ich beneidete Hilde und Berti, die, kaum lagen sie auf ihren Matratzen, beide unisono zu schnarchen begannen. Mit der Arbeit kam ich zurecht. Nur das Einkaufen war etwas kompliziert, kannten die Engländer doch andere Masse und Gewichte als Kontinentaleuropäer. Kochen hatte ich zwar nie gelernt, weil meine Mutter mich aus der Küche verstossen hatte, doch irgendwie hatte ich aufgeschnappt, wie man ein Schnitzel und sogar einen Apfelstrudel zubereitet. Der junge Herr jedenfalls war zufrieden. Ausser »Good morning« sagte er nie ein Wort zu mir. Tatsächlich lernte ich im demokratischen England Rang- und Klassenunterschiede erst so richtig kennen. Ich war sein Dienstmädchen und als Mensch für ihn nicht existent. Eines Tages teilte er mir mit, er habe Besuch und ich solle ein besonders gutes Essen kochen. Ich war noch am Tisch decken, als der Gast erschien, um – kaum eingetreten – mir um den Hals zu fallen und mich abzuküssen. Es war eine Schulkollegin aus dem Gymnasium, die ich gut gekannt hatte. Mein Arbeitgeber öffnete und schloss den Mund wie ein Karpfen an Land. Meine Bekannte aus Wien war in der genau gleichen Lage wie ich, nur war sie ihm irgendwo vorgestellt worden, und daher existierte sie – Existenz im Sartre'schen Sinn, wirklich vorhanden im Sein. Lange blieb ich nicht bei diesem Herrn.

Meine nächste Stelle, an der ich es nur einen Monat lang aushielt, war bei den Weisselbergs, einer Emigrantenfamilie aus Wien, die noch vor dem Einmarsch Hitlers in England eingereist war. Mr. Weisselberg, ein reicher Holzhändler, und seine Frau, ein Riesenweib aus Holland, hatten ein sehr nettes vierjährigen Bübchen. Der Job wurde mir mit der Begründung empfohlen, Emigranten müssten einander gegenseitig helfen. Die Weisselbergs bewohnten ein kleines Haus in Goldersgreen, wo später meine Kusine Renée mit ihrer Familie lebte. Beim Vorstellungsgespräch hiess es, es gebe wenig zu tun, die Wohnung sauber halten, eine Kleinigkeit zu Mittag kochen, abends die eigentliche Mahlzeit, sobald der Herr nachhause kam. Einkaufen musste ich selten, weil fast alles, was man brauchte, beim Hintereingang angeliefert wurde. Wie ich bald merken sollte, hatte die Sache aber einige Häkchen. Die Weisselbergs waren in ihrer Art grosszügig. Sie hatten zwei Emigrantinnen aufgenommen, die auch mit der Familie assen. Der Morgen fing damit an, dass ich zuerst für den Herrn ein reichhaltiges englisches Frühstück bereitstellen musste. Dann standen die weiblichen Hausbewohner – je nach Lust und Laune – nach und nach auf. Für jede hatte ich besondere Frühstückswünsche zu erfüllen, Speck braten, Brot toasten, Eier auf verschiedene Arten zubereiten. Die beiden Emigrantinnen liessen sich bedienen wie Gräfinnen aus Wien. Dem folgte die Aufräumtour durch die Wohnung, wobei ich auch die Lieferanten empfangen musste, um dann sogleich mit dem Kochen des Mittagessens zu beginnen, das eine komplette Mahlzeit für alle war. Nach einer knappen Stunde Ruhezeit in einem winzigen Zimmer, in dem kaum ein Bett Platz hatte, ging es für den Abend los. Von sechs Uhr früh bis abends neun Uhr war ich, körperliche Arbeit bis dato nicht gewöhnt, auf den Beinen. Ausserdem hatten die Weisselbergs viel Besuch, oft bis zu zwanzig Leute an einem Abend. Madame Weisselberg selbst rührte keinen Finger.

Das Erstaunliche daran war, dass alle, die ich so bediente, aus dem sozialdemokratischen Milieu Wiens stammten, wenn auch nicht aus der Arbeiterschaft. Den Bruder meines Arbeitgebers, Konrad Weisselberg, hatte ich gut gekannt. Er war zusammen mit Gustl Deutsch, dem Sohn des bekannten

Schutzbundkommandanten, nach Moskau ausgewandert, um beim sozialistischen Aufbau mitzuhelfen. Schon damals war Konrad für seine Angehörigen verschollen, die Verhaftungen und Verbannungen unter Stalin waren bereits im berüchtigten Jahr 1938 losgegangen. Es berührte mich seltsam, dass die Weisselbergs nie von ihm sprachen, oder wenn, dann mit Missbilligung, so als wäre er selbst schuld an dem Schicksal, das ihn getroffen hatte.

Die Arbeit bei den Weisselbergs war für mich zu hart, ich hätte die Belastung kaum länger ertragen. Besonders das Verhalten der Dame des Hauses stiess mich ab; sie hatte nicht den Schimmer einer Vorstellung von dem Arbeitspensum, das ich leistete, war dümmlich und hochfahrend. Später erfuhr ich, dass sie ganz einfacher Leute Kind und gewiss nicht gewohnt war, derart bedient zu werden. Auch in diesem Haushalt widerfuhr es mir, dass Gäste kamen, die mich kannten und zum Erstaunen von Madame manchmal sogar den Abend in meiner kleinen Kammer verbrachten, froh, mich gefunden zu haben. Zu diesen gehörte Ida, meine Jugendfreundin. Eines Abends, als ich noch um halb zehn Uhr vor dem Kochherd stand und mir der Kopf rauchte, kam Herr Weisselberg in die Küche, um sich zu erkundigen, warum ich alle anderen wütend hinausgejagt hatte. Ich forderte ihn auf, die Arbeitsstunden zu zählen, die ich von sechs Uhr früh bis anhin abgeschuftet hatte, und sich zu fragen, wie das mit seinem sozialdemokratischen Bewusstsein vereinbar sei. Etwas betreten schlich er, eigentlich nicht der Übelste von allen, hinaus. Ich kündigte.

Die Brodas waren mit Maltschi und Franz Bönsch befreundet, die später auch zu meinen liebsten Freunden zählten. Maltschi hatte eine Stelle in Whittersham in der Grafschaft Kent, einem kleinen Ort mit wenigen zerstreuten Farmen zwischen Tenderden und Rye. Sie führte den Haushalt im Quarterhaus, und Franz konnte dort mit ihr wohnen. Maltschis Arbeit bestand während der ganzen Woche darin, die vierjährige Lynne zu betreuen, das Kind von Violet Becker, der Freundin des grossen Gewerkschaftsbosses William Brown[50]. Brown hatte die einflussreiche Gewerkschaft der

Civil Servants, der staatlichen Angestellten, aufgebaut und ausserdem die ersten grossen Holiday-Camps organisiert, billige Ferien für die Mitglieder seiner Gewerkschaft. Erst nach seinem Tod 1960 erfuhr die Öffentlichkeit, dass er auch sich selbst nicht vernachlässigt und als Millionär das Zeitliche gesegnet hatte. Mr. Brown und Violet, Letty genannt, kamen nur zum Wochenende ins Quarterhouse. Die Mutter kümmerte sich dann jeweils um ihr Mädchen, während Maltschi kochen, backen und bedienen musste. Die Bönschs waren schon anderthalb Jahre in Whittersham und sehnten sich weg aus dieser Einsamkeit nach London, nach Kontakten mit Freunden und Genossen. So boten sie mir die Stelle an: die Arbeit sei leicht, Letty eine nette Person und das Kind reizend. Maltschi, die in Wien mit meiner Mutter in einer Zelle gesessen und Mama Bindel gut gekannt hatte, nahm mich mit nach Kent. Dort sollte ich zwei Wochen mit ihnen leben, in die Arbeit eingeführt werden, die kleine Lynne und Letty kennenlernen.

Mit dieser Stelle übernahm ich keine leichte Hypothek. Maltschi war ausserordentlich tüchtig, und Lynne hing sehr an ihr. Die Kleine spürte, dass ein Verlust bevorstand, und reagierte in der Art sensibler Kinder auch körperlich, erbrach das Essen. Letty hatte für meine Freundin grösste Hochachtung und brachte mir anfangs kein grosses Vertrauen entgegen. Zum Glück war Mr. Brown abwesend, weil er gerade die englischen Kolonien und Herrschaftsgebiete bereiste. Nachdem sie mich gewissenhaft eingeführt hatten, reisten die Bönschs ab. Letty blieb noch ein paar Tage, dann musste sie nach London zur Arbeit. Sie war keineswegs die ausgehaltene Frau des Mr. Brown. Meinen Lohn und das Haushaltsgeld bezog ich von ihr, je ein Pfund wöchentlich. Damit waren keine grossen Sprünge zu machen, doch gab es in diesem abgelegenen Ort dazu auch keine Gelegenheit. Das Haus stand an der Landstrasse, auf der selten einmal ein Fuhrwerk, noch seltener ein Auto vorbeikam. Gegenüber befand sich ein Landsitz, dessen Besitzerin ich manchmal sah, wenn sie vorbeiritt. Mich und das Kind behandelte sie wie Luft; es hatte sich wohl herumgesprochen, dass Letty nicht verheiratet war. Eine Viertelstunde zu Fuss entfernt lag eine Farm mit einer freundlichen Bäuerin, bei der ich manchmal frische Eier holte. Von Zeit zu Zeit kam der Ortspolizist, um zu kontrollieren, ob »seine« Emigrantin noch an Ort und Stelle war. Ausser den Lieferanten von Fleisch, Gemüse und Molkereiprodukten war das mein einziger Kontakt zur Menschheit.

Mit Lynne ging es bald recht gut. Sie war ein besonders feinfühliges und fantasievolles Mädchen, das mich bald so weit hatte, dass ich ihr, wie zuvor Maltschi, vor dem Zubettgehen eine halbe Stunde lang Geschichten vorlas. Ich las in meinem miserablen Englisch und hatte dabei die beste Lehrerin, die mich sofort korrigierte. Nur wenn es spannend wurde, rief sie aufgeregt: »Go on, go on.« Wir hockten vor dem Kaminfeuer, das ich nur sparsam mit Holz füttern durfte, was der Knauserigkeit von Mr. Brown zuzuschreiben war. Die ganze Last des Haushaltes im Quarterhouse lag bei Letty, ebenso der Unterhalt dieses mehr als vierhundert Jahre alten Bauernhauses, dessen Strohdach sich ringsum wie eine gute warme Mütze bis fast zur Erde neigte. Letty hatte es mit wenig Geld behaglich eingerichtet, ein paar tiefe Stühle vor dem Kamin in der Lounge, ein kleiner Frühstückstisch vor dem niedrigen Fenster mit den Chintzvorhängen, an dem ich mit Lynne die Mahlzeiten einnahm, solange wir allein waren. Wir blickten auf den Rasen mit seinen von Letty sorgfältig gepflegten Blumenflecken, es war Februar, und der englische Frühling blühte schon. Lynne zeigte mit dem Finger nach draussen und rief leise und aufgeregt »Look a blackbird«, obschon Amseln keine Seltenheit waren. Die Kleine war sehr selbstständig, zog sich ihr gelbes Regenmäntelchen und ihre Gummischuhe jeweils selbst an und ging, wenn ich das Mittagessen vorbereitete, oft alleine spazieren. »You must never be afraid, I'll allways come back«, sagte sie jeweils. So war es auch, doch mich drückte die Verantwortung für das Kind trotzdem oft schwer. Aus London kam hie und da ein Anruf von den Brodas oder den Bönschs, hie und da auch ein Besuch für mich. Das Quarterhouse, so geduckt und unscheinbar es aussah, bot viel Platz. Von Fred erhielt ich regelmässig die zärtlichsten Briefe, die mich in diesem einsamen Leben trösteten. Ich hatte Zeit zum Verschwenden. Tagsüber sass ich oft im Apfelgarten hinter dem Haus, während Lynne um mich herum spielte. Es war für mich zu viel der Einsamkeit, zu viel Zeit zum Grübeln und Traurig sein.

Nach einigen Wochen kam der rötlich blonde, etwas füllige Mr. Brown von seiner Reise zurück. Mit Letty, die mir längst vertraute, hatte ich manches friedliche Wochenende verbracht, gemeinsam gegessen und vor dem Kaminfeuer gute Gespräche geführt. Sie stammte aus einer deutschen Einwandererfamilie, Leute aus einfachsten Verhältnissen, die vom Einkommen des Vaters als Schneider lebten. Eines Tages musste ich die Kleine zur Geburtstagsfeier von Lettys Mutter nach London bringen, wo Letty eine nette, zweistöckige Wohnung in einem grossen Block bewohnte. Ich suchte für Lynne das hübscheste Röckchen heraus und fragte sie, ob ihr das auch Recht sei. Die Antwort war: »Don't make a fuss, it isn't so special there.« »So so«, dachte ich, »dieses kleine Mädchen weiss also bereits genau, wo es besonders ist, wo es sich lohnt, Umstände zu machen, und wo nicht. So früh bildet sich das Klassen- und Rangbewusstsein heraus.« Bei wem sie es gelernt hatte, sollte ich bald feststellen.

Am ersten Abend von Mr. Browns Anwesenheit assen wir alle zusammen im Esszimmer. Kein Wort durfte gesprochen werden, auch Lynne war mucksmäuschenstill. Mr. Brown konzentrierte sich voll auf seine Zeitung. Letty schien mir ziemlich betreten, doch glücklich ob der Rückkehr ihres Freundes. Das Hauptfrühstück um neun Uhr nahmen wir anderntags ebenfalls noch gemeinsam ein. Aber dann zog mich die Hausfrau zur Seite, um mir verlegen und beschämt mitzuteilen, Mr. Brown, der Gewerkschaftsboss, wünsche nicht, dass ich mit ihnen am gleichen Tisch ässe. Ich kann nicht sagen, dass mir das gleichgültig war. Während der ganzen Woche war ich allein, nun sollte ich auch am Wochenende isoliert in der Küche das Essen in mich schlingen. Letty machte in vielen Punkten Konzessionen und erreichte später dann doch nicht, was sie wollte – eine legale Ehe mit Mr. Brown. Er hatte ihr nie verziehen, dass sie ihn zur Scheidung veranlasst hatte, und hing nach wie vor an seiner ersten Familie. Bei einem meiner Nachkriegsbesuche in London erfuhr ich von Letty, dass die Beziehung ganz zerbrochen war und dass sie ihn nur mit grösster Mühe dazu bringen konnte, Geld für Lynne, die sehr begabte Studentin, zu bezahlen. Auch das Quarterhouse, in dem die Kleine aufgewachsen war, schenkte er nicht ihr, sondern seiner Sekretärin.

An manchen Wochenenden, die für mich aus ununterbrochenem Kochen und Geschirrwaschen bestanden, kam auch Lettys Schwester Livia zu Besuch. Als sie mitbekam, dass ich allein in der Küche essen musste, weigerte sie sich, mit den anderen am Tisch zu sitzen, und gesellte sich zu mir. Mr. Brown nahm es hin. Er wollte nicht durch ein fremdes Gesicht gestört sein. Eines Tages kam Mr. Brown nackt wie Adam vor dem Sündenfall aus dem Badezimmer, das neben der Küche lag. Ich stand mit dem Rücken zu ihm am Herd, und als er an mir vorbeiging, zwickte er mich in den Hintern. Mir hat es oft im Leben, erstarrt über eine Frechheit, die Sprache verschlagen. Diesmal nicht: »Zwicken Sie sich bitte in Ihren eigenen Hintern«, sagte ich ihm. Manchmal geruhte der Herr mit mir einige Worte über die politische Lage zu wechseln. Labour war ungehalten über die Appeasement-Politik der konservativen Regierung Chamberlain und das Münchner Abkommen, mit dem den Deutschen das Sudetenland zugesprochen wurde. Die Engländer begannen an der Friedfertigkeit Hitlers zu zweifeln. Österreich war eingesackt, das Sudetenland preisgegeben, die Tschechoslowakei ein Rumpfstaat ohne Vertrauen in die westlichen Partner geworden. Doch herrschte im Allgemeinen immer noch die Hoffnung, Hitler werde sich mit der Sowjetunion überwerfen, und falls es zum Krieg käme, dann nicht mit den westlichen Ländern.

Ich las die Zeitungen, hörte Radio und bekam eines Abends auch die Nachricht mit, dass die Krupskaja, Lenins Lebensgefährtin, siebzigjährig gestorben war. Damals war noch Litwinow Botschafter der Sowjetunion in London, und ich las von seinen letzten fast verzweifelten Bemühungen, den Westen von der Notwendigkeit eines unteilbaren Friedens zu überzeugen. Wie Recht dieser bedeutende Politiker hatte, sollte sich bald erweisen. Er scheiterte mit seiner Politik und wurde abberufen. Stattdessen kam es im August 1939 zum russisch-deutschen Nichtangriffspakt, der mit der Besetzung und Aufteilung Polens zwischen Deutschland und der UdSSR weit über ein Stillhalteabkommen hinausging. Schon damals erschien uns dieses Bündnis völlig widernatürlich. Der Kommunismus Hand in Hand mit Hitler, der Verkörperung des Bösen, ein Ideal der Menschheit mit dem schlimmsten Abschaum. In England, einem der wichtigsten westlichen Länder, erfuhr ich damals, wie die tiefe Abneigung vor dem Staat, den die Oktoberrevolution hervorgebracht hatte, jede vernünftige Überlegung im Keim erstickte und jedem schlechten Kompromiss die Hand bot. Die Sowjetunion hatte damals einen Schritt getan, der bis zum heutigen Tag niemandem gefallen kann. Doch ebenso ist es bis zum heutigen Tag schwer geblieben, dem Druck der Tatsachen reinen Idealismus entgegenzusetzen, der nackten Gewalt die Macht der Vernunft.

In den Frühlingsferien 1939 kam Fred nach England, um mit mir zwei Wochen im Quarterhouse zu verbringen. Die kleine Lynne war entzückt über die Belebung unseres Haushaltes und fing sofort Feuer für Fred. Wir beide bezogen in aller Ungeniertheit das grosse Schlafzimmer mit dem riesigen Bett und der herrlichen pflaumenblauen Daunendecke. Die Zeit verging im Flug, bis Fred wieder abreiste, damals natürlich, wie es üblich war, per Schiff und Bahn. Mir entspricht es bis heute weit mehr, mich einem Ziel langsam anzunähern, als der Riesensprung mit einem Flugzeug. Das Fliegen hat für mich wenig Reiz ausser den Wolkenbildern, die mich immer wieder faszinieren. Das Reisen mit dem Zug bietet unendlich viel mehr. Es scheint, dass mein Nervensystem nicht für die Schnelligkeit der modernen Zeit eingerichtet ist.

Die politische Weltlage wurde immer düsterer, ein Krieg schien immer wahrscheinlicher. Abgesehen von solchen Sorgen und Ängsten betrübte mich die Trennung von Fred. Mittlerweile fühlte ich mich so einsam, dass ich Pläne schmiedete, wie ich von diesem isolierten Ecken der Welt wegkommen konnte. Da traf wenige Wochen vor Ausbruch des Krieges ein Brief von Fred ein. Er werde gleich zu Beginn der Sommerferien nach England kommen, um mich in London zu heiraten. In der Schweiz stünden dieser amtlichen Bescheinigung unserer Freundschaft unüberwindliche Hindernisse im Weg. Tatsächlich war mein Nansenpass nur für die Ausreise aus der Schweiz gültig, und auch das geforderte Ehefähigkeitszeugnis – übrigens eine Erfindung der Nazis – war für mich unerreichbar. In England brauchte man das alles nicht. Es gab nur eine einzige Bestimmung: Vor der Heirat musste ich drei Wochen in London wohnen. So arrangierte ich mich mit Letty, die sich einverstanden erklärte, dass ich diese drei Wochen mit Lynne in ihrer Stadtwohnung verbrächte. In dieser Zeit konnte sich Letty nach einer neuen Betreuerin für ihr Kind umsehen.

Nun lief alles wie am Schnürchen. Nach drei Wochen meldete ich mich beim zuständigen Amt, um mir die erforderliche Aufenthaltsbestätigung ausstellen zu lassen, und erhielt das Papierchen ohne Wimpernzucken. Als Österreicherin an einen eingefleischten und arroganten Bürokratismus gewöhnt, fragte ich den Beamten verwundert, woher er denn wisse, dass ich tatsächlich drei Wochen in London verbracht hätte. Dem Mann blieb vor Staunen der Mund offen. »But you just told me«, war seine Antwort. Als Fred und ich am 21. Juli 1939 auf dem Standesamt heirateten, standen uns Maltschi und Franz Bönsch als Trauzeugen zur Seite. Unser Hochzeitsfest war eine einfache Mahlzeit zu viert in Lettys Wohnung. Ein paar Tage später reisten Fred und ich ab. Die wenigen Freunde, die ich in London hatte, meinten kopfschüttelnd: »Du reist ja in die Mausefalle.«

Die Mausefalle wurde mein Heim, seit meinen Kinderjahren das erste richtige Heim, das ich hatte. Wenn sich je ein Mensch Geborgenheit wünschte, die Wärme einer guten Beziehung zu einem geliebten Menschen, dann war das ich, nach einer langen, abenteuerlichen Jugendzeit, die meine

Gefühle beinahe erstarren liess und meinen Geist fast austrocknete. In der Schweiz erwartete uns kein leichtes Leben. Es war aber für uns beide, trotz aller Widerwärtigkeiten, materieller Härten und wiederkehrender Polizeischikanen, genau das Leben, das wir beide wollten. Es war Erfüllung.

5. Teil

Ab 1940

Wo die Heimat zur Fremde wird,
da wird die Fremde zur Heimat
Thomas Mann

»Der Umgang mit den Behörden war oft nervenaufreibend«

Rechtsbegleiterin und Fürsorgerin bei der Jüdischen Flüchtlingshilfe in Zürich

Lotte, wieso hören deine Memoiren 1939 auf, in jenem Jahr, als du in die Schweiz kamst?
Meine Eheschliessung und die Einreise in die Schweiz waren ein Einschnitt in meinem bis dahin sehr unruhigen Leben. In der Partnerschaft mit einem gütigen Menschen fand ich seelische Heimat. Es war eine innere Geborgenheit; die Zeitumstände waren keineswegs so, um ein Gefühl der Geborgenheit zu vermitteln. Aber das hatte ich auch nie verlangt.

Erst viele Jahre später fühlte ich das Bedürfnis, einiges aus meiner Jugendzeit aufzuschreiben. Die Zeit vor und nach der Niederschrift verlief alles andere als monoton und hielt immer wieder aufregende Ereignisse bereit. Aber ich war verstrickt in das Leben meiner Adoptivheimat, und es gab auch familiäre Spannungen, die mit Geduld und Ausdauer überwunden werden mussten. So fehlte mir die Distanz, um darüber schreiben zu können. Ausserdem fühlte ich mich nicht kompetent genug, die Zustände in der Schweiz zu beurteilen. Nicht zuletzt hat mein aktives Leben in Politik und Familie alle meine Kräfte beansprucht.

Während des Zweiten Weltkriegs und einige Monate darüber hinaus hast du für die Jüdische Flüchtlingshilfe gearbeitet. Welche Aufgaben hast du wahrgenommen?
Ich war, zusammen mit einigen anderen Frauen, als Rechtsbegleiterin und Fürsorgerin tätig. In erster Linie ging es darum, gegenüber der Fremdenpolizei und der Bundespolizei die Interessen der jüdischen Flüchtlinge durchzusetzen. Die meisten dieser Menschen wurden finanziell unterstützt, für andere wurden Wohnungen gesucht und so weiter. Oft arbeiteten wir auch mit Pfarrer Vogt[51] und seiner Sekretärin, Fräulein Rohner, zusammen. Die waren beide sehr human und antihitlerisch eingestellt und engagierten sich mit Leib

und Seele für die jüdischen Flüchtlinge. Mit der Zeit kannten wir uns in fremdenrechtlichen und fürsorgerischen Fragen so gut aus, dass wir sogar von Rechtsanwälten konsultiert wurden. Der Umgang mit den Behörden war oft nervenaufreibend. Wir hatten zum Beispiel die grösste Mühe, Flüchtlinge, die schwer krank waren und ins Spital mussten, aus den Lagern und Heimen herauszuholen. Für manche Anliegen brachten die Bürokraten wenig Verständnis auf. Ich erinnere mich noch sehr gut an eine Frau mit Brustkrebs, bei der es allerhöchste Zeit für eine Operation war. Erst nach tagelangen Verhandlungen konnte sie operiert werden. Aber leider war es dann schon zu spät.

War die Jüdische Flüchtlingshilfe für alle jüdischen Flüchtlinge zuständig?
Wir haben uns vor allem um jene gekümmert, die in Heimen untergebracht waren, Frauen, Kinder, Jugendliche, ältere und schwächere Menschen. Die jungen Männer, die arbeitsfähig waren, wurden ja alle in Arbeitslager gesteckt. Fred und ich besuchten ab und zu russische Internierte, meist junge Männer, die sich aus der deutschen Kriegsgefangenschaft gerettet hatten, indem sie über den Rhein in die Schweiz geschwommen waren. Auch sie wurden alle in Lager – eines in der Westschweiz und eines in Andelfingen – gesteckt und dort alles andere als freundlich behandelt. Die linken Arbeiterinnen und Arbeiter der Schweiz verhielten sich sehr solidarisch mit ihnen; sie strickten ihnen warme Pullover, besuchten sie und schickten ihnen Päckchen.

Diese jungen Russen hatten nach dem Krieg alle wahnsinnig Angst, wieder nachhause in die Sowjetunion zurückzukehren. Man hatte ihnen befohlen, sich im Falle einer Gefangenschaft irgendwie zu ihren Truppen zurückzuschlagen. Das war aber leichter gesagt als getan. Und weil sie es nicht geschafft hatten, quälte sie die Angst vor eventuellen Sanktionen. Als sie aus der Schweiz abreisten, waren viele Schweizerinnen und Schweizer am Hauptbahnhof, um sich von ihnen zu verabschieden. Die jungen Russen versprachen alle, uns zu schreiben, ob sie gut angekommen seien und ihre Familien wiedergefunden hätten. Doch nie ist von ihnen auch nur eine Zeile gekommen – nichts. Die Empörung der Arbeiterinnen und Arbeiter war gross; nachdem sie die Internierten mit so viel Herzlichkeit und Grosszügigkeit umsorgt hatten, empfanden sie dieses Ausbleiben jeglicher Briefe als Undankbarkeit. Aber Tatsache war, dass diese jungen Leute, kaum angekommen, in irgendein Lager gesteckt wurden. Die Geschichte kann sehr absurd sein.

Fred und ich haben am Beispiel eines Freundes, des Russen Sascha Tschernjak[52], miterlebt, wie es diesen Leuten ergehen konnte. Sascha war mit meiner Freundin Bascha Fröschl liiert. Er kam Ende der 20er Jahre in die Schweiz, weil er in Davos eine Lungenkrankheit behandeln wollte. Seine in den USA lebende Schwester bezahlte die Kur. Während des Krieges blieb er in der Schweiz und beendete an der ETH sein Agronomiestudium; später arbeitete er am Institut für Haustierernährung. Sascha war, wie meine Freundin Bascha, ein überzeugter Kommunist. Fred hat ihn sofort ins Herz geschlossen. Wir vier trafen uns regelmässig und machten zusammen Ausflüge.

Sascha Tschernjak hat sich sehr intensiv um die sowjetischen Internierten gekümmert und viele ihrer Angelegenheiten geregelt. Und sie haben ihn alle geliebt. Er hat geglaubt, er tue damit seinem Vaterland einen grossen Dienst. Nach dem Krieg wollte er unbedingt wieder in die Sowjetunion zurück und seine Freundin Bascha als Ehefrau mitnehmen. Als es so weit war, schlug ihm die sowjetische Botschaft vor, zuerst nur einen Besuch in der UdSSR zu machen, bevor er endgültig zurückkehre. Warum sie das tat, weiss ich nicht – vermutlich wollte sie ihn in Sicherheit wiegen. Sascha reiste dann tatsächlich in die Sowjetunion und kam wieder zurück nach Zürich, wo er in einem kleinen Saal am Neumarkt einen Vortrag über seine Erlebnisse hielt. Allerdings wirkte er damals sehr bedrückt und zurückhaltend; vielleicht hatte er bereits erfahren, was mit den jungen Leuten, die er in der Schweiz betreut hatte, geschehen war.

Wenige Monate später hiess es, er könne jetzt nachhause zurückkehren, aber vorerst allein. Seine Frau solle erst nach ihm fahren. Bascha durfte ihn nicht einmal zum Flughafen begleiten, und als gehorsame Kommunistin befolgte sie diese Anweisung. Nach seiner Abreise, das war im Jahr 1947, bekam meine Freundin monatelang keine Nachricht von ihm. Sie war entsetzlich aufgeregt. Als sie sich auf der sowjetischen Botschaft nach Sascha erkundigte, behaupteten dort alle, nichts von seinem Verbleib zu wissen. Selbst Saschas Verbindungsmann zur sowjetischen Botschaft in Paris, der ständig mit ihm in Kontakt stand, mimte den Ahnungslosen. Der Mann, er hiess Quinadse, war nichts anderes als ein Spitzel, der die Aktivitäten unseres Freundes überwachte und ihn später auf Nimmerwiedersehen nach Moskau lockte.

Bascha beschloss schliesslich, sich direkt an einen wichtigen Mann zu wenden, den Sascha gekannt hatte. Unser Freund Tschernjak hatte uns erzählt, dass sich dieser Mann ab und zu mit ihm über die Internierten in der Schweiz unterhalten und ihm für sein Engagement gedankt habe. Bei diesem Mann handelte es sich um Wyschinski[53], der anfangs der 30er Jahre als Generalstaatsanwalt die Schauprozesse gegen Bucharin und andere Opfer Stalins geführt hatte. Zu der Zeit, als Bascha sich an ihn wendete, hielt er sich als Botschafter in London auf. Dorthin fuhr meine Freundin. Bei ihrem Treffen sassen die beiden an einem riesigen Tisch, er auf der einen Seite, sie meterweit weg auf der anderen, und als sie ihn nach Sascha Tschernjak fragte, sagte er ihr ins Gesicht: »Ich habe diesen Namen nie gehört.«

Sobald es möglich war, die Sowjetunion als Touristin zu besuchen, hat Bascha die erste Gelegenheit gepackt, ist hingereist und hat Saschas Schwestern aufgesucht. Dort erfuhr sie endlich, dass Sascha gleich bei seiner Ankunft erschossen worden war. Seinen Schwestern hatte man noch sein Bündel geschickt. Ich glaube, Sascha ist gerade seine Arbeit für die jungen Internierten in der Schweiz zum Verhängnis geworden. Auch sein langer Auslandaufenthalt dürfte ein Grund für das Misstrauen des Stalinregimes gewesen sein. Für sie war er ein Spion, ein Feind der Sowjetunion.

»Die Schweizer Kommunisten kamen mir eher zahm vor«

Mitglied der KP Schweiz und der Partei der Arbeit (PdA)

Wann bist du der KP Schweiz beigetreten?

Gleich, nachdem ich in die Schweiz gekommen bin. Für uns Internationalisten war es selbstverständlich – egal, wohin es uns verschlug –, dass wir uns der kommunistischen Partei des jeweiligen Landes anschlossen.

Wie war dein erster Eindruck von den Schweizer Kommunisten?

Zuerst war ich überrascht. In Österreich hatten wir die stürmischen Dreissigerjahre, den Frontenfrühling hinter uns und zwei Diktaturen erlebt; unser Leben war bestimmt von politischen Kämpfen. Im Vergleich dazu kamen mir die Kommunisten hier eher zahm vor. Es gab kaum einen plausiblen Grund, sie zu überwachen und zu verfolgen, ausser der verbreiteten Angst vor dem Kommunismus und der Sowjetunion. Ich wunderte mich, wie relativ wohlhabend die Schweizer Genossinnen und Genossen waren. Wenn wir in Österreich zwei Paar Schuhe hatten, warme für den Winter und Sandalen für den Sommer, fühlten wir uns schon reich. Und hier sah ich Arbeiter, die mehrere Paar Schuhe, mehr Kleider und auch mehr zu essen hatten. Als ich dann den Auftrag bekam, bei den Genossen zuhause die Mitgliederbeiträge einzukassieren, lernte ich aber auch andere Verhältnisse kennen. Da traf ich viele arme Leute, denen es schwer fiel, den Monatsbeitrag für die Partei aufzubringen.

Die kommunistischen Parteien hatten eine straffere Disziplin als die sozialdemokratischen. Von der tiefen Überzeugung erfüllt, dass nur der Sozialismus eine Welt ohne Krieg, Ungerechtigkeit und Ausbeutung garantiere, fühlten sich alle Mitglieder zu einem aktiven Engagement verpflichtet. So fand ich auch hier in der Schweiz viele ergebene, treue Genossinnen und Genossen vor, die sich intensiv mit sozialen Fragen befassten und für gerechtere Verhältnisse kämpften.

Aber bekanntlich sind nicht alle Menschen gleich; die einen tun mehr und die anderen weniger, aus welchen Gründen auch immer. Im übrigen verfolgte auch die KPS damals – wie die anderen europäischen Parteien – im Grossen und Ganzen den politischen Kurs der Sowjetunion, kämpfte also trotz des heraufziehenden Faschismus gegen die Trotzkisten und, übertrieben gehässig, gegen die Sozialdemokraten. Die Arbeiterbewegung hat deswegen viel an Kraft verloren.

Der Überfall Hitlers auf die Sowjetunion hat mich zutiefst erschüttert. Damals stand das Land für mich wie auch für unzählige Kommunisten als Garant für eine bessere Welt, die wir nun bedroht sahen. Es war ein historisches Wunder, dass die Westmächte und die UdSSR den Krieg gegen Nazi-Deutschland schliesslich gemeinsam führten und gewannen.

Im August 1940 wurde die kommunistische Partei verboten. Wie ging die Arbeit in der Illegalität weiter?

Amalie Pinkus[54] hat kurz vor ihrem Tod einen Vortrag gehalten, in dem sie erzählte, dass damals illegale Flugblätter gedruckt und verteilt wurden. Mir allerdings ist nie ein einziges dieser Flugblätter zu Gesicht gekommen, obwohl ich mit der KP in Kontakt stand. Aber wir hielten auch in der Illegalität Sitzungen ab, und ein-, zweimal bin ich deswegen sogar verhaftet worden. Ich erinnere mich sehr gut an eine Verhaftung im November 1941. Damals nahm ich an einem Treffen bei Lechleiters[55] teil, um gemeinsam mit anderen Genossinen und Genossen im Radio eine Rede Stalins zu hören. Am nächsten Morgen so gegen halb sieben Uhr kamen sie dann, um mich zu holen – es waren mindestens vier Polizisten. Mein Sohn Karl war damals kaum neun Monate alt. Zuerst einmal kramten sie in unseren unzähligen Büchern herum. Dann sagten sie zu meinem Mann Fred: »Um das Kind werden wohl Sie sich kümmern?« Er antwortete: »Wie stellen Sie sich das vor? Meinen Sie, ich kann das Kind mit ins Schulzimmer nehmen? Unser Sohn bleibt bei meiner Frau.« Ich durchschaute Freds Strategie und sagte: »Ich muss dem Kind zuerst das Frühstück machen.« So fütterte ich also erst einmal Karl, wobei die vier Polizisten herumstanden und zuschauten. Dann gab ich den Herren bekannt, dass das Kind jetzt noch aufs Töpfchen und anschliessend gewickelt werden müsse, falls es mit mir kommen solle. Da standen sie also um das Töpfchen herum und warteten nochmals eine Weile, bis der Kleine fertig war. Als ich Karl schliesslich gewaschen und gewickelt hatte, fragte mein Mann: »Und wie kommt meine Frau mit dem Kind jetzt auf den Polizeiposten?« Draussen lag in diesem November nämlich viel Schnee. »Ja, sie kann es im Kinderwagen mitnehmen«, lautete die Antwort. »Aber das können Sie doch nicht erwarten«, sagte Fred. »Schauen Sie meine Frau an, wie zart und dünn sie ist. Bei dem Schnee können Sie ihr das nicht zumuten.« So liessen die Polizisten ein Auto kommen, und ich fuhr mit Karli gemütlich zum Polizeiposten an der Kasernenstrasse. Dort angelangt, sagte ich zu dem Polizisten, der mich verhören wollte: »Bevor Sie mit der Einvernahme anfangen, muss ich jemand informieren, wie mein Kind zu füttern ist.« Tatsächlich kam nach einer Weile eine Polizistin, und es dauerte nochmals etwa eine halbe Stunde, bis ich ihr erklärt hatte, was sie für Karli einkaufen und wie sie die Mahlzeiten kochen müsse. Schliesslich zog die Frau mit meinem Sohn auf den Armen von dannen. Beim Verhör verteidigte ich mich mit den Worten: »Wenn Sie eine Partei verbieten, in der ich schliesslich auch Freunde habe, können Sie doch nicht verlangen, dass ich mich nicht mehr mit diesen Freunden treffe.« Danach wurde ich in eine Einzelzelle gebracht und bis zum Abend festgehalten. Die ganze Zeit dachte ich: »Wo ist jetzt wohl mein Kind?« Aber irgendwie wusste ich, dass sie mich kaum da behalten würden. Tatsächlich kamen sie um sechs Uhr abends mit meinem Kind und liessen mich nachhause gehen. Die anderen Genossen, die wegen der gleichen Sache verhaftet wurden, sassen noch wochenlang im Gefängnis. Fred hatte also Recht gehabt mit seiner Strategie. Er gab den Polizisten einfach mit auf den Weg: »Wenn dem Kind etwas passiert, mache ich eine Aktion, über die Sie sich kaum freuen werden.«

Dein Mann kam ja auch hin und wieder ins Gefängnis. Fiel der Schulunterricht dann einfach aus?
Fred sass nie lange ein. Ich weiss auch nicht, wie er das fertig brachte. In der Regel haben unsere Inhaftierungen nie lange gedauert. Wir wurden halt einfach schikaniert.

Welche Position hatten die Frauen innerhalb der KP beziehungsweise später der PdA? Und wie hast du dich als Frau in dieser Partei gefühlt?
In den führenden Instanzen spielten natürlich die Männer die grosse Rolle. Dass eine Frau Präsidentin der PdA Schweiz geworden wäre, wie das heute der Fall ist, stand damals ausser Frage. Dennoch war bei den Frauen eine sehr positive Entwicklung zu beobachten; wir waren alle sehr aktiv und im Rahmen unserer Frauenorganisation auch ziemlich selbstständig. Vor allem die Westschweizerinnen, ich denke etwa an Charlotte Muret[56], legten einen grossen Elan an den Tag. Aber wenn ich an Ruth Dreifuss und Christiane Brunner denke, sind die Frauen von heute schon um etliche Grade selbstbewusster, als wir es waren.

Was mich betrifft, so gewann ich als Frau in der Partei rasch ein gewisses Ansehen. Ich trat ziemlich oft öffentlich auf, wozu ich vorher nie den Mut hatte. Aber kaum war ich innerlich zur Ruhe gekommen, fiel mir auch das Reden vor vielen Menschen leicht. Wenn ich etwas zu sagen hatte, dann sagte ichs eben, und das wars.

»So öppis hani no nie erläbt«
Die Schweizerische Frauenvereinigung für Frieden und sozialen Fortschritt

Nach dem Krieg kehrte die KP als PdA auf das politische Parkett zurück, und im September 1952 fandest du deinen Platz als Mitbegründerin und Zürcher Präsidentin der Schweizerischen Frauenvereinigung für Frieden und sozialen Fortschritt (SFFF). Wie kam es dazu?
Bei ihrer Neugründung gleich nach dem Krieg verzeichnete

die PdA ja einen erstaunlichen Aufschwung. In Zürich zum Beispiel zählte sie 19 Gemeinderäte. Aber das Bürgertum hat diesen Erfolg nicht geduldet. Man nutzte jeden Anlass, um die PdA in Misskredit zu bringen. Da gab es zum Beispiel diesen Prozess gegen Parteisekretär und PdA-Stadtrat Woog[57] wegen eines Fauxpas bei der so genannten Koordinationsstelle. Woog hatte Gelder dieser Hilfsorganisation geliehen, um den ›Vorwärts‹ zu stützen, der sich in finanziellen Nöten befand. Die Zeitung erschien damals in einer ziemlich hohen Auflage und hatte gute Redakteure wie beispielsweise Surava. In meinen Augen hatte Woog einen grossen Fehler begangen; es wäre besser gewesen, das Erscheinen des ›Vorwärts‹ ein- oder zweimal ausfallen zu lassen. Aber es ist keine Frage: Das Geld wäre auf Heller und Pfennig zurückgezahlt worden. Das Bürgertum hat jedoch diesen Fauxpas benutzt, um Woog aus dem Stadtrat zu werfen und einen Prozess gegen ihn anzustrengen. Gleichzeitig ging eine grosse Hetze gegen die Partei los. Im Tram haben die Leute Woog einen »Fötzel« genannt, obwohl er ein grundanständiger Mensch war.

Anfangs der 50er Jahre erhielt ich von der Partei – von Männern notabene – den Auftrag, die SFFF nach der Westschweiz auch in der Deutschschweiz aufzubauen. Damit begann für mich die Arbeit, die zu meiner wichtigsten und liebsten Aufgabe wurde. Tatsächlich entdeckte ich, dass ich gewisse organisatorische Fähigkeiten besitze, was mir vorher nicht bewusst war. In relativ kurzer Zeit gelang es, mehrere Frauen aus verschiedensten Kreisen für die Organisation zu gewinnen, einige Intellektuelle, ein paar gute Parteigenossinnen, die undogmatisch genug waren, um unabhängig in einer überparteilichen Organisation mitzuarbeiten, darunter zum Beispiel Irma Heeb, Margret Locher vom renommierten Schuhgeschäft Locher am Münsterplatz in Zürich und andere. Zu ihren besten Zeiten vereinte die SFFF ein paar hundert Frauen und hatte Sektionen in Zürich, Basel, Bern, Genf, Lausanne und Neuenburg.

Blicke ich zurück, so kann ich meiner Führungsqualität nicht die beste Note erteilen. Ich war zu streng, zu hart und ohne Humor, weshalb ich im SFFF-Vorstand gelegentlich auch unnötige Konflikte hatte. Die später entstandene Frauenbewegung war freier, lockerer, geistig beweglicher. Sie war auch intensiver in ihrer Forschungsarbeit über »das andere Geschlecht«. Allerdings bin ich nicht der Meinung Simone de Beauvoirs, die sagte: »Frauen werden nicht geboren, sie werden zu Frauen gemacht.« Frauen sind Frauen von Geburt an, aber die Gesellschaft respektiert – zu ihrem eigenen Schaden – ihr Anderssein zu wenig und versperrt den Frauen damit den Weg zu voller Produktivität.

Welche Ziele verfolgte die SFFF hauptsächlich?
Wir kämpften damals sehr aktiv für den Frieden, für das Frauenstimmrecht und um ein tieferes AHV-Rentenalter für die Frauen. Ich muss sagen, ich bin sehr frustriert, dass das Rentenalter für Frauen wieder von den hart erkämpften 63 auf 65 Jahre hinaufgesetzt wird. Wir organisierten sehr viele Veranstaltungen, die immer gut besucht waren, verfassten zahlreiche Flugblätter und führten auch Strassenaktionen durch. Auch unsere finanziellen Mittel haben wir selber beschafft. Ich erinnere mich gut an eine Demonstration für das Frauenstimmrecht. Da liefen wir, ungefähr zehn Frauen, mit grossen, an Stangen befestigten Plakaten durch die Kreise 3, 4, 5 und schliesslich durch die Bahnhofstrasse. Viele Frauen, die uns entgegenkamen, applaudierten und beglückwünschten uns. In der Bahnhofstrasse wurden wir dann verhaftet, weil die Aktion nicht bewilligt war. Amalie Pinkus war natürlich auch dabei, mit ihrem jüngsten Sohn Felix, der etwa sechs Jahre alt war. Wie wir dann alle miteinander auf der Urania-Polizeiwache waren und ausgefragt wurden, sagte der kleine Felix plötzlich: »So öppis hani no nie erläbt.«

Wir hatten so viel Erfolg und Zulauf an unseren Veranstaltungen, dass die bürgerlichen Frauenvereine uns mit einem gewissen Neid betrachteten. Einmal tauchten einige von ihnen an einer grösseren Veranstaltung zum AHV-Rentenalter auf und machten ziemlich gehässige Bemerkungen zu unserem politischen Hintergrund. Kurz darauf organisierten sie in Zürich eine eigene grosse Versammlung, an der sie unsere Losungen für die AHV voll übernahmen. Je erfolgreicher wir waren, desto mehr kamen wir zur Ansicht, dass wir schon den Frauen zuliebe, die nicht PdA-Mitglieder waren, uns zu einer eigenständigen Organisation entwickeln mussten. Daran hielten wir uns dann auch. Einmal rief mich Ulrich Kägi[58] an, der damals noch ein sehr dogmatischer Kommunist war, und forderte mich auf, an eine Sitzung zu kommen, um über unsere Frauenorganisation zu berichten. Ich weigerte mich: »Ich werde euch keine Rechenschaft über unsere Aktivitäten ablegen, denn das wäre ein Vertrauensbruch gegenüber den Frauen, die überzeugt sind, dass wir keine kommunistische Organisation und auch nicht von einer kommunistischen Organisation dirigiert sind. Ihr könnt ja unsere Aktionen verfolgen, die sind öffentlich.« Das hätte ich früher nie gewagt. Aber sobald man in einer Organisation über Partei- und andere Grenzen hinaus zusammenarbeitet, wird der Horizont weiter. Man duldet andere Meinungen, wird toleranter.

Wie waren die internationalen Kontakte der SFFF?
Es gab immer wieder internationale Frauenkongresse, an denen auch Delegierte unserer Organisation teilnahmen. Ausserdem erinnere mich noch gut, wie im September 1954 eine fünfköpfige sowjetische Frauendelegation zu Besuch in die Schweiz kam. Ich weiss sogar noch einige Namen. Da war Sinaida Lebedjewa, Ärztin und Leiterin eines Tuberkulose-Instituts, eine bornierte Frau. Dann eine Sängerin, ferner Anna Grinenko, Direktorin einer Backwarenfabrik, und die einzige Arbeiterin, Polina Suchowerchowa. Polina war brandmager, während die anderen alle wohlgenährt waren. Trotzdem war sie sehr selbstbewusst; sie fühlte sich den anderen Frauen absolut nicht unterlegen und wurde von ihnen auch nicht von oben herab behandelt.

Wir reisten also mit diesen Frauen in der Schweiz herum und wurden unter anderem bei Coop, damals noch LVZ, sehr freundlich in Empfang genommen. Wir zeigten und erklärten ihnen viel, natürlich immer in der Hoffnung, dass sie daraus etwas lernen würden. Wir wussten ja, wie es in der UdSSR aussah. Aber diese Lebedjewa, die war schon stur. Einmal brachten wir unsere Gäste in eine Wohnsiedlung, um ihnen zu zeigen, wie Arbeiter hier zu Lande wohnen. Eine Frau führte uns durch ihre Wohnung und sogar ins Schlafzimmer. Als die Lebedjewa draussen auf dem Rasen Kinder spielen sah, sagte sie auf Russisch: »Sie wachsen auf wie das Gras.« Ich antwortete ihr: »Sie irren sich, Genossin. Sie leben in einer hübschen Wohnung, sie gehen in den Kindergarten und sind betreut. Wieso wachsen sie auf wie das Gras?«

Die russischen Frauen wurden nicht immer herzlich empfangen. Als wir zum Beispiel das Mädchengymnasium in Zürich besichtigten, begegneten uns die Lehrerinnen sehr hochmütig und abweisend. Und als die Lebedjewa auf einer grossen Versammlung eine Begrüssungsrede hielt, wurde sie anschliessend in den Zeitungen auf eine sehr hässliche Art heruntergerissen, vor allem auch als Frau. Die mit der Delegation reisende junge Dolmetscherin wurde hingegen gelobt, weil sie hübsch war.

Zu dieser Zeit entstand ja auch eine starke Friedensbewegung. Der Kalte Krieg war voll ausgebrochen, und bereits war wieder von Aufrüstung die Rede.

Diese Bewegung ging weit über die PdA hinaus und fand vor allem bei den Intellektuellen Anklang. Robert Jungk war einer ihrer wichtigen Exponenten. Er sprach auch einmal in Zürich. In vielen Ländern fanden damals zahlreiche Friedensmärsche statt. Ich hielt etliche öffentliche Reden als Mutter, die sich an Mütter wandte. Ausserdem gab es in der Westschweiz zwei riesige Kongresse, einen Friedenskongress und 1955 einen zweitägigen Weltkongress der Mütter, der von der moskauorientierten Internationalen Frauenföderation initiiert wurde. Der Kampf für den Frieden war wichtig, aber in der deutschen Schweiz fand er wenig Widerhall. In der Westschweiz hingegen umso mehr, dort war die Stimmung ganz anders. Als wir zum Beispiel für den Mütterkongress am Bahnhof in Lausanne ankamen, nahmen uns unbekannte junge Männer das Gepäck ab und lobten uns für unser Engagement.

Im März 1954 warst du als Vertreterin der SFFF am Internationalen Frauentag in Ostberlin. Wie war dein Eindruck von der DDR?
Die ausländischen Delegierten wurden sehr herzlich empfangen und im ganzen Land herumgeführt. Wir fuhren mit dem Auto stundenlang durch Dörfer, in denen überall rote Flaggen hingen. Ich dachte nur: »Das kann doch nicht sein, dass nur wenige Jahre nach dem Nationalsozialismus plötzlich ein ganzer Teil Deutschlands sozialistisch geworden ist.« Ich hatte den starken Eindruck, dass man einem grossen Teil dieser Bevölkerung eine Ideologie übergestülpt hatte, die nicht authentisch war. Ich erinnere mich an eine grosse Versammlung, an der wir teilnahmen und an der auch Partei- und Regierungschef Walter Ulbricht anwesend war. Als er auf der Bühne erschien, klatschte und jubelte das Publikum. Und als er den Saal verliess, standen die Leute wie bei einem König Spalier und klatschten und jubelten ihm zu. Mir kam dieser Personenkult in der DDR übertrieben vor. Da hingen zum Beispiel riesige Plakate an der Wand: »Unsere grosse Ilse Thiele«. Ilse Thiele war die Präsidentin der Frauenorganisation, aber warum musste sie deshalb »Unsere grosse Ilse Thiele« sein? Mir erschien vieles krampfhaft übertrieben.

Einmal nahmen wir an einer Sitzung mit Lehrerinnen und Lehrern von Gewerbeschulen teil. Da war eine junge, intelligente Frau, die kluge Dinge sagte, aber jedem zweiten Satz anfügte: »Das hat der Genosse Ulbricht gesagt.« Das ist mir so auf die Nerven gegangen, dass ich einmal dazwischen fuhr: »Genossin, du hast doch einen eigenen Kopf. Dieser Gedanke hätte auch in deinem eigenen Kopf entstehen können!« Sie schaute mich an, als hätte ich etwas Unanständiges gesagt, aber ich denke, sie wird sichs gemerkt haben. Handkehrum fiel mir auf, wie viele selbstbewusste und profilierte Frauen es in der DDR gab – im Unterschied zur Schweiz. Und die Menschen waren sehr herzlich. Einmal besuchten wir die Arbeiterinnen einer Textilfabrik, und wie wir uns verabschiedeten, umarmten und küssten sie uns und winkten uns dann von den Fenstern aus noch nach. Die kommunistische Überzeugung dieser Arbeiterinnen war echt, ganz anders als die einiger Vertreter der bürgerlichen Parteien, die wir an einer Versammlung reden hörten. Das waren Opportunisten, die ihre Stellung, ihre guten Gehälter hatten und darum auch predigten, was man predigen musste.

Die DDR war sehr zwiespältig. Da gab es auf der einen Seite diesen Stasi-Apparat mit seinem Überwachungs- und Kontrollsystem, andererseits habe ich dort den Leuten, die ich traf, meine Meinung immer sehr offen gesagt, ohne Probleme zu bekommen. In der Sowjetunion wäre das nur unter Freunden möglich gewesen.

»Es war eine schlimme Zeit«
Kalter Krieg und antikommunistische Hetze in der Schweiz

Dann kam der Ungarnaufstand von 1956, ein drastischer Einschnitt in deinem politischen Leben…
Zu dieser Zeit brach die antikommunistische Hetze gegen die PdA und deren Mitglieder erst richtig los und nahm teilweise faschistoide Züge an. Wir waren ja schon vorher regelmässig schikaniert worden, aber im Vergleich zu 1956 noch in einem erträglichen Mass. Damals erhielten auch Fred und ich Tag und Nacht anonyme Telefonanrufe mit Beschimpfungen. Mein Sohn Karli ging jeweils mit grösstem Vergnügen ans Telefon und antwortete denen irgendwas. Er hatte ja das Glück, dass er in die Rudolf-Steiner-Schule ging, die frei war von solcher Hetze. Ich erinnere mich, dass die Zürcher Schulen für Imre Nagy[59], der in Ungarn hingerichtet worden war, eine Gedenkminute einlegten. Die Geschichtslehrerin meines Sohnes sass an diesem Tag einfach da und sagte: »Ihr könnt die Gedenkminute machen, wenn ihr wollt. Ich bleibe sitzen, denn ich kann mich nicht erinnern, dass je eine Gedenkminute für die sechs Millionen ermordeten Juden gemacht worden wäre.«

Dann kam es auch zu mehreren Entlassungen und Berufsverboten, angefangen bei Lehrern wie Max Meier und Fritz Rüegg bis hin zu Arbeiterinnen und Arbeitern. Rosl

Lechleiter zum Beispiel wurde als Angestellte eines Zürcher Delikatessengeschäfts gekündigt. Was mit Konrad Farner[60] passierte, ist ja hinlänglich bekannt. Die Kampagne gegen ihn machte nicht einmal vor seinen Kindern Halt, die ebenfalls verfemt und schikaniert wurden. Seine Frau konnte in Thalwil nicht mehr einkaufen, sie hätte in den Läden nicht ein Stück Brot bekommen. Und dann haben sie noch im Garten des Nachbars diesen Pfahl aufgebaut, mit dem Plakat, auf dem stand: »Farner ab nach Moskau.« Damals traten viele PdA-Mitglieder aus der Partei aus. Auch ich fand im Postfach der SFFF täglich zahlreiche Austrittsbriefe. Diese Zeit bedeutete das Ende unserer Frauenorganisation. Es war eine totale Enttäuschung. Es war eine schlimme Zeit.

In deinen Fichen steht, dass du kurz nach dem Ungarnaufstand in einer Sitzung der Zürcher PdA zu einer Auseinandersetzung mit gewissen Fehlentwicklungen in der Sowjetunion angeregt hast. Du hast, zusammengefasst, Folgendes gesagt: Die glückliche Situation, dass Ungarn seinen eigenen Weg gefunden habe, sei auf sträfliche und grauenhafte Art vertan worden. Eine ernsthafte Diskussion über eigene Wege habe die PdA nie aufkommen lassen. Eigentlich müsste sie auf dem Boden der schweizerischen Demokratie einen Sozialismus für die Schweiz entwickeln. »Wir sind Sozialisten und bleiben Sozialisten, wir sind Marxisten und bleiben Marxisten, aber der Marxismus-Leninismus wird in meinen Ohren nur allzu oft als Phrase gebraucht. (...) Das kann doch nicht heissen, dass wir auf dem Boden einer unveränderlichen Weltanschauung stehen. (...) Die marxistisch-dialektische Methode heisst doch, dass sich diese Weltanschauung entwickelt, dass man theoretisch vorwärts kommt, dass man auf Grund einer gründlichen Analyse der internationalen und nationalen Situation neue kühne Gedanken hat.« Wie haben die Genossinnen und Genossen bei der PdA auf den Ungarnaufstand reagiert?

Ich erinnere mich an eine Sitzung im Limmathaus im Kreis 4, an der es zu einer heftigen Auseinandersetzung kam. Auf der einen Seite war Fritz Heeb[61], ein führender Mann der Partei, auf der anderen Seite Genosse Woog, der nichts auf die Sowjetunion kommen lassen wollte. Fritz Heeb gab seinen Gefühlen in bitteren Worten Ausdruck; schon der Chruschtschow-Bericht habe ihn ernüchtert, und der Einmarsch in Ungarn habe ihn vollends enttäuscht, sagte er. Woog konnte diese Enttäuschung nicht verstehen und wusste nichts Besseres zu entgegnen als: »Ich lass mir unsere Partei nicht von einem Sozialdemokraten zerstören.« Damit tat er Heeb, der jahrelang auch in schweren Zeiten der Partei die Stange gehalten hatte, eindeutig Unrecht. Fritz Heeb ist damals aus der PdA ausgetreten. Es muss eine schwere Zeit für ihn gewesen sein, denn er verlor zehn Kilo. Später ist er dann in die SP eingetreten, ohne jedoch seine kommunistische Zeit je verleugnet zu haben. Er war kein Wendehals.

Ich selbst war schon lange vor dem Ungarnaufstand nicht mehr so restlos begeistert von der Sowjetunion. Mittlerweile hatte ich ja erfahren, welches Schicksal viele meiner österreichischen Genossinen und Genossen unter Stalin erlebt hatten. Auch Chruschtschows Bericht über die Stalinzeit hat mich nachhaltig erschüttert, obwohl er ja eigentlich nur die Verfolgung der eigenen Genossen aufgerollt hat, nicht aber das, was dem Volk widerfahren ist, die Zwangsarbeit, die Deportationen, die zahllosen Toten. Ich war in zwei Teile zerrissen. Natürlich fühlte ich mich solidarisch mit den verfolgten Genossen in der Schweiz, aber viel mehr als das hat mich die Einsicht geschmerzt, dass die Sowjetunion nicht mehr sozialistisch war. Darüber konnte ich mit den Leuten in der Partei nicht reden. Wenn ich es tat, hatte ich immer mehr das Gefühl, dass wir nicht mehr viel miteinander gemein hatten. Da war ich eine Zeit lang sehr einsam.

Auch mit Fred war es unmöglich, eine ernsthafte Diskussion über Sozialismus zu führen. Er war ein überzeugter Anhänger der Sowjetunion und ein treuer Parteigenosse. Dieser absolute Glaube entsprach seinem Charakter. Deshalb vermieden wir solche Auseinandersetzungen. Wir hatten ja andere gemeinsame Interessen, die Pädagogik, Kunst und Kultur, die Familie und vieles mehr. Ich erinnere mich gut, wie die NZZ eines Tages, knapp vor Stalins Tod, auf der ersten Seite gross verkündete, dass alle jüdischen Kreml-Ärzte verhaftet worden seien. Stalins Paranoia war damals voll ausgebrochen, und er liess diese Ärzte, die zu den Besten ihres Berufs gehörten, verhaften, weil er ihnen Tötungsabsichten unterstellte. Wenige Wochen danach starb er, und die Verhafteten kamen Gott sei Dank frei. Als Fred von der Schule nach Hause kam, hielt ich ihm die NZZ entgegen und sagte: »Fred, glaubst du immer noch, dass das etwas mit Vernunft zu tun hat?« Na ja, darauf konnte er wirklich nichts mehr sagen.

Als Mensch scheint Fred aber sehr tolerant und grosszügig gewesen zu sein?
Ja, da war irgendwie ein Widerspruch zwischen seinem politischen Dogmatismus und seiner Toleranz anderen Menschen gegenüber. Aber er hatte das starke Bedürfnis, fest an etwas zu glauben. Seine Tochter aus erster Ehe, Rösli, war lange Zeit auch so. Sie war streng katholisch und hat erst mit der Zeit gegenüber der Kirche eine freiere Einstellung entwickelt. Fred hat ihr ihre Religiosität nie übel genommen, aber unserem Sohn Karl konnte er lange nicht verzeihen, dass er in die SP statt in die PdA eingetreten ist. Dies, obwohl Karl in vielem unsere Weltanschauung, unser Interesse an sozialen Fragen und unsere solidarische Haltung teilte.

Fred, der von 1946 bis 1950 PdA-Gemeinderat war, machte in dieser Zeit der antikommunistischen Hysterie ja schlimme Erfahrungen. 1951 wurde er aus dem Lehrerverein ausgeschlossen, und später hat die Zentralschulpflege versucht, ihn abzuwählen. Wie habt ihr diese »Ächtung« erlebt?
Fred hat als Sekundarlehrer im Schulhaus an der Feldstrasse viel durchgemacht. Seine Kollegen haben ihn auf eine bösartige Art geschnitten. Sie redeten nicht mehr mit ihm, gingen ihm aus dem Weg. Im Lehrerzimmer, wo sie sich in den Pausen immer zum Kaffeetrinken und Plaudern einfanden, verliessen alle den Raum, wenn Fred hineinkam. So verbrachte er mit der Zeit die Pausen im Klassenzimmer und korrigierte Hefte. Das ging jahrelang so, ohne dass er sich zuhause je beklagte. Was ihm das Leben in der Schule erträg-

lich machte, war die Zuneigung seiner Schüler und Schülerinnen. Er hatte nie irgendwelche Probleme mit den Kindern.

Nur drei Kollegen hielten zu ihm. Der eine war der Zeichenlehrer Eduard Gubler, einer von drei Brüdern, die als bedeutende Künstler galten. Der andere war ein junger Lehrer mit Autoritätsproblemen, dem Fred stets geholfen hat, unter den Kindern seiner Klasse Disziplin zu wahren. Und der dritte war einfach ein anständiger Mensch.

Und dann hat ihn die Zentralschulpflege nicht mehr zur Wiederwahl vorgeschlagen...

Ja, da empfahl die Zentralschulpflege in ihrem Zeitungsinserat, sämtliche Lehrer im Schulhaus Feldstrasse wieder zu wählen, mit Ausnahme von Alfred Hümbelin. Eine Begründung gab sie nicht. Aber sie hatte nicht mit Freds Schülern und deren Eltern gerechnet. Es war zu schön, wie diese Abwahl verhindert wurde. Fred kam eines Tages nach Hause und sagte: »Ich halts nicht mehr aus. Ich hatte doch meiner Lebtag nie Schwierigkeiten mit der Disziplin, und jetzt sind die Kinder seit Tagen so unruhig und zerstreut. Ich weiss nicht, was los ist.« Ja, was war los? Die Kinder waren damit beschäftigt, Plakate von Hand herzustellen, zu malen, mit Parolen zu versehen: »Wählt unseren besten Lehrer wieder.« Und dann haben sie diese Plakate im ganzen Kreis 4 aufgehängt. Sie gingen zu den Tramführern und fragten, ob sie die Plakate in den Tramhäuschen aufkleben dürften, weil dort stets so viele Leute stünden. Dann gingen sie mit Flugblättern von Tür zu Tür und sagten den Leuten: »Das ist unser bester Lehrer, wir wollen ihn behalten, er darf nicht abgewählt werden.«

Schliesslich schaltete sich auch noch die Gewerkschaft VPOD ein und publizierte ein Inserat gegen die Zentralschulpflege. Und eines Tages gab es eine Versammlung im Volkshaus, zu der auch ich hinging. Die Veranstalter hatten einen der kleineren Säle gewählt, weil sie nicht so viele Leute erwarteten. Der Raum war aber gepropft voll, so voll, dass die Leute am Boden sassen und draussen ihm Gang standen. Ich kam ein bisschen zu spät und konnte nicht mehr hinein. Dann standen die Eltern der Schülerinnen und Schüler, die früher ebenfalls Freds Schüler waren, eine nach dem anderen auf, um ihren ehemaligen Lehrer zu verteidigen. Ich stand da, und mir liefen die Tränen runter. Als Fred am späteren Abend nach Hause kam, sagte er nur: »Ich brauch keine Grabrede mehr, ich habe sie heute gehört.«

Wenn ihn die Schülerinnen und Schüler so geliebt haben, muss er tatsächlich ein sehr guter Lehrer gewesen sein.
Das war er. Er hat dann sogar noch bis 66, ein Jahr über sein Pensionsalter hinaus, gearbeitet. Zu seiner letzten Unterrichtsstunde ging auch ich das erste und einzige Mal ins Feldschulhaus. Ein Vertreter der Schulpflege war dort und hörte seinem Unterricht zu. Beim Abschied gab er ihm nicht einmal die Hand, ebenso wenig die anderen Lehrer. Fred hat von jung an jahrzehntelang in diesem Schulhaus gearbeitet, und dann liessen sie ihn auch am Schluss ohne ein einziges freundliches Wort gehen.

»Ich war ein Mensch, der nicht ohne politische oder berufliche Tätigkeit sein konnte«
Fortsetzung des Studiums und Arbeit als Heilpädagogin

Nach dem Ungarnaufstand hast du deine politischen Aktivitäten aufgegeben. Warum?
Bis dahin hatte ich eine starke Bindung zur Sowjetunion, obwohl ich wusste, dass sie kein idealer Staat war. Trotzdem: Es war ein sozialistischer Staat, und die Hoffnung war gross, dass sich der Sozialismus von dort aus weiter verbreiten würde. Aber mit der Zeit wurde die Ernüchterung zu gross. Nach dem Ungarnaufstand 1956 konnte ich nicht mehr mit Überzeugung in der Partei mitarbeiten. Ich bin zwar bis zum heutigen Tag nicht ausgetreten und zahle weiterhin meinen Mitgliederbeitrag. Ich glaube, der Grund ist, dass ich noch starke Gefühle für meine österreichischen Genossinen und Genossen habe, von denen viele im KZ oder in der Wider-

standsbewegung umgekommen sind. Irgendwie bin ich aus Pietät für diese Freunde und auch für meinen Hermes Mitglied geblieben. Doch seit 1956 war ich nicht mehr aktiv. Ich ging nur noch ganz selten an Versammlungen der Zürcher PdA. Einmal fand eine Veranstaltung zum Thema »Eurokommunismus« statt. Genossen in Frankreich und Italien – Palmiro Togliatti[62] zum Beispiel – vertraten die Ansicht, die europäischen Kommunisten müssten sich ideologisch von der Sowjetunion lösen und einen eigenen Weg finden. Diese Entwicklung interessierte mich, und weil an der Veranstaltung ein italienischer Genosse berichten wollte, ging ich hin. Als Jakob Lechleiter meiner ansichtig wurde, kam er auf mich zu und sagte: »Wenn wir mit etwas Speziellem aufwarten, da tauchen die, die man sonst nicht mehr sieht, plötzlich wieder auf.« Seit ich mich von der Sowjetunion abgewandt hatte, war ich in der Partei isoliert. Ich blieb dennoch dabei, zog mich aber in eine Art innere Emigration zurück. Aber wo ich die Möglichkeit hatte, sagte und schrieb ich stets offen meine Meinung.

Hingegen begann ich damals, für den »Vorwärts« Theaterkritiken zu schreiben. In dieser Zeit haben Max Frisch und Friedrich Dürrenmatt die meisten ihrer Dramen geschrieben, und ich war jeweils bei den Erstaufführungen im Schauspielhaus auf den besten Plätzen dabei. Meine Kritiken stiessen auf erfreuliche Resonanz und wurden gerne gelesen. Die meisten Arbeiterinnen und Arbeiter gingen zwar nicht ins Theater, aber ich habe so geschrieben, dass sie doch irgendwie an diesen Aufführungen teilnehmen konnten.

Ich war ein Mensch, der nicht ohne politische oder berufliche Tätigkeit sein konnte. So setzte ich mir schliesslich in den Kopf, mein Studium abzuschliessen. Zuerst versuchte ich, in Wien die Unterlagen zu meiner Matur und den sechs Semestern Studium an der Universität aufzutreiben. Tatsächlich war alles noch vorhanden. Hitler hatte zwar meine Familie zu Grunde gerichtet und alle ihre Spuren – Fotos, Dokumente, Besitztümer – vernichtet, aber diese Papiere waren noch da und wurden mir auch zugestellt. Schliesslich wandte ich mich an Professor Moor, der an der Zürcher

Universität Heilpädagogik lehrte, und fragte ihn, ob ich mit diesen Papieren bei ihm studieren könne, und ob mir etwas angerechnet würde, damit das Studium nicht so lange daue-re. Er nahm mich auf und empfahl mir, jene Vorlesungen zu besuchen, die mir zusagten. Nach zweieinhalb Jahren schloss ich dann das Studium mit einem Diplom für Heilpädagogik ab. Bei der Übergabe des Diploms teilte mir die Sekretärin von Professor Moor mit, dass ich von allen Studentinnen und Studenten die besten Noten erreicht hätte. Das hat mich sehr gefreut, erst recht, weil ich damals ja ziemlich viel älter als meine Mitkommilitonen war.

Beruflich hat mir dieses Diplom sehr geholfen. Ich erhielt sofort einen Job. Ein Jahr lang unterrichtete ich an Zürcher Schulen Kinder, die seelisch gestört oder sonstwie behindert waren. Die Arbeit war sehr hart, weil ich solche Sonderklassen jeweils nur in Vertretung für zwei oder drei Wochen übernahm. Und manche dieser Kinder waren sehr verwahrlost. Danach fragte mich die Beratungsstelle des Heilpädagogischen Seminars an der Universität Zürich an, ob ich nicht mit Kindern, die eine Einzelbetreuung brauchten, arbeiten wolle. Zwanzig Jahre lang habe ich dann als Heilpädagogin einzelne Kinder bei mir zu Hause behandelt. Ich bekomme bis heute manchmal noch Briefe oder Besuch von einigen meiner ehemaligen Schützlinge.

Weder während meines Studiums noch während meiner Berufstätigkeit habe ich meine kommunistische Haltung verleugnet. Viele wussten, wer ich und wer mein Mann Fred waren. Ich habe meine Meinungen stets offen geäussert und erreichte so vielleicht einen grösseren Kreis von Menschen als mit der Arbeit in der Partei, wo man mehr oder weniger unter sich blieb. Einmal habe ich im Rahmen eines Seminars über Heinrich Pestalozzi eine grössere Arbeit über diesen Schweizer Pädagogen geschrieben und seine Ideen, die er während einer bestimmten Phase seines Lebens entwickelte, mit den Ideen von Marx verglichen. Der Professor war ziemlich verblüfft über die Parallele und wollte das Manuskript von mir. Leider machte ich für mich keine Kopie. Ich ging mit meinen Schriften stets ziemlich nachlässig um. Fred hat einmal meine Theaterkritiken gebunden und mir zum Geburtstag geschenkt. Aber er hatte nur noch einen kleinen Teil davon gefunden.

»Ich traf eine gedrückte Stimmung, eine völlige Gleichgültigkeit an«

Reise in die Sowjetunion 1967

1967, am 50. Jahrestag der Revolution, hast du das erste Mal wieder die Sowjetunion besucht. Wie war diese Erfahrung?
Damals wollte ich meine Schwägerin Mitzi, die Frau meines im Krieg gefallenen Bruders Jula, besuchen, die ja immer noch in der Sowjetunion lebte. Aber es war nicht leicht, ein Einreisevisum für private Reisen zu bekommen. Fred erhielt jedoch als Präsident der Zürcher Gesellschaft Schweiz-Sowjetunion eine Einladung zu den Feierlichkeiten anlässlich des 50. Jahrestages der Revolution. So rief ich ganz frech die sowjetische Botschaft in Bern an und sagte: »Hören Sie, mein Mann hat eine Einladung ihres Landes bekommen. Er ist 13 Jahre älter als ich, wir sind beide nicht mehr jung, und wir haben uns gegenseitig versprochen, nicht mehr allein in ein Flugzeug zu steigen, sondern nur noch zu zweit. Bitte stellen Sie mir auch ein Visum aus, damit wir beide hinfahren können.« Das hat tatsächlich geklappt. Wir beschlossen, mit dem Zug zu reisen und das Geld für die teuren Flugtickets zu verwenden, um Pullover, Hosen und andere gute Kleidungsstücke für meine Familie zu kaufen. Sowieso erlebt man auf Bahnreisen immer mehr als beim Fliegen.

Mit uns reisten noch zwei junge Männer aus der Westschweiz, einer davon Sekretär der Gesellschaft Schweiz-Sowjetunion. Schon vor der sowjetischen Grenze nahmen uns unfreundliche Beamte im Zug die Pässe ab. Dort angekommen, mussten wir mit unserem ganzen Gepäck aussteigen. Da war eine Barriere, vor der wir uns aufstellen mussten, und dahinter stand eine ganze Reihe von Beamten, die unsere Koffer und Handtaschen durchwühlten. Sie durchlöcherten jeden Passagier mit Fragen, und da ich Russisch konnte, dolmetschte ich so gut wie möglich. Beim Durchsuchen meiner Handtasche fanden sie einen Brief von meinem Sohn, der damals in London lebte. Als sie mir deshalb Fragen stellen wollten, wurde ich wütend: »Jetzt reichts! Wir sind Gäste der Sowjetunion, und Sie behandeln uns hier wie den letzten Dreck. Was fällt Ihnen ein! Wenn Sie uns nicht in Ruhe lassen, werden wir in Moskau Meldung erstatten, und da werden Sie etwas zu hören bekommen!« Es verging keine Minute, und wir hatten unsere Pässe wieder. Ein Karren wurde geholt, unsere Koffer draufgestellt und alles in den Zug zurückgebracht. Im Abteil brach ich in hysterisches Lachen aus, und Fred sagte ärgerlich: »Warum lachst du so blöd?« Und ich antwortete: »Ich lache, weil diese Leute so schnell zurückkrebsen, wenn man sie anschreit.«

Das war unser erstes Erlebnis. Das zweite war der so genannte »Betreuer«, den sie uns als Begleitung mitgaben. Er war ein junger, geschniegelter Mensch, ein unsympathischer Kerl, der nicht mehr von unserer Seite wich. Er bekam bald einmal mit, dass ich nicht sehr begeistert war, und fragte mich immer wieder: »Es gefällt Ihnen wohl nicht bei uns?« Fred wollte von ihm wissen, wie er die Genossen treffen könne, die hier in der UdSSR zur Gesellschaft Schweiz-Sowjetunion gehörten. Es wollte einfach nicht in seinen Kopf, dass es hier keine solche Organisation gab und dass die Besucher, die er manchmal in Zürich empfing, irgendwelche Parteileute waren. Bei unserer Abreise kam dann noch eine Erfahrung hinzu, die mir augenfällig machte, wie sich die UdSSR mittlerweile gewandelt hatte. Als alle meine Freundinnen und Verwandten zum Abschied bei uns im Hotelzimmer sassen, sagte der kleine siebenjährige Sohn meiner Nichte Tatjana plötzlich: »Schau, da ist auch so ein Knopf!« Tatjana und ihr Mann wurden ein bisschen verlegen und sagten dann: »Das ist zum Abhören.« Es war eine Wanze.

Was mir im Unterschied zu meinem Moskau-Aufenthalt in den 30er Jahren krass auffiel, war der wieder erwachte Antisemitismus. Unser Zimmermädchen zum Beispiel gab sich sofort und offen als Antisemitin zu erkennen und fragte: »Gibt es bei euch in der Schweiz auch so viele Juden?« Ich fragte zurück: »Kennst du denn viele Juden?« »Die Ärztin meines Kindes ist eine Jüdin«, antwortete sie. »Und du hättest nicht Medizin studieren können? Hat man dir das verboten?« »Ich bin als Waise in einem Kinderheim aufgewachsen.« »Aber dafür kann doch diese Ärztin nichts«, sagte ich. »Eigentlich ist sie ganz gut zu meinem Kind«, gab sie dann zu, »aber ich habe noch nie einen Juden gesehen, der in einem Hotel eine solche Arbeit macht wie ich.« »Wenn jemand die Chance hat, Schulen zu besuchen und zu studieren, nutzt er sie. Das finde ich nichts als natürlich. Du könntest doch auch noch was lernen, du bist ja noch jung«, empfahl ich ihr. Die Frau hatte sicher eine schwere Kindheit und Jugend gehabt, sie war so eine Mischung von frech und traurig.

Auch viele jüdische Genossinnen und Genossen, die ich in Moskau traf, beklagten sich über einen sehr starken Antisemitismus. Sie erzählten von Beschimpfungen, Intrigen, Übergehen bei Beförderungen und anderem mehr. In den zwei Jahren, die ich dort gelebt hatte, war das noch ganz anders gewesen. Da hatte ich im Tram erlebt, dass auf eine antisemitische Bemerkung eines Passagiers hin ein Rotarmist aufstand, ihm eine Ohrfeige gab und sich ruhig wieder hinsetzte.

Und dieser Enthusiasmus, den du zur Zeit des Aufbaus noch gespürt hast. War der noch vorhanden?

Da war nichts mehr, absolut nichts. Ich traf eine gedrückte Stimmung, eine völlige Gleichgültigkeit an. Früher legten die Arbeiterinnen und Arbeiter noch Würde, Engagement und Berufsstolz an den Tag. Eines Tages besuchten wir mit einer Gruppe eine Milchproduktefabrik, wo man uns zum Mittagessen derart viel Fressalien auftischte, dass ich mich direkt schämte. Die Kaderleute der Fabrik hatten die Gelegenheit beim Schopf gepackt, um sich mal wieder so richtig satt zu essen. Bei einer Maschine stand eine Arbeiterin, die sich nicht einmal nach uns umdrehte. Aber ihrem Gesicht konnte ich ansehen, was sie dachte: »Da fressen sie wieder, und ich mit meinem kleinen Lohn stehe da und putze.«

Früher wäre so etwas beim Besuch einer ausländischen Delegation ausgeschlossen gewesen; da begegnete man den Arbeiterinnen und Arbeitern noch von Gleich zu Gleich und kam mit ihnen ins Gespräch.

In dem noblen Moskauer Hotel, in dem wir während unseres Besuchs wohnten, wurde den Gästen eine widerwärtige, spiessige Unterhaltung mit aufgetakelten Animierdamen und seichter Musik geboten. Unser Schlafzimmer hatte ein riesengrosses Fenster auf den Roten Platz hinaus, wo die Beleuchtung so grell war, dass man in der Nacht nicht schlafen konnte. Es gab zwar zwei dicke Vorhänge zum Verdunkeln, aber die klemmten und liessen sich nicht zuziehen. Ich habe das am Empfang gemeldet und darum gebeten, dass jemand käme, um die Sache zu richten. Aber während der ganzen Zeit, die wir dort waren, haben sie es nicht geschafft, diese kleine Reparatur zu erledigen. Oder dann sind wir einmal mit einem Taxi weiss ich nicht wie lange in Moskau herumgefahren, weil der Fahrer eine Adresse nicht finden konnte. Es gab einfach keine Stadtpläne, erst recht nicht von all den neuen Wohnsiedlungen, die rundum entstanden waren. Die Sowjetunion hat ja stets versucht, dem Westen nachzueifern. Leider stand die Aufrüstung dabei an erster Stelle, nicht etwa ein besserer Lebensstandard für die Bevölkerung, die so viel entbehrt und gelitten hatte. Dass die Menschen in der Sowjetunion nie auf einen grünen Zweig kommen konnten, war eine wesentliche Ursache für ihre Gleichgültigkeit und ihren mangelnden Arbeitseifer, ob nun in der Wirtschaft oder im Staatsapparat.

Aber die Wohnsituation und die Versorgungslage hatten sich sicher verbessert?

In der Zwischenzeit war viel gebaut worden, man sah überall diese hässlichen Fertigelementbauten. Es gab zwar mehr Wohnungen, aber ich kannte immer noch Paare und Familien, die in Einzimmerwohnungen hausten. Zweizimmerwohnungen waren bereits ein Luxus. Auch die Versorgungssituation war etwas besser als in den 30er Jahren, doch viele Lebensmittel und Gebrauchsartikel waren immer noch schwer erhältlich. Oft war in den Läden zum Beispiel monatelang kein Klosettpapier zu finden. Leute im Zentralkomitee oder in sonst einem höheren Parteigremium erhielten jedoch von allem reichlich und gaben dann meist ihren Familienangehörigen etwas ab. Brot war immer zu haben und auch billig, obwohl die UdSSR einen Teil des Getreides einführen musste. Es gab davon so viel, dass die Leute es teilweise zu Wodka verarbeiteten oder an ihre Tiere verfütterten.

Hat Julas Frau Mitzi nie versucht, wieder die österreichische Staatsbügerschaft zu bekommen? Wollte sie in der Sowjetunion bleiben?

Mitzi ist vor allem wegen ihrer Tochter Tatjana, die nur russisch spricht, in der UdSSR geblieben. Tatjana hat dort Medizin studiert und wurde eine gute Ärztin. Da sie mit einem russischen Mann verheiratet war, hätte die UdSSR sie nie ausreisen lassen. Mitzi, Tatjana, ihr Mann und der Sohn der beiden lebten damals in einer kleinen Zweizimmerwohnung, wobei sie noch privilegiert waren. Mitzi erhielt eine kleine Witwenrente und arbeitete daneben dreimal in der Woche in einem Wochenheim für Kinder, wo sie auch übernachtete. Den Sommer, die für sie erholsamste Zeit, verbrachte sie jeweils mit den Heimkindern in einem Ferienlager im Wald.

Wir haben versucht, ihr einen Besuch in die Schweiz zu ermöglichen. Es gelang uns nicht, für sie eine Bewilligung zu bekommen. Schliesslich, das war schon in der Breschnew-Ära, schaltete ich meinen Bruder Jack in Wien ein, von dem ich wusste, dass er mit Bruno Kreisky, dem damaligen österreichischen Ministerpräsidenten, befreundet war. Ich bat ihn, bei Kreisky vorzusprechen, damit er einige Zeilen an irgendeine wichtige Persönlichkeit in der UdSSR schreibe, um eine Reisebewilligung für Mitzi zu erhalten. Kreisky hat uns diesen Wunsch erfüllt. Als Mitzi dann eines Tages zum x-ten Mal bei der zuständigen Behörde vorsprach, wurde sie angeschnauzt: »Was haben Sie mit dem Kreisky zu tun?« Mitzi, die von unserer Intervention nichts wusste, antwortet nur: »Nichts. Wovon sprechen Sie?« Darauf zeigten sie ihr Kreiskys Schreiben. Und natürlich bekam sie, weil von höherer Stelle ein Wink gekommen war, diesmal die verlangte Bewilligung.

Wie hat Fred der Besuch in der Sowjetunion gefallen?
Er unternahm von Moskau aus allein eine Reise nach Taschkent, die ihm sehr viel Spass machte. Aber sonst hatte ich den Eindruck, dass ihm etliches missfiel, obwohl er nicht darüber sprach. Ich erinnere mich an einen Besuch bei einem Künstler, dem wir ein Bild abkaufen wollten. Er lebte mit seiner Frau, einer Slawistin, und seinen Eltern in einer winzigen Zweizimmerwohnung und empfing uns in einem kleinen Zimmer, in dem nur ein Tisch und zwei Stühle Platz hatten. Der Mann war ursprünglich Mathematiker, hatte aber seinen Beruf aufgegeben, um nur noch zu malen. Doch er hatte Mühe, seine Bilder zu verkaufen, sein Stil war für den Geschmack der meisten Russen zu modern. Als er uns seine Bilder zeigte, sah ich, wie es in Fred kochte. Ihn hat diese augenfällige Armut empört, aber nicht etwa, weil es in der Sowjetunion noch solche Zustände gab. Vielmehr war er zornig auf diesen Mann und seine Familienangehörigen, weil sie sich mit dieser Situation abfanden. Im Westen hätte eine Sprachwissenschaftlerin, die als Lehrerin arbeitete, jedoch genug verdient, um ihrer Familie einen erträglichen Lebensstandard zu bieten.

Als wir schliesslich aus Moskau abreisten und der Zug westwärts fuhr, war ich erleichtert. Wir fuhren über Ungarn, wo wir noch eine Weile bleiben wollten. An der Grenze mussten wir erneut mit unserem sämtlichen Gepäck aussteigen, um in einen anderen Zug mit schmälerer Spur zu wechseln. Die Beamten behandelten uns wieder sehr unhöflich, liessen uns lange stehen, verzichteten aber darauf, unsere Koffer zu durchsuchen. Beim Warten sahen wir, wie zwei Uniformierte einen Jungen wegschleppten, der ebenfalls eine Uniform trug und einen sehr unglücklichen Eindruck machte. Die jungen Russen sind ja nicht gern in die Armee eingerückt, um sich dann bei der Bevölkerung in der Tschechoslowakei, in Afghanistan, Tschetschenien oder wer weiss wo unbeliebt zu machen und sich gar umbringen zu lassen.

»Ich habe das Ganze eher als Begeisterungstaumel aufgefasst«

Studentenrevolten und Prager Aufstand 1968

Dann kam der Prager Aufstand von 1968. Das muss für dich auch eine herbe Enttäuschung gewesen sein...

Dieses Ereignis hat mich fast noch tiefer und schmerzlicher berührt als Ungarn. In der Tschechoslowakei gab es vor dem Krieg eine sehr starke kommunistische Partei, die im Volk tief verwurzelt war. Irgendwie hatte ich die Hoffnung gehabt, es könnte dort wirlich ein Sozialismus mit menschlicherem Gesicht heranwachsen. Der Einmarsch der Sowjets hat diese Hoffnung zunichte gemacht. Wir waren zu dieser Zeit in Wien und trafen auf der Rückreise ein paar Tschechen, die wegen irgendwelcher Staatsaufträge nach Paris unterwegs waren. Der eine sagte mir mit Tränen in den Augen: »Wir waren nie Antikommunisten.«

Stichwort: Mai 1968. Was haben die Studentenrevolten in dir bewirkt?

Merkwürdigerweise war ich mehr mit den tschechischen Problemen beschäftigt und verfolgte die Studentenaufstände nur am Rande. Bei Theo Pinkus[63] traf ich einmal eine junge Frau, die die Revolte in Paris miterlebt hatte und vor Begeisterung strahlte. Ich habe das Ganze eher als Begeisterungstaumel aufgefasst, als eine Bewegung junger Menschen, die zwar revoltierten, aber kaum eine Vorstellung hatten, was sie wie ändern wollten.

Es muss schon nach dem Höhepunkt dieser Bewegung gewesen sein, als ich von zwei jungen Frauen über die Frage interviewt wurde, warum ich heute noch Kommunistin sei. Meine Antwort kam dann zusammen mit jenen anderer älterer PdA-Mitglieder im Radio. Ich gab den beiden Frauen sinngemäss etwa folgende Begründung: »Zunächst einmal ist der Kommunismus nicht mit dem Stalinismus zu verwechseln. Er ist eine uralte Idee der Menschheit; es hat immer wieder kommunistische Bewegungen gegeben, die eine gerechte und solidarische Gesellschaft anstrebten. Und immer wieder sind solche Bewegungen niedergeschlagen worden. Ich glaube, die Menschheit wird nur bestehen können, wenn sie Ideen entwickelt, die Solidarität und Gerechtigkeit zum Ziel haben. Und nichts anderes ist der Kommunismus.«

Für mich, die damals jung war, hat 68 sehr viel verändert. Wenn ich bedenke, wie ich als Jugendliche noch eingeengt war von gesellschaftlichen Normen, dann hat diese »Explosion« viele Freiräume für unterschiedlichste Lebensstile geschaffen. Dann entstand auch eine starke ökologische Bewegung, die es immerhin fertig gebracht hat, dass Umweltschutz heute nicht mehr nur ein Randgruppenanliegen, sondern ein Thema der ganzen Gesellschaft ist. Ebenso entstand damals die moderne Frauenbewegung, die über die politischen Rechte der Frauen hinaus auch ganz andere Aspekte der Gleichberechtigung aufgriff. Auch die neue Geschichtsschreibung, die Geschichte von unten, ist eine Errungenschaft der 68er-Bewegung. Die Soziologie, die Ethnologie haben sich stark verändert. In meinen Augen hatte 1968 sehr nachhaltige Auswirkungen.

Mich hat vor allem begeistert, dass eine starke und offene Frauenbewegung entstanden ist, dass die Probleme, aber auch die Lebensanschauungen der Frauen viel mehr in den Vordergrund rückten. Alles andere, was du aufgezählt hast, habe ich nicht unmittelbar mit der 68er-Bewegung in Zusammenhang gebracht.

Und dein Sohn Karl? War er nicht politisch aktiv?

Solange er an der ETH studierte, glaubte ich, er sei ein völlig unpolitischer Mensch. Das hat mich ein wenig gewundert, weil wir ja zuhause sehr viel diskutiert haben und er immer zuhörte. Kaum hatte er aber sein Studium abgeschlossen und eine Stelle bei Sulzer angenommen, trat er in die SP ein und arbeitete dort sehr engagiert mit. Er war in der Friedensbewegung tätig und zählte auch zu den führenden Aktivisten gegen das Atomkraftwerk Kaiseraugst. Politisch haben wir uns immer ausgezeichnet verstanden. Nach seinem Umzug engagierte er sich in seinem neuen Wohnort Arlesheim sehr intensiv für soziale Anliegen. Besonders für die lokale Musikschule hat er viel Zeit geopfert, eine Aufgabe, die ihm auch viel Freude bereitete. Die Leute haben es ihm gedankt, indem sie ihm eine Suite namens »Carlo Umbelini« widmeten.

»Junge Menschen haben manchmal das Gefühl, man wolle sie nicht loslassen«

Familie und FreundInnen

Wie war deine Beziehung mit deinem Sohn Karl? Hat er viel von deinem Leben gewusst?

Einiges hat er gewusst. Wir sind ja viel nach Österreich gereist, und er hat dort auch Freunde von uns kennen gelernt. Aber Kinder, das gilt wohl für alle, sind nicht interessiert am Leben ihrer Väter und Mütter. Sie meinen, erst mit ihnen habe das Leben begonnen. Als Karl ein Kind war, hatten wir eine sehr gute Beziehung. Rösli und Robi, seine Stiefgeschwister, waren ihm im Alter ein Jahrzehnt voraus und hatten andere Freundinnen und Freunde. Ich bemühte mich, Karl nicht zu sehr an mich zu binden oder zu verwöhnen, aber Nesthäkchen fühlen sich wohl unwillkürlich so ein bisschen als Prinzen.

Die Jahre der Ablösung waren nicht leicht für mich. Ich durchlebte mit Karl die typischen Spannungen dieser Jugendphase, die mich zuweilen auch kränkten. Es gab Missverständnisse, die auszuräumen mir unmöglich war, weil sie auf irrationalem Verhalten beruhten. Ausserdem wollte ich mich mit meinem Sohn nicht streiten. Das sind wohl Erfahrungen, die viele Eltern machen, und man ist glücklich, wenn sich wieder ein Gleichgewicht, ein freundschaftliches Verhältnis einstellt. Seinen Vater hat Karl geliebt, die Beziehung zu ihm war konfliktlos.

Eigentlich hatte mein Sohn keinen Grund zu revoltieren, weder haben wir ihm viel verboten noch haben wir ihn eingeengt. Doch junge Menschen haben eben das Gefühl, man wolle sie nicht loslassen. Auf mich traf das nicht zu. Als Karl seine erste Stelle bei Sulzer hatte, teilte er mir eines Tages mit, dass er sich eine eigene Wohnung nehme. Ich antwortete: »A la bonheur, mein Sohn. Ich bin gar nicht unglücklich darüber, so habe ich weniger Arbeit. Du bleibst ja am Leben, und wir werden uns weiterhin sehen.« Später zog Karl mit seiner Familie nach Arlesheim und übernahm bei Sandoz in Schweizerhalle eine verantwortungsvolle Aufgabe als Chefingenieur. Er war von seiner Arbeit so in Anspruch genommen, dass Fred und ich nie wirklich tief gehende Gespräche mit ihm führen konnten, wenn wir die Familie besuchten.

Und wie hast du dich mit Rösli und Robert, Freds Kindern aus erster Ehe, verstanden, die ja nicht mit euch zusammenlebten?
Robert haben wir verloren, das muss 1966 gewesen sein. Er war damals Chemiker bei der Sandoz und hatte soeben zum zweiten Mal geheiratet, eine reizende junge Frau. Die beiden standen kurz vor der Hochzeitsreise, und wir brachten ihnen noch einige Geschenke nach Basel. Ich fragte: »Wohin geht denn die Reise?« Sie lachte verschmitzt und antwortete: »Das werdet ihr dann sehen.«

An diesem verhängnisvollen Wochenende war ich in Gallenkirch, in einer entzückenden Gegend gleich hinter dem Bözberg, wo wir viele Wochenenden verbrachten. Wir hatten dort ein kleines Häuschen und waren mit dem Besitzer, einem Bauern, gut befreundet. Fred wollte an diesem Tag etwas später kommen, weil er in Zürich noch Gartengeräte einkaufen musste. Plötzlich kam ein Mädchen aus dem Dorf gelaufen und sagte: »Kommen Sie schnell ans Telefon, es ist etwas passiert.« Ich hatte wahnsinnige Angst um meinen Karli und dachte, er hätte einen Autounfall gehabt oder sonst etwas Schlimmes sei ihm zugestossen. Am Telefon höre ich die gebrochene Stimme von Fred: »Der Robi und seine Frau sind mit dem Flugzeug abgestürzt.« Beim Absturz dieses Flugzeuges der Globe-Air in der Nähe des Flughafens Nikosia starben damals fast 200 Menschen. Das Unglück erregte grosses Aufsehen, weil so viele Schweizer unter den

Passagieren waren. Im Basler Münster fand eine Trauerfeier statt, und auch die Sandoz organisierte für Robert eine Feier, an der er als begabter Wissenschaftler gerühmt wurde. Fred konnte den Tod seines Sohnes fast nicht verkraften. Dass wir uns sowohl in guten wie auch in schlechten Zeiten intensiv umeinander kümmerten, half ihm zu leben.

Ende der 70er Jahre erkrankte Fred schwer, und du hast ihn jahrelang gepflegt. Das muss für dich eine schwere Zeit gewesen sein.

Fred hatte Nierenkrebs. Die eine Niere musste entfernt werden. Mit der anderen, gesunden hätte er ja ganz gut leben können, aber die Blase war auch schon befallen. Die ersten zwei, drei Jahre seiner Krankheit war er nicht bettlägerig. Zweimal im Jahr mussten sie ihm die Blase auskratzen, wobei er jedesmal eine Narkose bekam. Er war schon mehr als 70 Jahre alt und vertrug die Vollnarkosen nicht mehr gut, vor allem nicht im Kopf. So habe ich mit dem zuständigen Urologen darum gekämpft, dass er jeweils eine Lumbalnarkose erhielt. Eine Zeit lang hatte er Halluzinationen, bis ihm ein guter Arzt ein Medikament fand. Da verschwanden die Halluzinationen und kamen erst einen Tag vor seinem Tod wieder. Da wusste ich, dass es zu Ende ging.

Zum Glück hatte Fred nicht sehr viele Schmerzen. Das Gemüt war bei ihm vollkommen harmonisch, aber der Kopf machte nicht mehr recht mit. Er war ein Patient, der weder jammerte noch gehässig war. Doch Diskussionen konnte ich mit ihm nicht mehr führen, und auch an ihn anlehnen konnte ich mich nicht mehr. Er war diese fünf bis sechs Jahre wie ein grosses liebenswürdiges Kind. Wenn ich wegging, sagte er: »Komm bald zurück.« Und wenn ich wiederkam, sagte er: »Du warst aber lange aus.«

Ich wurde so alt, wie ich es nie gedacht hätte, und musste einige Jahre nach Freds Tod erleben, dass mein Sohn schwer erkrankte. Der Brand von Schweizerhalle am 1. November 1986 hat ihn sehr mitgenommen; er und seine Mitarbeiter mussten nach dieser Katastrophe auf dem verseuchten Gelände der Sandoz arbeiten. Nach einer Operation war Karl jahrelang gesund, bis Sandoz und Ciba zur Novartis fusionierten. Damals wurden die jungen Ingenieure, mit denen er gut und kameradschaftlich zusammengearbeitet hatte, einer nach dem anderen entlassen. Ihm selbst wurde nicht gekündigt, aber er erhielt eine Arbeit in Bern zugewiesen. Ein paar Wochen lang pendelte er jeden Tag von Arlesheim nach Bern, zwei Stunden hin und zwei zurück. Dann brach die Krankheit wieder aus, und er wurde erneut operiert. Seine Frau Brigitte und seine beiden Söhne hatten eine harte Zeit durchzustehen. Rösli, seine Schwester, half, wo sie nur konnte. Ich war nicht allein.

Schliesslich wurde mein Sohn frühpensioniert. Er ist weiterhin aktiv, soweit es seine Kräfte erlauben, und ich bin voller Achtung, wie tatkräftig und menschlich gereift er sein Leben gestaltet. Meine Beziehung zu ihm und seiner Familie bereitet mir viel Freude.

Hast du eigentlich die Kontakte zu den Freundinnen und Freunden der Wiener KP aufrechterhalten?

Ja, und einige von ihnen leben sogar noch. Bei jenen, die gestorben sind, pflege ich teilweise immer noch Kontakte mit den Kindern, zum Beispiel mit der Familie von Walter Fischer. Freundschaften, die man in jungen Jahren schliesst, halten meist bis ans Lebensende. In der Schweiz habe ich zwar auch Freunde gefunden, aber dennoch hatte ich anfangs oft das Gefühl, nicht so recht dazu zu gehören. Fred hatte zwar Parteigenossen, aber keine Freunde, während meine Parteigenossinnen und -genossen in Österreich zumeist auch meine Freundinnen und Freunde waren. So musste ich mir hier die Freunde selbst suchen, und die wurden dann auch Freds Freunde. Wien war in meinen jungen Jahren einfach anders als die Schweiz. In unseren Kreisen hat man nicht auf Formalitäten geachtet. Da konnte man bei guten Bekannten einfach so hereinplatzen, ohne vorher einen Termin abzumachen, wie das hier zu Lande üblich ist. Und im Laden beim Anstehen hat man einfach mit Wildfremden gesprochen, ohne dafür erstaunte Blicke zu ernten wie hier in der Schweiz. Mittlerweile hat sich einiges geändert, vielleicht auch dank der Fremden, die seither in die Schweiz eingewandert sind.

Freunde in Österreich haben mich einmal gefragt, ob ich mir vorstellen könnte, wieder nach Wien zurückzukehren. Ich habe nein gesagt. Nach so langen Jahren hätte ich bei einem Wechsel wieder ganz neu anfangen müssen. Mit der Zeit war ich hier doch fester verwurzelt. Aber es hat mir gut getan, fast jedes Jahr einmal Wien zu besuchen.

Wie ist dein Verhältnis zum Staat Israel und zum Judentum?
Als der Staat Israel gegründet wurde, arbeitete ich noch für die Jüdische Flüchtlingshilfe. Ich erinnere mich gut, dass im ganzen Haus ein Jubel war, eine überbordende Begeisterung. Ich selbst sah diesen historischen Moment als Konsequenz des Holocaust. Ohne das schlechte Gewissen der ganzen Welt wäre es sicher nicht so schnell dazu gekommen. In meinen Augen war die Staatsgründung sehr wichtig für die jüdische Identität. Sie hat aus den Juden normale Menschen, ein normales Volk gemacht. Aber als Internationalistin war ich nicht einverstanden mit der nationalistischen Politik der Israelis, mit ihrer Haltung gegenüber den Palästinensern. So habe ich im Zusammenhang mit Israel das Schicksal des palästinensischen Volkes stets intensiv mitverfolgt.

Eine Freundin von mir, die in der KP in Berlin eine ziemlich bedeutende Rolle gespielt hatte, lebt in Israel. Sie wohnt jetzt in einem Altersheim und schrieb mir: Lotte, ich habe das Gefühl, wir beide leben nicht mehr in unserer Zeit. Wie ich nach Israel gekommen bin, waren alle noch Idealisten. Es gab viele gute Kibbuzim, und die Menschen waren glücklich, mit anderen im gleichen Zimmer zu wohnen. Heute sind sie nicht mehr zufrieden, wenn sie nicht ein Haus mit sieben Zimmern haben. Die Leute sind egoistisch geworden, jeder denkt nur noch ans Geld und nicht mehr an das Wohl der Gemeinschaft. Auch hier ist alles ganz anders geworden.

Was mein Verhältnis zum Judentum betrifft, so war ich mir stets bewusst, dass ich jüdischer Abstammung bin. Aber ich fühle mich keiner Religion zugehörig. Wir Menschen sind Teil des unausmessbaren, unauslotbaren Wesens der Natur. Ich bin ihr Kind, von ihr kann ich mich nicht lösen. Das Forschen nach Erkenntnis führt in sie hinein, ohne dass wir je in ihr Geheimnis eindringen können. Mit diesem Geheimnis kann ich leben.

Was ist, nach einem langen Leben des politischen Kampfes, dein Fazit über die heutige Zeit, wo die NATO gegen Jugoslawien Krieg führt?

Wir leben in einer unguten Zeit. Seit dem Zusammenbruch einer Welt, die sozialistisch sein sollte, aber ihr Ziel weitgehend verfehlt hat, triumphiert das kapitalistische System mit seinem Waren- und Konsumfetischismus. Ein primitiver Nationalismus richtet überall schlimmste Verheerungen an, und der Krieg gilt als probates Mittel zur Lösung schwieriger komplexer Konflikte, zur Überwindung von Hass und Brutalität. Dem Leid wird nur noch mehr Leid und Vernichtung hinzugefügt. Ich weiss nicht, ob die Menschheit lernen wird. Im Namen aller, die an ein von Vernunft bestimmtes Handeln glaubten und glauben, sollten wir aber die Hoffnung nicht verlieren, dass es zu einer Wende kommt. Soll die Erde bestehen, muss es diese Wendung zum Besseren geben.

Das Gespräch mit Lotte Hümbelin-Bindel führte Jeannine Horni.

Anhang

Abkürzungen

EKKI	Exekutivkomitee der Komintern
IAH	Internationale Arbeiterhilfe
IKK	Internationale Kontrollkommission der Komintern
IRH	Internationale Rote Hilfe
KJ	Kommunistische Jugend
Komintern	Kommunistische Internationale
KP	Kommunistische Partei
KPdSU	Kommunistische Partei der Sowjetunion
PdA	Partei der Arbeit, Nachfolgerin der KPS
RUNA	Rundschau-Nachrichtenagentur
SPÖ	Sozialdemokratische Partei Österreichs
ZK	Zentralkomitee

Die sozialdemokratische Partei Österreichs hat im Lauf ihrer Geschichte unterschiedliche Bezeichnungen getragen. Der Einfachheit halber wird sie in den Kurzbiografien dieses Anhangs stets SPÖ genannt.

Anmerkungen

1 **Körner (Karl) Theodor** (1791–1813), Sohn von Christian Gottfried Körner, dem Freund und Mäzen Friedrich Schillers. Schrieb zuerst von Schiller inspirierte Gedichte und wurde später zum Lyriker der deutschen Befreiungskriege gegen die napoleonische Herrschaft. Nach Studienjahren in Freiburg, Leipzig und Berlin war Körner ab 1811 Theaterdichter in Wien. Im August 1813 fiel er als Angehöriger eines Freikorps bei einem Kampf in Mecklenburg. Seine leidenschaftliche Kriegslyrik fand vor allem bei einem vaterländisch fühlenden Publikum Anklang. Die 1814 von seinem Vater herausgegebenen Gedichte der Sammlung »Leier und Schwert« begeisterten besonders die junge Generation.

2 **Otto Glöckel** (1874–1934), Lehrer, SPÖ-Mitglied seit 1894, Mitbegründer des Verbands der jungen Volksschullehrer. Zusammen mit Karl Seitz und Ludo Hartmann verschrieb er sich dem Kampf um eine Reform der streng katholisch geprägten Schule. 1907 Wahl in den Reichsrat, nach dem Sturz der Monarchie Unterstaatssekretär für Erziehung im Regierungskabinett Renner. In dieser Funktion leitete er die Schulreform

ein. Von 1920 bis zu seinem Tod Präsident des Schulrats der Stadt Wien. Er starb an den Folgen seiner Gefangenschaft im Konzentrationslager Wöllersdorf.

3 Der Politiker, Journalist und Literat **Robert Blum** (1807–1848) war Führer der sächsischen Demokraten und in der Frankfurter Nationalversammlung, die sich 1848 als Folge der Volksaufstände gegen die Fürsten bildete, Führer der gemässigten Linken. Die Nationalversammlung scheiterte am Vorhaben, einen bürgerlichen Nationalstaat zu gründen, worauf sich die alten Mächte wieder durchsetzten. Blum ging auch während der Wiener Revolution von 1848 auf die Barrikaden, wurde dabei gefangen genommen und trotz seiner Parlamentsmitgliedschaft standrechtlich erschossen.

4 **Robert Danneberg** (1885–1942), Theoretiker und Sprecher der SPÖ, Vertreter des linken pazifistischen Flügels, Freund und Anhänger von Otto Bauer. Als Stadtrat war er einer der herausragenden Figuren des Roten Wiens. Als Mitautor der Wiener Verfassung brachte er ein fortschrittliches Stadtentwicklungsprogramm, eine Steuer für den sozialen Wohnungsbau und ein Gesetz für einen weit reichenden Mieterschutz ein. Ab 1919 Mitglied des Nationalrats und ab 1922 SPÖ-Generalsekretär, verhandelte er 1933 mit Dollfuss über die Wiedereinsetzung des aufgelösten Parlaments. Im Untergrund war er eine wichtige Integrationsfigur der Arbeiterbewegung und setzte alles daran, eine Volksfront gegen Hitler aufzubauen. Nach einer missglückten Flucht in die Tschechoslowakei wurde er von der Gestapo festgenommen und in Auschwitz ermordet.

5 **Otto Bauer** (1881–1938), marxistischer Theoretiker, Führer der SPÖ und wichtige Figur der sozialistischen Internationale. Studium von Philosophie, Recht und Ökonomie. Verfasser zahlreicher Bücher und Broschüren, Mitbegründer und Leiter der Monatszeitschrift »Der Kampf«, regelmässiger Autor der theoretischen Zeitschrift »Neue Zeit« und anderer sozialistischer Publikationen. Von November 1918 bis Juli 1919 Staatssekretär für auswärtige Angelegenheiten, plädierte Bauer in den Friedensverhandlungen mit den Siegermächten für das Selbstbestimmungsrecht der Völker und einen friedlichen Anschluss an ein Deutsches Reich, wie es die misslungene Revolution von 1848 zum Ziel hatte. Sein Buch »Der Weg zum Sozialismus« skizziert eine österreichische Variante der russischen Revolution, die statt eines Umsturzes die Machtergreifung über einen langsamen Sozialisationsprozess mit einer tief greifenden Wandlung der Produktionsverhältnisse und der menschlichen Beziehungen propagiert. Bauer starb im Exil in Frankreich.

6 **Max Adler** (1873–1937), aus einer jüdischen Händlerfamilie in Wien stammend, studierte Jurisprudenz, konnte sich aber nie für den Beruf des Rechtsanwalts erwärmen. Als Mittelpunkt des Wiener Cafés Central,

einer Art Diskussionsforum, profilierte er sich als Philosoph, Soziologe und politischer Theoretiker. Adler wurde einer der wichtigsten Figuren des Austromarxismus mit einer Vorliebe für hochwissenschaftliche Auseinandersetzungen mit der marxistischen Lehre. 1904 legte er zusammen mit Rudolf Hilferding den Grundstein für die berühmte Sammlung der »Marx-Studien«. Als Volkserzieher vertrat er die Theorie, dass die Schaffung des neuen Menschen bereits vor der klassenorientierten Sozialisation der Kinder ansetzen müsse, da diese noch offen für die Wahrheit seien. 1903 gründete er mit Hilferding und Karl Renner den Zirkel »Zukunft«, eine Art Arbeiterschule. Nach dem Sturz der Monarchie gab er neben Vorlesungen an der Universität zweimal pro Woche einen frei zugänglichen Kurs im Rathaus. Die wissenschaftliche Erziehungs- und Forschungsarbeit erschien Adler weit wichtiger als politische Aktivitäten. So hatte er unter den Studenten und Intellektuellen mehr Einfluss als in der Führung der linken Parteien. Seine radikalen Stellungnahmen fanden jedoch stets grosse Beachtung. Während des 1. Weltkrieges wandte er sich gegen den Sozialpatriotismus und sprach sich für einen proletarischen Internationalismus aus. Nach dem Sturz der Monarchie favorisierte er die Arbeiterräte gegenüber dem klassischen Parlamentarismus. Als Bewunderer der russischen Revolution erachtete er das dort verwirklichte Modell dennoch als ungeeignet für Österreich. Zusammen mit Rosa Luxemburg vertrat er die Ansicht, dass jedes Land seine eigene, auf die jeweilige Ökonomie und Politik zugeschnittene Form des Sozialismus finden müsse. Adler setzte sich auch intensiv mit Kant auseinander.

7 **Paul Lazarsfeld** (1901–1976), als Mittelschüler Gründer eines politischen Kabaretts, militanter Sozialist, Studium der Mathematik und Physik in Wien und Paris. Gründer der Abteilung Sozial- und Wirtschaftspsychologie an der Wiener Universität, wo er als einer der Ersten Marktstatistiken für Unternehmen erstellte. Mitverfasser einer soziologischen Studie über Arbeitslose, die bis heute ein Standardwerk geblieben ist und ihm 1933 auf Initiative der Rockefeller-Stiftung in Paris eine Vortragsreise in die USA eintrug. Aufgrund der Verhaftung mehrerer Mitglieder seiner Familie emigrierte Lazarsfeld bald danach für immer in die USA und wurde Dozent an den Universitäten von New Jersey, Princeton und Columbia.

8 **Alfred Klahr** (1904–1944) schloss sein Studium in Ökonomie und Politikwissenschaften 1928 in Wien mit dem Doktortitel ab. Ab 1923 Aktivist der sozialistischen Mittelschüler und später der Kommunistischen Arbeiterjugend. Während des Schutzbundaufstands 1934 inhaftiert, ging er nach seiner Freilassung in die Sowjetunion, wo er mehrere Jahre lang an einer Universität unterrichtete. Zurück in Österreich, wurde er ZK-Mitglied der KPÖ, die damals im Untergrund arbeitete. Als politischer Theoretiker widmete er mehrere Studien dem Konzept der österreichi-

schen Nation. 1938 emigrierte Klahr nach Frankreich, wo er 1941 verhaftet wurde. Die anschliessende Flucht in die Schweiz endete mit der Ausweisung. Zurück in Frankreich, wurde er erneut verhaftet und im Lager Vernet interniert. 1942 wurde er ins Konzentrationslager Auschwitz überführt, von wo ihm mit Hilfe des klandestinen Lagerkomitees 1944 die Flucht gelang. Im Juli 1944 kam er während des Kampfes um Warschau um.

9 **Johann Koplenig** (1891–1968), Schuhmacher, nahm als gefangener Soldat des 1. Weltkriegs an der Oktoberrevolution in Russland teil. Lokaler Sekretär der bolschewistischen Organisation und Sekretär der ausländischen Kommunisten in Nijni-Novgorod, Soldat der Roten Armee. Ab 1924 Generalsekretär der KPÖ, ab 1934 Exil in Prag, von wo aus er das klandestine Zentralkomitee der KPÖ leitete. Später flüchtete Koplenig nach Moskau, wo er für die Propaganda in den Gefangenenlagern zuständig war. Von April bis November 1945 war er Vizekanzler der provisorischen Regierung Österreichs, dann bis 1959 Mitglied des Nationalrats. Von 1954 bis 1965 war er zuerst Generalsekretär, dann Präsident der KPÖ.

10 **Friedl (Siegfried) Fürnberg** (1902–1978) trat 1919 der KP bei. 1922 wurde er Mitglied des Exekutivkomitees der Internationalen Kommunistischen Jugend, von 1928 bis 1932 arbeitete er als deren Sekretär in Moskau. Ab 1933 Sekretär der Wiener KP, baut er zusammen mit Franz Honner die Einheitsfront der Kommunisten und revolutionären Sozialisten auf. 1935 wurde Fürnberg verhaftet und 1936 während der Prozesse gegen die sozialistischen Revolutionäre zu zwei Jahren Gefängnis verurteilt. Vom Konzentrationslager Wöllersdorf gelang ihm die Flucht in die Tschechoslowakei, wenig später ging er wieder in die Sowjetunion, wo er für die Presse und das Radio sowie im Mitteleuropäischen Ländersekretariat der Komintern arbeitete. Ab Juli 1938 wurde er Vertreter der KPÖ im EKKI. 1944 sprang er zusammen mit Franz Honner mit dem Fallschirm über Jugoslawien ab und baute dort das österreichische Bataillon der Freiheit als Teil der jugoslawischen Befreiungsarmee auf. Im April 1945 marschierte er damit in Wien ein. Von 1946 bis 1954 war Fürnberg Generalsekretär der KPÖ und erwies sich dabei als überzeugter Vertreter des orthodoxen moskautreuen Flügels. Später arbeitete er als Chefredaktor der »Volksstimme«. Als offizieller Ideologe der KPÖ schrieb er zahlreiche Artikel namentlich über die Partei und deren Geschichte.

11 **Georgi Dimitroff** (1882–1949), 1919 Mitbegründer der KP Bulgariens, hatte als Angeklagter im Reichstagsbrand-Prozess vom Herbst 1933 einen fulminanten und weltweit beachteten Auftritt, indem er mit einer zwingenden Indizienkette aufzeigte, dass nicht die Kommunisten über ihre »Marionette«, den Hauptangeklagten Van der Lubbe, den

Brand gelegt hatten, sondern die Nationalsozialisten selbst, weil sie eine Legitimation zur Verfolgung der Kommunisten brauchten. Dimitroff wurde in diesem Prozess freigesprochen, weil sich die Gerichte damals vor der Weltöffentlichkeit noch nicht leisten konnten, ihre Abhängigkeit von den Nationalsozialisten offen an den Tag zu legen. Von 1935 bis 1943 war er in Moskau Generalsekretär der Komintern und in dieser Funktion auch in die Säuberungen unter Stalin verwickelt. Von 1946 bis 1949 war er KP-Generalsekretär und Ministerpräsident in Bulgarien.

12 **Otto W. Kuusinen** (1881–1964) studierte als Sohn eines finnischen Schneiders Geschichte und Philologie. Nach dem Sturz der finnischen Räterepublik 1918 Flucht nach Moskau, wo er am Gründungskongress der KP teilnahm. 1921 wurde er Sekretär und 1922 zusätzlich Mitglied des EKKI und des Präsidiums der Komintern, wobei er die Säuberungen unter Stalin unbeschadet überstand. Ab 1941 Mitglied im ZK und ab 1952 im Präsidium der russischen KP. Nach Stalins Tod 1953 zuerst kaltgestellt, setzte Kuusinen seine politische Karriere 1957 als ZK-Sekretär und Mitglied des Präsidiums der russischen Partei bis zu seinem Tod fort.

13 **Nadeshda Konstantinovna Krupskaja** (1869–1939): Als Lehrerin lernte sie Lenin im Winter 1894 in Petersburg kennen. Ein Jahr später wurde Lenin wegen illegaler Flugschriften nach Schuchenskoje in Sibirien verbannt. Die Krupskaja, ebenfalls verhaftet, folgte ihm nach. Beide lebten dort unter einigermassen erträglichen Verhältnissen und arbeiteten gemeinsam an der agitatorischen Vorbereitung der Revolution. Nach der Freilassung ging das Ehepaar ins Exil nach Frankreich, Deutschland und in die Schweiz. Nach der Oktoberrevolution wurde die Krupskaja Mitglied des Kommissariats für Volksaufklärung in Moskau, zur Begründerin der bolschewistischen Pädagogik und zusammen mit Alexandra Kollontai zur Vorkämpferin für die Gleichberechtigung der Frau. Nach dem Tode ihres Mannes war sie als entschiedene Verfechterin des Leninismus oft Gegnerin Stalins, der sie mehrmals verhaften liess.

14 **Die Weissen**: Während des russischen Bürgerkriegs von 1918 bis 1920 Gegner der Bolschewiken und der von Trotzki geführten Roten Armee. Die Weissen bestanden aus politisch und sozial uneinheitlich zusammengesetzten Gruppen. Ihre militärischen Verbände bekämpften die Bolschewiken in Sibirien und im Ural-Wolga-Gebiet (Admiral Koltschak, tschechische Legion), in Südrussland (Generale Denkin, Krasnow, Wrangel), in Estland (General Judenitsch) und in Nordrussland (General Miller). 1918 landeten die Alliierten zur Wahrnehmung ihrer Interessen in Wladiwostok, Murmansk, Archangelsk und in den Schwarzmeerhäfen. Als die Weissen einen Vermittlungsvorschlag des US-Präsidenten Wilson für eine Konferenz aller russischen Parteien ablehnten, zogen die Alliierten wieder ab. Die Weissen wurden von den Bolschewiken schliesslich

geschlagen. Die letzten ihrer Truppen schifften sich im November 1920 auf der Krim ein.

15 **Alexandra Michailowna Kollontai** (1872–1952), Tochter eines Generals und adligen Grundbesitzers aus St. Petersburg. Nach der Trennung von ihrem Mann, den sie gegen den Willen der Eltern geheiratet hatte, wandte sie sich unter dem Eindruck der elenden Situation der Weberinnen in Narva und des Textilarbeiterstreiks in St. Petersburg der sozialdemokratischen Arbeiterpartei zu. 1908 in die Emigration gezwungen, war sie in der europäischen Frauenbewegung aktiv und eine anerkannte Agitatorin gegen den Krieg. Während eines Ökonomiestudiums in Zürich lernte sie zahlreiche russische Intellektuelle kennen. In der Auseinandersetzung innerhalb der deutschen Sozialdemokratie ergriff sie Partei für Rosa Luxemburg. 1916 schickte Lenin sie auf Agitationstour in die USA. Nach der Februarrevolution und dem Sturz des Zaren 1917 nahm sie als Mitglied des ZK und des Petrograder Sowjets an der Oktoberrevolution teil. Als erste Volkskommissarin (für soziale Fürsorge) im Kabinett der Bolschewiken kämpfte sie vor allem für die Mobilisierung und Organisierung der Frauen innerhalb der Arbeiterbewegung. Für sie war eine sozialistische Gesellschaft ohne die Befreiung der Frau und ohne neue Formen von Liebe und Sexualität undenkbar. Diesem Anliegen widmete sie ihr ganzes theoretisches und literarisches Schaffen. Als Volkskommissarin gründete Kollontai zuerst die staatliche Mutter- und Säuglingsfürsorge. Aus Protest gegen den Separatfrieden der Bolschewiken mit Deutschland trat sie jedoch nach sechs Monaten von ihrem Amt zurück, arbeitete aber weiterhin für die juristische und soziale Gleichstellung der Frau und für die Umerziehung von Arbeiterinnen und Bäuerinnen. Ab 1919 war sie in der Frauenzentrale in Moskau tätig, die unter anderem die Gesetzesvorlage zur Legalisierung der Abtreibung initiierte. Während der Debatte des neuen Eherechts 1926 schlug sie die Einrichtung eines staatlichen Fonds ein, in den jede/r Erwerbstätige je nach Einkommen Beiträge einzahlen sollte, um Unterhaltungszahlungen für Mütter zu finanzieren. Das Geld sollte Frauen ermöglichen, ihre Kinder in Kinderkrippen und -gärten zu schicken, damit sie selbst arbeiten und so wirtschaftlich unabhängig bleiben konnten. Der Vorschlag setzte sich nicht durch. Als Kritikerin der Wirtschaftspolitik und Exponentin der Arbeiteropposition verlor Kollontai in den 20er Jahren an Einfluss, genoss jedoch weiterhin als Autorin theoretischer und literarischer Texte Ansehen. Von 1922 bis 1945 arbeitete sie als erste Diplomatin der Sowjetunion in Norwegen, Mexiko und Schweden. 1952 starb sie hochdekoriert in Moskau.

16 **Wilhelm Reich** (1897–1957), Psychoanalytiker und Psychiater. Als Sohn einer deutschsprachigen Bauernfamilie in der vormals österreichischen Ukraine geboren, machte er 1915 sein Diplom in Naturwissen-

schaften. 1920 wurde er Mitglied der psychoanalytischen Gesellschaft in Wien und schloss zwei Jahre später sein Studium als Doktor der Medizin ab. Darauf eröffnete er eine psychoanalytische Praxis und wurde Mitarbeiter Sigmund Freuds. Im Unterschied zum Begründer der Psychoanalyse fand Reich, dass die rein körperlichen Faktoren in der Erforschung der Neurosen stets unterschätzt wurden. Seiner Ansicht nach war der Mangel an sexueller Befriedigung eine wesentliche Ursache von Neurosen. Seine psychotherapeutische Praxis lehrte ihn zudem, dass auch die sozialen Einflüsse eine wesentliche Rolle spielten. In diesem Sinne sah er einen wichtigen Lösungsansatz für die psychische Gesundheit der Menschen in der gesellschaftlichen und politischen Revolution. Unter dem Eindruck des Aufstands gegen den Schattdorf-Prozess 1927 entschloss sich Reich, die individuelle Psychotherapie zu reduzieren und stattdessen im Rahmen der Massenorganisationen präventiv gegen neurotisch machende Zustände zu kämpfen. 1928 eröffnete er in Wien ein Zentrum für sexuelle Hygiene, das einen enormen Zulauf verzeichnete. 1929 erweiterte er dieses Angebot in Zusammenarbeit mit Psychoanalytikern, Gynäkologen und Rechtsanwälten auf sechs Kliniken. 1930 übersiedelte Reich nach Berlin, wo seine Theorie, in der er die Psychoanalyse mit einer marxistischen Gesellschaftskritik verband, mehr Anklang fand und die KP stärker war. Die Machtergreifung Hitlers trieb ihn zur Flucht nach Wien, dann nach Dänemark und Oslo. 1939 emigrierte er in die USA und richtete sich in seiner Forschung auf die Biologie aus. 1956 wurde er dort wegen des kommerziellen Verkaufs eines Geräts, das mehrere Krankheiten heilen sollte, zu einer Gefängnisstrafe verurteilt und starb ein Jahr später im Gefängnis von Lewisburg. Publikationen: Die Funktion des Orgasmus, Die sexuelle Krise, Die sexuelle Revolution, Die Massen-Psychologie des Faschismus.

17 **OMS** (Otdel meshdunarodnoj swjasi – Abteilung für internationale Verbindungen) ab 1936 in S.S. (Sluschby Swjasi – Verbindungsdienst) umbenannt, Geheimorganisation der Komintern, zuständig für den Informationsfluss zwischen der Zentrale in Moskau und den westlichen KPs sowie den im Ausland tätigen Teilen der Komintern. OMS-Mitglieder arbeiteten als Kuriere und Geldboten, beschafften falsche Pässe und schleusten Personen von einem Ort zum anderen. Sowohl der wichtige Aussenposten in Paris wie auch der Kurierdienst in der Moskauer Zentrale wurden von 1932 bis Mitte 1937 von zwei Schweizerinnen geleitet, Lydia Dübi und Berta Zimmermann (die Frau von Lenin-Freund Fritz Platten, dem Leiter der unter Schweizer Ägide aufgebauten landwirtschaftlichen Genossenschaft »Solidarität« in Nowa Lawa). Die beiden Frauen wurden im Zuge der Stalinschen Säuberungen, denen ein grosser Teil der damaligen OMS-Belegschaft zum Opfer fiel, 1937 in Moskau hingerichtet.

18 **Franz Honner** (1893–1964) lernte als Sohn einer böhmischen Kleinbauernfamilie Monteur und arbeitete in einem Elektrizitätswerk. 1911 Beitritt zur sozialistischen Arbeiterjugend. Als Soldat der österreichischen Armee an der russischen Front nahm er während der Oktoberrevolution an der Besetzung von Odessa durch die Bolschewiken teil, an deren Seite er als Mitglied der Internationalen Truppen kämpfte. Zurück in Österreich, wo er sich als Minenarbeiter durchschlug, trat er 1920 der KP bei. Während des Streiks der Minenarbeiter 1925 spielte er eine führende Rolle, verlor auf Grund seiner politischen Aktivitäten seine Stelle und unterlag danach einem faktischen Berufsverbot. 1927 reiste er als Vertreter der ersten österreichischen Arbeiterdelegation in die Sowjetunion. Im selben Jahr wurde er zum Mitglied des ZK der KPÖ gewählt, dem er bis zu seinem Tod angehörte. Nach dem Verbot der Partei 1933 leitete er deren klandestine Aktivitäten im Innern des Landes. 1935 zusammen mit Friedel Fürnberg verhaftet, wurde er zu vier Monaten Gefangenschaft verurteilt und flüchtete mit Fürnberg aus dem Konzentrationslager Wöllersdorf zuerst in die Tschechoslowakei und dann in die Sowjetunion. Im Juli 1937 wurde er nach Spanien geschickt, um im Bürgerkrieg das Bataillon 12. Februar der Internationalen Brigaden aufzubauen. Nach der Niederlage der Republikaner ging er 1940 zuerst nach Frankreich, dann in die Sowjetunion, wo er an der Komintern-Schule in Ufa unterrichtete. 1944 sprang er zusammen mit Fürnberg mit dem Fallschirm über Jugoslawien ab, um dort das österreichische Bataillon der Freiheit aufzubauen. Nach dem Sieg der Alliierten über Hitler Mitglied der provisorischen Regierung Österreichs, 1945 als KP-Vertreter in den Nationalrat gewählt. Als Mitglied des ZK und des politischen Büros der KP befasste er sich vorwiegend mit Gewerkschaftsfragen. Bis 1950 sass er in der Leitung des österreichischen Gewerkschaftsbundes.

19 **Narodniki**, Anhänger einer politischen Bewegung Russlands (etwa 1860–1895), die eine sozialistisch-kommunistische Erneuerung des Landes durch die Bauern anstrebten. Die Narodniki (Volkstümler) entstanden im Zug einer Reformära, in welcher der Zar die Leibeigenschaft von über 40 Millionen Bauern abschuf. Da dem stark anwachsenden Bauernstand jedoch zu wenig Land zugeteilt wurde und er ausserdem gegenüber den Grundherren hoffnungslos verschuldet war, trat die erhoffte soziale Entspannung nicht ein, und es kam zu Bauernaufständen. Erfüllt vom Glauben an den »einfachen Bauern«, begaben sich die Narodniki als Lehrer, Pfleger und Schreiber unter das Volk, das ihrer Bildungs- und politischen Aufklärungsarbeit jedoch misstraute und nach wie vor an der kirchlichen Lehre von der gottgewollten Zarenautokratie festhielt. Die Sozialrevolutionäre führten die Ideen der Narodniki fort und widmeten sich hauptsächlich der Propaganda unter den Bauern. Die 1901 entstandene Partei sah in einem organisierten Terrorismus eine wichtige Ergänzung der Massenrevolution. Ihren Attentaten fielen unter anderem zwei

Innenminister, ein Ministerpräsident und ein Grossfürst zum Opfer. Zu den führenden Köpfen gehörten Kerenski und Tschernow, die im 1. Weltkrieg die zwei Flügel der nunmehr gespaltenen Sozialrevolutionäre anführten. Der linke unter Tschernow war entschieden gegen den Krieg, der rechte unter Kerenski trat für dessen Fortsetzung bis zum Sieg ein. Nach der Märzrevolution 1917 wurde Kerenski der wichtigste Kopf der provisorischen Regierung, flüchtete nach der Oktoberrevolution jedoch nach England. Die Linken schlossen sich anfangs mit den Bolschewisten zusammen, welche aber schon im Januar 1918 die Alleinherrschaft an sich rissen. Die Sozialrevolutionäre versuchten im Juli 1918 ohne Erfolg einen Aufstand in Moskau und Leningrad. In der Folge wurden sie von den Bolschewisten rücksichtslos verfolgt.

20 **Robert Schindel**, österreichischer Schriftsteller, geboren am 4. April 1944 in Bad Hall, Sohn von Gerty Schindel und dem im KZ Dachau erschossenen Textiltechniker René Hayek. Bisher erschienen sind von ihm die drei Gedichtbände »Ohneland« (1986), »Geier sind pünktliche Tiere« (1987), »Im Herzen der Krätze« (1988), ferner der Roman »Gebürtig«. Robert Schindel lebt heute in Wien.

21 **Oskar Grossmann** (1903–1944), Postangestellter, als KP-Mitglied journalistischer Mitarbeiter von »Rote Fahne«, »Kommunistische Internationale« und anderen Publikationen. 1933 schickte ihn die Partei als ihren Komintern-Vertreter nach Moskau. 1938, beim Einmarsch Hitlers in Österreich, redigierte Grossmann das kommunistische Manifest, das zum Kampf für die Unabhängigkeit aufrief. Im selben Jahr wurde er Mitglied der KPÖ-Leitung im Ausland mit Sitz in Paris. Nach der Besetzung Frankreichs durch Hitlers Truppen war er als Mitglied der Résistance verantwortlich für die Propaganda unter den deutschen Soldaten. 1944 verlor er nach einem geheimen Treffen in Lyon durch einen Unfall das Augenlicht. Als Spitalpatient denunziert und an die Gestapo ausgeliefert, ist er seit Juni 1944 spurlos verschwunden. Es gibt kaum einen Zweifel, dass er exekutiert worden ist.

22 **Nikolay Iwanowitsch Bucharin** (1888–1938), sowjetischer Politiker und marxistischer Wirtschaftstheoretiker, enger Mitarbeiter Lenins, 1929 als Exponent der »rechten Opposition« politisch kaltgestellt und 1938 hingerichtet. 1988 rehabilitiert.

23 **Jelena Stassowa** (1873–1966), 1898 Beitritt in die sozialdemokratische Arbeiterpartei (SDAPR). Als Aktivistin der revolutionären Bewegung mehrmals verhaftet und verbannt. Zusammen mit der Krupskaja widmete sich die Stassowa vorwiegend der Bildung der Arbeiter. 1912 wurde sie ZK-Mitglied der SDAPR, 1917 Sekretär des ZK-Büros. Von 1919 bis 1920 sass sie in der Parteikontrollkommission ein, von 1921 bis 1926 war sie im EKKI-Sekretariat tätig. Von 1927 bis 1937 war sie stell-

vertretende Vorsitzende der Internationalen Roten Hilfe, von 1935 bis 1943 Mitglied der Internationalen Kontrollkommission der Komintern.

24 **Dimitri Manuilski** (1883–1959) studierte als Sohn eines Priesters aus der Ukraine an der Universität St. Petersburg und trat 1903 der 1898 gegründeten KP Russlands bei. 1907 flüchtete er aus der Verbannung nach Paris, wo er für die Partei arbeitete. Nach der bürgerlich-demokratischen Februarrevolution von 1917 und dem Sturz des Zaren kehrte er über die Schweiz nach Russland zurück. 1922 begann sein Aufstieg in der Komintern, wo er als Mitglied im ZK der russischen KP und des EKKI nach der Ausschaltung Bucharins (1930) der wichtigste Mann der russischen Partei in der Komintern wurde. Ab 1935 war er zusammen mit Stalin und Moskwin russischer Vertreter im Präsidium des EKKI. Manuilski überlebte die Säuberungen unter Stalin und entwickelte sich zu einer Art grauer Eminenz der Komintern. 1943 war er einer der Mitunterzeichner bei deren Auflösung.

25 **Jules Humbert-Droz** (1891–1971), Sohn einer Uhrenarbeiterfamilie aus La Chaux-de-Fonds, Studium der Theologie in Neuenburg, Paris und Berlin. 1911 Beitritt zur SP, später Wechsel zur neu gegründeten KP. Redakteur der Zeitung »La Sentinelle« und Gründer des Magazins »Le Phare«. Ab 1921 einer der Sekretäre des EKKI, lebte er bis 1931 in Moskau, wo er im Hotel Lux untergebracht war. 1925 Beitritt zum Organisationsbüro, 1926 zum Präsidium und 1928 zum politischen Sekretariat des EKKI. Ab 1927 Mitglied des neu gegründeten Westeuropäischen Büros der Komintern. Zahlreiche Missionen im Auftrag der Komintern in Frankreich, Italien, Spanien und in den Niederlanden. 1928 kam er wegen seiner Sympathie zur Reformgruppe innerhalb der Komintern unter Druck und verlor seinen Posten im politischen Sekretariat des EKKI. 1931 Rückkehr in die Schweiz, wo er das Amt des Politischen Sekretärs der KP übernahm, das er jedoch ein Jahr später wegen »Rechtsopportunismus« abgeben musste. Nach dem Bekenntnis der KPdSU zur Volksfront wurde er 1936 zum politischen Leiter der KPS und 1939 zu deren Präsident. 1938 wurde ihm für eine seiner häufigen Reisen nach Moskau erstmals das Einreisevisum verweigert. Während des Krieges von der KPS-Leitung systematisch kaltgestellt, wurde Humbert-Droz 1943 aus der illegalen KPS ausgeschlossen und trat im selben Jahr der SP bei. Von 1947 bis 1959 war er einer der SP-Zentralsekretäre. Humbert-Droz hat zahlreiche Artikel und politische Broschüren verfasst und einige Bücher geschrieben, darunter seine vierbändigen Memoiren.

26 **Ernst Fischer** (1899–1972), Bruder von Walter Fischer, marxistischer Theoretiker, Journalist, Schriftsteller und Poet, Führer der KPÖ. Unterbrach sein Philosophiestudium an der Universität Graz, um als Maschinist seine Familie zu ernähren. 1920 trat er zusammen mit seinen Brüdern Walter und Otto der SPÖ bei und wurde Redakteur der sozialde-

mokratischen Tageszeitung »Volkswillen« mit einem speziellen Interesse für die Kultur und Jugend. 1924 spielte das Wiener Burgtheater sein Stück »Das Schwert des Attila«, 1925 machte er mit dem Stück »Der ewige Rebell« von sich reden, und 1931 gab das Grazer Carltheater sein Drama »Lenin«. 1927 wurde Fischer Redakteur der Wiener »Arbeiterzeitung«, die 1934 verboten wurde. Sein 1932 erschienenes Buch »Krise der Jugend« löste in der österreichischen Öffentlichkeit lebhafte Diskussionen aus. Ab 1933 wurde er Wortführer der linksmilitanten Front der Jugend. Nach dem Aufstand des Schutzbundes ging Fischer ins Exil in die Tschechoslowakei, wo er und seine zwei Brüder sich der illegalen KPÖ anschlossen. 1934 wurde er ZK-Mitglied und engagierte sich in dieser Funktion für eine Öffnung der Partei und die Zusammenarbeit mit den revolutionären Sozialisten. 1935 kehrte er nach Wien zurück und war im Untergrund einer der treibenden Kräfte beim Versuch, eine Volksfront gegen den Faschismus aufzubauen. Als Journalist und Theoretiker publizierte Fischer zahlreiche Artikel in mehreren Zeitungen und Zeitschriften. Während des Zweiten Weltkrieges war er Kommentator der deutschsprachigen Sendungen von Radio Moskau. Danach wurde er in der provisorischen Regierung Österreichs Staatssekretär für Unterricht und Kulturangelegenheiten und bei den Wahlen im November als einer von vier Kommunisten in den Nationalrat gewählt, dem er bis 1959 angehörte. Von 1945 bis 1947 war er Chefredaktor der neu gegründeten Tageszeitung »Neues Österreich«. Ab 1950 etablierte er sich als Kunst- und Literaturkritiker und wurde einer der renommiertesten marxistischen Theoretiker für Ästhetik, wobei seine Stärken als Poet, Philosoph, Historiker und Kritiker seinen Publikationen – darunter Essays über Gogol, Goethe, Kafka, Brecht und eine Monografie über Kleist – eine besondere Handschrift verliehen. In dieser Rolle entwickelte er sich auch zu einem Kritiker des Stalinismus und der kulturellen Monotonie des sozialistischen Realismus. 1959 trat er aus Krankheitsgründen aus dem politischen Büro der KPÖ aus, blieb aber ZK-Mitglied. Nachdem er 1956 die Niederschlagung des Ungarnaufstands noch verteidigt hatte, wandte er sich 1968 vehement gegen den Einmarsch der Russen in Prag, worauf er 1969 aus dem ZK abgewählt und kurz darauf aus der Partei ausgeschlossen wurde. Seine Arbeiten über Ästhetik, Kunst und Literatur verschafften Ernst Fischer ein internationales Renommee und wurden in mehrere Sprachen übersetzt.

27 **Nadjeshda Allilujewa** (1901–1932), zweite Ehefrau Stalins ab 1919. Von 1918 bis 1924 war sie in Lenins Sekretariat tätig, danach in den Redaktionen der Zeitschrift »Rewoljuzija i kultura« und der »Prawda«. Die Allilujewa hatte mit Stalin zwei Kinder, den Sohn Wassili und die Tochter Swetlana. 1932 verübte sie Selbstmord. Als Grund für ihren Freitod wurde die Verfolgung und Ermordung eines grossen Teils ihrer Familie durch Stalin vermutet.

28 **Sergej Mironowitsch Kirow**, eigentlich Kostrikow (1886–1934), ab 1930 Mitglied des Politbüros der russischen KP und deren Sekretär in Leningrad. Als enger Mitarbeiter Stalins wurde er von vielen als Hoffnungsträger und menschlichere Alternative zu Stalin angesehen. Seine Ermordung 1934 war der Auftakt zu der grossen, bis 1938 andauernden Säuberungswelle, während der Stalin zahllose in- und ausländische Parteimitglieder hinrichten liess oder in die Verbannung schickte.

29 **Karl Münichreiter** (1891–1934), Schuhmacher, seit 1923 Leiter des Schutzbundes für den 13. Wiener Bezirk Hietzing. Trotz schwerer Verletzungen an Schulter und Hüfte wurde er nach der Niederschlagung des Aufstands von 1934 als Erster vor Gericht gestellt und zum Tod durch Erhängen verurteilt. Die anderen hingerichteten Schutzbundführer waren Ahrer, Bulgari, Hois, Rauchenberger, Stanek, Swoboda, Weissel, Koloman, Wallisch.

30 **Walter Fischer** (1901–1978), Bruder von Ernst Fischer, Arzt, Poet und Übersetzer. Das Erstarken des Austrofaschismus bewegte ihn dazu, sich den Internationalen Brigaden im Spanischen Bürgerkrieg anzuschliessen. Den Zweiten Weltkrieg verbrachte er in der Sowjetunion als Redakteur und als Sprecher von Radio Moskau, über das er die österreichische Bevölkerung zum Widerstand gegen Hitler aufrief. Nach dem Krieg engagierte er sich für den Wiederaufbau Österreichs und speziell für die Bauern. Als ZK-Mitglied wurde er zum Agrarexperten der Partei. Daneben schrieb er zahlreiche Gedichte und übersetzte russische Gedichte ins Deutsche. Nach dem Einmarsch der Sowjets in die Tschechoslowakei 1968 wandte er sich von der KP ab.

31 **Otto Fischer** (1902–?), Bruder von Ernst und Walter Fischer, kam als Techniker beim Bau der Eisenbahn mit der Arbeiterbewegung in Kontakt. Als Aktivist der sozialdemokratischen Partei war er Kommandant des Schutzbundes in Graz. Die Haltung der Partei gegenüber dem aufkommenden Faschismus machte ihn zum Oppositionellen. Als Anführer einer Gruppe militanter Sozialdemokraten, die den Zusammenschluss aller antifaschistischen Kräfte anstrebten, organisierte er in Graz die Jungfront, die zusammen mit den Kommunisten den ab 1933 einsetzenden Provokationen der SA militant entgegentrat. Nach einem bewaffneten Zusammenstoss im Zentrum von Graz wurde Otto Fischer von einem Gericht verurteilt. Eine Zeit lang gab er die Zeitung »Der rote Arbeiter« heraus, die trotz ihres Verbots eine weite Verbreitung fand. Im Februar 1934 führte er in Graz den Aufstand des Schutzbundes an und wurde dabei so schwer verletzt, dass ein Bein amputieren werden musste. Gesucht von den Behörden, flüchtete er ins Ausland, wo er der KP beitrat. 1945 kehrte Otto Fischer in die Steiermark zurück und beteiligte sich dort am Wiederaufbau der KP. Als ZK-Mitglied nahm er verschiedene

führende Funktionen ein. In den 50er Jahren zog er sich aus dem aktiven politischen Leben zurück.

32 **Christian Broda** (1916–1987), Mitglied der sozialistischen Mittelschüler, 1934 erstmals wegen antifaschistischer Aktivitäten verhaftet, Abschluss des Studiums als Doktor der Jurisprudenz. 1940 zur Wehrmacht eingezogen, wurde er 1943 erneut Ziel politischer Verfolgung: ein Kriegsgericht verurteilte ihn zu Gefängnis. Nach Kriegsende kehrte er nach Wien zurück, wo er Mitglied des sozialdemokratischen Juristenverbands wurde und als Anwalt arbeitete. Ab 1957 SPÖ-Abgeordneter im Bundesrat, ab 1960 bis 1966 Justizminister, dann wieder ab 1970 in der Regierung Kreisky.

33 **Manés Sperber** (1905–1984), französischer Schriftsteller österreichischer Herkunft, der sich in seinen Romanen und Essays vor allem mit dem Kommunismus und Totalitarismus auseinander setzte.

34 **Konrad Henlein** (1898–1945), Begründer der Sudetendeutschen Heimatfront, ab 1939 Reichsstatthalter des Sudetengaus, 1945 durch Selbstmord aus dem Leben geschieden.

35 **Julius Deutsch** (1884–1968), gelernter Schriftsetzer, schloss sich 1897 der Vereinigung für Arbeitererziehung an und engagierte sich für die Bewegung gegen Alkoholismus. Nach einer Wanderung durch ganz Deutschland wurde er 1903 Präsident des Verbands der jungen Arbeiter und setzte sich insbesondere für den Schutz der Lehrlinge ein. Auf Rat seines Mentors Victor Adler, Mitbegründer und Führer der SPÖ, nahm er ein Philosophiestudium an der Universität Zürich auf, das er mit dem Doktorat abschloss. Für seine Studie über Kinderarbeit erhielt er 1907 den Preis der Universität Zürich. 1908 zog er nach Berlin, wo er die Sozialistenführer Karl Kautsky und August Bebel kennen lernte und eng mit dem marxistischen Theoretiker und Ökonomen Rudolf Hilferding zusammenarbeitete. Nach Wien zurückgekehrt, teilte er sich mit Robert Danneberg die Stelle im Zentralsekretariat der SPÖ. Nach dem Ersten Weltkrieg wurde er als Artillerieoffizier ins Kriegsministerium abkommandiert, wo er eine klandestine militärische Organisation aufbaute, aus der sich nach dem Sturz der Monarchie die Soldatenräte bildeten. In der provisorischen Regierung von 1918 war er zuerst Unterstaatssekretär, dann von März 1919 bis Juli 1920 Staatssekretär für militärische Angelegenheiten. In dieser Zeit baute er auf der Basis einer Volksarmee die republikanische Armee auf. Von 1919 bis 1934 war er Mitglied des Nationalrats. Als Zentralsekretär und Mitglied der Leitung der SPÖ rief Deutsch den Schutzbund ins Leben und wurde dessen Präsident. Nachdem die Regierung die Entwaffnung und Auflösung bewaffneter Gruppen des reaktionären Bürgertums abgelehnt hatte, entwickelte sich der Schutzbund immer mehr zu einem Gegenpart dieser Milizen, aus denen

die Heimwehren hervorgingen. 1933 verhandelte Verteidigungsminister Vaugoin mit Deutsch um die Beteiligung des Schutzbunds am Kampf gegen einen drohenden Nazi-Putsch. Doch die Regierung Dollfuss wandte sich gegen diesen Vorschlag. Nach der Niederschlagung des Schutzbund-Aufstands flüchtete Deutsch in die Tschechoslowakei, wo er zusammen mit Otto Bauer in Brünn (Brno) das Auslandbüro der SPÖ gründete. Während des spanischen Bürgerkriegs diente er im Grade eines Generals der republikanischen Regierung als militärischer Berater. Nach seiner Flucht nach Frankreich legte er die Grundlagen für das Exilparlament und die -regierung seines Landes. Nach der Besetzung Frankreichs durch die Nazis floh Deutsch in die USA und arbeitete dort bis zum Kriegsende als Angestellter des Office of War Information. 1946 kehrte er nach Österreich zurück, wo er Leiter der SPÖ-Auslandabteilung und Generaldirektor des sozialistischen Presse-, Verlags und Typographenkonsortiums wurde. 1950 zog er sich auf Grund von Differenzen mit der SPÖ-Leitung aus dem politischen Leben zurück. Als Journalist und Schriftsteller hat Deutsch zahlreiche politische Artikel, Broschüren und einige Bücher geschrieben.

36 **Alfred Hümbelin** (1896–1986), Lehrer, Sohn eines Schriftsetzers und einer Verkäuferin, trat als 20-Jähriger der Sozialistischen Partei bei und wurde von Willi Münzenberg in die politische Arbeit eingeführt. 1923 wechselte er zur KP, wo er sich vor allem für die Internationale Arbeiterhilfe und die Rote Hilfe engagierte, ferner Filme aus dem Münzenberg-»Konzern« und IAH-Schriften vertrieb. Während der 30er Jahre kümmerte er sich im Rahmen der Roten Hilfe um politische Flüchtlinge, von denen er einige bei sich versteckte. Daneben beteiligte er sich an der Verbreitung antifaschistischer Schriften, übernahm Kurierreisen nach Österreich und hat sich wahrscheinlich auch an der Arbeit des klandestinen Komintern-Apparates beteiligt, der unter anderem Papiere für Flüchtlinge organisierte. Im Rahmen seines Einsatzes für Flüchtlinge lernte er seine zweite Frau, Charlotte Bindel, kennen. 1936 wurde er in die Verwaltungskommission des KPS-Sekretariats gewählt. Daneben war er Präsident des Verwaltungsrates der Bibliothek Stauffacher. Von 1946 bis 1950 war er PdA-Gemeinderat. 1954 wurde der Versuch der Zentralschulpflege, ihn als Lehrer abzuwählen, dank seinen Schülern und deren Eltern erfolgreich verhindert. Hümbelin war Mitglied der sozialistischen Sonntagsschulen, der Freunde der Sowjetunion und dann der Gesellschaft Schweiz-Sowjetunion, die er von 1965 bis 1975 präsidierte. Jahrelang war er auch Präsident der Genossenschaft Literaturvertrieb. Seine eigene Bibliothek und seine Tagebücher werden in der Studienbibliothek zur Geschichte der Arbeiterbewegung in Zürich aufbewahrt, ebenso einige Unterlagen seiner Frau Lotte Hümbelin-Bindel, darunter das Manuskript und die Tonbandkassetten der Gespräche zu diesem Buch

37 **Leonhard Ragaz** (1868–1945) Gründer der religiösen Sozialisten, geboren als viertes von neun Kindern einer Bauernfamilie in Tamins/GR. Ein Stipendium ermöglichte ihm das Studium der Theologie in Basel, Jena und Berlin. Danach begann er eine Laufbahn als Pfarrer, kurz unterbrochen von einer Stelle als Sprachlehrer in Chur, wo er sich im Kontakt mit der organisierten Arbeiterschaft für den Sozialismus zu interessieren begann. 1902 wurde er als Pfarrer an das Basler Münster gewählt, 1903 hielt er eine berühmt gewordene Rede zum Streik der Maurer. Bald darauf gründete er zusammen mit H. Kutter die Religiös-soziale Bewegung. Drei Jahre später gab er sein Buch »Das Evangelium und der soziale Kampf der Gegenwart« heraus, das als Grundlage für seine Arbeit galt. 1908 wurde Ragaz Professor für systematische und praktische Theologie an der Universität Zürich. Er trat der SPS bei, sprach sich öffentlich für den Generalstreik von 1912 aus und engagierte sich vehement für die Verhinderung des Ersten Weltkriegs. Dabei entwickelte er sich von einem Bewunderer Deutschlands zu einem Gegner des wilhelminischen und zum Feind des Hitler-Reiches. 1921 zog er sich von seinen öffentlichen Aktivitäten zurück, um sich dem Kampf für das Reich Gottes, den Frieden und den Sozialismus zu widmen. Im Kommunismus sah er »sowohl ein notwendiges Gericht über die dem Besitzdämon verfallende weltliche Kultur des Abendlandes als auch eine Mahnung Gottes für die Christenheit«. Allerdings war für ihn Gewalt unvereinbar mit dem Sozialismus, weshalb er den Führern der bolschewistischen Revolution auch mit Kritik begegnete. »Wo man Gott, den Herrn, kennt und seinen Willen ernst nimmt, da entsteht eine Gesellschaftsordnung, die nicht am Geld und an der Maschine orientiert ist, sondern am Menschen«, lautete sein Credo.

38 **Mentona Moser** (1874–1971), Tochter eines Schaffhauser Industriellen, 1921 Beitritt zur KP, wo sie eine führende Figur der KPS-Frauen und der Roten Hilfe war. In den 20er Jahren mehrere Reisen in die Sowjetunion, wo sie 1929 bei Waskino ein von ihr finanziertes Waisenhaus errichtete. Von 1929 bis 1933 war sie in Berlin für den illegalen Dienst der IRH tätig. Nachdem das Hitlerregime ihr Vermögen beschlagnahmt hatte, kehrte sie in die Schweiz zurück und lebte im Tessin. Nach dem Zweiten Weltkrieg übersiedelte sie in die DDR, wo sie auch starb.

39 **Jan Masaryk**, tschechoslowakischer Politiker, ab 1940 Aussenminister der Exilregierung in London, 1945 Rückkehr nach Prag, nach der Regierungsübernahme durch die Kommunisten stürzte Masaryk aus dem Fenster. Es kam nie heraus, ob durch Mord oder Selbstmord.

40 **Birobidschan**, Hauptstadt des Autonomen Gebietes der Juden in der Sowjetunion, am Fuss des Burejagebirges, nahe dem Amur, Grenzfluss zur Volksrepublik China, gelegen, 67'000 EinwohnerInnen.

41 **Willi Münzenberg** (1889–1940), Sohn eines Wirtes in Erfurt, Arbeiter in einer Schuhfabrik in Erfurt, von 1910 bis 1913 Hausbursche in einer Apotheke in Zürich, wo er sich dem sozialistischen Jungburschenverein des Armenarztes Fritz Brupbacher anschloss. Ab 1912 im Zentralvorstand der sozialistischen Jugendorganisation der Schweiz und Redaktor der Monatszeitschrift »Die Freie Jugend«. Ab 1915 Sekretär des Internationalen Jugendsekretariats und Herausgeber der Zeitschrift »Jugend-Internationale«. Nach zwei Verhaftungen wegen der Teilnahme an Arbeiterdemonstrationen wurde Münzenberg 1918 aus der Schweiz ausgewiesen und schloss sich in Stuttgart dem Spartakusbund an. Ab 1919 Mitglied des Exekutivkomitees der Kommunistischen Jugendinternationale. Ab 1921 im Auftrag Lenins Aufbau der Internationalen Arbeiterhilfe (IAH) für die Hungernden in Russland. Von 1924 bis 1933 Reichstagsabgeordneter und ab 1927 ZK-Mitglied der KPD. Zwischen 1924 und 1932 baute Münzenberg einen »Konzern« mit publizistischen Unternehmen auf, darunter die »Arbeiter-Illustrierte-Zeitung«, »Welt am Abend«, »Berlin am Morgen«, die »Universum-Bücherei für Alle« und zwei Filmfirmen. 1933 Emigration nach Paris, wo er seine propagandistische Tätigkeit gegen das Nazi-Regime weiterführte. Leiter des Welthilfskomitees für die Opfer des Faschismus und Herausgeber der zwei Braunbücher über den Reichstagsbrand und den Hitler-Terror. Gründung der Editions du Carrefour. 1936 scheiterte Münzenberg mit seiner Initiative, eine deutsche Volksfront aufzubauen. 1938 wurde er im Zuge der Stalinschen Säuberungen aus dem ZK der KPD und 1939 aus der Partei selbst ausgeschlossen. 1940 Internierung in einem Lager bei Lyon. Auf dem Marsch nach Süden flüchtete er und wurde drei Monate später tot in einem Wald aufgefunden. Es wurde nie geklärt, ob er durch Mord oder Selbstmord umgekommen ist.

42 **Dolores Ibárruri**, genannt La Pasionaria (1895–1989), spanische Politikerin und Kommunistin, erlangte als Sprecherin der Republikaner im Bürgerkrieg legendären Ruhm.

43 **Franz Marek** (1913–1979), Essayist und marxistischer Theoretiker. Studium der Geschichte an der Wiener Universität, 1934 Beitritt zur klandestinen KP und ab 1935 Leiter des Untergrund-Apparates in Österreich. 1936 zum Verantwortlichen für Propaganda und Agitation ernannt. Nach dem Einmarsch Hitlers in Österreich 1938 Flucht nach Frankreich, wo er die zweisprachige Monatszeitschrift »Nouvelles d'Autriche« redigierte. Nach der Besetzung Frankreichs durch die Hitlertruppen einer der Verantwortlichen für die Propaganda unter den deutschen Soldaten. Neben zahlreichen Traktaten und Broschüren publizierte er dabei auch die illegale Zeitung »Soldat im Westen«. 1944 von der Gestapo verhaftet, wurde er zum Tode verurteilt, jedoch dank dem Sieg der Alliierten aus den Todeszellen von Fresnes befreit. Zurück in

Wien, wurde Marek Mitglied des ZK und des politischen Büros der KPÖ und war für allem für die ideologische Arbeit zuständig. Von 1946 bis 1969 arbeitete er als Chefredaktor der kommunistischen Zeitschrift »Weg und Ziel«. 1969 gehörte er zu den 27 ZK-Mitgliedern, die sich gegen die Niederschlagung des Prager Aufstands und den Ausschluss von Ernst Fischer aus der Partei aussprachen. In dieser Zeit gab auch er seine offiziellen Funktionen in der KP auf und übernahm die Redaktion der Monatszeitschrift »Wiener Tagebuch«. 1970 schloss die KP auch Marek aus dem ZK aus und setzte eine Kommission ein, die seine »Aktivitäten gegen die Partei« untersuchen sollte. Dennoch blieb Marek zeit seines Lebens ein – allerdings unabhängiger – Kommunist.

44 **Franz West** (1909–1984), Journalist, schloss sich während seines Studiums auf dem zweiten Ausbildungsweg den sozialistischen Mittelschülern an und nahm bald führende Funktionen ein. Während des Studiums der Jurisprudenz in Wien war er einer der Führer des linken Flügels der sozialistischen Studenten. 1933 trat er der KP bei, wurde kurz danach verhaftet und zu sechs Monaten Gefängnis verurteilt. Nach seiner Freilassung wurde er als Leitungsmitglied der im Untergrund operierenden KP mit der Organisation der Massen betraut und 1937 zum Veranwortlichen für das illegale KP-Sekretariat in Österreich ernannt. Nach dem Einmarsch Hitlers 1938 von der Gestapo gesucht, flüchtete er in die Tschechoslowakei. Im Exil in England führte er die antifaschistische Bewegung der österreichischen Emigranten an. Nach seiner Rückkehr in das befreite Wien wurde er ZK-Mitglied der KP und mit der Ausbildung der Aktivisten betraut. Von 1961 bis 1965 war er Chefredaktor des Parteiorgans »Volksstimme« und als Mitglied des politischen Büros Experte für Auslandpolitik. 1969 zog er sich als Gegner des sowjetischen Einmarsches in die Tschechoslowakei aus der Partei und aus dem politischen Leben zurück.

45 **Friedrich Hillegeist** (1895–?), Gewerkschaftsführer. Nach Abschluss der Handelsakademie in Olmütz/Mähren kaufmännischer Angestellter in Wien, wo er 1922 zum Sekretär des Verbandes der Industrieangestellten ernannt wurde. 1934 wurde er im Zuge der Auflösung sämtlicher sozialdemokratischer Organisationen entlassen. Als Präsident der illegalen Angestelltengewerkschaft war er einer der Führer der freien Gewerkschaften im Untergrund. 1937 fungierte er als Vermittler zwischen der offiziellen Einheitsgewerkschaft und den illegalen Gewerkschaften. 1938 war er bei den Bemühungen, eine Volksfront gegen die Nazis aufzubauen, als Vertreter des Arbeiterkomitees der Gesprächspartner der Regierung Schuschnigg. Nach dem Einmarsch Hitlers im März 1938 verhaftet, wurde er im Juli freigelassen, 1939 jedoch wieder festgenommen und ins Konzentrationslager Buchenwald geschickt, von wo er im April 1940 freikam. Nach dem Attentat auf Hitler 1944 wurde er erneut

verhaftet und sass bis Kriegsende im Gefängnis. 1945 wurde Hillegeist in den Nationalrat gewählt. Als Präsident des nationalen und internationalen Verbandes der Privatangestellten (1945–1962) trug er wesentlich zum Wiederaufbau der Gewerkschaften und der SPÖ bei. Daneben war er Präsident des Hauptverbandes österreichischen Sozialversicherungsträger und von 1959 bis 1963 Vizepräsident des österreichischen Gewerkschaftsbundes, der ihn später zu seinem Ehrenpräsidenten ernannte. Von 1955 bis 1961 war er ausserdem Präsident des Internationalen Verbandes der Angestellten des Privatsektors.

46 **Otto Horn** (1905–1967), Gewerkschaftsführer. Als Sohn von Josef Horn, Mitbegründer der SPÖ und bekannter Gewerkschafter, wurde er 1921 einer der Aktivisten der Jugendorganisation innerhalb der Angestelltengewerkschaft und später deren Sekretär. 1925 trat er der SP bei, schloss sich dann aber nach dem Schutzbund-Aufstand der KP an. Zwischen 1934 und 1938 war er massgeblich am Aufbau der offiziellen Einheitsgewerkschaft beteiligt. 1937 wegen seiner illegalen Aktivitäten verhaftet, wurde er im Konzentrationslager Wöllerau inhaftiert. Nach seiner Freilassung nahm ihn die Gestapo 1939 erneut fest und deportierte ihn ins Konzentrationslager Buchenwald, wo er eine führende Rolle in der internationalen Widerstandsorganisation des Lagers spielte. 1945 wurde Otto Horn zum Sekretär der Gewerkschaft der Privatangestellten gewählt und Präsidiumsmitglied des österreichischen Gewerkschaftsbundes wie auch des Weltgewerkschaftsbundes. Ausserdem war er Mitglied des ZK und des politischen Büros der KPÖ. Horn hat zahlreiche Artikel geschrieben, vor allem über sein Spezialgebiet, die Sozialgesetzgebung.

47 **Willi Trostel** (1894–1942), Schriftsetzer, war während des ersten Weltkriegs führendes Mitglied der Sozialistischen Jugend, 1921 Mitbegründer der KPS und bis zu seinem Tod ZK-Mitglied. Bis 1923 arbeitete er als Redakteur der Zeitung »Kämpfer«. 1917 erstmals in den Kantonsrat gewählt, ernannte ihn das Zürcher Stimmvolk in den Jahren 1923–26, 1929–35 und 1939 bis zum Verbot der KP 1941 stets wieder zu seinem Vertreter. Von 1925 bis 1931 sass er zudem im Gemeinderat der Stadt Zürich. Ab 1923 bis 1939 übernahm er das Amt des Sekretärs der Roten Hilfe Schweiz. 1925 wurde er Exekutivmitglied der IRH mit Sitz in Moskau, wo er 1930 sechs Monate lang als IRH-Sekretär arbeitete. Danach war er von Zürich aus für die IRH tätig, wobei er sich vor allem um die Unterbringung und Betreuung von deutschen und italienischen Flüchtlingen kümmerte. Daneben war sein Büro auch Anlaufstelle für Auswanderungswillige in die Sowjetunion. Im Auftrag der IRH reiste Trostel in verschiedene Länder Europas und mehrmals auch als Geldkurier nach Moskau. 1936 delegierte ihn das politische Büro in die KPS-Kommission für Kommunal- und Kantonalpolitik, und 1938 wur-

de er ins politische Büro berufen. Bis zu deren Schliessung 1939 war er zudem der Geschäftsleiter der RUNA. 1939 wurde Trostel Sekretär der KP-Sektion Zürich. Selbst kinderlos geblieben, zogen er und seine Frau Käthe einen Sohn von Fritz Platten auf.

48 **Axel Leskoschek** (1889–?), österreichischer Maler und Grafiker, spezialisiert auf Holzschnitt-Illustrationen und Radierungen. Wanderte 1942 nach Brasilien aus und war dort bis 1948 Dozent an der Kunsthochschule Rio de Janeiro. Seit den 50er Jahren setzte er sich auch mit gesellschaftspolitischen Problemen auseinander.

49 **Heinrich Rothmund** (1888–1961), Dr. iur., trat 1916 als zweiter Sekretär des Chefs der eidgenössischen Kriegsmaterialverwaltung in den Bundesdienst ein. Noch während des Ersten Weltkriegs wurde er Sekretär in der Abteilung für industrielle Kriegswirtschaft. 1919 wurde er zum Leiter der neu geschaffenen eidgenössischen Zentralstelle für Fremdenpolizei ernannt. Von 1929 bis 1954 war er Chef der Polizeiabteilung des eidgenössischen Justiz- und Polizeidepartements (EJPD). In dieser Funktion bestimmte er die äusserst restriktive, von Antisemitismus geprägte Flüchtlingspolitik der Schweiz vor und während des Zweiten Weltkriegs wesentlich mit. Juden waren für ihn keine politischen Flüchtlinge und mussten deshalb grundsätzlich zurückgewiesen werden. Gemäss dem Ludwig-Bericht über die schweizerische Flüchtlingspolitik in den Jahren 1933 bis 1955 beherbergte die Schweiz während der Kriegszeit 9909 Emigranten, darunter 6654 Juden, ferner 55'018 Zivilflüchtlinge, wovon 21'858 Juden und Jüdinnen. Die Zahl der jüdischen Menschen, die an der Schweizer Grenze zurück in den Tod geschickt wurden, liess sich nie genau feststellen. Noch 1957 sprachen die Behörden von 10'000 Menschen, denen die Einreise verweigert worden war. Forschungen in den 90er Jahren ergaben, dass mindestens 30'000 Flüchtlinge zurückgeschickt wurden, die jedoch nur teilweise namentlich registriert waren. Zudem ist mittlerweile belegt, dass ein Teil der Akten über Rückweisungen vernichtet worden oder sonstwie verschwunden ist. Nach dem Zweiten Weltkrieg stellte der Bundesrat Rothmund für zwei Jahre frei, um ihn aus der Schusslinie der damals einsetzenden Kritik an der Flüchtlingspolitik zu nehmen. In dieser Zeit arbeitete er als Delegierter des in Genf ansässigen Intergouvernementalen Komitees für Flüchtlinge.

50 **William Brown** (1894–1960), Sohn eines Gesundheitsinspektors, aufgewachsen in Margate/Kent. Als Gymnasiast mit Stipendium an der Sir Roger Manwood's Grammar School in Sandwich erlebte er die Klassenunterschiede zu den zahlenden Schülern hautnah. Mit 14 verliess er das Gymnasium und nahm in London einen Job als Botenjunge an. Mit 16 wurde er Verwaltungsangestellter einer Sparkasse, mit 17 initiierte er die Gründung einer Gewerkschaft für Staatsangestellte. Vor einer könig-

lichen Untersuchungskommission zum Civil Service plädierte er mit Erfolg für die Änderung des Staatsangestellten-Examens. Zum Beamten auf Lebenszeit avanciert, wurde er untergeordneter Verwaltungssekretär im Ministerium für öffentliche Arbeiten. Bald darauf wurde er Sekretär der Clapham-Sektion der Independent Labour Party und trat der methodistischen Kirche bei, in der er auch ab und zu als Prediger auftrat. Während des Ersten Weltkrieges gelang es Brown, der Einberufung in die Armee zu entgehen. 1919 trat er aus dem Staatsdienst aus und widmete sich fortan als Generalsekretär der – neben einigen Postpersonalverbänden – ersten Gewerkschaft der Staatsangestellten voll der Arbeiterbewegung. Browns Gewerkschaft ebnete den Weg für die Gründung weiterer Verbände in anderen Branchen der öffentlichen Verwaltung, aber auch in der Privatwirtschaft. Ebenso spielte sie eine wichtige Rolle bei der Bildung von Räten aus Arbeitern und Arbeitgebern, den so genannten Whilley Councils, die sich mit Fragen der Entlöhnung und Arbeitsorganisation befassten. Während der 20er Jahre gewann die Gewerkschaft unter Browns Führung massiv an Mitgliederzahlen und Macht. Nach und nach gelang es ihm, weitere Beamtenverbände für seine Ziele zu gewinnen, was schliesslich zur Gründung der Civil Service Clerical Association führte. Während dieser Zeit stellte sich Brown mehrere Male zur Wahl ins Parlament, aber erst 1929 erhielt er den Sitz von Wolverhampton-West, den er schon 1931 wieder verlor. Die zwei Jahre in Westminster hinterliessen in Brown, der von einem fortschrittlichen Sozialismus träumte, eine grosse Enttäuschung über die Politik der Labour-Partei. Als Angehöriger des linken Flügels konnte er sich denn auch nur schlecht an die Parteidisziplin halten. 1931 trat er aus der Labour-Partei aus und schloss sich Mosley an, der für eine Planwirtschaft eintrat. Die Zusammenarbeit mit der Neuen Partei scheiterte jedoch an deren Ausrichtung hin zum Faschismus. 1942 wurde Brown als Kandidat der unabhängigen Labour-Partei in Rugby wieder ins Parlament gewählt und behielt seinen Sitz bis 1950. Nach seiner Wahl gab er seine Funktion als Generalsekretär der Civil Service Clerical Association auf und übernahm das Amt eines Parlamentsekretärs der Gewerkschaft. Daneben setzte er sich auch immer wieder für die Interessen der Busfahrer und Gefängniswärter ein. Ausserdem hat er mit mehreren Zeitungen und auch dem Radio zusammengearbeitet.

51 **Pfarrer Vogt** (1900–1984), Pfarrer, Exponent der protestantischen Flüchtlingshilfe während des Zweiten Weltkriegs. Als Gemeindepfarrer in Walzenhausen kam er erstmals in Kontakt mit Flüchtlingen. Ab 1936 Pfarrer in Zürich-Seebach, baute er das Evangelische Hilfswerk für die Bekennende Kirche in Deutschland zu einer Flüchtlingshilfsorganisation aus. Daneben war er Mitglied mehrerer Schweizer Gremien, die Flüchtlingen beistanden. Als das Hitlerregime 1942 zur Endlösung der Judenfrage ansetzte, übte Vogt beim Kirchenbund Druck aus, damit

dieser bei den Bundesbehörden gegen die Schliessung der Grenzen für jüdische Flüchtlinge interveniere. 1944 rief er den Bundesrat auf, Rettungsmassnahmen für die verfolgten Juden in Ungarn zu treffen. Zwischen 1943 und 1974 führte Vogt in Zürich ein speziell geschaffenes Flüchtlings-Pfarramt. In dieser Funktion initiierte er auch die erste Freiplatzaktion. Dabei wurden mehrheitlich jüdische Flüchtlinge bei Familien und in Wohnungen statt in Lagern untergebracht. Entsprechende Lösungen wurden vor allem für alte und kranke Menschen oder für schwangere Frauen und Mütter mit Kindern gesucht. Ausserdem organisierte er die Spendenaktion »Flüchtlingsbatzen«. Vogts Arbeit gründete auf der Überzeugung, dass Jesus in Gestalt der jüdischen Flüchtlinge auftrete und damit seiner Gemeinde eine Chance gebe, sich durch Flüchtlingsarbeit und die Ablehnung des Antisemitismus zu ihm zu bekennen.

52 **Alexander Tschernjak** (1899–1947), Student an der landwirtschaftlichen Hochschule in Moskau. Nach mehreren Kuren in Davos zog er 1932 nach Zürich, wo er an der ETH Zürich studierte. 1936 Doktorprüfung, danach am Institut für Haustierernährung tätig. Tschernjaks Einsatz für die russischen Internierten in der Schweiz, bei dem er mit der sowjetischen Botschaft in Paris zusammenarbeitete, führte zu Ermittlungen der Bundesanwaltschaft. 1947 kehrte Tschernjak in die Sowjetunion zurück, wo er erschossen wurde.

53 **A.J. Wyschinski** (1883–1954), Generalstaatsanwalt in den Schauprozessen unter Stalin. Ab 1939 Vizepräsident des Rats der Volkskommissare, von 1949 bis 1953 Aussenminister, danach bis zu seinem Tod UNO-Vertreter der UdSSR.

54 **Amalie Pinkus** (1910–1996), geboren in Zürich als Tochter von Tessiner Eltern, die früh verstarben. Ende 20er Jahre Beitritt zur Roten Hilfe und Sammeltätigkeit für die Internationale Rote Hilfe. 1931 Reise nach Berlin und in die Sowjetunion. Danach Beitritt in die KP, wo sie 1933 an einer Veranstaltung Theo Pinkus kennen lernte. 1934 Teilnahme als Delegierte am internationalen Kongress »Frauen gegen Krieg und Faschismus« in Paris. Solidaritätsarbeit für die Spanische Republik, die Emigranten aus Deutschland und vor allem für die vor dem Faschismus in die Schweiz geflohenen Italiener. Mitglied der Parteileitung. In den 30er Jahren gebar Amalie Pinkus zwei Söhne, sorgte aber, weil Theo oft arbeitslos war, weiterhin für den Lebensunterhalt der Familie. 1942 wurde Theo aus der KP ausgeschlossen und Amalie mit ihm einfach von der Mitgliederliste gestrichen. Amalie wurde Mitglied der SP und blieb es bis zu ihrem Tod, obwohl sie sich gemäss eigenen Aussagen nie mit dieser Partei identifizieren konnte. Ab 1949 übernahm Amalie die Aufgabe, im Rahmen des Büchersuchdienstes Pinkus & Co. regelmässig Bücher in die

Volksrepublik China zu schicken. Nach dem Zweiten Weltkrieg engagierte sie sich für die Weltfriedensbewegung und gegen die atomare Aufrüstung. Besonders nahe lag ihr zudem stets die Frauenbewegung. So war sie seit 1943 im Frauenstimmrechtsverband aktiv, und ab Ende 1960 setzte sie sich im Rahmen der Frauenbefreiungsbewegung (FBB) für den Aufbau eines Frauenzentrums und für den straflosen Schwangerschaftsabbruch ein. Daneben arbeitete sie viele Jahre lang ehrenamtlich bei der Informationsstelle für Frauen (Infra). Während des Ruhestands wurden für Amalia und Theo die selbstverwaltete Stiftung Studienbibliothek zur Geschichte der Arbeiterbewegung, welche die Privatbibliothek der beiden als Grundstein erhielt, sowie die Stiftung Salecina, ein Ferien- und Bildungszentrum, zum wichtigsten Betätigungsfeld.

57 **Jakob Lechleiter** (1911–1994) (vorm. Lüthi), Sohn einer Eisenbahnerfamilie aus Chur, Lehre als Speditionsangestellter. 1929 Beitritt zur Kommunistischen Jugend (KJ). Von 1930 bis 1933 lebte er in Deutschland, wo seine verwitwete Mutter den kommunistischen Landtagsabgeordneten Georg Lechleiter geheiratet hatte. Sein Adoptivvater wurde 1942 von den Nazis hingerichtet, worauf Jakob Lüthi ihm zu Ehren den Namen Lechleiter annahm. 1933 wurde er in die Schweiz zurückgeschafft. Seine zukünftige Frau, die aus dem Elsass stammende Verkäuferin Rosel Iltis (1911–1989), begleitete ihn. Auch sie hatte ihr politisches Leben in der KJ begonnen und engagierte sich bis zu ihrem Tod für die Partei, allerdings – wie die meisten KP- bzw. PdA-Frauen dieser Zeit – nie in einer führenden Funktion. Während des Krieges setzte sie sich vor allem für die deutschen EmigrantInnen ein und leistete der KPD im Schweizer Exil manchen Dienst. Jakob Lechleiter war von 1934 bis 1937 Leiter und Sekretär der KJS und in dieser Funktion ZK-Mitglied der KPS. Humbert-Droz setzte ihn wegen seiner dogmatischen Haltung von diesem Amt ab. Danach arbeitete Lechleiter in einem Warenhaus und war in dieser Zeit Präsident der Gruppe Warenhaus-Personal innerhalb der Gewerkschaft VHTL. 1936 wurde er Mitglied des politischen Büros der KPS und im selben Jahr in die Kommission für Agitation und Propaganda gewählt. Während des Krieges arbeitete er für die illegale KP, und danach gehörte er zu den Mitgründern der PdA. Über lange Jahre nahm er in der Partei führende Funktionen ein. Während zehn Jahren sass er zudem im Zürcher Gemeinderat.

56 **Charlotte (»Tschoum«) Muret-Haët** (1911–1979), geboren in Genf als Tochter eines russisch-ukrainischen jüdischen Ehepaars, das wegen seines Engagements für die Sozialrevolutionäre flüchten musste. Mit 14 Jahren Waise geworden, wurde sie von ihrer Grossmutter aufgezogen und absolvierte eine Lehre als Modistin. 1919 schloss sie sich der KJ, dann der KP an. Nach dem Verbot der Partei war sie die Sprecherin des klandestinen Radios der Genfer Kommunisten, der »Ondes rouges«.

Um die Schweizer Staatsbürgerschaft zu erhalten, heiratete Charlotte Haët zuerst den Genfer Kommunisten Franz Pinggera, dem nach dem Arbeiterstreik von 1932 zusammen mit Nicole vor Bundesgericht der Prozess gemacht wurde. 1941 heiratete sie den Waadtländer André Muret. Während der 30er Jahre führte sie die Buchhandlung der Partei in Zürich, anschliessend jene in Genf. Als Mitglied der Waadtländer Parteileitung war sie für die Frauenarbeit verantwortlich. In dieser Funktion war sie eine wichtige Figur im Komitee Frauen gegen Krieg und Faschismus. Nach dem Krieg gehörte sie zu den Initiantinnen der Schweizerischen Frauenvereinigung für Frieden und sozialen Fortschritt (SFFF). Daneben amtete sie als Herausgeberin der kommunistischen Zeitschriften »Femmes en Suisse romande« (1936–1939) und »Femmes« (1943).

57 **Edgar (»Eggi«) Woog** (1898–1973) lernte als Sohn eines jüdischen Tuchhändlers in Liestal Bibliothekar. 1916 Beitritt zur Sozialistischen Jugend, 1918 zur SP in Basel. 1919 Emigration nach Mexiko, wo er zu den Mitbegründern des Kommunistischen Jugendverbands zählte. 1922 auf Vorschlag der lateinamerikanischen Delegationen in das EKKI gewählt, leitete er die Informationsabteilung, das Archiv und die Bibliothek der Komintern in Moskau. Von 1924 bis 1927 war er Mitglied und Sekretär der IKK und zusammen mit Jules Humbert-Droz einflussreichster Schweizer im Moskauer Komintern-Apparat. 1928 arbeitete er im Westeuropäischen Büro der Komintern in Berlin. Woog gehörte zu den wenigen Schweizern, die in die russische KP aufgenommen wurden (1924). 1930 schickte ihn das EKKI als Emissär nach Spanien, wo er wegen eines falschen Passes verhaftet und nach Mexiko ausgewiesen wurde. Nach Moskau zurückgekehrt, arbeitete er im lateinamerikanischen Sekretariat der Komintern als Berichterstatter und ab 1932 in der Organisationsabteilung, wo er für das statistische Material zuständig war. 1935 Rückkehr in die Schweiz mit dem Auftrag, die Verlage der KPS aufzubauen. Seine Frau, eine Russin, erhielt von der UdSSR keine Einreiseerlaubnis. 1936 wurde Woog Sekretär der Zürcher KP-Sektion und Mitarbeiter des politischen Büros der KPS. In dieser Zeit eröffnete er die Buchhandlung Stauffacher und gründete den Verlag »Freie Schweiz/Libre Suisse«. Nach Ausbruch des spanischen Bürgerkriegs 1936 organisierte er für die Freiwilligen aus der Schweiz illegale Ausreisen und fuhr selbst für einen Monat nach Spanien. 1937 wurde er bei der Rückkehr aus Moskau verhaftet, weil er eine beträchtliche Summe Geldes auf sich trug, und zu zwölf Monaten Gefängnis verurteilt. 1941 und 1942 sass er wegen illegaler politischer Aktivitäten erneut drei respektive sechs Monate in Haft. Nach dem Krieg wurde Woog ins ZK der PdAS gewählt, von 1949 bis 1968 war er deren Sekretär. 1946 gewann er die Wahl zum Stadtrat, musste aber wegen eines Finanzskandals 1947 zurücktreten. Von 1947 bis 1955 war er Nationalrat.

58 **Ulrich Kägi** (1924–1995), Sohn von Regina Kägi-Fuchsmann, der ehemaligen Zentralsekretärin des Schweizerischen Arbeiterhilfswerkes. Als 15-jähriger Gymnasiast Beitritt zur Sozialistischen Jugend. Nach dem Verbot der KP leitete er die Organisation im Untergrund und war Redakteur der illegalen Zeitschrift »Das Feuer«. 1943 wurde Kägi in Luzern zusammen mit anderen Mitgliedern der Sozialistischen Jugend verhaftet und nach sieben Monaten Präventivhaft zu vier Monaten Gefängnis verurteilt. Von 1944 bis 1952 Präsident der neu gegründeten Organisation »Freie Jugend«, einer Abspaltung der Sozialistischen Jugend. Ab 1952 Redakteur des »Vorwärts«, von 1953 bis 1956 PdA-Gemeinderat. 1956 Austritt aus der PdA und Wegzug nach Genf, wo er der SP beitrat. Ab 1964 Redakteur des »Volksrechts«. Von 1970 bis zu seiner Pensionierung 1989 zuerst Redakteur und dann Dokumentalist der »Weltwoche«. Daneben hat Kägi mehrere Bücher und Publikationen geschrieben.

59 **Imre Nagy** (1896–1958), ungarischer Staatsmann, Kommunist. Engagierte sich, 1921 aus der Kriegsgefangenschaft heimgekehrt, in der Landarbeiterbewegung. Nach 1925 Minister für Landverteilung und Innenminister. 1949 bis 1951 wegen »Rechtsabweichung« aus dem ZK der ungarischen Partei ausgeschlossen. Als Ministerpräsident von 1953 bis 1955 verfolgte er einen liberalen politischen Kurs, scheiterte aber an den Stalinisten, die ihn 1955 aus allen Staatsämtern entfernten und aus der Partei ausschlossen. 1956 wurde er wieder in die Partei aufgenommen und war während des Ungarnaufstands im Oktober 1956 erneut Ministerpräsident. Nach der Niederschlagung der Bewegung durch die sowjetischen Truppen wurde er verhaftet und nach Rumänien deportiert. 1958 wurde er in einem Geheimprozess zum Tod verurteilt und 1958 exekutiert.

60 **Konrad Farner** (1903–1974) studierte als Sohn eines Luzerner Geometers Kunstgeschichte, Deutsche Literatur, Philosophie und Theologie. 1923 Beitritt zur KP, während des Zweiten Weltkriegs Verlagslektor. In der nach dem Krieg gegründeten PdA gab Farner Schulungskurse. 1950 Reise in die Sowjetunion mit einer Gruppe der Gesellschaft Schweiz-Sowjetunion. Nach dem Ungarn-Aufstand von 1956 war Farner im Zuge der antikommunistischen Hetze massiven Drohungen und Tätlichkeiten militanter Bürger ausgesetzt. 1969 trat er als Konsequenz auf den niedergeschlagenen Prager Aufstand aus der PdA aus. Danach Vorlesungen an der Universität Zürich zum Thema »Marxismus und Christentum«.

61 **Fritz Heeb** (1911–1994), Dr. iur. Rechtsanwalt. Seit 1928 Mitglied der SP, wurde er 1944 aus der Partei ausgeschlossen. Mitbegründer der PdA, aus der er nach dem Ungarnaufstand 1956 wieder austrat. 1960 kehrte er in die SP zurück. Von 1967 bis 1975 war er Zürcher Kantonsrat, von 1975 bis 1981 Mitglied des Kassationsgerichts des Kantons Zürich.

62 **Palmiro Togliatti** (1893–1964), 1921 Mitbegründer der KP Italiens, bis 1943 führend in der Komintern. 1944/45 stellvertretender Ministerpräsident, von 1947 bis 1964 Generalsekretär der KPI. Als solcher vertrat er ab den 60er Jahren den Polyzentrismus im Kommunismus und damit die ideologische Loslösung von der KPdSU.

63 **Theo Pinkus** (1909–1991) absolvierte als Sohn jüdischer Eltern aus Zürich zwischen 1927 und 1929 eine Buchhändlerlehre bei Rowohlt in Berlin. Dort wurde er Mitglied der Roten Hilfe und der Jungen Kommunisten Deutschland, die ihn in die Agitprop-Kommission wählten. 1930 trat er der KP bei und arbeitete im Internationalen Arbeiterverlag sowie als Werbeverantwortlicher in der »Arbeiter Illustrierte Zeitung« von Willi Münzenberg. Aktiv war er damals vor allem in der revolutionären Gewerkschaftsopposition, für die er die Zeitung »ZdA-Opposition« redigierte. 1933 wurde Theo Pinkus aus Deutschland ausgewiesen, kehrte in die Schweiz zurück und heiratete aus ausländerrechtlichen Gründen die Berlinerin Hanna Oppenheim. Er trat der KPS bei und wurde in die Leitung der Zürcher Sektion gewählt. Gleichzeitig wurde er Redaktionsmitglied der RUNA, die politische Presseberichte der Komintern verteilte und Anlaufstelle für geheime Anweisungen an die KPS war. Bis Ende 1936 leitete er die Nachrichtenagentur, 1938 wurde er aber entlassen. Danach war er Mitherausgeber der Zeitschrift »Angestellten-Stimme«. 1939 machte er sich beruflich selbstständig und eröffnete in Zürich ein Antiquariat und eine Buchhandlung, die er bis kurz vor seinem Tod leitete. Noch 1936 in die KPS-Kommission Agitation und Propaganda berufen, wurden er und seine zweite Frau Amalia Pinkus 1942 aus der Partei ausgeschlossen. Beide traten der SP bei, die Theo Pinkus jedoch wegen kommunistischer Ansichten 1950 ebenfalls ausschloss. So wurde er Mitglied der PdA mit besten Kontakten in die DDR und die Tschechoslowakei. In den 30er Jahren waren er und seine Frau sehr aktiv bei den Naturfreunden. Die meisten, die ihn näher kannten, waren überzeugt, dass Theo Pinkus für die sowjetischen Nachrichtendienste arbeitete. So wurde er z.B. 1937 vom Volkskommissariat für innere Angelegenheiten (NKWD – Narodny komissariat wnutrennich del) beauftragt, eine Verleumdungskampagne gegen einen Journalisten zu führen, der dem Schriftsteller Andre Gidé kritisches Material über die UdSSR geliefert hatte. Unter einem Pseudonym publizierte Theo Pinkus damals die Broschüre »Aus der Hexenküche des Bolschewismus«. Für die 68er-Bewegung galt Pinkus mit seiner genossenschaftlich organisierten Buchhandlung als Symbol der Idee der selbstverwalteten Betriebe.

Quellen: Jean Maitron, Georges Haupt: Dictionnaire biographique du mouvement ouvrier international – Autriche; Les Editions ouvrières
Peter Huber: Stalins Schatten in die Schweiz; Chronos-Verlag
Brigitte Studer: Un Parti sous Influence, Editions L'Age d'Homme

Register

Bildnachweis

Seiten 97, 98, 99, 100, 101, 269, 270 oben rechts, 274, 275, 276 unten, 277, 280: Lotte Hümbelin (resp. S. 271 unten: Polizeikommando Zürich; 271 oben: Eidg. Fremdenpolizei); 276 oben: Bundespolizei Bern);

Seiten 102, 103, 104, 265 oben, 266, 267, 268 unten: Verein für Geschichte der Arbeiterbewegung, Wien;

Seiten 265 unten, 268 oben, 270 oben links und unten, 272, 273, 278, 280 unten: Gretlers Panoptikum der Zeitgeschichte, Zürich;
Seite 280 oben: Studienbibliothek zur Geschichte der Arbeiterbewegung, Zürich.